Die Toten von Föhr

Reimer Jürgensen

Reimer Jürgensen

Die Toten von Föhr

Kriminalfälle aus dem Hohen Norden

DeBehr

Herausgeber: Verlag DeBehr, Radeberg
Erstauflage: 2024
ISBN: 9783987272479
Grafiken erstellt über midjourney.com

Inhalt

Vorbemerkung

Föhr ist eine Insel, die schon immer Bodenständigkeit und Weltläufigkeit harmonisch vereint hat. Seit einigen Generationen hat der Tourismus immer mehr an Bedeutung gewonnen und ist zur wirtschaftlichen Grundlage der Insel geworden. Damit verschob sich auch die Lebensweise der Inselbewohner. Neue Milieus sind entstanden. Dem wollen die folgenden Kriminalnovellen Rechnung tragen, indem die Handlungen in unterschiedlichen Milieus angesiedelt sind.

Ein Hinweis: Handlungen und Personen der Geschichten sind ausschließlich Produkte der Phantasie des Autors. Ähnlichkeiten mit tatsächlichen Geschehnissen und Personen wären unbeabsichtigte Zufälle.

Für Korrekturen und viele wichtige Hinweise zur Verständlichkeit des Textes gebührt auch diesmal Peter Groppler mein Dank.

Sterben statt Erben

Wenn Hannelore Seefried über sich nachdachte – was sie selten tat – hielt sie sich nicht für eine ängstliche Person. Anders jedoch, als sie gegen Mitternacht durch ein knallendes Geräusch aus dem Schlaf geweckt wurde. Sie fuhr zusammen und wurde gewahr, dass sie in ihrem Schlafzimmer im Bett lag. Einen kurzen Moment lang sammelte sie sich, knipste die Nachttischleuchte an und setzte sich auf. Dann korrigierte sie sich: nein, ängstlich war sie nicht, vielleicht etwas schreckhaft. Angst war ein Zustand der Fluchtbereitschaft angesichts einer unbekannten Gefahr. Und in ihrem ganzen, mehr als siebzigjährigen Leben war sie vor nichts und niemandem geflohen. So stand sie auf und machte sich auf die Suche nach dem Grund für das harte Geräusch, das sie aus dem Schlaf gerissen hatte.

Sie ließ ihren Blick durch das Wohnzimmer gleiten. Das friesische Blau der Einrichtung, die nach ihren Angaben gefertigt war, ließ in ihr immer noch ein Gefühl der Geborgenheit und des Besitzerstolzes aufkommen. Dieses Gefühl der Geborgenheit wurde verstärkt durch den Anblick der vielfältigen Fotos ihres verstorbenen Ehemannes Herbert, die sie im Raum verteilt hatte und die sie an das Glück ihrer langjährigen Ehe erinnerten. Sie vergewisserte sich, dass sich alles ordentlich an den Orten befand, an denen sie es platziert hatte. Auch das Vertiko mit ihrer Sammlung kostbaren Meißner Porzellans schien unversehrt. Mit einem kurzen Rundblick registrierte sie, dass ein Fensterladen nicht richtig verhakt gewesen war und hin und her schwang. Das zugehörige Fenster sah verschlossen und unbeschädigt aus. Also kein Einbruchsversuch. Sie befestigte den Fensterladen und legte sich wieder hin.

Seit einigen Jahren hatte Hannelore Seefried Schwierigkeiten wieder einzuschlafen, wenn ihr Schlaf unterbrochen war, so auch heute: sie lag wach und überließ sich ihren Gedanken, die wie Wellen ungesteuert auf sie zurollten. War es richtig gewesen, dass sie sich nach dem Tod ihres Ehemanns Herbert vor drei Jahren hierher nach Föhr zurückgezogen hatte? Damals war sie aus der Geschäftsführung der drei Autohäuser ausgeschieden, die Herbert in Hannover und im Umland aufgebaut und als sein Lebenswerk betrachtet hatte. Ihr gemeinsamer Sohn Werner war zur großen Enttäuschung seines Vaters schon frühzeitig einen anderen Berufs- und Lebensweg gegangen und seinen künstlerischen Neigungen gefolgt. Sein Studium der Kunstgeschichte hatte er jedoch nicht zu einem Abschluss gebracht, sondern sich mit dem Pflichtteil des väterlichen Erbes an einer Kunstgalerie in Hannover beteiligt.

Hannelore Seefried stutzte, als sie sich dabei ertappte, dass sie lächelte. Eigentlich hatte sie bei dem Gedanken an ihren Sohn wenig Grund zum Lächeln. Vieles deutete darauf hin, dass er sein Leben nicht in den Griff bekam, weder beruflich noch privat. Schon als Jugendlicher waren ihm bei der Auswahl seiner Freundinnen einige Fehlgriffe unterlaufen. Und dass er diese Dagmar geheiratet hatte, konnte nur Ausdruck einer Verwirrung sein. Vielleicht hatte er das ja selbst schon gemerkt. Vor etwa zwei Jahren hatte sie ihn bei einem seiner Besuche auf Föhr mit einer jungen Frau in inniger Umarmung auf dem Parkplatz bei der Schwimmhalle am Südstrand gesehen und ihn später darauf angesprochen. Trotz ihrer Aversion gegen Dagmar hatte sie ihm die Heiligkeit der Ehe vor Augen geführt. Da Werner von seiner Mutter eine finanzielle Absicherung seiner Galerie benötigte, war ihm nichts anderes übrig geblieben, als ihr die Beendigung seines Urlaubsflirts zuzusagen.

Aber Werner hatte auch eine schätzenswerte Eigenschaft: er hing an seiner Mutter. Wie häufig kam er sie auf Föhr besuchen! Und zeigte dabei das Feingefühl, ohne den Anhang seiner eitlen und aufdringlichen Frau aufzukreuzen. Ja, das Lächeln war berechtigt, schließlich war er der einzige Mensch, dem sie sich wirklich verbunden fühlte. Und seine Besuche waren Beweis, dass er diese Verbundenheit gleichermaßen fühlte. Dennoch hatte sie das Gefühl, dass er sie nur an einem Teil seines Lebens teilhaben ließ.

Nachdem ihre Gedanken zu ihrem Sohn abgeschweift waren, wandte sie sich wieder ihrer Frage zu: war es richtig, dass sie sich nach Föhr zurückgezogen hatte? Nach Herberts Tod hatte die Entscheidung angestanden, was mit ihrem Ferienhaus in Oldsum auf Föhr werden sollte. Nach den arbeitsreichen Jahren des Aufbaus der Autohäuser war sie mit Herbert zunächst einige Jahre lang immer wieder in der Welt umhergereist und hatte viel von der Welterfahrung nachgeholt, die sie bei anderen immer bewunderte. Besonders die Karibik hatte es ihr angetan. Warum eigentlich? Vielleicht, weil sie dort ein Lebensgefühl erfüllte, das die Zwänge vergessen ließ, die sonst ihr Leben bestimmten: Pflichten, Termine, Aufgaben, Projekte, finanzielle Kalküle, familiäre Verantwortung? Hannelore Seefried ließ die Frage offen. Von psychologischen Selbstanalysen hielt sie nicht viel, von professionellen Analysen allerdings auch nichts. Schließlich hatte sie keinen Grund an sich zu zweifeln. Bei der Erinnerung an die Strände Barbados', an die Rum-Shops St. Lucias oder an die Mariachi-Musik auf Curacao ertappte sie sich nochmals, dass sie lächelte.

Wieder war sie von ihrer Frage abgeschweift, ob ihre Entscheidung richtig war, den Rest ihres Lebens auf Föhr zu verbringen. Die Geschäftsführung der Autohäuser hatte sie in befähigte Hände gelegt, ihre Finanzen waren geordnet, ihre beste Freundin, eine ältere Cousine, war zunehmend dement geworden und die familiäre Bindung zu ihrem Sohn konnte sie von Föhr aus besser aufrechterhalten als in Hannover, wo dieser störende Ballast von Schwiegertochter immer dabei war. Was hielt sie noch in Hannover? Nach der Phase ihrer Reisen in die weite Welt war für Herbert und sie ihr Ferienhaus auf Föhr ein zweites Zuhause geworden. Während ihrer häufigen Aufenthalte auf der Insel hatten sie mit einer Anzahl von Menschen Bekanntschaft geschlossen, mit Gerda und Magnus Fricksen sogar Freundschaft. Und auf Föhr war die Unbegrenztheit des Meeres in Reichweite, die ihr eine Welt jenseits des Horizonts in Erinnerung rief, deren Koordinaten sie auf ihren Reisen mit Herbert erkundet hatte.

Sicher, auch an Föhr war die Moderne nicht vorbeigegangen. Föhr war nicht mehr die Insel der wagemutigen nordfriesischen Walfänger und der Bauern wie über Jahrhunderte zuvor. Die Menschen lebten jetzt weitgehend vom Tourismus und die immens ansteigenden Preise für Wohnraum bereiteten auch den Einheimischen immer mehr Probleme. Aber die Insel hatte ihre Geschichte bewahrt, - sowohl ihre Natur- als auch ihre Kulturgeschichte. Auch das trug dazu bei, dass sie sich auf der Insel zu Hause fühlen konnte. In der Großstadt Hannover überkam sie häufig das Gefühl, mit der Beschleunigung und den Veränderungen aller Lebensbereiche nicht mehr mithalten zu können. Hannelore Seefried merkte, wie der Schlaf sie wieder in sein Reich holen wollte, und beschloss ihre umherschweifenden Gedankenspiele mit der Entscheidung: ja, hier auf Föhr war sie richtig.

***

Helen Blank war auf dem Weg nach Midlum, nach Hause. War es eigentlich noch ihr Zuhause? „Ja“, sagte sie sich, „schließlich habe ich die letzten zwanzig Jahre in dem Haus gewohnt. Und Tante Frenzi hat mich nach dem Tod meiner Mutter sofort zu sich geholt, als unser Vater sich geweigert hatte, mich - wie meinen Bruder Jan - zu sich zu nehmen.“ Sie hatte nie verstanden, warum ihr Vater sie damals als Kind von nicht einmal zehn Jahren so von sich gestoßen hatte. Mehr als ein gebrummtes „Das ist so besser für dich“ hatte sie von ihm nicht als Erklärung bekommen. Vor zwei Jahren war ihr Vater gestorben. Selbst sein Tod war für Helen kein Anlass gewesen, sich mit ihm ausgesöhnt zu fühlen. Aber Tante Frenzi hatte sich all die Jahre über wie eine Mutter um sie gekümmert, ihr in ihrem Haus eine Heimat gegeben und sie versorgt, wie es ihre knappen finanziellen Verhältnisse zuließen. Als sie etwas älter war, hatte sie ihre Tante einmal gefragt, ob denn ihr Vater für ihren Unterhalt aufkommen würde. Deren Antwort: „Es ist für alles gesorgt, er tut was er kann, mach dir keine Sorgen“ ließ vieles offen.

Franziska Heuer, Helen Blanks Tante „Frenzi“, war zwei Monate zuvor gestorben. Sie hatte in ihrem Testament ihr Haus in Midlum den Kindern ihrer Schwester, also Helen und Jan Blank, zu gleichen Teilen hinterlassen. Tante Frenzi hatte auch ein Sonderkonto geführt, das im Testament ausdrücklich nur für Helen vorbehalten war. Diese Regelung hatte Jans Frau Janine verärgert, die ihren Mann gedrängt hatte, Tante Frenzis Testament anzufechten. Aufgrund eines anwaltlichen Rates hatte dieser jedoch davon abgesehen. Janine Blank hatte darauf bestanden, dass Jan den Kontakt zu seiner Schwester einschränkte.

Jan Blank hatte vor drei Jahren geheiratet. Gleich nach der Heirat hatte er in viel Eigenarbeit zusammen mit seinem Schwiegervater und seinem Schwager ein Haus gebaut, in das er gleich nach der Geburt seiner Tochter mit Frau und Kind eingezogen war. Helen stand daher vor der

Frage, was mit dem Haus werden sollte, das Tante Frenzi hinterlassen hatte und in dem sie wohnte. Dass Jan mit seiner Familie und sie zusammen das Haus bewohnten, kam nicht in Frage. Erstens hatte ihr Bruder sein neues Haus schon mit Familie bezogen. Zweitens hätte Tante Frenzis Haus nicht genug Platz für sie alle gehabt. Und drittens wäre nach dem Zerwürfnis ein einvernehmliches Zusammenleben unter einem Dach ohnehin unmöglich. Jan hatte sie daher aufgefordert, ihm seinen Anteil an dem Haus auszuzahlen. Helen hatte Verständnis für seinen Wunsch, da die finanzielle Belastung durch sein neues Haus groß war.

In den letzten Jahren waren die Immobilienpreise auf Föhr rasant gestiegen. Nach einer ersten oberflächlichen Schätzung wurde der Marktpreis für Tante Frenzis Haus samt Grundstück auf mehr als 600.000 Euro veranschlagt. Jans Anteil beliefe sich dann mindestens auf 300.000 Euro. Die konnte Helen nicht aufbringen. Mit ihrem Gehalt als Rechtsanwaltsgehilfin war das nicht zu stemmen. Auch das Sonderkonto, das sie von ihrer Tante geerbt hatte, deckte das nicht ab. Zumal das alte Haus noch einigen Sanierungsbedarf hatte.

Gleich nach der Trauerfeier für Tante Frenzi hatte Helen angefangen, deren Nachlass durchzusehen und zu ordnen. Mit zunehmendem Alter war es ihrer Tante immer schwerer gefallen, sich von Erinnerungsstücken an ihr langes Leben zu trennen. Nicht nur in den Schubladen der Kommoden im Wohn- wie im Schlafzimmer von Tante Frenzi fanden sich Fotobände und Unterlagen verschiedenster Art. Auch auf dem Boden des Hauses tauchten Kartons mit alten Erinnerungen auf. Jan hatte es Helen überlassen, alles zu sichten. Wertsachen hatte Tante Frenzi, die von einer kleinen Rente leben musste, sicher nicht hinterlassen.

Es war von Helen immer bereitwillig hingenommen worden, dass Jan ihr die umfangreiche Sichtung des ganzen Nachlasses zuschob. Sie lebte immer noch unter dem Schatten der großen, unbeantworteten Frage: „Warum hat mein Vater mich als kleines Mädchen so von sich gestoßen? Was war schlimm an ihr? War an ihr ein unsichtbarer Makel?“ Als sie volljährig geworden war, hatte sie all ihren Mut zusammengenommen und von ihrem Vater eine Aussprache erzwingen wollen. Sie war wie gegen eine Mauer gerannt. „Du hast es bei Frenzi doch gut gehabt. Meinst du, bei mir wäre es besser gewesen? Mehr gibt es dazu nicht zu sagen.“ Dann war er umgekehrt und war seiner Wege gegangen. Vielleicht fand sie unter Frenzis Unterlagen Hinweise auf die Antwort ihrer großen Frage. Und es war besser, sie wäre allein, wenn sie solche Hinweise finden würde.

Auch Helens Versuche, von Tante Frenzi mehr über die Hintergründe ihrer traumatischen Erfahrung mit ihrem Vater zu erfahren, waren vergeblich gewesen. „Du weißt doch, wie dein Vater ist. Er mag nicht gern reden. Keiner kann aus seiner Haut heraus. Schon als Kind war er immer verschlossen.“ Auch ihre Antworten vermittelten nur eine Sprachlosigkeit, selbst wenn sie dafür mehr Worte brauchte als ihr Vater.

Helen hatte sich einen Karton mit Fotoalben vom Boden ins Wohnzimmer mitgenommen. Gedankenverloren blätterte sie in einem alten Fotoalbum, das Erinnerungen an Frenzi in den 80er Jahren des vorigen Jahrhunderts enthielt. Sie entdeckte mehrere Fotos, auf denen ihre Tante mit ihrer Mutter auf einem Segelboot zu sehen war. Beide waren strahlender Laune. Sie trugen Badeanzüge, als hätten sie zuvor in der See geschwommen. Helen sah zum ersten Mal ein Foto ihrer Mutter, auf dem diese lachte. Es gab ihr zu denken, dass in ihrer Erinnerung ein Lachen ihrer Mutter nicht vorkam. Sie konnte sich auch nicht erinnern, dass in ihrer Familie irgendjemand etwas mit einem Segelboot zu tun hatte.

***

„Verdammt, es wird höchste Zeit, dass ich das Geld für ein E-Bike zusammenbekomme“, schoss es Claudia Stahrmann durch den Kopf. Das schrille Geräusch, das die abgesprungene Kette ihres altersschwachen Fahrrades machte, als diese sich an den Speichen des Hinterrades scheuerte, riss sie aus ihren Gedanken. Sie war auf der Rückfahrt von ihrem Einkauf im Supermarkt in der Nähe des Wyker Hafens. Sie behob routiniert den Schaden. Trotz ihrer ölverschmierten Hände stieg sie mit Schwung wieder aufs Rad und beeilte sich, nach Hause zu kommen. Ihre Gedanken zogen wieder zu dem Problem der Finanzierung eines E-Bikes. Im „Insel-Boten“ war ein gebrauchtes E-Bike annonciert gewesen, das für 700 Euro zu haben war.

Sie hatte mit dem Rad eine Probefahrt gemacht und sich dann beim Verkäufer eine Bedenkzeit von zwei Tagen erbeten. Bis morgen Abend musste sie sich entscheiden.

Claudia Stahrmann hatte nicht nur für sich, sondern auch für ihre Vermieterin, Hannelore Seefried, eingekauft. Sie hatte es eilig, die Einkäufe bei ihr abzuliefern. Es ging auf Mittag zu und Hannelore Seefried wartete auf das Hackfleisch, das sie für ihr Mittagessen benötigte. Claudia hatte eigentlich erwartet, dass ihre Vermieterin ihr für den umfangreichen Einkauf die Benutzung ihres Autos angeboten hätte, das meist nur in der Garage herumstand. Aber Hannelore Seefried war ein Mensch, der alles, was ihm gehörte, nur für sich beanspruchte.

Seit einem knappen Jahr, gleich nach ihrer Rückkehr nach Föhr, bewohnte Claudia Stahrmann die kleine Einliegerwohnung im Dachgeschoss des Hauses von Hannelore Seefried. Angesichts der erdrückenden Wohnungsknappheit auf der Insel hatte sie Glück gehabt, dass diese ihr die Wohnung zu sehr günstigen finanziellen Bedingungen überließ. Ihre Vermieterin litt seit Jahren an einem Rheumaleiden, das sich hin und wieder in Schüben bemerkbar machte und schmerzhaft ihre Mobilität einschränkte. Claudia hatte sich daher verpflichtet, für die alte Dame einige Dienste zu übernehmen wie z. B. einzukaufen, einmal wöchentlich die Wohnung zu putzen und anfallende Gartenarbeiten zu erledigen.

Als Claudia damals mit ihrer Vermieterin diese Bedingungen vereinbart hatte, war sie davon ausgegangen, dass die Hilfeleistungen nicht sehr zeitaufwendig sein würden. Doch Hannelore Seefried schraubte im Laufe der Monate ihre Ansprüche an Claudias Hilfe immer mehr aus, - meist mit dem Hinweis auf akute Rheumabeschwerden. Claudia hatte eine Teilzeitstelle im Hofladen ihrer Tante in Borgsum angetreten, so dass sie zeitlich die Aufgaben für ihre Vermieterin bewältigen konnte. Der Job im Hofladen war notwendig geworden, da sie nach ihrer Scheidung im Alter von 41 Jahren nun wieder auf sich allein gestellt war und ihr Exmann seinen Unterhaltspflichten nur sehr sporadisch nachkam. Daher war ihre finanzielle Lage meist ziemlich angespannt. An manchen Tagen nahmen die Anforderungen ihrer Vermieterin allerdings so überhand, dass sie dann kaum noch Zeit für sich selbst hatte. Insbesondere die Erwartung, dass sie sich jederzeit für die Wünsche Hannelore Seefrieds zur Verfügung halten sollte, bereitete Claudia mehr und mehr Unbehagen.

Claudia hatte gerade den schweren Einkaufskorb abgestellt und ihr Rad in den Fahrradständer gehoben, als sie angesprochen wurde: „Bitte entschuldigen Sie, kennen Sie sich hier aus?"

Claudia war es gewohnt, dass Touristen sie ansprachen, die sich auf der Insel orientieren wollten. Sie wandte sich daher freundlich der Fragestellerin zu. Die sportliche Frau, die sich an ihr Fahrrad lehnte, schätzte sie auf Ende Zwanzig. „Ja, ich wohne hier. Worum geht es denn?"

„Wohnt hier im Haus eine Verena Seefried?"

„Äh … Jein?" Claudia ließ ihre schwebende Antwort als Frage ausklingen. „Worum geht es denn?"

„Ich bin früher mit einer Verena Seefried zur Schule gegangen. Vor Klassenkameradinnen hatte ich gehört, dass sie jetzt auf Föhr leben soll. Und als ich den Namen Seefried auf dem Türschild sah, da dachte ich …mhm …, also ich dachte, vielleicht wohnt die ja hier und ich sage ihr ´Guten Tag´."

„Nein, die Frau Seefried, die hier wohnt, ist deutlich älter, als dass sie mit Ihnen zur Schule gegangen sein kann. Und sie heißt nicht Verena, sondern Hannelore."

„Danke, dann brauche ich gar nicht erst zu klingeln. So wichtig ist es mir auch nicht, wir waren damals in der Schule keine engen Freundinnen. … Wenn ich hier die Straße weiterfahre, komme ich dann zum Utersumer Strand?"

„Genau, noch zwanzig Minuten bis dahin."

Die Frau radelte weiter. Claudia schaute ihr noch einen Augenblick nachdenklich hinterher. Sie glaubte sich zu erinnern, dass sie die Passantin schon einmal vor dem Haus gesehen hatte. War das gestern gegen Abend gewesen? Nein, vorgestern! Sie hatte mindestens eine Viertelstunde auf dem Friesenwall gesessen, der den Garten des gegenüberliegenden Hauses zur Straße hin abschloss. Da ihre Augen von einer großen, dunklen Sonnenbrille verdeckt waren, hatte Claudia nicht sehen können, ob sie ihr Haus beobachtete. Claudia schüttelte den Kopf: „Merkwürdig!“

Als sie Hannelore Seefried die Einkäufe brachte, erwähnte sie die kurze Begegnung mit der Radfahrerin. „Mich hat gerade eine junge Frau - ich glaube eine Touristin - gefragt, ob hier im Haus eine Verena Seefried wohnt. Die sei mit ihr zusammen in die Schule gegangen.“

„War die denn in meinem Alter?“

„Nein, ich denke, die war nicht einmal dreißig. Ganz sicher ist die nicht mit Ihnen zur Schule gegangen.“ Claudias burschikoser Ton sollte das Thema beenden.

Hannelore Seefried wiederholte nur tonlos ein „Ganz sicher nicht“ und begann die Einkäufe zu verstauen, die Claudia ihr mitgebracht hatte.

Als Claudia kurz darauf ihre Einkäufe wegräumte, fragte sie sich, warum sie Hannelore Seefried nicht erzählt hatte, dass die Radfahrerin schon vorgestern eine ganze Zeit vor dem Haus verweilt hatte. Dann beeilte sie sich, zur Arbeit zu kommen. Da heute Strandwetter war, würde bis in den Abend mit Kundschaft zu rechnen sein.

***

Werner Seefried hatte einen ruhigen Nachmittag, eigentlich zu ruhig, wie häufiger in der letzten Zeit. Er war allein in seiner Kunstgalerie in Hannovers Südstadt. Der letzte Kunde – nein, eher ein neugieriger Besucher, der ihn mit einer kenntnisarmen, jedoch bornierten Diskussion über zwei der ausgestellten Objekte genervt hatte – war endlich gegangen. Dieser hatte sich nicht einmal nach den Preisen erkundigt! Dabei war es bitter nötig, dass endlich wieder Geld in die Kasse kam. Sein Teilhaber, Volker Mucha, war heute zu einer Vernissage in einer Galerie in Osnabrück gefahren, mit der sie kooperierten. Manchmal lohnten sich solche Ausflüge, und man bekam Kontakt zu aufstrebenden Künstlern, die noch nicht fest an eine Galerie gebunden waren und die man dann vermarkten konnte. Aber die Anbahnung neuer Kontakte zahlte sich erst viel später aus – wenn überhaupt. Und sie brauchten sofort Geld. Für den Ankauf einiger vielversprechender Objekte hatten sie einen Kredit aufnehmen müssen, den sie nun nicht bedienen konnten. Und die Werke hatten ihre Versprechungen bislang nicht gehalten.

Er blätterte noch einmal die Abrechnung des letzten Monats durch, ohne Hinweise zu finden, wie noch Liquidität zu beschaffen sei. Der dezente Ton der Glocke an der Eingangstür ließ Werner Seefried mit einem leichten Hauch von Hoffnung aufschauen. Dieser verflog jedoch sofort wieder, als er seine Frau Dagmar eintreten sah. Nein, Dagmar war nicht für die Sparte Geldbeschaffung, sondern eher fürs Geldausgeben zuständig. Darin allerdings konnte sie sehr überzeugend sein. Das schicke, leichte Sommerkostüm in den aktuellen Modefarben, das sie anhatte, kannte er noch nicht. Da Dagmar ihre Begeisterung für die Mode des letzten Jahres nie in das nächste Jahr mit seinen neuen Verführungen mitnahm, hatte sie das Kostüm wohl neu angeschafft.

„Hallo Schatz!" Ihr Kuss auf die Wange schwebte auf einer zarten Wolke ihres kostspieligen Parfüms. „Ich habe gerade meinen Wagen von der Inspektion geholt. Die werden immer teurer, für eine normale Inspektion berechnen die fast einen Tausender. Also, ich finde das unverschämt."

Werner Seefried kannte seine Frau und ahnte, dass dies die Einleitung für die wiederholte Diskussion der Anschaffung eines kleinen japanischen Sportwagens werden könnte, den sie sich schon seit längerem wünschte. Bislang war er standhaft bei seiner Ablehnung geblieben. Sicher, Dagmar war attraktiv, genau sein Frauentyp, ein Schmuckstück. Aber das Geld für die Erfüllung ihrer Wünsche hatten sie einfach nicht. Also legte er ihr noch einmal ihre finanzielle Situation dar.

Dagmar zeigte sich von seinen Erläuterungen wenig überzeugt. „Aber Schatz, du sagst ja selbst, dass das nur ein kurzfristiger Engpass eurer Finanzen ist. Der Autohändler bietet eine günstige Finanzierung an. Da die Zinsen zurzeit so niedrig sind, würde uns so ein kleiner Sportwagen fast nichts kosten."

„Dagmar, hör bitte genau zu. Erst brauche ich eine Lösung, wie ich mir den Kredit für das Geschäft vom Hals schaffen kann. Und dann muss ich einige der großen Objekte verkaufen, um wieder flüssig zu sein. Es tut mir leid, aber vorerst musst du dir den Sportwagen aus dem Kopf schlagen."

„Und wenn du deine Mutter fragst, ob sie dir hilft? Die schwimmt ja in Geld."

„Du weißt, wie ihr zueinander steht. Wenn ich ihr sage, ich brauche Geld für deinen Sportwagen, dann ist das Thema sofort beendet."

„Von dem Wagen brauchst du ja nichts zu sagen. Sag, du brauchst es für die Galerie."

„Vor zwei Jahren hat sie mir in einer ähnlich schwierigen Situation schon mal mit einer größeren Summe ausgeholfen. Und betont, dass es das letzte Mal war. Wegen eines neuen Autos werde ich sie nicht wieder um Geld angehen. Wenn du weiter deinen Polo fährst, ist das keine echte Notlage. Nein, ich werde sie nicht fragen!"

Am nächsten Tag saß Werner Seefried mit Volker Mucha zusammen. Dieser berichtete ihm von seinem Abstecher am Vortag nach Osnabrück. „Ich habe da diesen jungen Künstler mit seinen Holzobjekten getroffen, die sich in wechselnden Rhythmen bewegen. Apollon nennt er sich. Der hat schon auf der NordArt in Rendsburg ausgestellt, mit hervorragenden Kritiken. Er wäre bereit, uns einige Objekte zu überlassen. Für die hätten wir die alleinigen Verkaufsrechte. Wir müssten allerdings eine finanzielle Garantie übernehmen."

„In welcher Höhe denn?"

„Für die drei Objekte 80.000 Euro."

„Was hältst du davon?"

Volker Mucha war bei ihrem kurzen Gespräch immer begeisterter geworden. „Holzobjekte, die sich bewegen, das ist schon etwas Seltenes. Das ist für uns eine echte Chance: 'Green Art'! Aber woher bekommen wir das Geld?" Seine Begeisterung sackte wieder zusammen.

„Von der Bank sicher nicht. Unseren letzten Kredit konnten wir schon zwei Monate nicht bedienen.“ Werner Seefried schaute seinen Kompagnon an: „Kannst du auf dein Haus noch eine Hypothek aufnehmen?“

„Nee, da liegt noch eine Grundschuld drauf, da ist nichts zu machen. Wie ist das bei euch?“

„Du weißt doch, wir haben unsere Wohnung nur gemietet. Da ist auch nichts möglich.“

„Aber deine Mutter hat uns doch schon einmal geholfen. Kann die nichts für dich tun?“

„Ich kann sie nicht noch einmal bitten. Sie hält mich ohnehin für einen Versager. Ich müsste schon mit einer sicheren Geschäftsidee kommen.“

Volker Mucha hatte seine vorherige Begeisterung wiedergewonnen. „Die Objekte von Apollon sind ein totsicheres Geschäft. Die haben etwas Magisches. Du musst sie dir nur mal ansehen.“

„Wo hat der sein Atelier?“

„Ganz in der Nähe am Steinhuder Meer. Warte, ich habe seine Karte hier.“

***

Auch seine dritte Patientin an diesem Vormittag redete in einem fort auf ihn ein. Diese hatte ihr Patenkind Sonja auf dem Reiterhof in Alkersum besucht, auf dem die junge Dame ihre zweiwöchigen Reiterferien verbrachte, die sie von ihrer Patentante zu ihrem 14. Geburtstag geschenkt bekommen hatte. Der kurze Besuch von einer halben Stunde auf dem Reiterhof hatte seine Patientin mit Redestoff für mehrere Stunden versorgt. Ronald Ziegler war es gewohnt, dass seine physiotherapeutischen Lockerungsübungen auch die Zungen seiner – zumeist weiblichen – Klienten lockerten. Aber der Sprechdurchfall, der sich heute über ihn ergoss, zehrte doch an seinen Nerven.

Dabei hatte er andere Sorgen. Während seine Patientin wortreich die

Tierliebe ihres Patenkindes Sonja wie auch ihre eigene Großzügigkeit wie ein überlaufender Wasserfall an seinen Ohren vorbeirauschte, ließ Ronald Ziegler die Teilnehmer seines Kurses am heutigen Abend vor seinem inneren Auge Revue passieren. 'Naturkräuter: Heiler des Körpers und der Seele' hatte er als Titel gewählt. Nach seiner Schulzeit und seiner Ausbildung zum Physiotherapeuten war er einige Jahre durch die Welt gereist, vor allem in Nord- und Mittelamerika. In Kanada hatte er in einem Naturreservat an einer zweiwöchigen Einführung in die Wirkung von Heilkräutern teilgenommen, die ein Medizinmann der 'First Nations' für Touristen veranstaltete. Das Thema hatte ihn fasziniert, sodass er auf seinen weiteren Reisen in Mittelamerika immer wieder bemüht war, mehr über die kräuterbasierte Heilkunde der indigenen Völker der Azteken und Mayas in Erfahrung zu bringen. Seit etwa einem Jahr war er nicht nur als Physiotherapeut tätig, sondern versuchte sich auch als 'Schamane'. Er war sich bewusst, dass der Begriff des Schamanen ursprünglich nur für die Heilkundigen der indigenen Völker Sibiriens galt, die auch bestimmte Zeremonien zur Kontaktaufnahme mit dem Jenseits beherrschten. Aber da der Begriff des Schamanen in seiner populären Ausweitung sich auf alle Heilkundigen beziehen lässt, die mit Rückgriff auf Naturkräfte und magische Rituale tätig werden, sah sich auch Ronald Ziegler berechtigt, diesen Titel zu führen.

Zehn Teilnehmer hatten sich für seinen Kurs angemeldet, der heute beginnen sollte. Sechs waren neu, die anderen vier waren Ronald Ziegler schon bekannt. Sven Barloff arbeitete irgendetwas in der Verwaltung der Reederei und hatte hin und wieder Anfälle von Besserwisserei. Den würde er aber ertragen können. Dann das Ehepaar Sonnreiter, das mehrmals in der Woche seinen achtjährigen Enkel nach der Schule betreute. Die beiden waren zufällig in einen Tai-Chi-Kurs geraten, den er im letzten Jahr angeboten hatte. Ronald Ziegler hatte den Kurs genutzt, auch seine Erfahrungen mit dem Schamanismus zur Schau zu stellen. Dies anscheinend so überzeugend, dass die Sonnreiters in der Erwartung, mehr über die wunderbare Welt der Schamanen zu erfahren, seinen jetzigen Kurs gebucht hatten.

Und dann noch Claudia Stahrmann. Ronald Ziegler hatte einige Male seine Patientin Hannelore Seefried zu Hause behandelt und war

Claudia dabei kurz begegnet. Als Claudia Stahrmanns Hausarzt sie wegen ihrer Rückenprobleme an einen Physiotherapeuten überwiesen hatte, erinnerte sie sich an Ronald Ziegler und war mit der Überweisung zu ihm gekommen. Es war ihm schnell gelungen, ihre angespannte Rückenmuskulatur zu lockern und die Schmerzen zu beseitigen. Nicht jedoch das Trauma ihrer Scheidung. Nachdem ihr Mann sich aus ihrer Ehe ausgeklinkt hatte, fand sich Claudia Stahrmann in einer ziellosen Einsamkeit wieder. Und ausgerechnet ihn, den Schamanen Ronald Ziegler, wählte sie sich zum Erretter aus ihrer unwirtlichen Beziehungslosigkeit. Sie hatte ihn auf eine unaufdringliche, aber ausdauernde Weise angehimmelt. Zwar war sie fünf Jahre älter als er, aber eine durchaus attraktive Frau. Zu der Zeit war er nicht gebunden bzw. hatte sich nicht gebunden gefühlt. Die Beziehung zu seiner vorherigen Freundin hatte er 'auslaufen' lassen, wie er das für sich bezeichnete. Da er nicht der Typ war, der weibliche Reize und die damit offenbarten Möglichkeiten übersah, hatte er ein Verhältnis mit Claudia begonnen. Mit Hinsicht auf seine weiblichen Klienten war Ronald Ziegler aber bemüht, dies geheim zu halten. Er hoffte stark, dass sich auch Claudia daran hielt.

„… und dann musste Sonja den Reitlehrer wechseln. Der neue führte gleich ein hartes Regiment ein: Die Kinder mussten immer wieder die Pferde wechseln. Und da ist es passiert, dass Sonja vom Pferd gestürzt ist. Ich finde das von dem Mann völlig verantwortungslos, Sie nicht auch?“ … Ronald Ziegler wurde durch die Frage wieder in die Gegenwart seiner Patientin zurückgeholt. Er hatte zwar nicht zugehört, beteuerte aber mit Überzeugung, dass der Mann – welcher Mann eigentlich? – völlig verantwortungslos gewesen sei. Er beendete die Behandlung, machte einen neuen Termin aus und verabschiedete seine Patientin.

Seine sorgenvollen Gedanken ließen Ronald Ziegler nicht los. Wie konnte er den Start seines großen Projekts finanzieren? Er hatte schon immer vorgehabt, sich als Physiotherapeut selbstständig zu machen. Nun hatte sich die Gelegenheit ergeben, dass er in günstiger Lage in Wyk Räume anmieten konnte, die hervorragend als Praxis geeignet waren. Dort würde er sowohl seine physischen Therapien anbieten als auch als schamanischer Heiler wirken können. Aber weder bei der

Sparkasse noch bei der örtlichen Bank war er mit seinem Kreditwunsch auf Wohlwollen gestoßen. In der Kombination von Physiotherapie und Schamanismus sahen beide Geldinstitute keine nachhaltige Geschäftsidee. Ronald Ziegler hatte schon früher – während seiner Zeit in Bielefeld – seinen Charme bzw. seine Verführungskünste eingesetzt, um von einer Patientin nicht nur amouröse, sondern auch finanzielle Zuwendungen zu erhalten. Diese hatte er mit dem verklärten Ausmalen einer gemeinsamen Zukunft dazu gebracht, seine schon damals geplante berufliche Selbstständigkeit vorzufinanzieren. Sowohl dem beruflichen Neustart als auch dem gemeinsamen Leben mit der finanzstarken Partnerin hatte er sich aber nicht gewachsen gefühlt. Auch nicht der Rückzahlung der Vorfinanzierung an die Dame. Er hatte sich daher vor zwei Jahren weit weg nach Föhr abgesetzt. Seine vergrämte Partnerin hatte eine Klage zurückgezogen und das verlorene Geld als Lehrgeld abbuchen müssen.

Ronald Ziegler empfand sein Verhältnis mit Claudia Stahrmann als durchaus zufriedenstellend. Claudia war nicht nur eine attraktive Frau, sondern auch ein einfühlsamer und aufmerksamer Mensch. Auch wenn er den Eindruck hatte, dass sie eine engere Bindung wünschte, überforderte sie ihn nicht. Weder hatte sie bisher das Thema einer Heirat angesprochen, noch dass sie mit ihm zusammenziehen wollte. Das Trauma ihrer Scheidung saß bei ihr wohl noch zu tief. Claudia hatte in seinen Augen nur einen Fehler: Sie hatte kein Geld.

***

Als Claudia ihr von der Passantin berichtet hatte, die nach Verena Seefried gefragt hatte, war Hannelore Seefried schnell darüber hinweggegangen und hatte nicht weiter nachgefragt. Sie merkte aber, dass diese Information sie immer noch beschäftigte. Vor einigen Tagen hatte sie selbst eine Frau gesehen, die sich gegenüber auf der anderen Straßenseite aufgehalten hatte. Sie hatte den Eindruck, dass diese ihr Haus beobachtete. Aber warum hatte die Frau nach einer Verena Seefried gefragt? Nein, eine Verena Seefried kannte sie nicht, erst recht keine, mit der sie in die Schule gegangen war. Mein Gott, ihre Schulzeit war über 50 Jahre her. Was hatte Claudia gesagt? Dass die Frau erst etwa dreißig Jahre alt war. Sie wollte die Nachfrage nach einer Verena

Seefried lieber gleich vergessen. Dennoch ging sie ihr nicht aus dem Kopf.

Jetzt wollte sie sich aber um Anderes kümmern. Ihr Sohn Werner hatte seinen Besuch in etwa zwei Wochen angekündigt, ohne seine Frau. Also konnte sie sich darauf freuen. Da sie wusste, dass Dagmar, Werners Frau, keine versierte Köchin war, sich nicht einmal bemühte, wie Hannelore Seefried argwöhnte, wollte sie ihren Sohn mit einem gepflegten Menü verwöhnen und beeindrucken. Das erforderte zwar einigen Arbeitsaufwand. Aber das Essen würde sie zeitlich so legen, dass sie Claudia dafür einspannen könnte. Dafür dürfte die dann daran teilnehmen.

Hannelore Seefried war von ihrer Idee eines gepflegten Menüs so angetan, dass sie gleich mit ersten Planungen anfing. Wenn sie früher in Hannover Gäste bewirtet hatte, war es selbstverständlich, dass sie in der Küche selbst das Regiment führte. Und jetzt freute sie sich darauf, ihrem Sohn mit einem erlesenen Menü vor Augen zu führen, was seine Dagmar alles nicht konnte. Ohne Zögern begann sie, erste Einfälle für die Speisenfolge zu notieren. Als Vorspeise vielleicht Feldsalat mit karamellisierten Birnenscheiben und einem leichten Senfdressing oder einen Krabbencocktail? Als Zwischengang ein Fischgericht? Nein, eine Föhrer Weinsuppe mit Graupen und Backobst, die hatte Werners Vater immer besonders gern gegessen! Aber was als Hauptgang? Lammrücken mit gestovten Bohnen oder doch mit mediterranem Gemüse? Die Beilagen würde sie später entscheiden. Und als Nachtisch Grießklößchen in Holundersaft. Aber nicht, wenn es vorher Weinsuppe gegeben hat. Darüber müsste sie noch nachdenken. Hannelore Seefried wollte aber sichergehen, dass die Speisenfolge die handwerklichen Fähigkeiten ihrer Schwiegertochter Dagmar deutlich überstieg.

Aber der Gedanke an die Nachfrage der Radfahrerin nach einer Verena Seefried ließ sie immer noch nicht los. Sie griff nach dem Föhrer Telefonbuch und suchte nach dem Namen Verena Seefried, fand aber keinen Eintrag. Vielleicht sollte sie sich bei Claudia nach dem Aussehen der Radfahrerin erkundigen? Darauf verzichtete sie jedoch, das würde der Sache zu viel Gewicht geben. Auch könnte Claudia fragen, warum die harmlose Frage einer Passantin nach Verena Seefried so große Bedeutung habe – also nach einer Person, die sie nicht einmal kannte.

Hannelore Seefried hörte, wie die Haustür aufgeschlossen wurde. Claudia kam nach Hause. Bevor diese in ihre Wohnung hinaufgehen konnte, war Hannelore Seefried im Flur. „Claudia, haben Sie einen Moment?“

Claudia verharrte mitten auf der Treppe, ohne auf den Flur zurückzukommen. Sie ahnte, dass ihre Vermieterin wieder ein Anliegen hätte. „Ja, Frau Seefried, was ist denn? Ich bin in Eile, ich muss gleich wieder los.“

Hannelore Seefried lud sie zu dem Abendessen mit ihrem Sohn ein. Claudia war von der ungewöhnlichen Einladung so überrascht, dass ihr auf die Schnelle keine glaubwürdige Ausrede einfiel. Auch dem Ansinnen, bei der Vorbereitung zu helfen, fügte sie sich wehrlos.

Dann beeilte sie sich, zum ersten Abend des Kurses über die schamanischen Heilkräuter zu kommen, den Ronald Ziegler heute begann.

***

„Hattest du auch den Eindruck, dass Hannelore heute recht angespannt wirkte?“, fragte Gerda Fricksen ihren Mann Magnus, als sie wieder in ihrem Haus in Wrixum eintrafen. Sie kamen von einem Treffen mit ihrer langjährigen Freundin Hannelore Seefried im Café am Gotinger Kliff zurück.

Gerda und Magnus Fricksen waren mit Hannelore und Herbert Seefried viele Jahre lang befreundet gewesen. Als Herbert verstorben war, hatten sie den Kontakt zu Hannelore sogar intensiviert, da sie fühlten, es ihrer Freundschaft schuldig zu sein, sich um Hannelore zu kümmern.

Magnus Fricksen schloss die Haustür. „Ist dir das aufgefallen? Hannelore ist eigentlich ein Mensch, der sehr selbstsicher ist. Es hat zwar lange gedauert, bis sie Herberts Tod verarbeitet hat. Den hatte sie ja immer vergöttert. Aber seit einem Jahr spielt die Vergangenheit mit Herbert nur noch eine geringe Rolle. Ich denke, sie ist jetzt in einer

Gegenwart ohne ihn angekommen. In ihrer Anspannung heute drückt sich wohl die Vorfreude auf den Besuch ihres Sohnes aus. Ich wundere mich, wie häufig Werner seine Mutter hier auf Föhr besucht. Fast immer ohne seine Frau. Unser Sohn lässt sich weit seltener hier auf Föhr sehen."

„Du weißt aber, dass Werners Galerie eher schlecht als recht läuft? Vor zwei Jahren musste Hannelore ihm mit einer ziemlich großen Summe aushelfen. Wetten, dass er die noch nicht zurückgezahlt hat? Und dass Dagmar selten mitkommt, liegt daran, dass Schwiegermutter und Schwiegertochter sich nicht ausstehen können. Hannelore ist froh, ihren Sohn hier auf Föhr allein für sich zu haben." Für Gerda Fricksen waren Werners häufige Besuche bei seiner Mutter nicht nur Ausdruck unbedingter Sohnesliebe.

„Kann es sein, dass Hannelore weiß, was mit Herbert damals los war?" Gerda Fricksen hakte nach.

„Nein, ganz sicher nicht. Wie sollte sie davon wissen?"

„Sie hatte doch Einsicht in die Bücher."

„Herbert war ein gewiefter Fuchs. Das ist an den Büchern vorbeigegangen." Sie überdachte Magnus' Bemerkung, beließ es aber dabei.

„Schade, dass wir schon auf Bergers Silberhochzeit eingeladen sind. Ich hätte Hannelores Einladung zum Abendessen mit ihrem Sohn und ihrer Mieterin gerne angenommen."

„Ja, ich auch. Diese Claudia Stahrmann ist eine nette Person. Auch ganz attraktiv." Gerda Fricksen schien kurz zu überlegen. Dann mit einem Lächeln: „Ich schätze, dass sie in Werners Alter ist."

Magnus Fricksen kannte seine Frau. „Du meinst, Hannelore hat diese Claudia eingeladen, um sie mit Werner zu verkuppeln? Nein, das glaube ich nicht. Werner ist doch mit Dagmar glücklich verheiratet."

„Aber nicht zu Hannelores Glück. Sie hält Dagmar für oberflächlich und selbstsüchtig. Für Werner hätte sie sich eine Frau gewünscht, die anpacken kann und sich nicht nur um ihre Schönheit kümmert. Hannelore ist überzeugt, dass Dagmar in Werner nur den Sohn reicher

Eltern gesehen hat."

„Und nun dringend auf das Erbe wartet", ergänzte Magnus Fricksen seine Frau. „Hoffentlich wartet sie es wirklich ab!"

***

Hannelore und Werner Seefried saßen am Frühstückstisch. Hannelore Seefried hatte Rücksicht auf die Schlafgewohnheiten ihres Sohnes genommen und daher das Frühstück erst um 10.00 Uhr angesetzt. Schon als Schüler war Werner ein Langschläfer, den sie häufig aus dem Bett scheuchen musste, damit er pünktlich zur Schule kam. Sie hatte den Frühstückstisch heute üppiger als gewöhnlich gedeckt, ein Mann sollte den Tag mit einer kräftigen Mahlzeit beginnen. Ihr verstorbener Mann Herbert hatte immer Wert darauf gelegt. Und sie wollte ihren Sohn verwöhnen, bei seiner Frau Dagmar bekam er morgens ja nur Müsli.

Die morgendliche Begrüßung zwischen Mutter und Sohn war kurz gewesen. Auch der Beginn des Frühstücks verlief wortkarg, Werner war ein Morgenmuffel. So hatte er Zeit zu überlegen, wie er seine Mutter zu einer Finanzierung seines neuen Projekts bewegen könnte. Da Geldprobleme zwischen ihnen ein eher unangenehmes Thema waren, wurden sie in ihren Gesprächen in der Regel umgangen. Hannelore Seefried hatte nicht vor, ihrem Sohn nochmals mit einer Geldspritze unter die Arme zu greifen. Anders als ihr Sohn hatte sie gelernt, ihr Geld zusammenzuhalten. Die beträchtliche Summe, die sie ihm vor zwei Jahren zur Verfügung gestellt hatte, war wie Schnee in der Sonne zerschmolzen. So sehr es sie freute, ihren Sohn ohne seine unausstehliche Frau bei sich zu haben, über seine geschäftlichen Fähigkeiten machte sie sich keine Illusionen.

Schon Herbert, ihr Mann, hatte seinem Sohn jedes Geschick abgesprochen, ein Geschäft erfolgreich zu führen. Und Dagmar – diese personifizierte Geldvernichtung – machte die Situation noch schlimmer.

Hannelore Seefried goss Tee ein und reichte ihrem Sohn den Toast. Sie wollte das gemeinsame Frühstück in einer entspannten Atmosphäre verbringen, fühlte aber eine Unruhe in sich, die nicht nachließ. Sie schaute ihrem Sohn zu, wie er sich vom Rührei bediente. Was wusste

Werner? Wusste er überhaupt etwas? Aber sie behielt ihre Fragen für sich. Sie wartete vielmehr, ob er Versuche starten würde, seine andauernden Finanzprobleme zur Sprache zu bringen. Werner jedoch war offensichtlich mit allen Sinnen dabei, sein Frühstück zu genießen. Statt das Thema anzusprechen, das ihm am meisten auf der Seele lag, erzählte er ihr, dass er den sonnigen Tag für eine Fahrradtour über die Insel nutzen wollte. Seit Jahren hatte er ein eigenes Rad in der Garage seiner Mutter abgestellt.

Hannelore Seefried beteiligte sich an dem Gespräch, indem sie von ihren Plänen zur Renovierung ihres Hauses berichtete, die sie schon mehrfach aufgeschoben hatte, aber im kommenden Herbst realisieren wollte. Schließlich kam sie auf seinen Tagesplan zurück.

„Wie lange willst du unterwegs sein? Wenn du um die ganze Insel fährst, sind das ja über 30 km."

„Das ist ja nicht viel. Aber das Wetter ist so schön, da werde ich immer wieder Pause machen, auf dem Deich oder am Utersumer Strand, vielleicht mache ich auch noch einen Bummel über den Sandwall und die Promenade in Wyk. Warte bitte nicht mit dem Mittagessen auf mich, ich versorge mich unterwegs."

Werner Seefried hatte das Frühstück mit seiner Mutter mit einer gewissen Beklemmung durchgestanden. Der Gedanke an seine Geldprobleme lastete auf ihm. Dennoch schaffte er es, während des Frühstücks einen unbekümmerten Eindruck durchzuhalten. Einerseits war seine Mutter seine letzte Möglichkeit, an Geld zu kommen, andererseits musste er mit ziemlicher Sicherheit damit rechnen, sich eine Abfuhr zu holen und sich seiner Mutter endgültig als Loser zu offenbaren. Die drängenden Anrufe von Dagmar hatten seine innere Zerrissenheit noch unlösbarer gemacht.

Auch als er auf einer Bank auf dem Utersumer Deich eine Ruhepause einlegte, stellte sich das Gefühl der Ruhe und des Weltvertrauens nicht ein, das ihm der Blick auf den weiten Strand, auf das Meer, auf Amrum und auf die Südspitze Sylts bei früheren Gelegenheiten vermittelt hatte. Abrupt stand er auf, ging zum Fahrradständer neben dem Kurmittelhaus und schwang sich wieder aufs Rad. Werner Seefried hatte kurz überlegt, ob er den Rückweg über Hedehusum und den Nieblumer Strand oder über Alkersum und Midlum nehmen sollte. Er entschied sich für den Weg über Alkersum und Midlum. Ob er sie sehen würde?

***

Das Abendessen mit Hannelore und Werner Seefried verlief angenehmer als Claudia befürchtet hatte. Sie war Werner Seefried bei einem seiner seltenen Besuche in Begleitung seiner Frau auf Föhr schon begegnet. Da hatte er auf sie einen eher hochnäsigen Eindruck gemacht. Bei dem Zusammentreffen damals war sie ein Unbehagen nicht losgeworden, da die Spannung zwischen Hannelore Seefried und ihrer Schwiegertochter durch Andeutungen von beiden Seiten zwar nicht offen ausgetragen, aber immer wieder aufgeladen worden war. Werner hatte zwischen ihnen ziemlich hilflos gewirkt.

Ohne seine Frau war Werner lockerer. Er erzählte einige Anekdoten über Künstler, die in seiner Galerie ausstellten. Und mit einer gewissen Begeisterung von einem Künstler, der an komplexen, beweglichen Holzobjekten arbeitete und am Anfang einer steilen Karriere stand. Dieser war bereit, einige seiner Objekte über Werners Galerie auf den Markt zu bringen. Werner berichtete auch ganz offen von den Schwierigkeiten, die die Finanzierung dieses Projekts bereitete, verließ das Thema aber bald wieder. Claudia fragte sich allerdings, ob die Erwähnung der Schwierigkeiten der Finanzierung eher für die Ohren seiner Mutter bestimmt war. Denn sie ging davon aus, dass Hannelore Seefried recht vermögend war.

Zu Claudias Erstaunen überließ Hannelore Seefried die Gesprächsführung weitgehend ihrem Sohn. Auf die teilweise amüsanten Anekdoten, die er erzählte, ging sie nicht ein. Nur einen Punkt führte sie näher aus, nämlich dass sie die künstlerischen Neigungen ihres Sohnes – im Gegensatz zu dessen Vater – immer unterstützt habe. So hätte sie ihm mehrere Reisen zu den Kunstmetropolen Europas finanziert. Werner griff ihre Bemerkung gerne auf und schwärmte von den großen Museen in Rom, Florenz, Paris und Madrid.

Claudias Lebensweg hatte den Bereich der Kunst bislang kaum

berührt. Aber Werners Schilderungen waren so anschaulich, dass sie immer wieder neugierig nachfragte. Als er merkte, dass Claudia Interesse an seinen Ausführungen zeigte, bot er ihr an, ihr die Sammlung moderner Kunst im Sprengelmuseum zu zeigen, sollte sie irgendwann nach Hannover kommen.

***

Am folgenden Tag war Claudia mit Ronald Ziegler verabredet. Sie trafen sich in der 'Schlemmerkate', einem Lokal in der

Nähe des Wyker Flugfeldes, das für seine exotischen Pfannengerichte bekannt war. Ronald hatte einen Tisch auf dem Rasen unter einer ausladenden Baumkrone reserviert. Seine leichten Berührungen bei ihrer Begrüßung empfand sie angenehm, wenn auch nicht so elektrisierend wie in den ersten Wochen ihrer Beziehung. Der farbenprächtige Sonnenuntergang wie auch die Heiterkeit der Gäste an den Nachbartischen versprachen einen entspannten Abend, vielleicht sogar mehr. Ronald ließ sie mit Gesten und Komplimenten spüren, wie sehr er das Zusammensein mit ihr genoss. Als sie beiläufig bemerkte, dass die Anforderungen ihrer Hauswirtin an ihre Hilfeleistungen in letzter Zeit überhandnähmen, fragte er einfühlsam nach. Claudia hatte selten Gelegenheit, sich über ihre Erlebnisse und ihre Nöte auszusprechen. Und Ronald konnte zuhören. So fühlte sie sich ermuntert, mehr über das zuweilen schwierige Verhältnis zu Hannelore Seefried zu erzählen. Unmerklich war sie dann in eine Schilderung des Abendessens mit Mutter und Sohn am Vortag hineingeglitten. Sie erwähnte die finanziellen Nöte, die Werner Seefried behutsam, aber unüberhörbar für seine vermögende Mutter erwähnt hatte. Obwohl Ronald ihre Vermieterin von einigen Behandlungen kannte, fragte er nach, warum sie Hannelore Seefried denn für eine reiche Frau hielt.

Die vertraute Stimmung zwischen ihnen hielt das ganze Essen über an. Als sie sich statt eines Desserts noch einen Grappa genehmigten, wechselten am Nebentisch die Gäste. Ein Ehepaar und eine blonde Frau nahmen Platz, alle in einem Alter von etwa dreißig Jahren. Die ernsten Mienen der Drei ließen vermuten, dass ihr gedämpftes Gespräch nicht nur unterhaltsam war. Der Tonfall wurde etwas lauter und klang nach einem Streit. Ronald hatte kurz hinübergeblickt. Dann hatte er es eilig, die Rechnung zu bezahlen und aufzubrechen. Wollte er den Dreien nicht begegnen? Obwohl Claudia spürte, dass sich das Gefühl der dichten Harmonie etwas auflöste, das sie den ganzen Abend über erfüllt hatte, folgte sie Ronalds Einladung, in seiner Wohnung noch ein Glas Wein zu trinken. Als sie mitten in der Nacht in seinem Bett aufwachte, war sie fast glücklich. Aber warum nur fast?

Claudia dachte nach. Eigentlich wäre sie am liebsten wieder neben Ronald eingeschlafen. Um mit ihm zusammen den neuen Tag zu beginnen. Mit einem ausgiebigen und gemütlichen Frühstück, bei dem die Erinnerung an die Nacht noch frisch war. Dann allerdings beschloss sie, leise aufzustehen, sich anzuziehen und zu sich nach Hause zu fahren. Bisher war sie bei den Besuchen in Ronalds Wohnung noch nie die ganze Nacht geblieben. Hannelore Seefried war eine Frühaufsteherin und würde wahrscheinlich mitbekommen, wenn sie erst gegen Morgen nach Haus kommen würde. Sie wollte ihr keine Gelegenheit zu Nachfragen geben. Und Ronald hatte erwähnt, dass er schon früh am Morgen zur Arbeit müsste. Claudia selbst fing heute erst zur Mittagszeit mit ihrer Arbeit an. Daher konnte sie zuhause noch einige Stunden Schlaf nachholen.

***

Gerhard Wimmer hatte gestern gleich, nachdem er mit Frau und Tochter in der Ferienwohnung in Wrixum angekommen war, drei E-Bikes für ihre ganze Urlaubszeit von zwei Wochen gemietet. Er machte heuer mit seiner Frau Heike zum zweiten Mal Ferien auf Föhr. Anders als im letzten Jahr war diesmal Lisa, ihre 18-jährige Tochter, mitgekommen. Da vier Wochen zuvor deren Beziehung zu ihrem Freund unerfreulich zu Ende gegangen war, hatte sie sich kurz entschlossen an die Urlaubspläne ihrer Eltern angehängt. Die Ferienwohnung war auch für drei Personen groß genug.

Heike, seine Frau, hatte schon gestern Abend in dem ihr eigenen, bestimmten Tonfall bekanntgegeben, dass jeder, der sie vor dem Mittagessen wecken würde, mit gesundheitsgefährdenden Folgen zu rechnen habe. Vater und Tochter hatten ihren Wunsch respektiert, sich mit einem Kaffee zum Frühstück begnügt und sich leise aus dem Haus geschlichen, um sie nicht aufzuwecken. Nach einer getuschelten

Beratung entschlossen sie sich, zum Deichanfang am Wyker Hafen zu fahren und der Fahrstraße längs des Deichs in Richtung Neue Oevenumer Vogelkoje zu folgen. Da es noch recht früh am Morgen war, begegneten ihnen auf dem ganzen Weg nur zwei radelnde Touristen, obwohl auf der Insel die Sommersaison schon begonnen hatte. Die Morgensonne bekam zusehends mehr Kraft und die Weite der Marsch auf der Innenseite des Deichs und des Watts auf der Außenseite ließen den Himmel unendlich groß werden. Und immer wieder belebten die Vogelstimmen die morgendliche Stille, als wollten sie ihnen den Weg weisen. Vater und Tochter auf ihren E-Bikes hatten das Gefühl, über die Insel zu schweben.

Gerhard Wimmer hatte erst kurz vor der Abreise in den Urlaub eine heftige Harnwegsentzündung überstanden. Deren Nachwirkungen äußerten sich immer wieder in einem plötzlichen Harndrang. So auch jetzt kurz nach der Neuen Oevenumer Vogelkoje. Er rief Lisa zu, sie solle auf ihn warten, stellte sein Rad ab und ging auf ein Gebüsch zu, das einen Fischteich abschirmte, neben dem eine kleine Holzhütte zu sehen war. Er hob das Gatter an, durch das der Zugang zum Grundstück möglich war. Er hatte gerade einige Schritte auf dem Rasen gemacht, als er plötzlich stutzte. Eine Spur im Gras direkt vor seinen Füßen führte in ein nahes Holundergebüsch. Hier war offenbar etwas Schweres über den Boden geschleift worden. Gerhard Wimmers Blick folgte der Spur. Dann blieb sein Blick an einem lilafarbenen Laufschuh hängen, wie ihn Jogger tragen. Nein, die Farben deuteten eher auf eine Joggerin hin. Als er ihn aufhob, überkam ihn ein banges Gefühl. Er zwang sich aufzusehen. Sein Blick fiel auf einen menschlichen Körper, der unter den Zweigen des Gebüsches lag. Offensichtlich eine Frau in einem Joggingdress. Sie lag auf der Seite, von ihm abgewandt. Er merkte, wie sein Atem pumpte. Eine Lähmung hatte nicht nur seinen Körper erfasst, sondern auch seine Wahrnehmung: Er sah die schreckliche Szene wie ein Standbild vor sich, nicht wie einen Film, der abläuft.

Lisas Stimme kam von weit her: „Papa, wo bist du? Ist was?“ Als er zurückrufen wollte 'Komm nicht hierher!', hörte er nur sein eigenes Krächzen. Erst beim zweiten Versuch konnte er sich vernehmbar artikulieren. Da kam Lisa aber schon angerannt. Er wollte sich ihr in den

Weg stellen, um ihr den Anblick der Frau im Gebüsch zu ersparen. Sie schaute an ihm vorbei, auch ihr verschlug der Anblick die Sprache. Nur ein wiederholtes „Nein … nein … nein!“, brachte sie heraus. Dann mit ganz flacher Stimme: „Ist sie tot?“

Gerhard Wimmer schob seine Tochter zurück und drehte sie in eine andere Richtung, so dass ihr Blick nicht mehr auf den Körper der Frau fiel.

Dann nahm er sich zusammen und beugte sich über die Frau. Er drehte die Frau um und legte seine Fingerspitzen an ihren Hals, um einen Pulsschlag ertasten zu können. Aber nichts! Ihre Haut fühlte sich kalt an. Sie war sicher tot. Aber wie war sie zu Tode gekommen? Ein Herzanfall? Warum hatte sich dann ein roter Fleck auf dem Rückenteil ihres Jogginganzugs ausgebreitet? Und warum lag sie dann an diesem abgelegenen Platz? Hier läuft man doch beim Joggen nicht hin. Und warum war sie hierher geschleift worden? Gerhard Wimmers Gedanken liefen ziellos im Kreis herum. Der Gedanke an Mord drängte sich ihm auf. Er wollte ihn wegschieben, aber ohne Erfolg. Er drehte sich zu Lisa um, die sich an einen Baumstamm lehnte, ohne zu der Leiche hinzusehen. „Du hast doch dein Smartphone mit, wir müssen die Polizei rufen.“ Er kam Lisas Frage zuvor: „Nein, den Notarzt brauchen wir nicht mehr, sie ist tot.“

***

Hauptwachtmeister Kerbel hatte an diesem Vormittag auf der Wyker Polizeistation den ersten Kaffee zubereitet und wollte seinem Kollegen Friedrichsen gerade einen Becher hinüberreichen, als sich das Telefon meldete. Dem sonnigen Tag entsprechend, der sich vor dem Fenster abzeichnete, meldete er sich mit fröhlicher Stimme. Friedrichsen nahm ihm den Kaffeebecher aus der Hand. Kerbels zuvor heitere Miene war ernst geworden.

„Ist es gewiss, dass die Frau tot ist? … Gut – nein, natürlich nicht gut – geben Sie mir bitte noch einmal genauer an, wo Ihr Standort ist.“ Kerbel machte sich eine Notiz. „Ja, ich weiß jetzt, wo Sie sind. Wir sind in wenigen Minuten bei Ihnen. Noch etwas, haben Sie den Notarzt schon angerufen?“

Friedrichsen hatte Kerbels Worten entnommen, dass der Anrufer einen Leichenfund gemeldet hatte, und war schon an der Tür. Er lief seinem Kollegen voraus zum Streifenwagen und setzte sich ans Steuer. Dort musste er kurz auf ihn warten, da Kerbel erst noch den Notarzt benachrichtigte. Als sie losfuhren, teilte Kerbel ihm den Ort des Leichenfundes mit.

Unterwegs überholten sie einige Touristen, die der windstille Frühsommertag in die Föhrer Marsch gelockt hatte. Kurz vor der Oevenumer Vogelkoje war auch der Notarztwagen zu ihnen aufgeschlossen, der ihnen zur Fundstelle der Leiche folgte. Dr. Schwärmer, der Notarzt, folgte ihnen auch jetzt, als sie von einem Mann an einem Gatter am Straßenrand herbeigewinkt wurden. Bei ihm hielten einige Radfahrer, die dieser offensichtlich vom Fundort ferngehalten und auf die Straße verwiesen hatte.

Am Fundort der Toten ließ Friedrichsen dem Notarzt den Vortritt. Er selbst blieb mit Kerbel hinter ihm und warf nur einen ersten Blick auf die Leiche. Während Dr. Schwärmer die Tote untersuchte, begann Friedrichsen mit dem Mann, der sie hergeleitet hatte, eine erste Befragung. Dieser stellte sich als Gerhard Wimmer und seine Tochter als Lisa vor und berichtete, warum und wie sie auf die Tote gestoßen waren. Friedrichsen bereitete beide darauf vor, dass sie noch zu einer genauen Befragung auf der Polizeistation benötigt würden. Gerhard Wimmer veranlasste daraufhin Lisa, ihre Mutter über ihr Smartphone von ihrer Entdeckung und der Verzögerung ihrer Rückkehr zu informieren. Kerbel hatte unterdessen begonnen, den Fundort abzusperren. Friedrichsen holte aus dem Streifenwagen eine Plane, um später die Leiche abdecken zu können.

Als Dr. Schwärmer seine Untersuchung beendet hatte, kam auch Oberkommissar Lürrsen an, der Leiter der Wyker Polizei. Friedrichsen hatte ihn schon auf der Fahrt zum Fundort benachrichtigt. Mit einem kurzen Gruß gesellte er sich zu der Runde, die sich um Dr. Schwärmer gebildet hatte. Als Lürrsen ihm zunickte, begann dieser.

„Die Frau ist schon einige Zeit tot, wahrscheinlich seit 12 bis 15 Stunden. Wir haben jetzt 9.30 Uhr, Todeszeit also gestern zwischen 18.30 und 21.30 Uhr. Eine erste Untersuchung lässt auf Fremdverschulden schließen. Nach Augenschein hat sie eine tiefe Stichwunde im Rücken. Der Stich muss in der Nähe ihres Herzens gelandet sein." Lürrsen notierte sich als wahrscheinlichen Todeszeitraum: Dienstag, den 17. Juni, 18.30 – 21.30 Uhr.

„Sie ist also mit einem Messer getötet worden?" Lürrsen wollte wissen, nach welcher Art von Tatwaffe sie zu suchen hätten.

„Wahrscheinlich. Aber der Stichkanal ist sehr schmal. Und die Einstichwunde ist etwas aufgerissen. Nur die Obduktion kann das klären, auch wie tief die Waffe in den Körper eingedrungen ist."

„Ist sie denn hier getötet worden?"

„An dem Platz, an dem sie liegt, ist nur wenig Blut zu sehen. Die Wunde ist ja auch sehr schmal." Der Arzt blickte sich kurz um und zeigte neben sich auf den Boden. „Das da sieht nach einer Schleifspur aus. Man kann die nur ungenau sehen, hier ist schon viel herumgetrampelt worden. Also, ob der Fundort der Tatort ist? Das müssen Sie noch untersuchen, an der Leiche lässt sich das nicht ablesen. Ihr Jogginganzug zeigt an der Seite grüne Flecken. Ich vermute, die sind entstanden, als sie hier über das Gras geschleift wurde."

„Haben Sie Hinweise gefunden, wer sie ist?"

„Sie war auf einer Joggingrunde. Jogger haben meist ein Handy und Schlüssel bei sich, Hausschlüssel, manchmal auch Autoschlüssel. Ich habe in ihrer Kleidung aber nichts gefunden. Sie sollten ihre Sachen noch einmal gründlich durchsuchen, falls ich etwas übersehen habe."

Lürrsen hörte aufmerksam zu. „Ja, Sie haben Recht, das ist schon merkwürdig." Dann zu Friedrichsen und Kerbel: „Durchsucht noch einmal die Kleidung der Toten. Und schaut euch in der näheren Umgebung um, ob ihr etwas findet, was uns bei ihrer Identifizierung hilft. Aber achtet darauf, keine Spuren zu verwischen, die Spurensicherung muss auch noch was zu tun haben."

Lürrsen wandte sich noch einmal an den Arzt. „Liegt ein sexueller Übergriff vor?"

„Bislang kann ich keine Hinweise auf eine Vergewaltigung entdecken.

Es sei denn, der Täter hätte sie nach dem Angriff sorgfältig wieder angezogen, was zumindest ungewöhnlich wäre. Ganz genau kann das erst die Obduktion feststellen.“

Dann griff Lürrsen zum Handy, um seinen Vorgesetzten über den Todesfall mit Fremdverschulden zu informieren.

***

Kriminalhauptkommissar Ludwig Mommsen saß mit Cosima Bernstädt, seiner Lebensgefährtin, beim Frühstück. Die Morgensonne und der blühende Garten hatten sie auf die Terrasse ihres Hauses in Nieblum gelockt, das Cosima von ihrem Vater geerbt hatte. In dem Haus hatte sie auch ihr Atelier ausgebaut. Mommsen lebte meist in Husum, wo er als Leiter der Mordkommission tätig war. Ihre Beziehung dauerte schon fast vier Jahre. Dennoch hatten sie noch keinen Weg gefunden, dauerhaft zusammenzuleben. Ludwig Mommsen war beruflich fast immer auf dem Festland gebunden, Cosima war Malerin, die auf Föhr verwurzelt war. Nur hier, wo die Bewegung des Meeres, die Weite des Himmels, der Wechsel des Lichts und die Geschichte der Insel ihr immer neue Inspirationen für ihre Kunst gaben, konnte sie leben.

Seit einer Woche hielt sich Mommsen bei Cosima auf. Im Frühjahr war er zu einer Razzia der Drogenfahndung abgeordnet gewesen. Einer der Hauptverdächtigen hatte einen brutalen Fluchtversuch unternommen. Mommsen war dabei von ihm mit dem Wagen angefahren worden und hatte sich mehrere Knochenbrüche im Fußgelenk zugezogen. Drei Operationen und eine vierwöchige Reha waren die Folgen. Da sich beim Gehen immer noch Beschwerden einstellten, hatte er seinen Resturlaub vom Vorjahr genommen und sich bei Cosima einquartiert. Mommsen war gerade dabei, Cosima zu überreden, die Arbeit im Atelier für einige Stunden liegen zu lassen und den sonnigen Tag mit ihm am Utersumer Strand zu verbringen. Erst als er seinen Vorschlag unterstützte, indem er sie an die Strandbilder der Maler im Alkersumer Museum der Westküste erinnerte, die sie liebte, gab sie nach. Da meldete sich sein Smartphone.

Sein Chef! Der kehrte zunächst seine joviale Seite heraus.

„Mommsen, schön, dass ich Sie antreffe. Ich hoffe, ich störe nicht. Wollte mich nur mal erkundigen, wie es Ihnen geht. Was macht der Fuß? Ich habe gehört, dass die Reha gut angeschlagen ist.“ In dieser Tonlage ging es noch eine Zeitlang weiter. Mommsen ahnte, dass dies nur die Ouvertüre seines eigentlichen Anliegens war. Und richtig: „Ich weiß, dass Sie ja noch einige Tage Urlaub haben. Aber gerade ist ein Todesfall mit Fremdverschulden auf Föhr hereingekommen. Sie wissen ja, dass wir schon seit Wochen personell unterbesetzt sind. Deshalb meine Bitte: wo Sie schon einmal dort sind, können Sie sich nicht etwas umsehen und sich informieren? Und Lürrsen, der Chef der Föhrer Polizei, ist ja fast schon so etwas wie ein Freund von Ihnen. Dem ist es sicher lieber, wenn Sie sich um den Fall kümmern, als dass wir von Flensburg Hilfe anfordern müssen.“

Der Chef wusste, wie man ihn herumkriegen konnte. Mommsen bat um ein paar Minuten Geduld. Er werde sich sofort wieder am Telefon melden. Eine kurze Abstimmung mit Cosima, dann sagte Mommsen zu, den Fall auf Föhr zu übernehmen. Er blieb gleich am Smartphone und wählte Henning Lürrsens Nummer. Mit ihm hatte er hier auf Föhr schon bei Mordermittlungen zusammengearbeitet.

„Hallo, Henning, hier ist Ludwig Mommsen. … Ja, ich bin auf Föhr bei Cosima. … Das ist eine längere Geschichte. Erzähle ich dir später. Also, mein Chef hat mich für euren neuen Todesfall mit Fremdverschulden eingeteilt. Ich soll sofort anfangen. Wo soll ich hinkommen?“ … „Ja gut, ich weiß, wo das ist. Bis gleich!“

Als Mommsen am Fundort ankam, war der Kreis geschrumpft, der sich um die Leiche scharte. Der Notarzt war schon weggefahren, auch die neugierigen Passanten waren von Kerbel verscheucht worden. Gerhard und Lisa Wimmer hatte man die Weiterfahrt gestattet, mit der Auflage, sich am nächsten Tag um 10.00 Uhr zu einer Befragung auf der Polizeistation zu melden. Da man sich kannte, war auch keine gegenseitige Vorstellung der Beamten nötig. Lürrsen informierte Mommsen über die bisherigen, kargen Erkenntnisse. Die Staatsanwaltschaft und die Spurensicherung waren informiert und wurden mit der nächsten Fähre erwartet.

Mommsen hob die Plane an, die man inzwischen über die Leiche der

Frau gebreitet hatte. Recht hübsch, blond, ca. 30 Jahre alt, stellte er fest. Sie lag wieder auf der Seite, wie sie vorgefunden worden war. Er wunderte sich, dass sie fast entspannte Gesichtszüge hatte. Die Gesichter ermordeter Menschen waren nach seinen langjährigen Berufserfahrungen meist erschreckt bzw. verzerrt.

Dann erinnerte er sich, dass sie einen Stich in den Rücken bekommen hatte, also ihren Angreifer wahrscheinlich nicht sehen bzw. die Gefahr, die auf sie zukam, nicht bemerken konnte. Er deckte sie nachdenklich wieder zu.

Lürrsen hatte mit seinen Kollegen inzwischen gerätselt, wie sie die Identität der Toten in Erfahrung bringen könnten. Als Mommsen zu ihnen trat, machte er genau dies zum Thema.

„Gibt es denn gar keine Hinweise, wer sie ist? Habt ihr keine aktuellen Vermisstenanzeigen von der Insel vorliegen? Sie wird ja nicht nur kurz für eine Joggingrunde vom Festland herübergekommen sein."

Lürrsen schüttelte den Kopf. „Da sie gestern Abend getötet wurde, können wir noch keine Vermisstenanzeige erwarten. Vielleicht im Laufe des Tages. Hoffen wir, dass die Spurensicherung noch etwas findet."

Staatsanwalt Hinrichs meldete sich aus Dagebüll und teilte mit, dass er – wie auch die Kollegen der Spurensicherung – die vorgesehene Fähre nicht erreicht hätten. Sie müssten auf die nächste warten, die in einer Stunde ablegen würde. Mommsen und Lürrsen beschlossen, währenddessen mit Friedrichsen zur Polizeistation zu fahren und von dort aus die Ermittlung der Identität der Toten in die Wege zu leiten. Kerbel sollte solange den Fundort bewachen. Mommsen bat Friedrichsen noch, Fotos vom Opfer zu machen.

Auf der Polizeistation angekommen, setzten sich die Beamten zusammen, um die nächsten Schritte zu planen. Mommsen fasste noch einmal zusammen: „Das Opfer ist also durch eine Stichwunde in den Rücken zu Tode gekommen. Für eine sexuelle Attacke gibt es keine Anzeichen. Es bleibt aber die Frage zu klären, ob die Tote ein Zufallsopfer war oder ob sie vom Täter gezielt angegriffen wurde. Zur Identität: Ich gehe davon aus, dass sie nicht als Tagestouristin zum Joggen auf die Insel gekommen ist. Entweder ist sie also eine Einheimische oder eine Touristin, die hier ein Quartier hat. Welche Möglichkeiten haben wir, herauszubekommen, wer sie ist?“

Die folgende Denkpause unterbrach schließlich Lürrsen. „Wenn sie nicht allein lebte, müsste jemand sich um sie Sorgen machen, da sie nach dem Lauf nicht zurückgekommen ist. Dann können wir auf eine Vermisstenmeldung hoffen. Wenn keine solche Meldung kommt, sollten wir ihr Bild an die Presse geben, das aber könnte frühestens morgen erscheinen.“

Friedrichsen ergänzte: „Wir sollten ihr Bild auch an die Vermieter und Hotels auf der Insel geben.“

„Das dauert alles viel zu lange. Ihr wisst selbst, dass die ersten 24 Stunden bei einer Mordermittlung die wichtigsten sind.“ Mommsen wandte sich an Friedrichsen. „Schauen Sie noch einmal nach, ob nicht doch schon eine Vermisstenmeldung vorliegt.“

Friedrichsen wollte der Anregung gerade nachgehen, als Lürrsens Smartphone klingelte. „Ja, Heinz, was gibt es?“

Lürrsen hörte mit zunehmender Genugtuung zu. Dann wandte er sich seinen Kollegen zu. „Wir wissen jetzt, wer die Tote ist. Der Pächter des Fischteichs dort hat von dem Polizeiaufgebot auf seinem Gelände gehört und ist dort aufgekreuzt, um in Erfahrung zu bringen, was da los ist. Er hat sie erkannt. Sie stammt von der Insel, aus Midlum. Ihr Name ist Helen Blank.“

Mommsen stand schon, bevor Lürrsen mehr berichten konnte. „Kommt, lasst uns sofort dorthin fahren. Wir müssen ohnehin wieder zum Fundort, wenn der Staatsanwalt und die Spurensicherung ankommen. Kerbel hält den Pächter des Grundstücks doch solange fest, bis wir kommen?“

Auf der Fahrt berichtete Lürrsen, was er von Kerbel erfahren hatte. Der Pächter war ein Lars Behrens. Er hatte mit mehreren Jugendfreunden das Grundstück mit dem Fischteich gepachtet. Sie hatten dort für ihre gemeinsamen, regelmäßigen Treffs eine wetterfeste und komfortable Hütte errichtet. Mommsen erkundigte sich bei seinen Kollegen, ob ihnen Helen Blank bekannt sei. Lürrsen war sie unbekannt, Friedrichsen glaubte sich zu erinnern, dass sie bei einem Rechtsanwalt arbeitete. Mehr wusste er aber auch nicht. Mommsens Zuversicht war dennoch durch die unverhofft schnelle Klärung der Identität des Opfers gewachsen.

Auf dem Grundstück am Fischteich trafen sie auf Kerbel, der sich mit einem Mann in den 50ern unterhielt, der mit einem Pickup gekommen war. Kerbel stellte ihn als Lars Behrens vor. Lürrsen und Friedrichsen kannten ihn offenbar. Deshalb überließ Mommsen die Eröffnung des Gesprächs Lürrsen.

„Herr Behrens, Sie kennen die Tote also?"

„Ja, sie kommt ja aus Midlum, wie ich. Es ist schon ein Schock, einen Menschen tot da liegen zu sehen, den man so lange kennt. Und dann noch ermordet!" Lars Behrens schüttelte sich leicht. Er hatte aber seinen Schrecken offensichtlich soweit überwunden, dass er gleich mit seinen Mitteilungen fortfuhr. „Ich sagte schon zu Ihrem Kollegen: Das ist Helen Blank. Sie ist in Midlum aufgewachsen, bei ihrer Tante Frenzi. Die hatte sie zu sich genommen, als ihre Mutter gestorben war. Da war Helen noch ein kleines Mädchen, vielleicht acht oder neun Jahre alt. Ihr Vater hat nur den Sohn, also ihren Bruder Jan, damals bei sich behalten. War für Helen wohl auch besser." Nach einer kleinen Pause der Erinnerung fuhr er fort: „Ihr Vater war ein Eigenbrötler und ein Sturkopf. Der Junge hatte auch unter ihm zu leiden."

Lürrsen fragte nach. „Wohnt sie denn noch bei ihrer Tante? Sie ist doch bestimmt schon Ende zwanzig?"

„Nein, oder ja... Die Tante ist vor ein paar Monaten gestorben, aber Helen wohnt noch in dem Haus - wohnte, muss ich jetzt ja sagen."

Lürrsen drehte sich zu den Kollegen um. „Dann müssen wir wohl den Vater benachrichtigen."

Lars Behrens unterbrach ihn. „Der ist auch schon tot. Helens nächster Angehöriger ist ihr Bruder Jan. Der wohnt mit seiner Familie in Alkersum und hat sich dort ein Haus gebaut."

Lürrsen ließ sich von Behrens beschreiben, wo sie Jan Blank in Alkersum finden könnten.

Dann schaltete sich Mommsen in das Gespräch ein. „Herr Behrens, was war Helen Blank für ein Mensch? Wie war ihr Privatleben? Verheiratet war sie nicht?“

„Nein, das hat wohl nie so hingehauen. Sie hatte wohl Freunde, aber von sich aus nie darüber geredet. Es gab meist nur Gerüchte. Ich kann Ihnen keine Namen nennen, auf dem Gebiet war sie sehr zurückhaltend. Solange sie mit Tante Frenzi zusammenlebte, war das für sie auch schwierig.“

„Was meinen Sie mit schwierig?“

„In dem Haus von Frenzi konnte sie mit einem Mann schlecht zusammenleben. Vielleicht mochte sie auch ihre Tante nicht allein lassen. Aber ich weiß nichts darüber. Man macht sich nur so seine Gedanken.“ Mommsen merkte, dass Lars Behrens das Thema verlassen wollte.

Ihm war klar, dass er von Behrens später vielleicht noch Auskünfte bräuchte, daher drängte er ihn nicht weiter. Bevor er mit Lürrsen losfuhr, um Jan Blank die Nachricht vom Ableben seiner Schwester zu bringen, nahm er Friedrichsen zur Seite und trug ihm auf, Behrens zu befragen, ob einer aus der Runde der Pächter des Grundstücks Helen Blank näher gekannt habe. Auch die Namen der anderen Pächter solle Friedrichsen in Erfahrung bringen. Dann machte er sich mit Lürrsen auf den Weg.

***

Am Hause Jan Blanks angekommen, trafen sie auf dessen Frau Janine. Sie fühlte sich durch die Ankunft der Beamten offensichtlich gestört, ihr pausbäckiges Gesicht war angespannt. Sie war auf dem Weg zum Einkaufen und gerade dabei, ihr Kind auf den Kindersitz des Wagens zu bugsieren. Auf die Nachricht vom Tod ihrer Schwägerin reagierte sie recht verhalten. Sie fragte auch nicht nach den Umständen ihres Todes. Mommsen hatte den Eindruck, dass ihr Verhältnis zu Helen Blank von keiner großen Innigkeit geprägt war. Sie teilte ihnen mit, dass ihr Mann zur Arbeit wäre, auf der Raiffeisenniederlassung, und gab ihnen die Adresse. Als die Beamten losfuhren, blieb ihr Wagen noch eine Weile stehen. „Wahrscheinlich ruft sie jetzt ihren Mann an," ließ sich Lürrsen vernehmen.

Auf der Raiffeisenniederlassung kam Jan Blank den Beamten zögerlich am Eingang entgegen. Er war also über ihren Besuch bereits informiert. Sie blieben mit ihm auf dem Parkplatz stehen, da sie die Unterhaltung ohne weitere Ohrenzeugen führen wollten. Die Nachricht vom Tod seiner Schwester hatte ihn stärker getroffen als seine Frau. Obwohl er sich zusammenriss, merkte man ihm seine Erschütterung an. Aber er war bereit, erste Fragen zu beantworten und zur Identifizierung der Leiche mit den Beamten an den Fundort zu kommen. Mommsen setzte sich auf der Fahrt in die Oevenumer Marsch neben Jan Blank auf den Rücksitz.

„Herr Blank, wissen Sie, was Ihre Schwester gestern gemacht hat? Wir haben sie in ihrem Joggingdress gefunden. War das üblich, dass sie abends in der Marsch gelaufen ist?"

Jan Blank hatte sich in seinen Gedanken verloren. Mommsen konnte sich vorstellen, dass in ihm jetzt die Erinnerungen an seine Schwester in vielen Bildern lebendig wurden. Aber er reagierte gleich auf Mommsens Frage. „Ja, sie hat häufig gejoggt. Sport war ihr immer wichtig, sie hat auch im Verein Basketball gespielt."

„Ist sie immer zu festen Zeiten gelaufen? Hatte sie immer die gleichen Strecken?"

„Das weiß ich nicht. Nur, dass sie zwei- bis dreimal pro Woche unterwegs war."

„Lief sie immer allein oder hatte sie Begleitung?"

„Darüber haben wir nie geredet, vielleicht manchmal mit einem von den Mädels ihrer Basketballtruppe. Aber wir haben uns ja nur selten gesehen."

Auf Mommsens Frage nach Namen aus der Basketballmannschaft fielen Jan Blank zwei Namen ein, die sich Mommsen notierte.

„Herr Blank, eine andere Frage. Was war Ihre Schwester für ein

Mensch? Ich weiß schon, dass Sie nach dem frühen Tod ihrer Mutter nicht zusammen aufgewachsen sind. Aber Sie werden ja Kontakt zueinander gehalten haben."

„Solange ich in die Schule ging, waren wir sogar ziemlich viel zusammen. Ich lebte ja bei meinem Vater, der war ein schwieriger Mensch. Daher hielt ich mich damals häufig bei Tante Frenzi und bei Helen auf. Z.B. habe ich oft nach der Schule bei ihnen Mittag gegessen. Nach der Schulzeit, also während der Lehre, war ich dann mehr mit meinen Kumpels zusammen. Aber wenn ich Probleme hatte, konnte ich immer mit Helen reden. Für sie war ich immer ihr kleiner Bruder."

„War sie ein glücklicher Mensch?" Mommsen war sich bewusst, dass Menschen zwar glücklich sein wollten, aber sich nur schwer klarmachen konnten, was sie damit meinten. Dennoch stellte er immer wieder die Frage. Wie Menschen mit dieser Frage umgingen, zeigte ihm häufig, was ihnen wichtig war. Und diente als Hinweis auf mögliche Motive für ihr Handeln.

„Sie hat nie gesagt, dass sie unglücklich war - meinen Sie sowas? Beruflich war sie ganz zufrieden, mit ihrem Chef und ihren Kolleginnen kam sie gut aus."

Mommsen begrüßte es, dass die Fahrt zurück in die Oevenumer Marsch noch immer andauerte, denn Jan Blank kam mehr und mehr ins Reden.

„Und ihr Privatleben? Hatte sie einen Freund?"

„Ich glaube zurzeit nicht, aber das war ein Punkt, da war sie immer sehr zugeknöpft. Auch mir gegenüber. Vor zwei oder drei Jahren fuhr sie manchmal am Wochenende aufs Festland. Als ich sie gefragt habe, ob sie einen Mann trifft, hat sie nur gesagt, sie sei schließlich alt genug. Aber etwa nach einem halben Jahr war das vorbei."

„Und hier auf der Insel? Hatte sie früher hier Freunde?"

„Im vorigen Jahr hatte ich mal den Eindruck, aber ich weiß eigentlich nicht warum. Fragen wollte ich sie nicht, sie sollte nicht den Eindruck haben, dass ich mich in ihr Leben einmische."

„Könnte sie mit ihren Freundinnen vom Basketball darüber gesprochen haben?“

„Glaube ich nicht, ich sagte schon, im Hinblick auf Männerbekanntschaften ist sie - war sie sehr verschwiegen. Vielleicht hängt das mit Tante Frenzi zusammen, die hätte sicher was dagegen gehabt, wenn sie dort im Haus noch einen Mann bei sich gehabt hätte.“

„Herr Blank, noch eine Frage: Haben Sie einen Schlüssel für die Wohnung Ihrer Schwester?“

„Nein, wir hatten ja nicht viel Kontakt.“

„Hatte sie denn ein Auto?“

„Ja, einen kleinen Toyota.“

Als sie zum Fundort der Leiche zurückkamen, waren Staatsanwalt Hinrichs und die beiden Kollegen der Spurensicherung auch schon eingetroffen. Mommsen hatte mit dem Staatsanwalt schon mehrmals zusammengearbeitet, auch schon einmal bei einem früheren Mordfall auf Föhr.

Zunächst aber führte Lürrsen Jan Blank zur Leiche. Er deckte diese auf. Jan Blank stand lange ohne sich zu regen. Dann drehte er sich um und schaute in das angrenzende Waldstück. Schließlich kam er zu Lürrsen zurück und sagte nur: „Ja, das ist meine Schwester.“

Nach der Bestätigung der Identität durch Jan Blank führte Friedrichsen den Staatsanwalt zum Opfer, während Mommsen den Beamten der Spurensicherung auftrug, erst die Leiche und dann auch die Umgebung - einschließlich eines Teils der angrenzenden Fahrstraße - nach der Tatwaffe und nach Spuren auf den genauen Tatort zu untersuchen.

Nachdem Hinrichs die Leiche sorgfältig in Augenschein genommen hatte, kam er wieder zu den Beamten zurück. „Herr Mommsen, als Todesursache scheint ja wohl nur die Stichverletzung in Frage zu kommen. Haben Sie schon eine Vorstellung von der Tatwaffe? Ein Messer? Oder was könnte es sonst gewesen sein?“

„Das vermute ich auch. Aber der Einstich ist recht schmal. Und wir müssen wissen, wie tief der Stichkanal ist. Laut dem hiesigen Notarzt ist zur Klärung wohl eine Obduktion notwendig."

„Ja, die werde ich anordnen. Veranlassen Sie die Überführung der Leiche in das gerichtsmedizinische Institut in Kiel. Es ist wahrscheinlich noch zu früh, um zu fragen, ob Sie schon eine Ahnung haben, in welcher Richtung der Täter zu finden ist?"

„Ja, wir sind erst ganz am Anfang." Mommsen zeigte auf Jan Blank, der immer noch regungslos einige Schritte entfernt in die Ferne starrte, als suche er dort die Erklärung für den sinnlosen Tod seiner Schwester. „Ihr Bruder ist ihr nächster Angehöriger. Aber in den letzten Jahren hatte der auch nur wenig Kontakt mit dem Opfer. Sie hatte mit ihrem Bruder ein Haus von ihrer Tante geerbt, vielleicht hat es über das Erbe Konflikte gegeben. Als Nächstes werden wir versuchen, ihr Privatleben auszuleuchten, auch ihr berufliches Umfeld. Wir werden also die übliche Polizeiarbeit mit Nachdruck vorantreiben."

„Herr Mommsen, ich lasse Ihnen freie Hand, ich weiß, der Fall ist bei Ihnen gut aufgehoben. Übrigens, Sie hinken etwas. Was ist mit Ihrem Fuß los?"

Mommsen fasste seine Krankengeschichte in wenigen Sätzen zusammen. Hinrichs wollte die nächste Fähre erreichen, verabschiedete sich von den Beamten und ließ sich von Kerbel zu Wyker Mole fahren.

Friedrichsen hatte schon vorher das Bestattungsunternehmen gerufen, das jetzt mit der Überführung der Leiche nach Kiel beauftragt wurde. Friedrichsen überwachte den Abtransport und blieb zur Unterstützung für die Spurensicherung am Fundort zurück. Mommsen kehrte mit Lürrsen zur Polizeistation zurück, um den Gang der weiteren Ermittlungen festzulegen.

***

Dort angekommen, kümmerte sich Mommsen erst einmal darum, die Personalkapazität für die Ermittlungsarbeit sicherzustellen. „Henning, wie weit könntet ihr euch in die Ermittlungen einschalten - ich meine neben eurer Tagesarbeit?"

„Nur sehr begrenzt, zwei unserer Kollegen sind krankgeschrieben. Ich kann mich immer mal wieder für einige Stunden freimachen, hin und wieder auch Friedrichsen, der aber eher selten."

„Gut, dann muss Caro dazukommen." Oberkommissarin Caroline Hositz, genannt „Caro", war seit über drei Jahren Mommsens Kollegin in der Mordkommission. In dieser Zeit hatte er ihre Zuverlässigkeit und ihre Kombinationsgabe schätzen gelernt. Für die Ermittlungsarbeit war ihre wertvollste Fähigkeit jedoch ihr Einfühlungsvermögen - sowohl in verschüchterte als auch in verstockte Zeugen.

In Telefongesprächen mit Caroline Hositz und seinem Chef regelte Mommsen, dass sie sich unverzüglich nach Föhr auf den Weg machte.

„Gut, das ist erledigt, Caro versucht, noch heute hier anzukommen. Jetzt zurück zur Arbeit an unserem Fall. Als Erstes müssen wir die Wohnung des Opfers durchsuchen. Schade, dass sie keinen Wohnungsschlüssel bei sich hatte."

„Ludwig, ein Ermittler mit so langer Erfahrung wie du wird ja wohl noch ein Türschloss aufbekommen. Da die Wohnungsinhaberin tot ist, brauchen wir auch keinen Durchsuchungsbeschluss."

Mommsen grinste. „Ja, unser Job bringt schon einige handwerkliche Erfahrungen mit sich. … O.k., dann müssen wir noch eine ganze Anzahl von Leuten befragen. Ich will so viel wie möglich über Helen Blank herausbekommen. Das sollte uns helfen, herauszufinden, ob der Täter sie ganz gezielt gesucht und angegriffen hat. Das kann uns auch bei der Suche nach dem Tatmotiv helfen."

„Wen willst du denn zuerst befragen?"

„Ihre persönlichen Kontakte am Arbeitsplatz. Dann die Mädels aus ihrer Basketballgruppe. Auch den Bruder noch einmal, wenn der etwas zur Ruhe gekommen ist."

„Meinst du, dass das gemeinsame Erbe, also das Haus der Tante, eine Rolle spielt?"

„Darüber will ich eben mehr in Erfahrung bringen. Ich möchte mir auch das Testament einmal ansehen. Lass uns aber jetzt aufbrechen, wir müssen ihre Wohnung durchsuchen, bevor das ein anderer macht."

Am Haus des Opfers in Midlum angekommen, war es Mommsen ein Leichtes, die Haustür fachgerecht zu öffnen. Auf den ersten Blick ergaben sich keine Hinweise darauf, dass schon jemand vor ihnen das Haus durchsucht haben könnte. Das Haus schien in den 70er Jahren erbaut worden zu sein. In der Wohnung im Erdgeschoss hatte offensichtlich Helen Blanks Tante gewohnt. Helen Blank selber in zwei Zimmern im ausgebauten Dachgeschoss. Der erste Eindruck des Rundgangs war, dass die Durchsuchung eine längere Zeit in Anspruch nehmen würde. Lürrsen übernahm das Dachgeschoss, Mommsen das Erdgeschoss.

Mommsen begann mit der Küche, die aber nur auf ein lebhaftes Interesse der verstorbenen Tante an der Kunst des Backens schließen ließ. Ein Blick in das Badezimmer ließ ihn aber stutzen. Das Fenster war leicht geöffnet, der Verschluss zeigte Spuren eines Aufbruchs. Also war jemand durch das Fenster eingedrungen. Mommsen vermied es, das Fenster anzufassen, um die Chancen der Spurensicherung nicht zunichte zu machen, Fingerabdrücke des Eindringlings zu nehmen.

Aber wann war der Einbruch erfolgt? War das, bevor das Opfer zum Joggen aufgebrochen war? Wenn Helen Blank das Badezimmer benutzt hätte, hätte sie den Aufbruch des Fensters entdeckt und das Haus nicht verlassen, ohne das Fenster zu sichern. Die Ausstattung des Badezimmers wies auch Utensilien auf, die eher bei jüngeren Frauen üblich waren. Wahrscheinlich hatten sich das Opfer und Tante Frenzi das Badezimmer geteilt. Er musste Lürrsen aber fragen, ob oben im Dachgeschoss ein zusätzliches Badezimmer für Helen Blank vorhanden wäre. Mommsen ging davon aus, dass der Einbruch erst erfolgt war, nachdem sie das Haus verlassen hatte. Das sprach dafür, dass der Täter der Einbrecher war. Dann konnte der Mord an Helen Blank keine Zufallstat sein. Aber was hatte der Täter gesucht? Mommsen machte sich daran, die übrigen Räume des Erdgeschosses zu durchsuchen. Er förderte aus den Kommoden in Wohn- und Schlafzimmer mehrere Stapel Unterlagen hervor, die er auf dem Esstisch sammelte, darunter auch diverse Fotoalben. Die Unterlagen waren nicht sehr ordentlich abgelegt gewesen. Daher war Mommsen unsicher, ob sie schon vor ihnen jemand durchgesehen hatte oder ob Helen Blank bzw. ihre Tante keinen Wert auf eine geordnete Ablage gelegt hatten.

Auch Lürrsen hatte im Dachgeschoss Unterlagen sichergestellt, mit denen er die Treppen herunterkam. Mommsens Frage nach einem weiteren Badezimmer verneinte er. Helen Blank hatte ihr Schlafzimmer oben auch nach dem Tod ihrer Tante weiterhin benutzt. Bad, Wohnzimmer und Küche aber im Erdgeschoss. Auf Mommsens Frage war auch er unsicher, ob schon vor ihm jemand die Unterlagen durchsucht hätte.

„Hast du oben ein Handy oder einen Laptop gefunden?"

„Nein. Unten also auch keine?"

„Nein, und das wundert mich."

Mommsen zeigte Lürrsen noch das aufgebrochene Fenster im Badezimmer. Dieser teilte seine Schlussfolgerungen, dass der Einbrecher wahrscheinlich der Mörder Helen Blanks sei. Sie schafften die Unterlagen ins Auto, um sie auf der Polizeistation durchzusehen. Dann sicherten sie sowohl das Badezimmerfenster als auch die Haustür. In der Einfahrt zum Grundstück stand ein Auto, ein kleiner Toyota, den Mommsen für den Wagen des Opfers hielt.

Er wies Lürrsen darauf hin. „Helen Blank muss tatsächlich sehr sportlich gewesen sein. Sie ist offensichtlich den ganzen Weg bis zum Fundort gelaufen."

***

Ronald Ziegler kam mit sich nicht ins Reine. Seit Tagen fühlt er sich in einem Gestrüpp von Zweifeln gefangen, aus dem er nur durch eine Entscheidung entkommen konnte. Diese Zweifel nagten auch an dem Bild, das er von sich selbst hatte: ein Mensch, der in der Lage war, seine Träume zu verwirklichen, auch wenn diese über die Grenzen kleinbürgerlicher Lebensentwürfe hinausgingen. Oder war er doch nur ein Schmarotzer, der Frauen emotional und materiell ausnutzte? Mit diesem Vorwurf hatten ihn seine abgelegten Freundinnen verfolgt. Ronald Zieglers Beziehung zu Claudia Stahrmann war in eine Phase geraten, dass sie Teil seiner Träume geworden war. Aber er brauchte dringend Geld. Er musste seine Schulden loswerden, auch hier auf Föhr. Und er durfte die Gelegenheit nicht verstreichen lassen, sich selbstständig zu machen. Nur so konnte er seiner Berufung zum Schamanen nachkommen. Aber Claudia kämpfte selbst mit finanziellen Problemen.

Ronald Ziegler wollte seinen vollen Arbeitstag mit einem Hausbesuch bei Hannelore Seefried beenden, einer Privatpatientin, die er einmal pro Woche aufsuchte. Der reguläre Termin wäre eigentlich erst für den kommenden Tag vorgesehen. Aber Hannelore Seefrieds Sohn Werner hatte heute Vormittag persönlich mit der Bitte vorgesprochen, den Termin vorzuziehen.

Claudia hatte mit Ronald Ziegler ausgemacht, dass sie sich die Intimität ihrer Beziehung nicht anmerken ließen, sollten sie im Hause von Hannelore Seefried einmal zusammentreffen. Hannelore Seefrieds Physiotherapie dauerte eine halbe Stunde. Danach lud sie Ronald Ziegler ein, mit ihr noch einen Pharisäer zu trinken. Sie genoss es, mit ihrem charmanten Physiotherapeuten zu plaudern. Als sie die Pharisäer-Tassen aus dem Vertiko holte, bemerkte er dort ein hübsches Geschirr. Er machte eine bewundernde Bemerkung, auf die Hannelore Seefried mit dem Hinweis reagierte, das sei echtes Meißener Porzellan.

Sie hatte gerade die Tassen mit dem Pharisäer auf dem Tisch abgestellt, als Werner hereinkam. Hannelore Seefried merkte nur an, dass die beiden einander schon kannten und wollte das Gespräch fortsetzen. Werners Einsilbigkeit ließ es aber bald ins Stocken geraten. Ronald Ziegler bemühte sich zwar, den Gesprächsfluss nicht abreißen zu lassen. Er hatte Werner mit seinem Wagen, einem älteren Saab, ankommen gesehen und versuchte, sich mit technischen Fragen zu dem Autotyp interessiert zu zeigen. Aber Werner reagierte unaufmerksam und die Unterhaltung geriet ins Stocken. Ronald merkte, dass Werner kein Interesse an seiner Anwesenheit zeigte, und verabschiedete sich.

Auf dem Rückweg kam ihm zum Bewusstsein, dass er Claudia seit ihrem letzten gemeinsamen Abend schon mehrere Tage nicht gesehen hatte. Er hatte sich bei ihr auch nicht gemeldet. Dem Zusammenstoß mit seiner Ex-Freundin vor der „Schlemmerkate“ war er damals nur durch den plötzlichen Aufbruch entgangen. Wenn diese nicht durch ihre Diskussion mit ihrer Begleitung abgelenkt gewesen wäre, hätte sie ihm sicher eine Szene gemacht und ihr Darlehen zurückgefordert. Aber sie hatte ihn mit Claudia gesehen. Und ihm am nächsten Tag am Telefon gedroht und ihr Geld gefordert. Gottseidank hatte Claudia keine Ahnung, warum er das Lokal in aller Eile verlassen hatte. Ihm war es dann an jenem Abend und in der Nacht gelungen, Claudia so abzulenken, dass sie nicht nachgefragt hatte.

Ronald Ziegler glaubte, dass Claudia sich an die Episode des plötzlichen Aufbruchs nicht mehr erinnerte. Daher beschloss er, sie anzurufen und sich mit ihr zu verabreden. Seine Ex würde mit ihren Forderungen nach Rückzahlung des Darlehens seinen Zukunftsplänen nicht in die Quere kommen!

Claudia hatte jetzt – zu Beginn der Saison auf der Insel – im Hofladen so viel zu tun, dass sie noch auf der Arbeit war, als Ronalds Anruf sie erreichte. Sie wollte nach Feierabend etwas frische Luft tanken und vor Goting-Kliff einen Strandspaziergang machen. Sie machten aus, dass Ronald sie abholen und mit ihr zum Strand fahren würde.

Als Claudia aus dem Laden kam, wurde sie schon von Ronald in seinem Wagen erwartet. Auch heute freute sie sich, ihn zu sehen. In den letzten Tagen hatte sie immer wieder an ihn gedacht. Aber da sie nicht den Eindruck erwecken wollte, sich ihm aufzudrängen, hatte sie sich zurückgehalten und sich nicht bei ihm gemeldet. Seine unauffällige Zärtlichkeit bei der Begrüßung versetzte sie gleich in eine Hochstimmung, die sie schweigend genoss. Der Strand war zwar belebt, aber Claudia hatte das Gefühl, als wären Ronald und sie alleine dort.

Auch auf dem Spaziergang schwiegen beide zunächst. Erst als sie ein Stück ins Watt hinausgingen, fing Ronald an zu reden.

„Wie geht es dir eigentlich mit deiner Hauswirtin? Beansprucht sie dich immer noch so viel?“

„Zurzeit geht es, ihr Sohn ist immer noch zu Besuch. Daher kann sie ihn jetzt mit Beschlag belegen. Mich verschont sie noch.“

„Ja, ich war vorhin zur Behandlung bei ihr, da habe ich ihn gesehen. Irgendwie ein komischer Kauz, nicht sehr gesprächig. Sag mal, der hat doch einen Beruf, diese Galerie, und eine Frau. Wie kann der so lange dort wegbleiben?“

„Die Galerie läuft nicht gut, er braucht Geld. Das wittert er bei seiner Mutter.“

„Hat die denn so viel übrig, dass sie ihn finanzieren kann?“

„Ich glaub schon. Was die alleine schon an Schmuck hat! Und ihren Schatz, das Meißener Porzellan. Das sind ganz alte Sammlerstücke, also kostbar.“

„Ja, die habe ich gesehen, sie hat mir einen Pharisäer angeboten. Als sie die Tassen aus dem Schrank geholt hat, habe ich einen Blick darauf geworfen. Und die sind so viel wert?“

„Ich kenne mich da nicht aus, aber sicher mehr, als ich in einem Jahr verdiene.“

„Na, schön für sie. Und für ihren Sohn.“

„Ich weiß nicht, ob der das alles erbt, meist ist sie nicht gut auf ihn zu sprechen, - noch weniger auf seine Frau“, fügte Claudia hinzu.

Sie blieben noch solange am Strand, um das Ende des Sonnenuntergangs zu erleben. Die romantische Stimmung klang nach, als Ronald Claudia zu einem Imbiss bei sich zu Hause einlud. Er hatte Enchiladas mit Hähnchenfleisch vorbereitet, ein Gericht, das er aus Mexiko kannte. Während des Essens unterhielt er sie mit Erlebnissen auf seinen Reisen durch Mexiko und Mittelamerika, wo er viel über die Heilmethoden der indigenen Bevölkerung gelernt hatte. Claudia ließ sich von der Stimmung des Abends tragen. Ronald war so ganz anders als die Männer, die sie früher kennengelernt hatte.

***

Lürrsen hatte sich von Jan Blank noch den Namen des Arbeitgebers seiner Schwester geben lassen. Auf der Polizeistation angekommen, luden die beiden Beamten zunächst die Unterlagen aus. Dann rief

Lürrsen in der Anwaltskanzlei an, in der Helen Blank gearbeitet hatte. Rechtsanwalt Sieversen war den ganzen Tag in seiner Kanzlei. Daher konnte er die Beamten gleich empfangen.

Tede Sieversen war ein etwas korpulenter Mann, dessen manchmal behäbige Redeweise Mommsen nicht darüber hinwegtäuschte, dass er seine Gesprächspartner schnell einzuschätzen wusste.

„Meine Herren, kommen Sie bitte herein. Ja, es ist kein erfreulicher Anlass, der sie hierherführt. Der Tod von Frau Blank ist für uns alle ein schrecklicher Schock."

Mommsen war nicht überrascht, dass der Anwalt schon vom Tod seiner Mitarbeiterin unterrichtet war. Das Kommunikationsnetz auf der Insel war eben sehr dicht, wie er schon häufig erfahren hatte. Er kam gleich zur Sache.

„Herr Sieversen, wir müssen davon ausgehen, dass Frau Blank durch einen Stich in den Rücken zu Tode kam. Sie ist beim Joggen ermordet worden. Ferner haben wir Anlass zu der Vermutung, dass sie gezielt als Opfer ausgewählt wurde. Daher müssen wir ihr privates und berufliches Umfeld untersuchen. Wenn Sie einmal überlegen, fällt Ihnen etwas ein, das uns hilft, die Vorgeschichte der Tat zu verstehen?"

„Frau Blank war hier als Anwaltsgehilfin beschäftigt, schon seit vielen Jahren. Da fielen vor allem Büroarbeiten an. Also auch die Ablage von Unterlagen unserer Klienten. Sie war eine ausgezeichnete Mitarbeiterin, ohne jeden Fehl und Tadel. Pünktlich, zuverlässig, ein beliebtes Mitglied unseres Teams. Nein, in ihrer beruflichen Tätigkeit sehe ich keine Ansatzpunkte für Ihre Mordermittlungen."

Mommsen folgte aufmerksam den Ausführungen des Anwalts. „Sie sagten, Frau Blank verwaltete auch Unterlagen Ihrer Klienten. Da stehen sicher auch Dinge drin, die nicht für die Öffentlichkeit bestimmt sind. Wäre da Missbrauch möglich?"

„Mhm … eigentlich nicht. Vielleicht mit krimineller Energie. Aber so ein Mensch war sie ganz sicher nicht. Sie denken an Erpressung?"

„Ja, - aber auch daran, Interessenten mit Informationen über Klienten zu versorgen und damit Geld zu machen."

„An was dachten Sie denn genau?"

„Z.B. an Testamente oder Verträge, die geheim bleiben sollen."

„Nicht Helen Blank. Ich kann sie mir weder im Zusammenhang mit einer Verletzung der Geheimhaltungspflicht noch mit einer Erpressung vorstellen."

„Was wissen Sie denn über ihr Privatleben?"

„Wenig. Sie ist bei ihrer Tante in Midlum aufgewachsen, aber die ist vor kurzem gestorben. Sie ist unverheiratet, als Familie ist nur noch ihr Bruder übrig."

„Frau Blank hat häufig gejoggt. Was wissen Sie darüber?"

„Nur, dass sie gerne Sport betrieb." Sieversen schaute auf seine Leibesfülle herab. „Schauen Sie mich an, Sie glauben doch nicht, dass ich mit ihr gejoggt bin?"

Die Beamten lächelten einvernehmlich.

„Was ist mit Männerbekanntschaften?"

„Ich habe sie mal mit einem Mann in einem Lokal gesehen. Das ist etwa ein Jahr her. Aber ich hab nie nachgefragt. Sie sollten mal ihre Kollegin Viola Simelow fragen, mit der sie sich das Büro teilt."

„Können Sie den Mann beschreiben?"

„Lassen Sie mich überlegen. … Vielleicht Mitte dreißig, gutaussehend, sportlich, mit einem Dreitagebart."

„Wir würden gerne den Arbeitsplatz von Frau Blank ansehen, ob sie dort private Unterlagen hat. Die müssten wir mitnehmen."

„Da sehe ich kein Problem." Sievers zeigte sich hilfsbereit.

Mommsen schaute Lürrsen an, ob der noch Fragen hätte. Der schüttelte nur den Kopf. Der Anwalt brachte sie dann in das Büro von Viola Simelow. Er stellte die Beamten vor, teilte ihr mit, dass diese den

Arbeitsplatz ihrer Kollegin durchsuchen würden, und verließ den Raum. Viola Simelow war eine schmale Blondine, die Mommsen auf Anfang zwanzig schätzte. Er bemerkte, dass ihr Make-up auf wenig Übung in der Kunst der Kosmetik schließen ließ. Lürrsen schien sie zu kennen, sodass Mommsen ihm jetzt wieder die Gesprächsleitung überließ.

„Frau Simelow, Sie haben vom Tod Ihrer Kollegin ja bereits gehört. Können wir Ihnen jetzt schon einige Fragen stellen? Ich hoffe, das regt Sie nicht zu sehr auf."

Viola Simelow nickte heftig mit dem Kopf, so wie Kinder, die zeigen wollen, dass sie einverstanden sind.

„Also, Sie kennen Ihre Kollegin schon wie lange?"

„Seit ich hier gelernt habe, insgesamt seit fast vier Jahren. Sie hat mich hier auch angelernt."

„Wie war Ihr Verhältnis zueinander?"

„Das war toll, eine bessere Kollegin kann ich mir gar nicht vorstellen." Viola Simelow begann aufzutauen.

„Haben Sie denn auch außerhalb der Kanzlei etwas gemeinsam unternommen?"

„Nee, nicht so richtig, sie war ja mehrere Jahre älter als ich."

„Hat sie denn mal was Privates erzählt?"

„Ja, aber selten. Sie wohnte mit ihrer Tante zusammen, die hat sich manchmal bei ihr eingemischt."

„Wie hat sie das gemeint?"

„Na ja, mit einer eigenen Wohnung ist das leichter, mit einem Freund allein zu sein. Sowas hat sie mal gesagt."

„Hatte sie denn einen Freund?"

„Ich glaube früher mal, so vor zwei Jahren. Der war aber auf dem

Festland, da ist sie manchmal rübergefahren."

„Wissen Sie, wer das war? Wie der hieß?"

„Nee, da hat sie nix gesagt, war irgendwie geheimnisvoll."

„Und danach?"

„Ich glaube, da gab es mal jemanden. Der war vielleicht was Medizinisches."

„Ein Arzt?"

„Hat sie nicht gesagt. Ich hab mir das nur gedacht, der hat ihr Tipps für die Gesundheit gegeben."

Lürrsen hatte noch weitere Fragen. „Wie war das Verhältnis zu ihrem Bruder?"

„Sie haben sich nur selten gesehen. Sie konnte Janine, Jans Frau, nicht ausstehen. Sie meinte, dass die keinen guten Einfluss auf ihren Bruder hat."

Auch Mommsen hatte noch eine Frage. „Können Sie sich vorstellen, dass Ihre Kollegin es mit der Geheimhaltung von Informationen ihrer Klienten nicht so genau nahm?"

„Sie meinen, ob die was rumerzählt hat, was geheim ist - aus Testamenten oder so?"

„Genau."

„Nein, Helen doch nicht, auf keinen Fall. Da war sie ganz gewissenhaft."

Viola Simelow wirkte sehr zerbrechlich, dennoch traute sich Lürrsen zu fragen: „Haben Sie mit ihr manchmal Sport gemacht? Joggen z.B.?"

Viola Simelow lachte leise auf. „Nein, sie war ja fast eine Leistungssportlerin. Helen spielte Basketball im Verein. Und lief häufig lange Strecken, manchmal über eine Stunde, ich könnte das gar nicht."

Diesmal blickte Lürrsen Mommsen an, der nur den Kopf schüttelte. Lürrsen beendete die Befragung. Dann begannen die Beamten die Durchsuchung des Schreibtisches des Opfers. Lürrsen entdeckte eine geschlossene Aktenhülle ohne Aufschrift. Da er den Eindruck hatte, dass diese private Unterlagen enthielt, nahm er sie mit. Auch ein abgegriffenes Adressbüchlein, das in der untersten Schublade des Schreibtisches lag. Das Handy der Toten war auch hier nicht aufzufinden. Die Beamten bedankten sich und kehrten zur Polizeistation zurück.

***

Als Jan Blank Feierabend machte und nach Hause fuhr, war er noch immer aufgewühlt. Er kam mit diesem Durcheinander seiner Gefühle nicht klar: sein Schmerz und seine Trauer über den Tod seiner Schwester wurden durch die Lösung seiner finanziellen Probleme nicht erleichtert. Wahrscheinlich war er jetzt der Alleinerbe von Frenzis Haus. Aber das tröstete ihn nicht über Helens Verlust hinweg. Und er wusste, er würde mit Janine darüber nicht reden können. Seine Frau hatte ihn in den letzten Wochen immer massiver gedrängt, von Helen seinen Anteil am Erbe einzufordern, auch wenn Frenzis Haus dann zwangsversteigert werden müsste.

Wie erwartet, kommentierte Janine Helens Tod bei seiner Heimkehr mit Überlegungen, wie Frenzis Haus schnell zu Geld zu machen sei. Ihr ernüchternder Pragmatismus führte zu weiteren Fragen.

„Hat Helen ein Testament gemacht? Hat sie das mal erwähnt? Ohne Testament bist du doch ihr einziger Erbe - oder? Ihr Tod kann doch nicht umsonst gewesen sein.“ Ihr Tonfall klang nun besorgt. Jan Blank hörte aus den Fragen seiner Frau eine Gier heraus, für die er sich schämte.

Er überlegte kurz: wenn er das Thema des Testaments aufgriffe, liefe das auf eine endlose Diskussion mit Janine hinaus, wenn er aber die Frage umginge, würde sie erst recht darauf beharren.

„Nein, Helen hat nie über ein Testament geredet. Sie war ja noch jung, da denkt man nicht an sowas.“

„Du hast ja auch noch kein Testament gemacht.“

„Bei mir ist doch alles klar, du erbst mit unserer Tochter. Wer sonst?“

Jans letzte Antwort stellte seine Frau offensichtlich zufrieden. Sie wandte sich einem anderen Problem zu. „Wir müssen uns um die Beerdigung kümmern. Wann kann die denn sein?“

„Weiß ich nicht, Helens Leiche ist von der Polizei nach Kiel geschafft worden. Die wird noch untersucht, obwohl klar ist, dass sie erstochen worden ist.“ Bei dem Gedanken, dass seine Schwester dort einsam in einer kalten Leichenhalle liege und womöglich aufgeschnitten würde, überlief ihn ein Schauder.

Janine führte ihre Überlegungen weiter. „Wir können ja den Bestatter nehmen, der eure Tante Frenzi beerdigt hat. Die hatte ja eine richtige Erdbestattung. Oder wollte Helen verbrannt werden? Auf jeden Fall soll sie eine ordentliche Trauerfeier haben. Sonst denken die Leute noch, wir kassieren das ganze Erbe und geizen bei der Beerdigung.“

Angesichts seiner eigenen Trauer um Helen kamen Jan Blank die Ausführungen seiner Frau gefühllos vor. Auf einmal erschien sie ihm wie ein fremder Mensch, den er nicht richtig kannte.

***

Auf der Polizeistation erreichte Mommsen ein Anruf von Caroline Hositz, seiner Teamkollegin, die auf dem Weg zur Fähre in Dagebüll war. Sie wollte mit Mommsen abklären, ob sie ihren Wagen nach Föhr mitnehmen sollte. Da er viel Recherche auf der ganzen Insel erwartete, beschlossen sie, dass die zusätzlichen Fährkosten für den Wagen gerechtfertigt wären.

Mommsen schaute auf die Uhr. „Henning, es ist spät. Du hast doch schon lange Feierabend. Ich werfe noch einen schnellen Blick auf die Unterlagen aus dem Haus der Toten und von ihrem Arbeitsplatz. Die genaue Durchleuchtung kann Caro morgen vornehmen. Cosima hat ihr in der Nachbarschaft eine Unterkunft besorgt, sie kann dann auch bei uns essen. Sie kommt mit dem Wagen direkt von der Fähre dorthin.“

Mommsen war mit dieser Mitteilung Lürrsen zuvorgekommen, der anbieten wollte, Caro von der Fähre abzuholen. Mommsen hatte bei ihren letzten gemeinsamen Ermittlungen auf Föhr bemerkt, dass Lürrsen gegen die Reize seiner attraktiven Kollegin nicht immun war, diese an dessen Aufmerksamkeiten aber kein Interesse hatte.

Als Lürrsen Feierabend gemacht hatte, brütete Mommsen noch eine Zeitlang über Helen Blanks Unterlagen. Beim flüchtigen Durchsehen schienen sich die aus dem Haus vor allem auf Tante Frenzis Angelegenheiten zu beziehen. Die Akte aus ihrem Büro war recht umfangreich und betraf das Opfer selbst. Allerdings konnte er diese heute Abend nicht mehr durcharbeiten, er musste los, um rechtzeitig zu Hause bei Cosima zu sein, wenn Caro ankommen würde.

***

Als Mommsen am nächsten Morgen auf der Polizeistation ankam, waren Caroline Hositz und Lürrsen schon dort. Lürrsen hatte für seine Kollegin Kaffee zubereitet und plauderte angeregt mit ihr. Mommsen unterbrach die sich anbahnende Idylle.

„Einen guten Morgen allerseits. Da wir die Ergebnisse der Obduktion frühestens morgen bekommen, sollten wir heute mit den Befragungen fortfahren. Je länger wir warten, desto mehr haben unsere Zeugen vergessen oder phantasievoll ausgemalt."

Lürrsen unterbrach ihn. „Ludwig, wir hatten gestern drei Verkehrsunfälle auf der Insel, einer mit Personenschäden. Ihr müsst mich heute Vormittag entschuldigen, ich muss mich da einschalten."

„O.k. Caro, dann werden wir zunächst die beiden Mädchen von der Basketballmannschaft befragen, die Behrens uns genannt hat."

Lürrsen half ihnen, sich mit ihnen in Verbindung zu setzen. Sie konnten aber nur Maike Nehlsen erreichen. Daher war diese ihre erste Adresse. Maike Nehlsen arbeitete auf einem Pferdehof. Sie war auch gleich bereit, sich befragen zu lassen. Von dem plötzlichen Tod ihrer Freundin hatte sie schon erfahren. Sie trafen sie, eine aufgeweckte junge Frau, in einem großen Stall, wo sie dabei war, ein Pferd für einen Ausritt aufzuzäumen.

„Frau Nehlsen, Sie hatten mit Frau Blank in einer Basketballmannschaft gespielt. Wie gut haben Sie sie gekannt?“ Mommsen hatte einen behutsamen, mitfühlenden Tonfall gewählt.

Die Frage hatte bei Maike Nehlsen die Ergriffenheit vom Tod ihrer Freundin wiederaufleben lassen. Sie musste mehrmals schlucken, bevor sie antworten konnte. „Wir waren schon seit der Schulzeit Freundinnen. Durch den Sport haben wir den Kontakt immer aufrechterhalten. Regelmäßig jede Woche beim Basketball und manchmal auch – wenn es zeitlich passte – beim Joggen.“ Dann nachdenklich: „Ja, ich kann sagen, wir sind Freundinnen geblieben.“

„Freundinnen wissen meist mehr voneinander als andere Menschen. War das bei Ihnen auch so?“

Wieder eine kleine, nachdenkliche Pause. Maike Nehlsen wollte genau sein. „In gewisser Weise schon. Das sollte ich erklären. Helen war ein sehr zurückhaltender Mensch. Das lag an ihrer Kindheit und Jugend. Als ihre Mutter gestorben war, konnte sie nicht bei ihrem Vater und ihrem Bruder bleiben, sondern kam zu ihrer Tante. Das war im Rückblick wohl besser für sie; ihr Vater war ein harter Mensch. Aber das hat ihr so ein Gefühl gegeben, unerwünscht zu sein, und hat sie misstrauisch gemacht. Oder eher verschlossen. Mir gegenüber ist sie offener gewesen als gegenüber anderen Menschen, aber immer in Grenzen, die ich respektiert habe.“

„Haben Sie in letzter Zeit mal den Eindruck gehabt, dass ihr etwas Sorgen macht oder dass sie sich bedroht fühlt?“

„Bedrohung? Nein! Sorgen? … Schon eher. Helen hat mit ihrem Bruder Jan das Haus ihrer Tante Frenzi geerbt. Ihr Bruder benötigte seinen Anteil am Erbe, da er gerade selbst gebaut hat, - ca. dreihunderttausend. Die konnte sie nicht aufbringen, außer durch einen Verkauf des Hauses. Aber das war ihr Zuhause, dort war sie groß geworden. Das hat sie in den letzten Wochen sehr belastet. Aber in der letzten Woche hat sie mal erwähnt, dass eine Lösung in Sicht sei. Da wirkte sie irgendwie gelöster als vorher.“

Caroline Hositz hatte aufgemerkt. „Welche Lösung denn?“

„Das wollte sie mir später einmal erzählen.“

„Haben Sie eine Vermutung?“

„Nein, keine. Wie sollte sie bei ihrem Gehalt eine solche Summe aufbringen?“

Mommsen überließ Caro weiter die Befragung.

„Jetzt etwas anderes. Helen Blank war eine attraktive junge Frau. Verheiratet war sie nicht. Hatte sie denn einen Freund?“

„Möglichkeiten hatte sie schon. Aber sie war immer ein wenig misstrauisch. Vor etwa zwei Jahren hatte sie mal eine Beziehung angefangen. Den hatte sie hier auf der Insel kennengelernt, einen Touristen. Aber sie haben sich nur ein paarmal irgendwo auf dem Festland getroffen.“

„Kennen Sie den Mann? Seinen Namen? Oder wissen Sie, wo sie sich getroffen haben?“ Caro hakte gleich nach.

„Nein, keine Ahnung, wer das war. Wo? Auch nicht. Ich weiß nur, einmal ist sie mit der letzten Fähre aufs Festland gefahren. Mit ihrem Wagen. Die Fähre kommt gegen 20:00 Uhr in Dagebüll an. Helen hatte damals gesagt, dass sie ihn um 21:00 Uhr treffen wollte.“

„Also in einem Radius von maximal einer Stunde Fahrtzeit um Dagebüll. … Hatte sie denn in letzter Zeit eine Beziehung?“

„Ich habe nur eine Vermutung. Vor einem halben Jahr etwa. Da hatte sie es manchmal nach dem Sport recht eilig. Basketball ist immer Mittwoch von 18:00 bis 20:00 Uhr. Wer von uns danach eilig abhaut, hat meist ein Date, wenn sie nicht Familie hat.“

Mommsen stellte eine Zwischenfrage. „Hatte Ihre Freundin feste Zeiten für ihre Joggingrunden?“

„Meistens schon, wenn nichts dazwischenkam. Dienstag war ihr Tag für die große Runde.“

„Kam sie dann immer bis zur Neuen Oevenumer Vogelkoje?“

„Da, wo sie gefunden wurde? Ja, das war ihre Runde.“

Mommsen erinnerte sich an eine Bemerkung des Arbeitgebers des Opfers. „Hatte Frau Blank mal Kontakt mit einem Mann Mitte dreißig, sportlich, gutaussehend, mit einem Dreitagebart?“

„Nein, da habe ich keine Vorstellung. Der Einzige, der mir da spontan einfällt, ist der Physiotherapeut, der uns bei Sportverletzungen behandelt. Aber der hat nichts mit Helen gehabt. Das wäre uns aufgefallen. Ich glaube, der hat eine Freundin. Ich hab` den mal in Wyk mit einer Frau gesehen. Die waren recht vertraut miteinander.“

„Geben Sie uns trotzdem mal seinen Namen.“

Caro notierte den Namen. Dann verabschiedeten sie sich. Die zweite Freundin aus der Basketballmannschaft des Opfers war immer noch nicht erreichbar. Daher beschlossen sie, sich zunächst der Auswertung der Unterlagen aus Helen Blanks Haus und aus ihrem Büro zu widmen.

***

Auf der Polizeistation teilten sie die Unterlagen auf. Mommsen nahm sich die Kontoauszüge von Tante Frenzi vor, die diese seit vielen Jahren aufbewahrt hatte. Er begann mit den Belegen des laufenden Jahres und arbeitete sich rückwärts in die vorhergegangenen Jahre weiter. Caro holte sich die Mappe, die sie aus Helen Blanks Büro mitgenommen hatte.

Die Unterlagen von Tante Frenzi wiesen in den letzten beiden Jahren keine Auffälligkeiten aus. Nur die üblichen Buchungsvorgänge, die man bei der Bezieherin einer schmalen Rente erwarten konnte. Die Belege davor jedoch waren für Mommsen interessanter. Tante Frenzi hatte über die ganzen früheren Jahre regelmäßige Zuwendungen neben ihrer Rente erhalten. Diese kamen von einer Anwaltskanzlei. Er machte sich Notizen, um mit dem Absender Kontakt aufzunehmen. Tante Frenzi hatte einen Teil dieser Zuwendungen auf einem Konto angespart, das auf den Namen Helen Blanks lief. Mommsen merkte eine leise Erregung, er nahm Witterung auf. Die Durchsicht der Fotoalben stellte er zurück, das konnte später Caro übernehmen.

Mommsen ging zu ihr hinüber. Sie war in ihre Mappe vertieft, hatte aber bereits mehrere Seiten Schriftverkehr herausgelegt.

„Caro, hast du bei deinen Unterlagen ein Testament der Tante gefunden?“

„Hat die denn ein Testament gemacht?“

„Der Bruder hat das behauptet. Sie hat darin ihr Haus zu gleichen Teilen ihm und dem Opfer vermacht. Ich werde ihren Arbeitgeber, den Rechtsanwalt Sieversen, danach fragen. Wahrscheinlich liegt das bei ihm.“

Mommsen berichtete ihr von seinen Erkenntnissen, die er aus Tante Frenzis Kontoauszügen gewonnen hatte. Sie waren sich einig, dass sie dem Geheimnis der Herkunft dieser Zuwendungen auf die Spur kommen müssten. Es könnten sich Zusammenhänge mit Helen Blank ergeben, da ein Teil dieser Summen auf ein Konto zu ihren Gunsten gegangen sei.

Caro hatte sich ebenfalls mit Kontoauszügen befasst, - und zwar denen des Opfers. Auch Helen Blanks Geldverkehr wies wenig Auffälligkeiten auf. Allerdings hatte sie vor etwa neun Monaten 20.000 Euro in bar abgehoben, fast ihre ganzen Ersparnisse.

„Was hast du denn noch herausgefunden? Irgendetwas über die Herkunft der Zuwendungen, die Helen Blanks Tante für sie bekommen hat?“

Caro blätterte in den herausgesuchten Papieren. „Nein, sie hat hier vor allem Unterlagen über das Haus. Die Schätzung des Wertes. Aber auch Kostenvoranschläge für umfangreiche Renovierungsarbeiten. Die belaufen sich auf über 70.000 Euro. Eine Menge Geld!“

„Hat sie denn schon Aufträge für die Renovierungsarbeiten vergeben?“

„Nein, soweit war sie nicht, ihr Girokonto weist nur noch ein Guthaben in Höhe zweier Monatsgehälter auf.“

„Wenn man die Auszahlung für den Bruder mitrechnet, müsste sie etwa 370.000 Euro zusammenbekommen. Das Sonderkonto, das sie von ihrer Tante geerbt hat, belief sich auf 45.000. Die ganze Summe hätte sie von ihrem Gehalt nie aufbringen können. Sie hat ihr Konto bei der Kreissparkasse. Frag` dort einmal nach, ob sie sich nach einem Kredit erkundigt hat.“ Mommsen zeigte auf das Adressenbuch, das Caro von Helen Blanks Schreibtisch mitgenommen hatte. „Hast du darin etwas Interessantes gefunden?“

„Noch nicht, ich muss es mir noch genauer ansehen.“

***

Mommsen erinnerte sich, dass zu den Pächtern des Grundstücks mit dem Fischteich, auf dem die Leiche entdeckt worden war, auch Arfst Brodersen gehörte. Arfst war der Mann von Cosimas Cousine in Oevenum. Da er zu ihm ein freundschaftliches Verhältnis hatte, rief er ihn kurzerhand an.

„Hallo Arfst, ich hoffe, ich störe dich nicht. Hast du gerade mal Zeit für eine Frage?“

„Für dich immer. Worum geht es denn?“

„Du gehörst doch zu den Pächtern des Fischteichs in der Nähe der Oevenumer Vogelkoje?“

„Ach ja, der Leichenfund. Stimmt es, dass die Tote Helen Blank ist? Es ist schon schlimm, dass so was auf Föhr passieren kann. Sie war ein nettes Mädchen. Wir kennen sie schon, seit sie damals zu ihrer Tante nach Midlum gekommen ist. Aber was willst du wissen?“

„Kannte sie einer von den Pächtern näher? Wir versuchen, mehr über ihre Männerbekanntschaften herauszubekommen. Sie hat das immer sehr diskret gehalten.“

„Nein, davon habe ich nie etwas gehört. Du meinst, weil sie dort am Fischteich gefunden wurde? Ist das nicht Zufall gewesen?“

„Wahrscheinlich ist das Zufall. Aber wir dürfen nichts außer Acht lassen. Hast du eine Vermutung, warum sie getötet wurde?“

Arfst Brodersen schien nachzudenken. „Nein, sie war ein ganz normales Mädchen. Ich kann mich nicht erinnern, dass es Gerüchte über sie gab.“

„Arfst, vielen Dank. Wir sehen uns ja am Wochenende bei Cosima.“

Caro hatte gerade ein Papier aus dem Drucker genommen, das sie überflog und dann Mommsen herüberreichte. Es war der Bericht der Spurensicherung. Die Kollegen hatten die Leiche noch einmal durchsucht und den Fundort genau in Augenschein genommen. Die Untersuchung der Leiche hatte keine neuen Erkenntnisse gebracht. Auf der Fahrstraße hatte die Spurensicherung direkt vor dem Eingang zum Grundstück Blutspuren entdeckt, die darauf schließen ließen, dass dort der Tatort war, an dem das Opfer die tödliche Wunde erhielt. Handy und Schlüssel waren nicht gefunden worden. Auch keine Hinweise auf die Tatwaffe. Im Haus des Opfers hatten sie Hinweise auf ein gewaltsames Eindringen im Badezimmer gefunden und dort auch Fingerabdrücke am Fenster genommen. Diese konnten aber nicht zugeordnet werden.

„Ich hatte mir mehr davon versprochen.“ Mommsen wollte gerade den Bericht Caro zurückgeben, als Lürrsen den Raum betrat. „Henning, das wird dich auch interessieren.“ Er reichte ihm den Bericht der Spurensicherung.

Lürrsen überflog das Papier. „Na ja, immerhin ist jetzt der Tatort geklärt.“

Mommsen schaute auf die Uhr. „Hast du einen Augenblick Zeit? Ist Friedrichsen auch da? Wir sollten uns im Team kurz auf einen gemeinsamen Ermittlungsstand bringen.“

Lürrsen rief Friedrichsen herein. Auch ihm wurde der Bericht der Spurensicherung gereicht.

Mommsen begann die Besprechung. „Also, fassen wir zusammen. Die Tote ist Helen Blank aus Midlum, unverheiratet. Sie arbeitet als Anwaltsgehilfin bei Rechtsanwalt Sieversen. Als Hobby spielte sie in einer Basketballmannschaft. Sie war offensichtlich auf ihrer regelmäßigen Joggingrunde an den Tatort gekommen. Dort ist sie auf der

Fahrstraße am Deich von hinten erstochen und unter ein Gebüsch geschleift worden. Tatzeit zwischen 18:30 und 21:30 Uhr am Dienstag, den 17. 6., wenn nicht die Obduktion das noch korrigiert. Das ist auch die Zeit, die für die Überprüfung der Alibis von Bedeutung ist. Die Tatwaffe ist nicht gefunden worden. Wir haben Anlass zu der Vermutung, dass ihre Wohnung von dem Mörder nach der Tat durchsucht sein könnte. Was er gesucht hat, ist uns unbekannt.

Nun zu den Motiven. Die sind uns ebenfalls noch unklar. Ein Motivbereich könnte die Erbschaft des Hauses ihrer Tante Frenzi sein, die sie sich mit ihrem Bruder Jan teilen muss. Wir haben gehört, dass sie sich Sorgen machte, weil sie ihn nicht auszahlen konnte. Sie soll aber eine Lösung dieses Problems angedeutet haben. Welche Lösung? Wir haben keine Ahnung. Die Kontounterlagen ihrer Tante zeigen, dass diese bis vor etwas mehr als zwei Jahren von einem Anwalt über lange Jahre regelmäßige Zahlungen zugunsten von Helen Blank bekommen hatte. Die Tante hatte einen Teil dieser Gelder für das Opfer auf einem Sonderkonto angespart. Das werden wir klären. Caro, übernimmst du das bitte? Helen Blank hat vor neun Monaten fast ihre ganzen damaligen Ersparnisse in Höhe von 20.000 Euro bar abgehoben, Verwendung unbekannt.

Weitere Motive könnten im privaten Bereich liegen. Ihre Männerbekanntschaften hielt Helen Blank immer geheim. Wir haben zwei Hinweise: vor zwei Jahren soll sie einen Touristen kennengelernt haben, den sie einige Male auf dem Festland getroffen hat. In einem Umkreis von einer Stunde Fahrtzeit um Dagebüll herum. Das war nach einigen Monaten wieder vorbei. Vor ungefähr einem halben Jahr wurde sie mit einem Mann hier auf Föhr gesehen: ca. Mitte dreißig, gutaussehend, sportlich, mit einem Dreitagebart. Wir werden einen Mann überprüfen, auf den die Beschreibung zutreffen könnte: den Physiotherapeuten, der die Basketballmannschaft betreut, in der das Opfer spielte. Wir haben aber bislang keinen Hinweis, dass er das Opfer näher kannte. Im beruflichen Umfeld haben wir keine Hinweise auf ein Motiv gefunden.

Ich habe mich bei Arfst Brodersen, einem der Pächter des Fischteichs, erkundigt, ob einer seiner Freunde von der Fischerhütte dort das Opfer näher gekannt habe. Davon hat er nie etwas gehört. In dieser Richtung kommen wir also auch nicht weiter.

Verdächtige? So weit sind wir noch nicht. Zeugen des Mordes gibt es nicht, wenigstens bisher nicht. Auch keine Tatwaffe, die wir jemanden zuordnen könnten. Da hoffe ich, dass die Obduktion uns weiterhilft."

Caro meldete sich als Erste. „Ludwig, du hast vorhin von einem Mörder gesprochen. Warum muss das ein Mann gewesen sein?"

Mommsen lag eine Bemerkung auf der Zunge, die er aber unterdrückte. Er wusste, dass Caro eine engagierte Feministin war, die ihre Kollegen immer wieder überzeugte, dass sie eine ihnen gleichwertige Ermittlerin war. Er blieb daher sachlich.

„Natürlich kann auch eine Frau die Täterin sein. Ob die Tatwaffe einen Hinweis geben kann, der eher für eine Frau oder einen Mann spricht, müssen wir abwarten."

Caro warf aber noch eine weitere Frage auf. „Wenn das Opfer eine trainierte Läuferin war, wie konnte ihr jemand im Laufen einen gut gezielten Stich in den Rücken beibringen. Hat der oder die das auch im vollen Lauf getan?"

Mommsen stutzte, dieses Problem war ihm noch gar nicht aufgefallen. „Richtig, wenn sie von jemandem angehalten worden wäre, hätte sie sich ihm zugewandt und der Stich wäre von vorn gekommen. Sie muss den tödlichen Stich im vollen Lauf bekommen haben. Könnte der .. äh .. oder die Täterin mit unserem Opfer gelaufen sein?" Mommsen hatte Schwierigkeiten mit der gendergerechten Formulierung, wenn das Geschlecht des oder der Bezeichneten noch nicht geklärt war. „Dann müsste der Täter auch recht sportlich sein, schließlich ist Helen Blank eine Runde von mehr als einer Stunde gelaufen. Aber warten wir ab, was die Gerichtsmedizin zur Tatwaffe herausfindet."

Mommsen schaute in die Runde. „Gibt es noch Ergänzungen?"

Niemand meldete sich. „Also es bleibt dabei: Caro, du nimmst dir bitte wieder die Unterlagen aus dem Haus des Opfers vor. Das Meiste haben wir noch gar nicht angesehen. Schau dir auch bitte die Fotoalben an.

Henning, kommst du mit zu diesem Physiotherapeuten, Ronald Ziegler? Ich rufe ihn gleich an, damit wir ihn auch antreffen."

Mommsen wandte sich noch einmal zu Caro um: „Forsche bitte auch nach, ob wir diesen Ronald Ziegler in unseren Dateien haben."

***

Mommsen und Lürrsen trafen Ronald Ziegler während einer Pause zwischen zwei Patientinnen in seinem Behandlungsraum an. Da das Wartezimmer besetzt war, führten sie das Gespräch an Ort und Stelle. Mommsen fielen einige großformatige Fotos an den Wänden auf, die Personen indigener Nationalitäten zeigten, die vor eindrucksvollen Naturkulissen tänzerische Rituale praktizierten, offensichtlich Medizinmänner.

Nachdem Mommsen sich und Lürrsen vorgestellt hatte, kam er gleich zur Sache. „Herr Ziegler, Sie sind ein Freund von Helen Blank?"

Diese Frage schien Ronald Ziegler zu überraschen. Mommsen fragte sich, ob er wirklich überrascht war oder sich nur den Anschein geben wollte. Nach seinen Erfahrungen funktionierten die Gerüchtenetze auf der Insel recht schnell, sodass er von ihrem Tod hätte wissen können.

„Wie kommen Sie darauf?"

„Frau Blank ist gestern Morgen tot aufgefunden worden. Wir haben erfahren, dass sie mit ihr befreundet waren. Daher haben wir einige Fragen an Sie. Können wir uns jetzt hier unterhalten oder wollen Sie uns lieber auf die Polizeistation begleiten?"

Ziegler setzte sich auf die Behandlungsliege, schaute starr auf den Boden und schwieg einen kurzen Moment. Mommsen blieb misstrauisch. Dann hob Ziegler langsam den Blick.

„Ja und nein. Ja, ich kannte sie. Nein, wir haben seit Monaten keinen Kontakt zueinander."

„Berichten Sie bitte etwas genauer, wie Ihre Beziehung war. War sie nur eine Patientin oder war sie mehr?"

„Anfangs nur eine Patientin, später mehr."

„Also hatten Sie ein Verhältnis mit ihr?"

„Wenn Sie das so bezeichnen wollen."

Mommsen wollte ihn im Griff behalten. „Wie wollen Sie das denn bezeichnen?"

Ziegler schien seine Erschütterung über den Tod Helen Blanks schnell verarbeitet zu haben. Unwirsch erwiderte er: „Ja, es war ein Verhältnis, wir wollten das nur nicht an die große Glocke hängen."

„So, das hätten wir erst mal geklärt. Wann begann Ihr Verhältnis und wann endete es?"

„Wir haben uns vor fünf Monaten getrennt. Insgesamt waren wir etwa ein halbes Jahr zusammen."

„Wie ist es zu der Trennung gekommen?"

„Wir haben gemerkt, dass unsere Gemeinsamkeiten nicht ausreichten. Wie das eben manchmal so kommt." Ziegler zuckte leicht mit den Schultern.

Mommsen wollte ihn überrumpeln. „Vor sechs Monaten hat Frau Blank ihre Ersparnisse in Höhe von 20.000 Euro bar abgehoben und Ihnen zukommen lassen. Das war kurz vor Ende Ihres Verhältnisses. Aber ganz sicher kein Abschiedsgeschenk. Wofür haben Sie das Geld gebraucht?"

Ziegler schien tatsächlich überrascht. „Woher wissen Sie das?"

„Herr Ziegler, wir sind nicht hier, um Ihre Fragen zu beantworten, sondern Sie unsere Fragen. Also …?"

„Mein altes Auto hatte seinen Geist aufgegeben, ich brauchte ein neues, da hat mir Helen ein Darlehen gegeben."

„Und wieviel haben Sie ihr zurückgezahlt?"

„Ich war in letzter Zeit etwas klamm, die Rückzahlung sollte im nächsten Monat beginnen."

„Und Ihr Tod hat Sie nun vor der Rückzahlung bewahrt." Lürrsen konnte sich nicht enthalten, Ziegler mit einem offensichtlichen Motiv zu konfrontieren.

Der schaute ihn erschreckt an. Mommsen beobachtete ihn genau, konnte sich aber nicht klar werden, ob dieser Verdacht ihn überraschte oder ob er nur schauspielerte. Er nickte Lürrsen zu, weiterzumachen. Dieser erinnerte sich, dass das Haus des Opfers nach dem Mord wahrscheinlich vom Mörder durchsucht worden war.

„Haben Sie Frau Blank in ihrem Haus häufig besucht?"

„Nein, ich glaube nur zweimal, sie wollte nicht, dass wir ihrer Tante begegneten."

„Nun zu Ihrem Alibi. Wo waren Sie am letzten Dienstag zwischen 18:30 und 21:30 Uhr?"

Nun war Ziegler tatsächlich erschrocken. „Sie glauben doch nicht, dass ich … also ich könnte Helen doch nie …. etwas antun! Wir waren doch immer noch Freunde!" Beim letzten Satz war Ziegler laut geworden. Er stand halb von seinem Stuhl auf, als wollte er der Befragung entkommen. Lürrsen beorderte ihn mit einer schroffen Handbewegung wieder auf seinen Sitz.

„Herr Ziegler: letzter Dienstagabend?"

„Warten Sie, da muss ich nachdenken. … Ja, da habe ich meine Behandlungen der letzten Woche für die Abrechnung zusammengestellt."

„Und das hat über drei Stunden gedauert?"

„Nein, ich musste noch mehrere Termine umlegen, da habe ich lange telefoniert."

„Mit Ihrem Handy?"

„Ja, gewiss."

„Gibt es dafür Zeugen?"

„Nicht direkt, aber am nächsten Morgen habe ich die Aufstellung meinem Chef auf den Schreibtisch gelegt. Das kann der bestätigen."

„Also haben Sie kein Alibi." Lürrsen bekräftigte den Punkt mit einer gewissen Genugtuung und schaute zu Mommsen herüber.

Dieser hatte zu den Ermittlungen keine Fragen mehr. Ihm waren aber die Bilder von den Medizinmännern an den Wänden aufgefallen. Er zeigte auf die Fotos. „Haben Sie Erfahrungen mit Medizinmännern?"

„Ja, ich bin eine Zeitlang in Nord- und Mittelamerika herumgereist und habe mich mit der Heilkunst der Indianer befasst, insbesondere mit der Wirkung der Heilkräuter. Ich möchte mich selbständig machen und meine Arbeit um den Einsatz von Heilkräutern erweitern."

Mommsen beendete das Gespräch mit der Aufforderung: „Herr Ziegler, verlassen Sie die Insel nicht ohne unsere Erlaubnis."

Mommsen fuhr mit Lürrsen zur Polizeistation zurück. Dort beschlossen sie, Feierabend zu machen.

***

Der nächste Morgen bescherte der Insel ein unruhiges Wetter. Ein Tief von Schottland brachte abwechselnd leichte Regenschauer und kurze Aufklarungen.

Auch Mommsen war unruhig. Er hoffte, dass er endlich den Bericht über die Obduktion bekäme. Und dass dieser Hinweise auf die Tatwaffe enthielte. Das Gefühl, in einer Ermittlung nicht recht voranzukommen, lähmte ihn.

Als er auf der Polizeistation ankam, war die Stimmung der Kollegen deutlich besser als seine. Friedrichsen hatte wieder Kaffee gekocht und plauderte mit Caro und Lürrsen über einen Fall von Fahrerflucht, der sich in der Vorwoche auf der Insel zugetragen hatte. Sie ließen sich von Mommsen aber schnell wieder zum Fall Helen Blank zurückführen.

Dieser wollte gerade den Arbeitsplan für den Tag besprechen, als Caro ihn nach einem Blick auf ihren Laptop unterbrach. „Da ist gerade der

Obduktionsbericht reingekommen. Wartet, ich drucke ihn eben aus." Sie reichte Mommsen zwei Seiten herüber. Der überflog den Bericht und legte ihn dann mit einem überraschten Gesichtsausdruck zur Seite.

„Das ist ja eine Sache! Gemäß dem Wundkanal ist das Tatwerkzeug gar kein Messer, sondern ein Pfeil mit Widerhaken. Das erklärt auch die schmale Wunde. Der könnte ihr von Hand in den Rücken gestoßen oder von einem Bogen oder einer Harpune abgeschossen worden sein. Die Wunde ist tief, der Pfeil muss mit gehöriger Wucht in das Opfer eingedrungen sein. Er wurde dann aber aus dem Körper des Opfers wieder herausgerissen."

Caro kombinierte gleich weiter. „Damit ist auch die Frage gelöst, wie ihr im Laufen die Verletzung beigebracht worden ist. Der Pfeil wurde auf sie abgeschossen."

Mommsen nahm den Gedanken auf. „Also ein Täter oder" - mit einem Blick auf Caro – „eine Täterin, die entweder mit einem Bogen oder einer Harpune umgehen kann. Und zwar recht gut. Ich denke, ein laufendes Ziel mit nur einem Schuss zu treffen, erfordert viel Übung."

„Der Täter muss auch Zugriff auf einen Bogen oder eine Harpune haben." Lürrsen schränkte seine Aussage gleich wieder ein. „Ich tippe eher auf eine Harpune, die gibt es hier am Strand häufiger. Eine Harpune kann man auf der Insel transportieren, ohne dass dies auffällt. Ein Bogen erregt dagegen eher Aufsehen. Bogenschützen sind meist in einem Verein organisiert. Ich weiß gar nicht, ob hier auf Föhr ein solcher Verein existiert."

Friedrichsen glaubte sich zu erinnern. „Doch, ein Verein auf Föhr hat eine Sparte Bogenschießen. Ich werde mich danach erkundigen."

„Gut, machen Sie das." Mommsen schaute noch einmal auf den Bericht der Gerichtsmedizin. „Die Tatzeit ist bestätigt worden: Dienstag zwischen 18:30 und 21:30 Uhr. Jetzt haben wir wenigstens einen weiteren Hinweis auf den Täter, er ist entweder ein Bogen- oder Harpunenschütze."

***

In dem Moment, in dem Mommsen die Runde beenden wollte, kam Kerbel herein. „Henning, ich habe hier gerade eine Meldung bekommen, ein Einbruch mit Körperverletzung in Oldsum, bei einer Hannelore Seefried. Der Notarzt ist schon da, ich will da sofort hin. Kommst du mit?“

„Klar, ich komme.“ Zu Mommsen: „Ich melde mich, wenn ich wieder zurück bin.“

Friedrichsen schloss sich Lürrsen an.

Caro schaute zu Mommsen hinüber. „Soll ich weiter unsere Unterlagen durchforsten oder wollen wir unsere Befragungen fortsetzen?“

„Jetzt, nach den Hinweisen auf die Tatwaffe und die Tatzeit, sollten wir noch einmal den Bruder unseres Opfers befragen. Er hat ja genug Zeit gehabt, sich nach dem Tod seiner Schwester zu sammeln.“

Mommsen stellte mit einem Telefonanruf fest, dass Jan Blank sich auf seiner Arbeit einen Tag frei genommen hatte und zu Hause zu erreichen war. Das Ehepaar Janine und Jan Blank erwartete sie in gedrückter oder auch aggressiver Stimmung im Wohnzimmer. Mommsen war sich nicht sicher, ob sich darin Trauer oder eine andere Art des Unbehagens ausdrückte. Er begann daher mit einer gewissen Vorsicht.

„Ich hoffe, Sie haben den ersten Schock über den Tod Ihrer Schwester verarbeitet und können uns helfen, einige Fragen zu klären.“

Obwohl Mommsen sich an Jan Blank gewandt hatte, kam dessen Frau diesem zuvor. „Natürlich sind wir immer noch geschockt. Wenn ein junger Mensch wie Helen so plötzlich tot ist, kann man nicht einfach weitermachen, als wäre nichts passiert. So etwas bedeutet für jede Familie eine Belastung, die schmerzt. Darüber kommt man nicht so schnell hinweg.“

Mommsen stutzte über diesen Wortschwall. Wollte Janine Blank von etwas ablenken? Aber wovon? Er nickte Caro zu, weiterzumachen.

Auch Caro wandte sich wieder direkt an Jan Blank. „Herr Blank, haben Sie schon einmal darüber nachdenken können, wer einen Grund gehabt haben könnte, Ihrer Schwester den Tod zu wünschen?“

„Nein, alle mochten Helen. Sie hat nie jemanden etwas angetan."

„Und trotzdem ist sie getötet worden. Sie hatten meinem Kollegen gesagt, dass Sie über Männerbekanntschaften Ihrer Schwester nicht informiert sind. Wir wissen, dass sie vor einigen Monaten eine Beziehung zu dem Physiotherapeuten ihrer Basketballmannschaft gehabt haben könnte. Fällt Ihnen dazu etwas ein?"

Wieder war Janine Blank schneller mit der Antwort. „Dieser Ziegler? Stimmt, ich habe die mal in Wyk gesehen. Die waren ganz lustig miteinander. Sie hatte ein Eis in der Hand und hat ihn daran lecken lassen. Ja, die kannten sich gut. Und Helen war bei dem in Behandlung. Er sieht ja auch ganz gut aus."

Mommsen wurde es zu bunt. „Frau Blank, meine Kollegin hat Ihren Mann gefragt, der kann schon selber antworten."

Janine Blank schwieg verärgert. Caro machte noch einen Versuch.

„Herr Blank, Sie haben vor einem Jahr gebaut. Das ist auf Föhr extrem teuer. Wie konnten Sie das finanzieren?"

„Mit viel Eigenarbeit. Mein Schwiegervater und mein Schwager haben mir geholfen. Das senkt die Kosten. Und dann der Kredit der Sparkasse."

„Da bleibt aber immer noch eine erhebliche Belastung."

„Ja, wir mussten uns ganz schön einschränken."

„Da kam Ihnen die Erbschaft Ihrer Tante – ich meine deren Haus - ja gerade recht. Aber Ihre Schwester wollte das Haus nicht aufgeben, konnte Sie aber auch nicht auszahlen. Wie haben Sie sich denn geeinigt?"

Wieder konnte Janine Blank nicht an sich halten. „Das ist ja jetzt nicht mehr nötig. Sie hatte einmal angeboten, uns Jans Anteil in Raten über 20 Jahre abzubezahlen. Da konnten wir nicht zustimmen, die Belastungen auf unserem Haus sind viel zu hoch."

Hier hakte Mommsen ein. „Aha, da konnten Sie nicht zustimmen. Und jetzt – nach dem Tod Ihrer Schwägerin – hat sich Ihr Problem gelöst. Was meinen Sie, Frau Blank, geht uns dabei wohl durch den Kopf?“

Janine Blanks Gesichtsfarbe nahm einen roten Ton an. Ihr wurde bewusst, dass sie den Verdacht der Polizeibeamten durch ihr vorlautes Verhalten erst recht provoziert hatte. Sie konnte nur noch nervös stammeln: „Nein, nicht was Sie jetzt denken. Wir sind doch friedliche Menschen. Wir haben Helen doch nichts getan.“

Mommsen blieb unbeeindruckt. „Wir nehmen Ihre Aussage zur Kenntnis. … Nun wieder zu Ihnen, Herr Blank. Wir haben gehört, dass Ihre Schwester seit der letzten Woche eine Möglichkeit gesehen hat, Sie auszuzahlen und dennoch im Haus wohnen zu bleiben. Hat sie sich Ihnen gegenüber dazu geäußert?“

„Nein, nie. Das höre ich von Ihnen zum ersten Mal.“

„Noch eine letzte Frage: treiben Sie Sport, schwimmen oder tauchen Sie?“

Jan Blank schaute Mommsen verständnislos an. „Nein, keinen Sport. Im Sommer, wenn wir mal Zeit haben, fahren wir zum Schwimmen an den Strand in Utersum. Tauchen geht da ja schlecht.“

„Und wie steht es mit Bogenschießen?“

„Auch nicht. Wie kommen Sie darauf, dass wir sowas machen?“ Jan Blank starrte Mommsen immer noch verwundert an.

Dieser winkte ab. „Das hat nichts zu bedeuten.“

Ein kurzer Blick zu Caro, die leicht mit dem Kopf schüttelte. Mommsen stand auf.

„Danke, das wäre es fürs Erste. Sie verlassen die Insel bitte nicht ohne unsere Erlaubnis.“

Auf der Rückfahrt schwieg Caro nachdenklich. Dann wandte sie sich an Mommsen. „Also, ihre finanzielle Situation wäre schon ein starkes Motiv.“

„Aber nur für den Tod der Tante und bis zu ihrem Tod. Mit deren Erbe verliert ihr Motiv an Stärke. Sie hätten unser Opfer verklagen können, dann hätte die das Haus doch verkaufen müssen. Sie hätten ihr Geld bekommen, vielleicht mit einer gewissen Zeitverzögerung. Lohnt das einen Mord?"

„Stimmt. Und dass die beiden Bogenschießen oder Tauchen mit Harpune betreiben, - nein, das kann ich mir auch nicht vorstellen."

„Ich will die dennoch nicht ganz von der Liste der Verdächtigen streichen. Aber wir müssen noch einmal an die Unterlagen ran."

***

Auf der Polizeistation trafen sie auf Lürrsen, der vom Tatort des Raubüberfalles auf Hannelore Seefried schon zurückgekommen war. Er berichtete ihnen kurz, dass diese am frühen Morgen gegen 5:00 Uhr durch ein Geräusch aus dem Schlaf aufgeschreckt war. Als sie auf der Suche nach der Ursache ins Wohnzimmer kam, war sie auf einen vermummten Einbrecher gestoßen, der sie niedergeschlagen hatte. Sie muss eine längere Zeit bewusstlos gewesen sein. Gegen 7:00 Uhr war sie zu sich gekommen. Danach blieb sie noch eine Zeitlang orientierungslos und nicht handlungsfähig. Schließlich gelang es ihr, ihre Untermieterin, Claudia Stahrmann, zu informieren, die den Notarzt gerufen hatte. Friedrichsen war mit Kerbel vor Ort geblieben, um die Spuren zu sichern, den Schaden festzustellen und Hannelore Seefried zu befragen, wenn sich deren Schock gelegt hatte.

Mommsen berichtete Lürrsen ebenso kurz von dem Ergebnis der Einvernahme des Ehepaares Blank. Caro ging derweil der Spur der Zahlungen der Anwaltskanzlei an Tante Frenzi nach, die über viele Jahre zugunsten von Helen Blank eingegangen waren. Mommsen telefonierte mit dem Staatsanwalt, um diesen über den neuesten Stand der Ermittlungen zu unterrichten.

Caro hatte mehrere Telefongespräche absolviert. Als Mommsen aufsah, bemerkte er, dass ihre Körpersprache eine gewisse Anspannung zeigte. Dann wandte sie sich aufgeregt an Lürrsen.

„Herr Lürrsen, wie heißt das Opfer des Einbruchs in Oldsum?"

„Hannelore Seefried. Warum?"

„Die langjährigen Zahlungen für Helen Blank stammen von einer Anwaltskanzlei in Hannover. Der Auftraggeber war ein Herbert Seefried. Der Anwalt hatte die Kanzlei erst vor einem Jahr übernommen. Sein Vorgänger war lange Monate vor seinem Tod schwer krank. Der jetzige Kanzleiinhaber ist erst vor kurzem durch eine Nachfrage von Helen Blank auf den Vorgang aufmerksam geworden. In einem beim Anwalt hinterlegten verschlossenen Umschlag ist ein Testament gefunden worden, in dem Herbert Seefried Helen Blank einen großen Betrag hinterlässt. Ich wette, dieser Herbert Seefried hat was mit dem Opfer des Raubüberfalls in Oldsum zu tun."

Caros Informationen bewirkten bei ihren Kollegen ein verblüfftes Schweigen. Mommsen fasste sich als Erster. „Caro, vergewissere dich bei der Kanzlei in Hannover, ob dieser Herbert Seefried etwas mit Hannelore Seefried zu tun hat." Er stand nachdenklich auf. „So eine Erbschaft würde auch erklären, wie Helen Blank ihren Bruder auszahlen wollte. Henning, wir müssen das Opfer des Überfalls in Oldsum sofort befragen und die Familienverhältnisse klären, Schock hin oder her! Wenn es stimmt, was ich denke, hat die Familie Seefried einen ganzen Sack von Motiven für den Mord an Helen Blank."

***

Als Mommsen und Lürrsen in Oldsum ankamen, untersuchten Friedrichsen und Kerbel die Spuren des Einbruchs. Sie hatten Hannelore Seefried noch nicht vernommen. Diese hatte einen Verband um den Kopf und saß zusammengesunken auf der Couch im Wohnzimmer. Sie schaute die Beamten misstrauisch an. Claudia Stahrmann kümmerte sich um sie.

Lürrsen stellte Mommsen vor. Dieser bat zuerst Claudia Stahrmann, sie mit dem Opfer allein zu lassen. Er wollte das Gespräch aber nicht mit dem neuesten Verdacht aufgrund der Informationen der Anwaltskanzlei in Hannover beginnen. Er hatte vielmehr vor, Hannelore Seefried erst im Verlaufe des Gesprächs damit zu konfrontieren.

„Frau Seefried, ich hoffe, Sie können uns schon jetzt einige Fragen beantworten. Je eher wir mit den Ermittlungen beginnen, desto größer sind unsere Chancen auf Aufklärung. Haben Sie eine Vermutung, wer Sie überfallen hat?“

Hannelore Seefried schüttelte wie geistesabwesend den Kopf. „Nein, als ich hier ins Wohnzimmer kam, sah ich nur einen großen Schatten, dann verlor ich auch schon das Bewusstsein. Der Arzt sagte mir, dass ich einen Schlag auf den Kopf bekommen habe. Und jetzt habe ich irrsinnige Kopfschmerzen. Mehr kann ich Ihnen nicht sagen.“ Den letzten Satz formulierte sie sehr bestimmt.

„Sie müssen uns leider noch einige Fragen beantworten. Haben Sie schon einen Überblick, was der Täter entwendet hat?“

Hannelore Seefried legte ihren ganzen Schmerz in die Antwort. „Nicht ganz. Aber mein wertvolles Meißener Porzellan ist verschwunden. Und am Safe im Vorratsraum war der Einbrecher auch, den hat er aber nicht aufbekommen. Wenn ich mich etwas erholt habe, werde ich eine genaue Aufstellung machen.“

„Ein Vorratsraum ist ein ungewöhnlicher Standort für einen Safe. Wie konnte der Täter davon wissen?“

„Weiß ich nicht. Der Safe ist hinter einem Abstellregal verborgen, damit er nicht auffällt.“

„Und wo war Ihr Meißener Porzellan?“

„Im Vertiko im Wohnzimmer. Das konnte man von außen aber nicht sehen.“

„Dann können wir vermuten, dass der Einbrecher sich im Haus auskannte. Wer kommt denn da in Frage?“

Hannelore Seefried musste die Vermutung erst einmal verarbeiten. „Meine Untermieterin Claudia Stahrmann kennt sich im Haus aus, sie putzt hier auch. Meine Freunde Gerda und Magnus Fricksen kommen häufig zu Besuch. Sonst kommen eigentlich keine Fremden hier ins Haus.“ Sie schaute Mommsen ratlos an. „Nur noch manchmal mein Physiotherapeut.“

„Heißt der Ziegler?“

Nun war sie überrascht. „Ja, woher wissen Sie das?“

Mommsen winkte gleichgültig ab. „Sonst niemand? Hatten Sie in der letzten Zeit keinen Besuch?“

„Nein. Nur mein Sohn, aber der ist doch kein Besuch, der gehört doch zur Familie.“

„Wie heißt der denn? Und wann war der hier?“

„Auch Seefried, wie denn sonst? Er war ein paar Tage hier und ist gestern wieder gefahren.“

Mommsen sah, wie Lürrsen sich Notizen machte. „Ich meine den Vornamen Ihres Sohnes.“

„Werner. Sie glauben doch nicht, dass er hier einbricht und seine Mutter niederschlägt.“ Nun war sie aufgebracht.

„Also nicht Herbert?“

„Quatsch, so hieß mein verstorbener Mann. Aber warum wollen Sie die Vornamen in unserer Familie wissen? Fassen Sie lieber den Einbrecher!“ Nun war Hannelore Seefried aufgebracht.

Mommsen schien nun der Augenblick gekommen, sie zu überrumpeln.

„Frau Seefried, wie lange wissen Sie von der unehelichen Tochter Ihres Mannes?“ Lürrsen zuckte bei dieser Frage leicht zusammen.

Anders Hannelore Seefried. Sie saß regungslos, als wäre die Frage bei ihr gar nicht angekommen. Auch Mommsen rührte sich nicht und wartete aufmerksam ihre Reaktion ab. Endlich hielt Hannelore Seefried den peinlichen Druck des Schweigens nicht mehr aus.

„Was reden Sie für einen Unsinn. Herbert hatte nie eine uneheliche Tochter. Er war der beste Ehemann, den sich eine Frau nur wünschen kann. Er wäre nie auf die Idee gekommen, fremdzugehen. Was hat Ihre unverschämte Frage überhaupt mit dem Überfall hier zu tun?“ Sie versuchte ihre Entrüstung durch die Schärfe ihres Tonfalls zu unterstreichen.

Mommsen konnte sich nicht entscheiden, wie er ihre Reaktion deuten sollte. Wusste Hannelore Seefried wirklich nichts von der Existenz Helen Blanks oder hatte sie ihre Reaktionen so weit im Griff, dass sie sich nicht überrumpeln ließ? Er musste erst handfeste Beweise haben, bevor er auf der Suche nach dem Mörder Helen Blanks die Spur in die Familie Seefried weiter verfolgen konnte. Daher unterließ er es auch, Hannelore Seefried mit dem Foto der toten Helen Blank zu konfrontieren. Zunächst galt es aber, den Raubüberfall aufzuklären. Vielleicht fielen dabei auch Hinweise für den Fall Helen Blank ab.

Mommen nickte Lürrsen zu, die Befragung weiterzuführen. Er befürchtete, dass Hannelore Seefried ihm – nach der konfrontativen Befragung – jede weitere Antwort verweigern würde.

„Frau Seefried, trauen Sie Frau Stahrmann, dem Ehepaar Fricksen oder Herrn Ziegler einen Raubüberfall zu?"

„Nein, Frau Stahrmann sicher nicht, zumindest nicht aus eigenem Antrieb. Finanziell scheint sie es knapp zu haben. Frauen in ihrem Alter und ihrer Situation können leicht mal die Beute von Männern werden, die sie ausnutzen und zu einigem Leichtsinn verführen."

„Was meinen Sie mit ´ihrer Situation´?"

„Na ja, nicht mehr ganz jung, nach einer deprimierenden Scheidung, auf der Suche, das Leben wieder in den Griff zu kriegen … sowas alles."

Mommsen bekam den Eindruck, dass Hannelore Seefried komplexer dachte, als es den ersten Anschein hatte.

Lürrsen setzte die Befragung fort. „Hatten Sie den Eindruck, dass Frau Stahrmann in letzter Zeit unter dem verführerischen Einfluss eines Mannes stand?"

„Nein, das glaube ich nicht. Ihre Scheidung schreckt sie wohl noch ab."

„Was ist mit Frau und Herrn Fricksen?"

„Nein, auf keinen Fall. Die sind seit mehr als zwanzig Jahren unsere besten Freunde gewesen. Ganz gewiss haben die es nicht nötig, mich zu bestehlen oder zu überfallen. Der Gedanke ist völliger Unsinn."

„Halten Sie denn Herrn Ziegler für fähig, einen solchen Überfall zu begehen?"

„Eigentlich nicht. Aber ich kenne ihn nur von einigen Therapiesitzungen. Er kann sehr charmant sein und ist viel in der Welt herumgekommen."

„Fällt Ihnen sonst noch etwas ein, was uns helfen kann, den Überfall aufzuklären?"

„Nein, beim besten Willen nicht."

„Die Kollegen werden Sie gleich noch um Ihre Fingerabdrücke bitten. Die benötigen wir, damit wir diese bei der Suche nach den Abdrücken des Täters aussortieren können."

Lürrsen beendete die Befragung und verabschiedete sich. Mommsen wurde beim Abschied von Hannelore Seefried mit Nichtbeachtung bestraft.

***

Claudia hatte sich in ihre Wohnung begeben. Dort erinnerte sie sich, dass Ronald an den Vermögensverhältnissen ihrer Vermieterin recht interessiert gewesen war. Sie wusste, dass er für seine Pläne dringend Geld benötigte. Sie hatte mit ihm auch über den Wert des Meißener Porzellans gesprochen. Auch über den Standort des Safes? Sie konnte sich nicht mehr erinnern. Aber würde er in der Lage sein, dafür einen Menschen niederzuschlagen und einen Raubüberfall zu riskieren? Nein, sicher nicht. Oder doch? Was wusste sie von seinem Leben, bevor er nach Föhr gekommen war? Sie war nur noch verwirrt. Hoffentlich verschonten die Beamten sie vorerst.

Doch die Beamten folgten ihr in ihre Wohnung. Diesmal begann Mommsen das Gespräch.

„Frau Stahrmann, haben Sie eine Ahnung, wer Frau Seefried niedergeschlagen und beraubt hat?"

Claudias Gedanken waren noch in ihre Zweifel an Ronald Ziegler verstrickt. Mommsens Frage verstärkten ihre Unsicherheit. Nach einer kurzen Pause schüttelte sie nur den Kopf. Vielleicht entkam sie so der Entscheidung, ob sie ihre Zweifel an Ronald vor den Beamten äußern sollte.

Doch Mommsen wurde direkt. „Aber Sie kennen den Physiotherapeuten von Frau Seefried?"

„Sie meinen Herrn Ziegler?"

„Ja, genau den. Sie kennen ihn also?"

„Ja, ich war mal eine Patientin von ihm."

„Kennt er sich hier im Hause aus?"

„Sie meinen, ob er mich hier besucht hat?"

„Eigentlich meinte ich, ob er sich in der Wohnung von Frau Seefried auskennt. Aber, wenn Sie das schon ansprechen: hat er Sie hier besucht?"

„Nein. Warum sollte er? Wie kommen Sie darauf?" Claudia klang entrüstet, sie fühlte sich in die Enge getrieben.

Statt einer Antwort holte Mommsen das Foto der toten Helen Blank heraus und legte es vor Claudia auf den Tisch. „Kennen Sie diese Frau?"

Claudias Augen weiteten sich einen kurzen Moment. „Ich weiß nicht. … Doch, ich glaube, die hat mich vor einiger Zeit hier vor dem Haus angesprochen und gefragt, ob hier eine Verena Seefried wohne. Mit der sei sie zur Schule gegangen. Die hatte zuvor schon einmal unser Haus beobachtet." Sie nahm noch einmal das Foto auf. „Ist sie tot?"

„Ja, das Mordopfer aus der Oevenumer Marsch. Sie werden davon gehört haben."

Plötzlich fiel ihr noch etwas auf: das war doch die blonde Frau, die an jenem Abend in der Schlemmerkate am Nebentisch gesessen hatte, als Ronald so plötzlich aufgebrochen war. Sollte er sie gekannt haben?

Sie wollte sich vor den Beamten aber nichts von ihren Zweifeln an Ronald anmerken lassen.

„Weiß Frau Seefried von der Nachfrage dieser Frau nach einer Verena Seefried?"

Claudia musste sich zur Aufmerksamkeit auf Mommsens Frage zwingen, zu sehr beschäftigte sie die Angst, dass Ronald etwas mit all dem zu tun haben könnte.

„Ich habe es ihr gegenüber erwähnt. Aber sie hat nicht weiter nachgefragt. Sie konnte von der Passantin ja nicht gemeint gewesen sein."

„Kommen wir noch einmal auf den Raubüberfall zurück. Wer kennt sich hier im Hause noch aus?"

„Außer mir noch das Ehepaar Fricksen, langjährige Freunde von Frau Seefried. Und natürlich ihr Sohn Werner, der vor ein paar Tagen auf Besuch hier war."

Mommsen wollte noch einen Versuch machen, Claudias Verhältnis zu Ronald Ziegler zu klären. Ihre Entrüstung auf seine entsprechende Frage war ihm etwas übertrieben erschienen. Und er erinnerte sich an die Charakterisierung, die Hannelore Seefried von ihrer Mieterin gegeben hatte.

„Als letzte Frage möchte ich noch einmal wiederholen: Sie kennen Herrn Ziegler nur als Patientin, mehr nicht? Überlegen Sie in Ruhe, bevor Sie antworten." Mommsen hatte diesmal ganz väterlich gesprochen.

Claudia nutzte die Pause aus, die Mommsen ihr angeboten hatte. „Ja, wir haben uns angefreundet und uns mehrmals getroffen, aber nicht hier. Herr Ziegler ist – anders als ich - viel in der Welt herumgekommen. Er konnte so interessant erzählen."

„Hat er mal seine Geldprobleme erwähnt?"

„Er wollte sich selbstständig machen. Ihm waren günstige Räume für eine Praxis angeboten worden."

„Haben Sie ihm finanziell unter die Arme gegriffen?“

„Nein, wovon? Ich muss selbst fast jeden Monat um die Unterhaltszahlungen meines geschiedenen Mannes kämpfen.“

***

Zurück auf der Polizeistation setzten sich Mommsen und Lürrsen mit Caroline Hositz zusammen. Diese hatte inzwischen die Informationen über die Familie Seefried vervollständigt.

„Also, Helen Blank war tatsächlich die uneheliche Tochter von Herbert Seefried, die er wahrscheinlich vor seiner Familie geheim gehalten hat. Sie hatte das selbst nicht gewusst, ihre Tante Frenzi war von Herbert Seefried zur Verschwiegenheit verpflichtet worden. Dafür hat er Helen Blanks Unterhalt bis zum 25. Lebensjahr abgesichert. Diese wird wahrscheinlich im Nachlass ihrer Tante Unterlagen darüber gefunden und sich bei der Kanzlei erkundigt haben.“

Mommsen setzte Caros Schlussfolgerungen fort. „Und hat sich dann verdeckt nach Herbert Seefrieds Frau erkundigt, wie wir von Claudia Stahrmann wissen. Aber ist auch ein direkter Kontakt zwischen Helen Blank und Hannelore Seefried zustande gekommen? Wusste letztere von der Existenz der unehelichen Tochter ihres Mannes? Von dem Testament zu deren Gunsten?“ Er wiegte zweifelnd den Kopf.

„Könnte sie denn unser Opfer ermordet haben? Denkt daran, Hannelore Seefried ist bestimmt schon 70! Die ist doch nicht mit einer Harpune in der Marsch hinter ihr hergejagt.“

Auch Lürrsen hatte seine Zweifel.

„Vielleicht ist sie Helen Blank aber im Auto gefolgt und hat ihr dann aufgelauert?“ Caro wollte die Spur zur Familie Seefried nicht aufgeben.

Mommsen kam zu einem Entschluss. „Wir müssen herausfinden, ob Hannelore Seefried eine Harpune besitzt und damit umgehen kann. Dazu werden wir uns noch einmal mit Claudia Stahrmann unterhalten, die putzt ja im Haus von der Seefried. Und wir müssen uns Ronald Ziegler wieder vornehmen. Caro, besorgst du uns bitte einen

Durchsuchungsbeschluss für seine Wohnung, seinen Arbeitsplatz und seinen Wagen? Den brauchen wir ohnehin für die Ermittlungen im Raubüberfall."

„Und was ist mit dem Bruder des Opfers?", wollte Caro von Mommsen wissen.

„Das Motiv scheint mir bei Jan Blank nicht stark genug. Bei seiner Frau bin ich mir da aber nicht sicher. Sie bleiben auf unserer Liste der Tatverdächtigen, aber Vorrang haben die Familie Seefried und Ronald Ziegler."

„Claudia Stahrmann? Seht ihr bei der ein Motiv?", wollte Caro noch von ihren Kollegen wissen.

„Welchen Vorteil sollte sie vom Tod Helen Blanks haben? Selbst wenn sie von dem Verhältnis Helen Blanks mit Ziegler wusste, das ist Schnee von gestern. Sie erscheint mir zu vernünftig, darin einen Anlass für einen Mord zu sehen." Mommsens Ansicht wurde auch von Caro und Lürrsen geteilt.

„Caro, es bleibt dabei: du kümmerst dich um den Durchsuchungsbeschluss für Ziegler. Henning und ich sprechen zunächst mit Ziegler. Danach fahre ich mit Caro noch einmal nach Oldsum. Dort ist der Raubüberfall Anlass genug, dass wir uns auch nach einer Harpune umsehen. Und wir werden noch einmal mit Claudia Stahrmann reden."

***

Lürrsen hatte sich telefonisch vergewissert, dass sie Ziegler in seiner Wohnung antreffen konnten. Während sie Knebel beauftragten, den Arbeitsplatz Zieglers in der physiologischen Praxis zu durchsuchen, begaben sich Mommsen und Lürrsen zu dessen Wohnung. Misstrauisch öffnete er ihnen.

„Ich sagte Ihnen doch schon am Telefon, dass ich sofort wieder zur Arbeit muss, dort wartet eine Menge Patienten. Was wollen Sie denn schon wieder?"

Lürrsen leitete das Gespräch ein. „Frau Seefried, Ihre Patientin, ist Opfer eines Raubüberfalls geworden. Sie kennen sich in deren Haus aus, wissen von ihren Wertgegenständen und sind in finanziellen Schwierigkeiten. Wir möchten uns nur einmal umsehen, ob wir vom Raubgut hier etwas finden können. Und wir müssen Ihre Fingerabdrücke nehmen."

Er berichtete Ziegler, dass sie einen Durchsuchungsbeschluss beantragt hätten. Sie könnten mit der Untersuchung seiner Wohnung solange warten, bis der Beschluss auf dem Smartphone angezeigt sei. Das würde aber auch ihn noch länger von der Rückkehr zu seinen Patienten abhalten.

Zieglers Erschrecken auf diese Ankündigung war offensichtlich. Er suchte nach Worten, um seine Entrüstung zu formulieren, brachte aber nur ein: „Das können Sie doch nicht machen, ich weiß davon gar nichts" hervor. Schließlich ließ er die Beamten aber eintreten.

Während Lürrsen Ziegler die Fingerabdrücke abnahm, begann Mommsen mit der Durchsuchung. Bald darauf beteiligte sich auch Lürrsen daran. Obwohl die beiden Beamten sehr gründlich arbeiteten, konnten sie nichts finden, das auf eine Täterschaft Zieglers hinwies. Auch eine Durchsuchung seines Wagens blieb ohne Ergebnis.

Zum Abschluss setzten die Beamten sich noch einmal mit Ziegler zusammen. Mommsen begann – trotz seiner Enttäuschung über den negativen Ausgang ihrer Durchsuchung – mit einem milden Lächeln.

„Herr Ziegler, treiben Sie Sport?"

„Nein, nur wenn ich in den Ferien Zeit habe, wandere und klettere ich in den Bergen."

„Schwimmen?"

„Nein, im Sommer manchmal hier am Strand. Aber was hat das mit dem Einbruch bei Frau Seefried zu tun?"

Mommsen machte ein beruhigendes Handzeichen. „Gemach, Herr Ziegler. Dann betreiben Sie auch nicht den schönen Sport des Bogenschießens? Haben Sie vielleicht bei Ihren Kontakten mit den Indianern Amerikas Bogenschießen gelernt?"

Nun wurde Ziegler leicht aggressiv. „Ihre Fragen stammen wohl noch aus der Phantasiewelt Karl Mays.“

„Besitzen Sie denn einen Bogen, Pfeile oder eine Harpune?“

„Nein, sind die denn auch bei Frau Seefried gestohlen worden?“

„Sie waren doch auch in Mittelamerika bzw. in der Karibik. An den Küsten dort ist Tauchen ja ein verbreiteter Sport. Sind Sie nie tauchen gegangen?“

„Nein, nie. Mir ist immer noch nicht klar, was das alles mit dem Überfall auf Frau Seefried zu tun hat?“

Mommsen grinste ihn harmlos an. „Das versuchen wir gerade herauszukriegen.“

Er verständigte sich durch einen kurzen Blick mit Lürrsen, stand auf und ermahnte Ziegler, die Insel vorerst nicht zu verlassen, als sein Handy klingelte. Ohne Zwischenfragen hörte er kurz zu. Dann wandte er sich noch einmal zu Ziegler um.

„Herr Ziegler, in ihrem Arbeitsraum sind einige der geraubten Gegenstände gefunden worden. Sie müssen uns leider zur Polizeistation begleiten.“

***

Als Mommsen und Lürrsen mit Ziegler auf der Polizeistation ankamen, war Friedrichsen auch gerade vom Tatort des Überfalls eingetroffen. Bevor sie Ziegler zum Vorwurf des Raubüberfalls vernahmen, ließen sie sich von Friedrichsen über die Ergebnisse der Spurensuche zum Einbruch und über den Schaden berichten. An den Haustüren waren keine Einbruchsspuren gefunden worden. Ob die Haustüren abgeschlossen waren, konnte nicht geklärt werden. Hannelore Seefried hatte sich nicht erinnern können, dass sie die Türen verschlossen hatte. Nur an einem Fenster war eine Scheibe eingeschlagen. Die meisten Glassplitter lagen allerdings draußen vor dem Fenster, als habe der Täter die Scheibe erst auf seinem Rückzug eingeschlagen. Die Fingerabdrücke müssten erst ausgewertet werden. Friedrichsen berichtete weiter, dass neben dem Meißener Service noch drei Bilder von erheblichem Wert verschwunden seien. Hannelore Seefried hatte den Gesamtschaden nach einer ersten Einschätzung mit 60.000,- bis 100.000,- Euro angegeben. Auf Mommsens Frage berichtete er noch, dass sie keine Tauchausrüstung mit Harpune und auch keinen Bogen mit Pfeilen gefunden hätten.

Auch Kerbel war wieder zurück. Er zeigte ihnen einige Stücke des Meißener Porzellans sowie ein Smartphone, das er ebenfalls in Zieglers Spind gefunden hatte. Da die SIM-Karte entfernt war, konnte es nicht ausgelesen werden. In der Hülle des Smartphones war Name und Adresse Helen Blanks verzeichnet. War Ziegler also doch der Mörder von Helen Blank? Mommsen gab Anweisung, das Smartphone auf Fingerabdrücke zu untersuchen.

Dann winkte er Caro herbei, dem Gespräch mit Ziegler zuzuhören. Lürrsen forderte er auf, mit der Vernehmung von Ziegler zum Raubüberfall – und nur dazu - zu beginnen.

„So, Herr Ziegler, in einer Tasche in Ihrem Spind sind Teile eines kostbaren Porzellanservices gefunden worden, das Frau Seefried bei dem Überfall gestohlen wurde. Erklären Sie uns bitte, wie Teile der Beute in Ihren Spind gekommen sind." Die Beamten lehnten sich zurück und warteten Zieglers Antwort schweigend ab.

Dieser war noch zu aufgewühlt, als dass er sich schon eine Strategie zurechtgelegt hätte, wie er mit dem Vorwurf des Raubüberfalls umgehen wollte.

„Ich weiß doch davon nichts. Das muss ein Irrtum sein."

„Nein, es ist kein Irrtum, dass in Ihrem Spind ein Teil des Geschirrs gefunden wurde, - also?"

Ziegler heftete seinen Blick auf den leeren Papierkorb an der Seite von Lürrsens Schreibtisch. Sein Kopf war genau so leer wie der Korb, ihm fiel kein Argument ein, mit dem er den Vorwürfen begegnen könnte. So schwieg er.

„Herr Ziegler, Sie sind in finanziellen Schwierigkeiten, Sie haben genaue Ortskenntnis und ein Teil der Beute ist in Ihrem Besitz gefunden worden. Meinen Sie, Schweigen hilft Ihnen da heraus?“ Lürrsen blieb bei seinem harten Kurs der Vernehmung.

Ziegler hatte seine gewohnte Eloquenz verloren und schüttelte verständnislos immer wieder den Kopf. Im gleichen Rhythmus wiederholte er nur: „Ich war das nicht, ich war das nicht!“

„Wie kamen denn Teile der Beute in Ihren Spind?“

„Die muss mir jemand da hineingelegt haben, der Spind ist meist nicht abgeschlossen.“

„Wer?“

Ziegler zuckte nur störrisch mit den Schultern.

„Wo waren Sie in der letzten Nacht? In der Zeit von Mitternacht bis gegen 7.00 Uhr in der Frühe?“

„Zu Hause im Bett. Da habe ich geschlafen.“

„Gibt es dafür Zeugen?“

„Nein, ich lebe allein.“

Lürrsen lag die Bemerkung „zumindest zeitweise“ auf der Zunge, er unterdrückte sie aber. Dann übergab er an Mommsen.

„Herr Ziegler, in Ihrem Spind haben wir nicht nur Beutestücke aus dem Raubüberfall gefunden, sondern auch das Smartphone von unserem Mordopfer Helen Blank. Können Sie das denn erklären?“

Hatte Zieglers Miene bislang Irritation ausgedrückt, so offenbarte sie jetzt Panik. „Nein, das kann erst recht nicht sein. Wo sollte ich das Smartphone von Helen denn herhaben? Wir haben doch schon lang keinen Kontakt mehr.“ Sein Körper zog sich zusammen. „Muss ich denn das Verhör jetzt weiter ertragen? Oder kann ich nicht einen Anwalt verlangen?“

Als Mommsen merkte, dass es wenig Sinn hatte, die Vernehmung weiterzuführen, ließ er Ziegler in Haft nehmen und forderte ihn auf, einen Anwalt zu beauftragen. Dann wandte er sich an Hositz und Lürrsen.

„Wir müssen erst einmal sortieren, was wir gegen Ziegler in der Hand haben. Für den Raubüberfall: Motiv und Gelegenheit sind gegeben, ein Alibi hat er nicht. Weiter haben wir Teile der Beute in seinem Spind gefunden. Und gerade das stört mich! Er ist doch ein einigermaßen intelligenter Mensch. Warum war er so leichtsinnig, einen Teil der Beute dort zu verstecken, - uns also fast unter die Nase zu halten? Wo sind die anderen Beutestücke? Vielleicht hat ihm doch jemand die Stücke untergeschoben. Nur wer?

Nun zum Mord an Helen Blank. Ihr Smartphone in Zieglers Spind ist schon ein Indiz, das mich überrascht hat. Ein handfestes Alibi für die Tatzeit hat er nicht. Also müssen wir auch seine Gelegenheit zur Tat noch einmal überprüfen und auch, ob er über das Tatwerkzeug, eine Harpune, verfügte. Ein konkreter Hinweis auf die Tatwaffe ist bei ihm nicht zu finden. Dass er in Mittelamerika war, ist kein hinreichender Grund für die Vermutung, dass er über eine Harpune verfügt. Das Motiv könnte die Hoffnung sein, sich durch ihren Tod vor der Rückzahlung des Darlehens zu drücken, für einen Mord ein eher schwaches Motiv."

Dann blickte er Caro an. „Haben wir etwas gegen Ziegler in unseren Dateien?"

Caro hatte das schon überprüft. „Wenig, er hatte sich einmal eine Anzeige wegen Heiratsschwindels und Betrugs eingehandelt, die Frau hat die Anzeige aber wieder zurückgezogen."

„Betrüger sind nur selten Gewalttäter. Also vorerst bleibt er nur als Verdächtiger für den Raubüberfall in Haft. In Ordnung?" Er blickte seine Kollegen an. Beide nickten.

***

Als Mommsen mit Caro in Oldsum ankam, stiegen sie zunächst zu Claudia Stahrmanns Wohnung hoch.

„Frau Stahrmann, Sie kennen sich ja auch in den Räumen von Frau Seefried aus. Sind Ihnen dort schon einmal eine Tauchausrüstung mit Harpune oder Pfeil und Bogen unter die Augen gekommen?" Mommsen wollte sich zuerst die Informationen von Claudia Stahrmann sichern, bevor er mit Hannelore Seefried redete.

Claudia überlegte. „Es gibt in der Garage eine Nische, die als Abstellkammer genutzt wird. Da liegt noch Angelzeug des verstorbenen Mannes von Frau Seefried. Ja, und auch Flaschen, wie man sie zum Tauchen benutzt, - glaube ich wenigstens. Ich habe sowas schon im Fernsehen gesehen. Aber Pfeile und Bogen? Nein, daran kann ich mich nicht erinnern."

„Frau Stahrmann, eine andere Frage noch. Wo waren Sie am Dienstag, den 17. Juni, in der Zeit von 18.30 bis 21.30 Uhr?"

„Wie kommen Sie gerade auf diesen Zeitraum?"

„In dieser Zeit ist Helen Blank ermordet worden."

„Und da brauchen Sie von mir ein Alibi? Warum sollte ich deren Tod wünschen?" Claudia schaute verwirrt.

„Die Frage ist Routine. Aber wussten Sie nicht, dass die Tote bis vor einem halben Jahr die Freundin von Herrn Ziegler war?"

Claudias Verwirrung war nun offensichtlich. „Nein, das wusste ich nicht. Aber selbst wenn, das ist doch Vergangenheit. Glauben Sie mir, ich habe genug damit zu tun, meine eigene Vergangenheit abzustreifen, da werde ich nicht in die Vergangenheit von Freunden eintauchen."

Caro erinnerte sie. „Ihr Alibi?"

Claudia antwortete nach einer kurzen Überlegung. „An dem Tag habe ich bis in den Abend im Hofladen meiner Cousine gearbeitet, da war viel zu tun. Danach habe ich mit ihrer Familie zu Abend gegessen. Etwa zwischen 21.00 und 22.00 Uhr war ich wieder zu Hause und bin bald zu Bett gegangen."

Die Beamten dankten ihr und begaben sich zur Wohnung von Hannelore Seefried. Als diese Mommsen erkannte, versteifte sich ihre Haltung.

„Was wollen Sie denn schon wieder?"

Mommsen bemühte sich, einen friedlichen Einstieg in das Gespräch zu finden. „Frau Seefried, es tut uns leid, dass wir Sie noch einmal stören müssen. Die Kollegen haben vorhin versäumt, einen Blick in Ihre Garage zu werfen. Da unklar ist, wie der Einbrecher ins Haus gekommen ist, müssen wir uns vergewissern, dass der Einbrecher nicht den Weg über die Garage genommen hat."

Hannelore Seefried war zwar nicht besänftigt, ließ die Beamten aber mit mürrischer Miene eintreten. Im Flur wies sie nur auf eine Tür. „Dort geht es zur Garage."

In der Garage stand ein PKW, offensichtlich Hannelore Seefrieds Wagen. In der Nische fanden sich u.a. Gartengeräte, eine verstaubte Angelausstattung und auch Teile einer Tauchausrüstung samt zwei Sauerstoffflaschen, jedoch keine Harpunen. Caro nahm Fotos vor den Geräten. Dann gingen sie zurück zu Hannelore Seefried.

Mommsen hatte eine ernste Miene aufgesetzt. Er nahm das Foto von Helen Blank heraus und legte es Hannelore Seefried vor.

„Kennen Sie diese Frau?"

Hannelore Seefried schaute kurz auf das Bild. Ihre mürrische Miene versteinerte sich. „Nein!" Sie bellte das Wort fast heraus. „War es denn kein Einbrecher, sondern diese Frau?"

Mommsen war beinahe versucht, sie für die Disziplin zu bewundern, mit der sie sich im Griff hatte. „Nein, das ist Helen Blank, die uneheliche Tochter Ihres Mannes, die in der Oevenumer Marsch ermordet wurde. Todesursache war ein Harpunenpfeil, der ihr Herz getroffen hat."

Hannelore Seefried blickte starr zum Fenster hinaus, ohne eine deutbare Gefühlsregung zu zeigen.

Mommsen setzte deshalb das Gespräch fort. „Wir haben von einem Testament Ihres verstorbenen Mannes Kenntnis bekommen, in dem er Helen Blank einen beträchtlichen Teil seines Vermögens hinterlässt. Damit hätten Sie und Ihr Sohn ein starkes Motiv für den Mord."

„Mein Sohn ganz sicher nicht, der hat beim Tod meines Mannes nur seinen Pflichtteil bekommen, der wird eines Tages mich beerben. Und um mich zu wiederholen: mein Mann hatte keine uneheliche Tochter, also muss das Testament, von dem Sie reden, gefälscht sein."

„Wollen Sie wirklich, dass wir die Leiche Ihres Mannes ausgraben, um einen DNA-Vergleich vorzunehmen?"

„Sie können machen, was Sie wollen, sie ist nicht Herberts Tochter." Sie presste ihre strengen Lippen zu einem Schlussstrich zusammen.

Mommsen schaute Caro aufmunternd an, die die Gesprächsführung übernahm. „Frau Seefried, wir haben Teile einer Taucherausrüstung in Ihrer Garage gefunden. Wem gehören die? Tauchen ist kein Sport, den man im Wattenmeer um Föhr betreibt. Ist Ihr Sohn Taucher?"

Caro brachte ihren Sohn mit der Hoffnung ins Spiel, dass die Sorge um ihn Hannelore Seefried wieder ins Gespräch zurückholen würde. Und hatte Erfolg.

„Nein, Werner, mein Sohn, war nie sportlich. Die Tauchausrüstung stammt aus der Zeit, als Herbert und ich unsere Segeltouren in der Karibik machten. Da haben wir auch immer wieder getaucht."

„Dann können Sie auch mit einer Harpune umgehen?"

„Nein, das konnte Herbert. Ich nicht. Haben Sie denn eine Harpune in der Garage gefunden?"

Mommsen wollte verhindern, dass Caro sich von ihr überrumpeln ließ und schaltete sich mit einer kurzen Bemerkung ein. „Wir können über unsere Ermittlungen keine Auskunft geben." Dabei schaute er zu Caro hinüber und schüttelte leicht mit dem Kopf. Caro beendete daraufhin die Befragung.

Mommsen bat Hannelore Seefried um die Telefonnummer ihres Sohnes, da sie ihn für den nächsten Tag zur Einvernahme nach Föhr bestellen wollten. Die Beamten kehrten darauf zur Polizeistation zurück.

Dort fragte Mommsen als erstes seine Kollegen, ob an dem Smartphone Helen Blanks, das sie bei Ziegler gefunden hatten, Fingerabdrücke gefunden worden seien. Friedrichsen hatte das überprüft. Er hatte nur einen lesbaren gefunden, der jedoch nicht zugeordnet werden konnte. Er stammte jedenfalls nicht von Ronald Ziegler.

Als Mommsen zur Polizeistation zurückkam, war Lürrsen gerade dabei gewesen, Friedrichsen bei der Abfassung des Berichts über den Raubüberfall auf Hannelore Seefried zu unterstützen. Mommsen schlug ihm vor, die Formulierung des Berichts noch etwas aufzuschieben. Er würde seine Ermittlungen gerne auf die Prüfung ausdehnen, ob ein Zusammenhang zwischen dem Mord an Helen Blank und dem Überfall auf Hannelore Seefried hergestellt werden könnte.

„Wir müssen auf jeden Fall mehr über die Familiengeschichte der Seefrieds wissen. Vielleicht können uns ihre langjährigen Freunde, das Ehepaar Fricksen, helfen."

Mommsen schaute auf die Uhr. „Das hat bis morgen Zeit. Caro, bestellst du bitte Werner Seefried morgen hierher nach Föhr. Setz ihn ruhig unter Druck. Wahrscheinlich hat seine Mutter ihn auch schon angerufen. So, lasst uns für heute Feierabend machen."

***

Mommsen wachte mit leichten Kopfschmerzen auf. Seine Stimmung hellte sich aber schnell auf, als er etwas verschlafen auf die Terrasse trat. Er führte das nicht nur auf die leichte Wärme zurück, in die ihn die Morgensonne einhüllte, sondern auch auf die Erinnerung, dass der gestrige Tag die Ermittlungen vorangebracht hatte. Zumindest ergaben sich ihm einige vielversprechende Hypothesen.

Angeregt durch eine ihrer gemeinsamen kulinarischen Vorlieben hatte Cosima Osso buco zubereitet, ein Gericht, das sie an die Toskana erinnerte, das Ziel ihrer Urlaubsreise im letzten Jahr. Mommsen hatte sich damals erst nach einigem Zögern auf die Wahl dieser Urlaubsregion eingelassen, war dann aber durch den Dreiklang von Natur, eindrucksvollen Kulturschätzen und traditionsreicher Küche der Toskana begeistert worden. Cosima hatte auch Caro zum Essen eingeladen. Man war sich einig, an diesem Abend nicht über den Fall zu reden. Dennoch war es ein langer Abend geworden, wozu auch der Chianti Classico beigetragen hatte.

Auf der Polizeistation erwartete ihn Caro mit der Nachricht, dass Werner Seefried zugesagt habe, am späten Vormittag nach Föhr zu kommen. Mommsen beschloss daraufhin, den Besuch bei dem Ehepaar Fricksen vorzuziehen.

Magnus Fricksen konnte seine Beunruhigung nicht unterdrücken, als er sie an der Haustür empfing. „Wir haben schon von dem Überfall auf Hannelore gehört. Das ist ja ganz schrecklich. Ist sie schwer verletzt worden?"

Mommsen konnte ihn etwas beruhigen. „Nein, die Verletzung ist nur leicht. Aber es war gewiss ein Schock für sie."

Fricksen bat sie ins Wohnzimmer, wo er die Beamten seiner Frau vorstellte. Mommsen wollte mit offenen Karten spielen. „Wir benötigen noch einige Informationen über die Familie Ihrer Freundin. Es könnte sein, dass der Raubüberfall mit dem Mord in der Oevenumer Marsch in Verbindung steht. Das Opfer ist Helen Blank. Von ihr nehmen wir an, dass sie die uneheliche Tochter Ihres verstorbenen Freundes Herbert Seefried ist. Wissen Sie etwas darüber?"

Mommsen deutete Gerda und Magnus Fricksens sichtbare Reaktionen auf seine Vermutung eher als Verstörung denn als Erstaunen. Hatten sie Herbert Seefrieds Geheimnis gekannt?

„Nein, von dem Mord haben wir zwar gehört, aber nicht gewusst, wer das Opfer ist. Welcher Zusammenhang sollte denn zwischen dem Mord und dem Überfall bestehen?"

„Das untersuchen wir gerade. Sie wussten also von Herberts Seefrieds unehelicher Tochter?"

„Ja, Herbert war damals allein auf der Insel, da Hannelore zur Kur in Bad Wildungen war. Er war eigentlich ein treuer Ehemann, aber als er Helens Mutter kennenlernte, hat es ihn erwischt. Es war ein kurzes, intensives Verhältnis, das nach diesem Sommer aber einvernehmlich beendet war. Er hat aber sehr darauf geachtet, dass Hannelore nichts davon erfuhr. Für sie ist die Ehe etwas Heiliges. Und Herbert war für sie immer das Ideal eines Ehemannes. Er konnte ihr seinen Fehltritt nicht beichten, ihre ganze Welt wäre zusammengebrochen. Ich hatte ihm damals einen vertrauensvollen Anwalt empfohlen, um die finanziellen Regelungen abzuwickeln. Seinen Firmenanwalt wollte er damit nicht betrauen."

Caro schaute von ihren Notizen auf. „Hat er das tatsächlich Jahrzehnte vor seiner Frau geheim halten können? Hatte sie keine Ahnung?"

Jetzt fiel Gerda Fricksen ein. „Nein, wirklich nicht. Ich bin sicher, wenn Hannelore davon gewusst hätte, hätten wir das gemerkt."

„Könnte sie denn in den letzten Tagen davon Kenntnis bekommen haben?"

„Sie hat jedenfalls nichts davon gesagt. Sicher, sie schien etwas angespannt, aber ich denke, sie machte sich Sorgen über Werners finanzielle Lage, seine Galerie läuft nicht gut."

Mommsen schaute das Ehepaar Fricksen aufmerksam an. „Trauen Sie Frau Seefried einen Mord zu?"

Offensichtlich verschlug die Frage beiden die Sprache. Als erster fing sich Magnus Fricksen: „Nein, das ist ganz unmöglich. Hannelore ist eine Frau mit starken moralischen Grundsätzen. Womit sie manches Mal ihre Mitmenschen auch verunsichert."

„Vielleicht gerade deshalb?" Mommsen erwartete aber keine Antwort auf seine Frage.

Die Pause, die Mommsens letzte Bemerkung nach sich zog, beendete Caroline Hositz. „Und wie ist das mit Werner Seefried? Wäre der zu einem Mord fähig, wenn er genügend unter Druck stünde?"

Magnus Fricksen wurde nachdenklich. „Eigentlich kann ich mir überhaupt nicht vorstellen, wie jemand dazu kommt, einen Mord zu begehen. Wie könnte ich da eine Vermutung über einen anderen Menschen wagen?"

´Da hat er geschickt eine Antwort vermieden´, schoss es Mommsen durch den Kopf.

***

Zurück auf der Polizeistation setzte sich Mommsen mit Caro und Lürrsen zusammen. Zur Vorbereitung auf die Einvernahme Werner Seefrieds wollte er die belastbaren Hinweise auf die Tatverdächtigen im Mordfall Helen Blank noch einmal mit ihnen durchgehen.

„Wir dürfen also davon ausgehen, dass Hannelore Seefried über viele Jahre nichts von einer unehelichen Tochter ihres Mannes wusste. Helen Blank selbst hat erst vor kurzem Kenntnis erhalten, dass Herbert Seefried ihr Vater war und ihr in einem Testament einen beträchtlichen Teil seines Vermögens hinterlassen hatte. Es liegt nahe, dass sie die Familie Seefried - sei es Mutter, sei es Sohn - in der letzten Zeit kontaktierte. Frau Stahrmann berichtete, dass Helen Blank das Seefried'sche Haus beobachtet hatte. Sowohl bei der Mutter als auch beim Sohn sehe ich ein Motiv, den Tod Helen Blanks zu wünschen. Leider haben wir den Laptop der Toten nicht finden können. Dessen Auswertung hätte uns vielleicht den Kontakt bestätigen können. Schade ist auch, dass in Helen Blanks Smartphone, das bei Ziegler gefunden wurde, die SIM-Karte fehlt. So hilft uns das nicht weiter. Für die beiden Seefrieds müssen wir daher die Alibis überprüfen. Die Verbindung zum Tatwerkzeug? Für Hannelore Seefried können wir aus ihrer Taucherfahrung in der Karibik eine brüchige Verbindung zu einer Harpune herleiten. Aber wäre sie überhaupt körperlich in der Lage, Helen Blank zu verfolgen und eine Harpune zu bedienen? Ich fürchte, jeder Anwalt würde uns eine Anklage mit so dünnen Beweisen vor Gericht zerfetzen.

Ronald Ziegler bleibt unser Verdächtiger für den Raubüberfall. Die Hinweise auf seine Täterschaft im Mordfall Blank sind aber bisher sehr dünn. Warum hat das Smartphone nicht seine Fingerabdrücke, wenn er es schon so leichtsinnig in seinem Spind aufbewahrt hat? Bruder und Schwägerin des Opfers möchte ich zurzeit ganz hinten auf unserer Liste einordnen."

Bevor Mommsen die Runde aufheben konnte, meldete sich Caro. „Ich habe mir noch einmal das Adressbuch des Opfers angesehen. Da war auch eine Telefonnummer aus Hannover."

„Klar, der Anwalt, der die Zahlungen an Tante Frenzi veranlasst hatte." Lürrsens Hinweis war jedoch voreilig.

„Nein, es war die Nummer der Kunstgalerie von Werner Seefried. Das sollte er uns nachher auch erklären.“

Ein kurzes, verdutztes Schweigen in der Runde.

„Noch etwas?“

„Ludwig, was ist mit Helen Blanks Verhältnis, das sie vermutlich vor zwei Jahren auf dem Festland hatte. Sollen wir die Spur noch weiter verfolgen?“ Caro war sorgfältig wie immer.

„Wenn wir mit unseren anderen Spuren nicht weiterkommen, werden wir uns darum kümmern.“

***

„Herr Seefried, danke, dass Sie so schnell nach Föhr kommen konnten. Ich nehme an, dass Sie schon mit Ihrer Mutter gesprochen haben. Sie wissen also, dass wir zwei Verbrechen zu klären haben. Den Raubüberfall auf Ihre Mutter und den Mord an Helen Blank, Ihrer Halbschwester.“

Werner Seefried bemühte sich, gefasst und sachlich zu erscheinen. „Ja, meine Mutter hat mich davon unterrichtet. Die Situation ist so verwirrend, dass ich mich erst mit einem Anwalt unterhalten möchte, bevor ich mich zu der ganzen Angelegenheit äußere. Ich hoffe, Sie haben dafür Verständnis.“

„Aber Ihre Fingerabdrücke geben Sie uns jetzt schon? Sie waren ja in der letzten Zeit in der Wohnung Ihrer Mutter. So können wir die Abdrücke des Einbrechers besser aussondern.“

Werner Seefried erklärte sich nach einigem Zögern einverstanden.

Kurze Zeit später erschien Hannelore Seefrieds Föhrer Anwalt auf der Polizeistation. Nach einem längeren Gespräch mit seinem Mandanten konnte Mommsen die Vernehmung Werner Seefrieds in dessen Anwesenheit fortführen.

„Herr Seefried, wie lange wissen Sie schon, dass Helen Blank Ihre Halbschwester war?“

„Seit meine Mutter diesen Verdacht von Ihnen gehört hatte."

„Dann kannten Sie Helen Blank gar nicht?"

„Nein, woher auch?"

Mommsen nickte Lürrsen zu - wie vorher zwischen ihnen verabredet - die Befragung zum Raubüberfall fortzusetzen. Lürrsen ließ sich von Werner Seefried die Einzelheiten des Verlaufs seines Besuches bei seiner Mutter schildern.

Währenddessen war Friedrichsen hereingekommen und hatte mit Mommsen geflüstert. Der hatte konzentriert zugehört und kurz nachgedacht. Dann unterbrach er die Vernehmung.

„Herr Seefried, ich muss mich jetzt mal einschalten. Wir hatten bei dem Physiotherapeuten Ihrer Mutter, Ronald Ziegler, nicht nur Stücke aus der Beute des Überfalls auf Ihre Mutter gefunden, sondern auch das Smartphone von Frau Blank. Darauf haben meine Kollegen einen Fingerabdruck von Ihnen gefunden. Dazu erwarten wir hier und jetzt eine Erklärung von Ihnen." Mommsen klang energisch.

Werner Seefried erschrak und verstummte. Auch sein Anwalt schaute ihn fragend an. Aber er starrte nur wie abwesend vor sich hin. Schließlich beantragte sein Anwalt eine Unterbrechung, um sich mit seinem Mandanten beraten zu können. Nach wenigen Minuten bat er darum, die Vernehmung Werner Seefrieds solange auszusetzen, bis er mit der Mutter seines Mandanten ein Gespräch geführt habe. Mommsen kam der Bitte nach und setzte die Fortführung der Einvernahme auf den frühen Nachmittag fest.

***

Pünktlich um 14.00 Uhr erschienen Mutter und Sohn Seefried mit ihrem Anwalt auf der Polizeistation. Mommsen begann zielstrebig.

„Frau Seefried, Herr Seefried. Wir haben Verdachtsmomente, dass einer von Ihnen den Mord an Helen Blank begangen hat. Daher meine erste Frage: wo waren Sie am Dienstag, den 17. Juni, zwischen 18.30 und 21.30 Uhr? Frau Seefried, beginnen Sie bitte."

„Zu Hause, ich habe an dem Abend Patience gelegt."

„Haben Sie Zeugen?"

„Gegen 21.30 Uhr kam mein Sohn zurück."

„Herr Seefried, wo waren Sie zu dieser Zeit?"

„Ich war an dem Tag auf dem Festland, bei einem Künstler in der Nähe von Schleswig, um den Vertrag mit meiner Galerie zu verlängern." Caro notierte sich Namen und Adresse.

„Mit Ihrem Wagen? Mit welcher Fähre sind Sie zurückgekommen?"

„Ja, mit meinem Auto. Zurück mit der Fähre um 19.00 Uhr ab Dagebüll."

„Die ist gegen 19.45 Uhr in Wyk. Wir werden das überprüfen. Aber was haben Sie zwischen 20.00 und 21.30 Uhr gemacht. Ihre Mutter hat behauptet, Sie seien erst gegen 21.30 Uhr zu Hause angekommen."

„Ich habe im ´Heimathafen´ noch etwas getrunken. Das ist die Kneipe am Hafen. Nach dem langen Tag wollte ich mich etwas entspannen."

„Haben Sie denn Zeugen?"

„Weiß ich nicht. Ich habe dort keine Bekannten getroffen. Es war sehr voll, viele Touristen."

„Also haben Sie beide keine Alibis. Sie haben ebenfalls beide ein gewichtiges Motiv für den Mord an Helen Blank." Mommsen wandte sich an Werner Seefried.

„Im Adressbuch des Opfers haben wir die Telefonnummer Ihrer Galerie gefunden. Daher zweifeln wir an Ihrer Behauptung, das Opfer nicht gekannt zu haben. Wie erklären Sie denn, wie Ihre Telefonnummer in das Adressbuch kam?"

Werner Seefried zeigte Wirkung. Seine Finger trommelten nervös auf den Armlehnen seines Stuhls, sein Blick war starr auf den Boden gerichtet und er schwieg.

Mommsen legte gleich nach. „Weiterhin haben wir auf dem Smartphone von Helen Blank einen Fingerabdruck von Ihnen gefunden. Also haben Sie nach dem Tod von Helen Blank ihr Smartphone in der Hand gehabt. Das Sie dann neben den Teilen des Meißener Porzellans Herrn Ziegler untergeschoben haben. Die einzige Erklärung dafür ist, dass Sie für Helen Blanks Tod verantwortlich sind. Wenn Sie sich zu einem Geständnis durchringen, würde das uns allen viel unnützen Aufwand ersparen. Ein Geständnis würde auch bei Gericht für Sie sprechen."

Jetzt glaubte Werner Seefrieds Anwalt, sein Honorar rechtfertigen zu müssen. „Herr Kommissar, das alles sind bloße Vermutungen, die Sie nicht beweisen können. Vor allem die Behauptung, dass mein Mandant Herrn Ziegler Beweismittel untergeschoben hat, um diesen zu belasten. Ich bitte Sie, warum sollte mein Mandant seine eigene Mutter verletzen und berauben? Das ist doch abstrus!" Zuletzt hatte er sich in Rage geredet.

Mommsen blieb ruhig. „Herr Anwalt, wir werden noch genau überprüfen, ob Herr Seefried Zugang zum Spind von Herrn Ziegler an dessen Arbeitsplatz hatte. Sie sollten Ihrem Mandanten zunächst aber zur Aufklärung raten, wie sein Fingerabdruck auf das

Smartphone und seine Telefonnummer in das Adressbuch von Helen Blank gekommen sind."

Hannelore Seefried hatte bisher dem Gespräch konzentriert zugehört. Mommsen hatte den Eindruck, dass sie nur mit größter Mühe ihre Fassung behalten konnte. Nun musste sie zweimal zum Sprechen ansetzen, bevor sie sich verständlich äußern konnte. Ihre Tonlage war dann aber präzise und überlegt.

„Hören Sie bitte auf, das bringt doch nichts. Nein, meinen Sohn trifft an den Ereignissen keine Schuld. Nur mich."

Mommsen war von ihrem Geständnis nicht überrascht. Mit sanfter Stimme ermunterte er sie: „Frau Seefried, Sie haben unsere ganze Aufmerksamkeit."

***

Das Geständnis Hannelore Seefrieds und das Protokollieren ihrer und ihres Sohnes Aussagen hatte lange Zeit in Anspruch genommen. Am Abend hatte Cosima auch Caro und Lürrsen auf einen ´Absacker´ und einen Teller Antipasti auf die Terrasse ihres Hauses eingeladen. Als sie dann die Getränke eingeschenkt hatte, konnte sie ihre Neugier nicht länger zügeln.

„Also klärt mich jetzt mal auf, wie sich der Mord an Helen Blank und der Überfall auf Frau Seefried abgespielt hat."

Mommsen nickte Lürrsen zu. Der begann. „Also, Hannelore Seefried hatte tatsächlich erst vor kurzem von der Existenz der unehelichen Tochter ihres Mannes und des Testaments erfahren. Diese hatte sie damit konfrontiert. Das hatte sie ziemlich erschüttert. Als sie aber deren Namen erfuhr, Helen Blank, war sie irgendwie in Panik geraten."

„Warum das denn?", wollte Cosima wissen.

„Sie hatte vor etwa zwei Jahren mitbekommen, dass ihr Sohn auf der Insel ein Verhältnis mit einer Helen Blank gehabt hatte. Damals hatte aber niemand gewusst, dass sie Werners Halbschwester war. Hannelore Seefried hatte wohl in einem Telefongespräch Werners ihren Namen gehört. Als Helen Blank sich als Herbert Seefrieds Tochter vorstellte, war sie in eine Art Panik geraten: zu allem Ungemach kam also hinzu, dass Werner mit seiner Halbschwester Blutschande getrieben hatte!"

Cosima schaute überrascht. „Hat sie sich wirklich so alttestamentarisch ausgedrückt?"

Mommsen bestätigte das. „Ja, sie hat das nicht nur so formuliert, sie denkt auch so. Ich glaube, dass ihr Hauptmotiv gar nicht der Anteil am Erbe ist, den Helen Blank beanspruchte, sondern dass ihr mit dem Outing Helen Blanks als uneheliche Tochter ihres vergötterten Mannes das Fundament all ihrer Überzeugungen unter den Füßen weggebrochen war."

Cosima schaute zweifelnd in die Runde. „Aber sie war doch krank, habt ihr gesagt, sie hatte doch Rheuma. Konnte sie denn ihr Opfer in der Marsch verfolgen?"

Caro konnte sie aufklären. „Ja schon, aber ihre Bewegungsfreiheit war nur eingeschränkt, wenn sich gerade Rheumaschübe einstellten, sonst war sie ganz fit, wie uns auch ihre Mieterin bestätigt hat. Sie hatte Helen Blank wohl auf deren Joggingrunden unauffällig mit dem Wagen nachspioniert. Und dann schließlich mit dem Pfeil aus einer Harpune in der Nähe der Oevenumer Vogelkoje erschossen. Ihre Kraft hat auch ausgereicht, ihr Opfer einige Meter von der Fahrstraße weg unter ein Gebüsch zu ziehen. Und sie war kaltblütig genug, Helen Blanks Schlüssel und Smartphone an sich zu nehmen."

Cosimas Neugier war noch nicht befriedigt. „Und ihr Sohn, Werner, hatte mit der Tat nichts zu tun?"

Caro zögerte etwas. „Jein, … an dem Mord war er nicht beteiligt, aber sie hat ihn an dem Abend nach seiner Rückkehr vom Festland von den Geschehnissen erzählt und ihn in die Wohnung des Opfers geschickt. Dort hat er Helen Blanks Laptop entwendet, - für den Fall, dass dieser Informationen mit Bezug auf die Familie Seefried enthielte."

„Warum hat er dabei mitgespielt?"

„Sie hat ihn geködert, sonst wäre er das Risiko der Vertuschung eines Mordes kaum eingegangen."

„Womit hat sie ihn denn geködert?"

„Da war sie ganz clever", schaltete sich Lürrsen wieder ein. „Sie hat ihm Teile ihres Meißner Porzellans und drei Bilder überlassen, die er in seiner Galerie zu Geld machen könnte. Hannelore Seefried rechnete damit, dass sie diese von der Versicherung erstattet bekommen würde, wenn sie einen Raubüberfall simulieren würde. Werner hatte einen kleinen Teil des Porzellans und das Smartphone von Helen Blank am Arbeitsplatz Ronald Zieglers deponiert, als er dort war, um den Termin für seine Mutter vorzuverlegen. Leider ist ihm dabei entgangen, dass er darauf einen Fingerabdruck hinterlassen hatte. Die leichte Verletzung am Kopf als angebliche Folge des Überfalls hatte sie sich selbst beigebracht."

„Dann hat sie den ganzen Überfall nur inszeniert, um ihren Sohn für seine Hilfe zu bestechen und den Verdacht auf Ziegler zu lenken?"

„Ja, davon können wir ausgehen."

Cosima überdachte, was ihre Gäste berichtet hatten. „Was war denn nun ihr Motiv? Panik oder doch Berechnung?"

Mommsen wiegte seinen Kopf leicht hin und her. „Wohl eine Mischung. Hannelore Seefried ist ein Mensch mit festen Überzeugungen. Leider ist sie dabei der Gefahr der Selbstgerechtigkeit nicht entgangen. Sowohl der Fehltritt ihres Mannes als auch die - wie sie es nannte - ´Blutschande´ ihres Sohnes sowie das plötzliche Auftauchen und die Ansprüche Helen Blanks haben ihre Selbstgerechtigkeit erschüttert und ihrer Psyche sehr zugesetzt. Ich denke, in ihrem Verhalten steckt auch noch ein Rest von Rache an dem Verrat ihres Mannes. Steht nicht im Alten Testament irgendwo, dass ´die Kinder oder Kindeskinder die Sünden der Väter büßen müssen´? Die Planung des Mordes, die Simulation des Raubüberfalls und auch der Versuch, Ronald Ziegler zu belasten, zeugen aber von einer erheblichen Berechnung und Raffinesse."

Mommsen zögerte und schloss seine Bemerkung mit dem Urteil: „Nein, ich kann sie nicht bedauern, eher ihren Sohn."

***

Trautes Heim

Um 16.45 Uhr am 22. Mai beschloss ich, Hinrich Richardsen zu töten. Warum ich mich heute, nach drei Monaten, noch so genau daran erinnere? Ich hatte gerade den Rasen hinter unserem Haus gemäht, als ich - fast aus heiterem Himmel - einen Lachanfall bekam. Der Hinweis auf den 'heiteren Himmel' ist meteorologisch durchaus richtig, denn die Sonne schien und die Schäfchenwolken am Föhrer Himmel zeigten sich von ihrer heiteren Seite. Aber der Himmel meiner Stimmung war alles andere als heiter. Vor einiger Zeit war das Schreiben mit der Kündigung meiner Wohnung gekommen. Auch wenn ich damit rechnen musste, war das doch ein Schlag. … Ach, so, der Lachanfall? Das war eher Galgenhumor. Mir war plötzlich in den Sinn gekommen: warum hatte ich eigentlich noch den Rasen gemäht, nachdem mich der Hauseigentümer gerade rausgeworfen hatte?

Ich glaube, ich muss meine Situation näher erläutern. Also, ich bin Klaas Mehring, vor 32 Jahren auf Föhr geboren, von Beruf … ? Da fängt das Problem schon an.

Bis zur Pubertät ließ sich meine Schullaufbahn ganz gut an und berechtigte meine Eltern zu den schönsten Hoffnungen. Dann begann der morgendliche Elan auf dem Weg zur Schule nachzulassen oder besser: es wurde mir bewusst, dass ich mich nur lustlos dieser Stätte nutzloser Weisheit näherte. Mein Elan begann, andere Ziele anzupeilen. Ein erstes Ziel war Eli - eigentlich Eleonore - eine Mitschülerin aus meiner Klasse, die recht introvertiert war. Zumindest war das meine Erklärung für ihr nachhaltiges Widerstreben, sich mit mir außerhalb der Schule zu treffen. Mein Freund Reinhardt meinte zwar, sie hätte einfach keinen Bock auf mich und ich sollte mir eine andere suchen. Was ich auch tat. Gut, diese Suche zog sich über einige Stationen mit wechselndem Erfolg hin. Ich geriet in eine Clique, in der es üblich wurde, Frustrationen über mangelnden Schulerfolg, Unverständnis beim weiblichen Geschlecht, unzureichende Finanzausstattung für motorisierte Mobilität u.ä.m. wegzukiffen. Dass diese Verlagerung meiner Interessen nicht ohne Auswirkung auf meine Schulnoten war, liegt auf der Hand, die 10. Klasse des Gymnasiums musste ich wiederholen.

Und damit bekam Hinrich Richardsen die Chance, meinen Lebensweg nachhaltig zu beeinflussen.

Als ich zum zweiten Mal in die 10. Klasse einstieg, sah ich mich Oberstudienrat Hinrich Richardsen konfrontiert. Ja, es war Konfrontation auf den ersten Blick. Er war mein Lehrer in Mathematik und Physik, zwei Fächer, die - laut Richardsen - eine Kombination von Begabung, Fleiß und Respektierung fachlicher Autorität erforderten. Die mathematische Begabung war mir nicht in die Wiege gelegt, das entsprechende Gen hatten mir meine Erzeuger nicht mitgegeben. Beim Stichwort Fleiß muss ich sicher eigene Versäumnisse zugeben. Fachliche Autorität kann ich respektieren, wenn diese nicht von einem Menschen wie Richardsen beansprucht wird, einem Intriganten und Sadisten. Mochte mir auch die mathematische Begabung fehlen, mein Gerechtigkeitsgen jedoch war sehr ausgeprägt. Fast überflüssig zu erwähnen: die Gerechtigkeitsdebatten zwischen Richardsen und mir bezogen sich nicht nur auf die Zensuren und hatten für die Klasse einen wiederkehrenden Unterhaltungswert.

Ich will mich hier nicht auf Einzelheiten einlassen. Jedenfalls saß Richardsen kraft seiner ´fachlichen Autorität´ am längeren Hebel und schaffte es, dass ich meine Schulkarriere aufgeben und ohne Abitur von der Schule abgehen musste. Das war meine erste Konfrontation mit Hinrich Richardsen.

***

Föhr ist eine überschaubare Insel. Für einen gerade volljährig gewordenen Schulabbrecher mit Unternehmungsgeist jedoch eine zu kleine Spielfläche. Die suchte ich mir in der weiten Welt. Die weite Welt war für mich erst einmal Kassel. Dort lebte ein Cousin, Volker, mit dem ich mich schon in unseren Kindertagen angefreundet hatte, wenn er mit seinen Eltern auf Föhr die Sommerferien verbrachte. Der hatte just seine Lehre in einem großen Automobilwerk abgeschlossen und lebte in einer WG, in der gerade ein Zimmer freigeworden war. Bei ihm fand ich Unterschlupf. In den ersten Monaten versuchte ich, mich mit wechselnden Jobs über Wasser zu halten. Nach einigen Monaten besuchten mich meine Eltern. Ich beugte mich ihren besorgten Vorschlägen, dass ich mir eine ordentliche Lehrstelle suchen sollte, nachdem mein Vater mir zugesagt hatte, die schmale Lehrlingsvergütung mit einem monatlichen Zuschuss aufzubessern. Bald darauf begann ich eine Ausbildung zum Elektroinstallateur und lebte mich in Kassel ein. Die Hoffnung, irgendwann das Abitur doch noch nachholen zu können, schwelte aber weiter in mir.

Warum erzähle ich das alles, wenn ich doch meine Gründe darlegen möchte, Richardsen zu töten? Der lebte derweil auf Föhr. Mein Vater arbeitete damals als Sachbearbeiter in einer Steuerberatungsfirma, bei der auch Richardsen Klient war. Als dieser aus dem Erbe seiner Mutter über eine nicht unerhebliche Summe verfügen konnte, wollte er diese steuerschonend investieren und hatte sich von einem der beiden Firmenchefs beraten lassen. Die Investition floppte. Richardsen verklagte die Firma, die daraufhin meinen Vater zum Bauernopfer machte, um den Ruf der Firmenchefs zu retten. In der langwierigen Auseinandersetzung zwischen Richardsen und den Firmenchefs geriet mein Vater unter die Räder: Kündigung sowie Kosten des Arbeitsgerichtsprozesses und der Anwälte gingen zu seinen Lasten. Schließlich blieb an ihm der Ruf eines Querulanten bzw. Unruhestifters hängen, der ihn aus dem überschaubaren Arbeitsmarkt der Insel weitgehend ausschloss. Zeiten der Arbeitslosigkeit wechselten bei ihm mit kurzen Aushilfsjobs während der Touristensaison ab.

Meine Mutter war der gesellschaftlichen Stigmatisierung und den psychischen Belastungen dieser Situation nicht gewachsen. Sie verlor ihren Teilzeitjob in der Küche eines Kinderheims. Schließlich wagte sie sich kaum noch aus dem Haus und benötigte mehr und mehr Betreuung durch meinen Vater. Als meine Mutter nach einigen leidvollen Jahren zunehmende Zeichen von Demenz zeigte und in Heimbetreuung kam, verlor er jeden Lebenswillen. Man mag seinen Suizid vor drei Jahren als Schicksal bezeichnen. Dieses Schicksal aber hat für mich einen Namen: Hinrich Richardsen.

***

Was diese Schicksalsschläge meiner Eltern mit meinem Lebensweg zu tun hatten? Als mein Vater seine Stellung verlor, musste er auch seinen monatlichen Zuschuss zu meiner Lehrlingsvergütung einstellen. Ich hatte mir inzwischen eine eigene kleine Wohnung in Kassel gemietet, die ich mir von meinem Lehrlingslohn allein nicht leisten konnte. Daher sah ich mich gezwungen, zusätzlich einen Job in einer Kneipe anzunehmen. Das ging auf Dauer nicht gut. Ich kam häufig übermüdet zur Arbeit, war unkonzentriert, reizbar, die Fehlzeiten häuften sich. Es kam, wie es kommen musste: noch vor meiner Abschlussprüfung wurde mein Lehrverhältnis gekündigt. Ich fand dann Arbeit bei einem Bauunternehmen und war in der Folge immer wieder auf wechselnden Baustellen im Umkreis von Kassel tätig.

Waren meine Bemühungen um Aufmerksamkeit beim weiblichen Geschlecht in der Schule nur begrenzt erfolgreich gewesen, so hatte sich die Erfolgsquote inzwischen gebessert. Ich hatte eine Reihe von Freundinnen. Wenn ich jetzt an die zurückdenke, fällt mir auf, dass die jeweiligen Beziehungen meist nicht lange andauerten. Was vor allem an mir lag. Denn nach kurzer Zeit liefen mir immer wieder Frauen über den Weg, die attraktiver waren. Mit einer von ihnen, Charlotte, hatte ich besonderes Pech. Sie hatte Kontakt zu einem Dealer, von dem sie uns hin und wieder Cannabis besorgte. Als sie eines Tages unseren Zweiwochenvorrat bei mir deponiert hatte, schneiten prompt die Bullen herein. Es folgten Anklage, Verurteilung auf Bewährung. Die Verursachungskette, die mich dahin gebracht hatte, war zwar lang, wies aber auf einen eindeutigen Schuldigen zurück: Hinrich Richardsen.

Seit dem Abenteuer mit Charlotte hatte ich der weiblichen Anziehungskraft eine längere Zeit widerstanden. Vor zwei Jahren war ich wieder einmal nach Föhr gereist. Ich hatte nach dem Tod meines Vaters noch einmal meine Mutter dort im Pflegeheim besucht. Ihre Demenz war aber so weit fortgeschritten, dass sie mich nicht erkannte. Ein Gespräch mit ihr war unmöglich geworden. Ich weiß gar nicht, ob ich diesmal auf Föhr nur für einige Tage Erholung suchte oder ob es mich dorthin zog, weil ich mich an die heile Welt meiner Kindheit erinnern wollte. Vielleicht auch – um es anders zu sagen – weil ich mich selbst finden wollte. Irgendwie war die Zeit reif für einen neuen Anfang. Außerdem wollte ich auf Föhr meine Mutter einmal wiedersehen. Schließlich auch meinen alten Schulfreund Reinhardt Biegel besuchen, zu dem ich über die Jahre immer wieder Kontakt gehalten hatte. Er war, wie ich, ein Opfer Richardsens geworden. Ein Jahr nach mir hatte auch er wegen Richardsen die Schule abbrechen müssen.

Anders als mein Vater konnte seiner – ein Arzt – ihm den Besuch eines Internats finanzieren. Seinen Traum, ein Medizinstudium, musste Reinhardt aber begraben, seine Abiturnote reichte dann dafür nicht mehr aus.

Also, vor zwei Jahren zog es mich wieder nach Föhr. Die Begegnung mit Reinhardt ließ gleich wieder die alte Vertrautheit aufkommen. Er hatte sich mit einem Onkel zusammengetan und betrieb eine Vermittlung für Ferienhäuser und Ferienwohnungen. Und ich begegnete Irene Kiriadou. Auch wenn ich kein Freund großer Worte bin, sondern eher einen Hang zur Ironie habe, die große Gefühle klein hält, traue ich mich zu sagen: die Begegnung mit Irene hat mich von den Füßen geholt!

***

Irene war gelernte Hotelfachfrau und arbeitete in einem Hotel der gehobenen Klasse auf Föhr. Ihr Vater war Grieche, ihre Mutter Schwäbin. Sie war nach Föhr gekommen, weil sie ihrem damaligen Freund nachgefolgt war, der hier arbeitete. Die Beziehung hatte nicht geklappt, aber sie konnte sich von Föhr nicht mehr trennen.

Sie war eine reizvolle Erscheinung. Lange Haare, deren schimmerndes Schwarz mit dem Weiß ihrer Zähne kontrastierte. Da sie gerne lachte, blitzte diese Kombination immer wieder auf. Sie konnte aber auch gut zuhören. Dabei faszinierte mich ihr geheimnisvolles Lächeln. Nicht wie bei der berühmten Mona Lisa, deren Lächeln irgendwie abwesend ist. Irenes Lächeln deutete Geheimnisse an, deren Aufdeckung möglich schien und sich lohnen würde. Als ich sie erstmals auf dem Sandwall in Föhr entdeckte, ging sie mit einer Freundin vor mir her. Ich wurde auf sie aufmerksam, weil ich ihren schwingenden Gang bewunderte, eigentlich mehr noch die Grazie ihrer gesamten Körperbewegungen. Ich war mit Reinhardt unterwegs. Nach längerem Suchen war es uns gelungen, im Schatten der Bäume vor einem der Cafés einen freien Tisch mit dem überwältigenden Blick auf die Halligen zu finden. Kaum standen unsere Eisportionen vor uns auf dem Tisch, als Irene mit ihrer Freundin herantrat, auf die zwei freien Sessel an unserem Tisch deutete und fragte, ob die besetzt seien. Mir blieb fast das Herz stehen: so ein göttliches Wesen setzte sich mir gegenüber! Vor schönen Frauen bin ich meist etwas befangen, sie verbreiten so eine Aura der Unnahbarkeit. Doch Irene war ganz anders. Und bald waren wir so in unser Gespräch vertieft, dass ich kaum mitbekam, wie sich Reinhardt verabschiedete, da er einen Kundentermin hatte. Ja, so ging es mit Irene und mir los.

Meine letzten Tage auf Föhr nutzten wir, so oft es ging, uns zu treffen. Irene hatte in dieser Zeit Frühdienst, so dass uns die Abende und die Nächte blieben. Als mein Urlaub zu Ende ging, mussten wir uns die Frage beantworten, was aus uns werden sollte. Meine Gedankenspielerei, mein Leben in Kassel aufzugeben und nach Föhr zurückzugehen, hatte durch die Begegnung mit Irene neue Nahrung bekommen. Auf Föhr konnte ich auch nach meiner Mutter sehen. Vielleicht könnte ich ja doch in ihr Erinnerungen aufrufen? Wir beschlossen, dass ich mir auf der Insel Arbeit und Wohnung suchen würde. Aufgrund des Baubooms auf Föhr bot der Arbeitsmarkt für Baugewerke gute Chancen. So würden wir ausprobieren können, ob unsere Gefühle füreinander während der gemeinsamen Sommertage nur ein Strohfeuer wären oder die Basis für ein gemeinsames Leben.

In den letzten Tagen auf Föhr gelang es mir, bei einem Bauunternehmen eine Stellung zu finden. Meine Wohnungssuche blieb allerdings wegen der angespannten Lage auf dem Wohnungsmarkt erfolglos. Reinhardt sagte mir aber nach Rücksprache mit seiner Frau Susanne zu, dass ich die erste Zeit bei ihnen unterkommen könnte. In Hochstimmung reiste ich zurück, um meinen Abschied von Kassel zu organisieren. Ein neues Leben konnte beginnen.

***

Das neue Leben begann damit, dass mich Irene auf der Mole in Wyk von der Fähre abholte. Obwohl seit unserem letzten Zusammensein fast vier Wochen vergangen waren, kam es mir vor, als hätten wir uns noch am Tag zuvor gesehen. Die ersten Wochen waren damit ausgefüllt, dass ich mich in meinen neuen Job einarbeitete und mich auf Wohnungssuche begab. Reinhardt und seine Frau Susanne hatten mich im Gästezimmer ihres geräumigen Hauses untergebracht und erwiesen sich als rücksichtsvoll und unkompliziert.

Und wieder hatte ich Glück. Reinhardt hatte gehört, dass eine seiner Cousinen heiratete. Da sie kurz vor der Hochzeit zu ihrem Mann zog, wurde kurzfristig ihre Wohnung frei. Bevor die Wohnung auf dem Markt angeboten wurde, hatte ich durch Reinhardt Wind davon bekommen und meldete mich bei der Vermieterin. Zu dem Besichtigungstermin kam ich in Begleitung Irenes, die wir als meine Verlobte vorstellten. Ich hatte mir vorgenommen, meinen ganzen Charme aufzubieten, um auf die Vermieterin, eine alte Dame, Eindruck zu machen. Das war aber gar nicht nötig geworden, denn Irene hatte eine so herzliche Art, dass diese gleich bereit war, uns die Wohnung zu einem erschwinglichen Preis zu überlassen. Ja, es schien fast, als hätte sich die Situation verkehrt: Nicht wir, die Mieter, konnten uns glücklich schätzen, eine Wohnung gefunden zu haben, sondern unsere Vermieterin, in uns solch nette Mieter gefunden zu haben.

Nach der Wohnungsbesichtigung machten wir Station in einer Bar am Südstrand, um bei einem Aperol Spritz den Abschluss des Mietvertrags zu feiern. Als wir unsere Gläser hoben, war ich dennoch unsicher. Wir hatten vorher zwar abgemacht, dass Irene sich als meine Verlobte vorstellen würde. Aber von einer Heirat war bislang nie die Rede gewesen. Hatte Irene nur die Verlobte gespielt, um meine Wohnungssuche zu unterstützen, oder schien ihr der Gedanke, mich zu heiraten, naheliegend oder gar selbstverständlich? Nichts hätte ich mir mehr gewünscht. Aber konnte ich sie nach so kurzer Zeit schon fragen, ob sie mich heiraten würde? Oder würde sie sich überrumpelt fühlen? ... Ich wagte es, sie zu fragen. Sie schaute mich nur kurz an, als sie ganz ruhig antwortete: „Ja, schon als ich dich auf der Mole wiedersah, war mir klar, dass wir heiraten würden." Und ich fühlte mich wie ´Hans´... nein, wie ´Klaas im Glück´!

Der Umzug in die neue Wohnung lief problemlos ab. Irene gab ihr Personalzimmer im Hotel auf, in dem sie arbeitete, und zog gleich mit ein. Ich war mir sicher, dass ich nach einer langen Zeit der Irrungen und Wirrungen mein Leben nun in den Griff bekommen hatte und mit Irenes Hilfe auch im Griff behalten würde. Ein halbes Jahr nach unserem Einzug heirateten wir. Die Hochzeit fand nur im kleinen Kreis statt: Irenes Eltern mit ihrem Bruder, Reinhardt mit seiner Frau, Volker aus Kassel und jeweils zwei Arbeitskollegen von Irene und mir. Meine

Mutter konnte mit der Nachricht von meiner Heirat nichts anfangen. Sie fragte nur mehrmals: „Wer bist du?“ Auch wenn die Besuche bei ihr sehr beklemmend ausfielen, kommt Irene – wann immer sie es einrichten kann – mit. Einmal fragte meine Mutter sie sogar: „Bist du meine Tochter?“ Als Irene das bejahte, lächelte meine Mutter. Vielleicht haben unsere Besuche doch einen Sinn.

***

So gingen einige Monate ins Land. (Sagt man das auch auf einer Insel?) Irene wurde schwanger und blühte richtig auf. Ein leichter Schatten tauchte über unserem Glück auf, als unsere Vermieterin bei einem Autounfall ums Leben kam. Der Unfallverursacher hatte Fahrerflucht begangen und konnte nicht gefasst werden. Würde der neue Besitzer uns weiterhin zu so günstigen Bedingungen wohnen lassen? Aus dem leichten Schatten wurde eine schwarze Unwetterwolke, als der neue Besitzer sich bei uns meldete: Hinrich Richardsen! Er war ein Cousin unserer verstorbenen Vermieterin. Ein weiterer Cousin und er waren deren einzige Verwandte, die mangels eines Testaments den Nachlass zu gleichen Teilen erbten. Richardsen hatte seinen Cousin ausbezahlt und war so der Alleinbesitzer unseres Hauses geworden.

Als ich den Namen las, lief es mir eiskalt den Rücken runter. Wurde ich jetzt für mein Glück, das ich so mühselig gesucht hatte, bestraft?

Da ich bei einem Bauunternehmen arbeitete, kommen mir Gerüchte über neue Bauvorhaben schnell zu Ohren. So auch die Information, dass auf dem Grundstück, auf dem wir wohnten, ein Neubau mit acht Ferienwohnungen geplant werde. Bauträger würde eine neugegründete Gesellschaft sein. Einer der Teilhaber sei Hinrich Richardsen, der das baureife Grundstück als seinen Anteil in das Projekt einbringen wollte. Das hieß also, dass unser Haus mit den vier Mietwohnungen zum Abriss bestimmt war. Was ich als ´worst case´ befürchtet hatte, trat ein: Die Kündigung unserer Wohnung drohte.

Die anderen drei Mietparteien unseres Hauses fürchteten ebenfalls die Kündigung und waren genauso betroffen wie wir. Wir taten uns zusammen, um uns gegen den drohenden Rauswurf zu wehren. Wir forderten, dass sich Richardsen vor uns rechtfertigte und luden ihn zu einer Aussprache ein. Als er mit einem Anwalt zu dem vereinbarten Termin erschien, ließ das nichts Gutes ahnen. Er schien entschlossen, uns loszuwerden, um sein Neubauprojekt durchzuziehen. Als wir uns bei der Zusammenkunft vorstellen wollten, blieb sein Blick kurz bei mir hängen. Er schien sich irgendwie an mich zu erinnern und suchte mich in seinem Gedächtnis zu orten. Dann hatte er mich.

„Ich kenne Sie doch. Sie waren früher doch mal ein Schüler von mir. Klaas Mehring! Schule war für Sie ja kein erfolgreiches Projekt. Haben Sie denn überhaupt einen Schulabschluss gemacht? Ja, auch an Ihren Vater erinnere ich mich.“ Er wedelte mit unserem Einladungsschreiben, auf dem wir unseren Protest in deutlichen Worten formuliert hatten. „Sie scheinen ja auch ein Querulant geworden zu sein, genauso wie Ihr Vater. Haben Sie denn wenigstens beruflich mehr Erfolg gehabt als er?“

Als er mich vor Irene und meinen Nachbarn so gemein anging, war ich zunächst sprachlos, obwohl ich auf einige spitze Bemerkungen schon gefasst war. Dass er meinen Vater, den er beruflich und psychisch zugrunde gerichtet hatte, posthum noch so beleidigte, wollte ich nicht hinnehmen. Aber ich hatte mich so weit im Griff, dass ich mich zurückhielt, um unser Ziel der Erhaltung unseres Zuhauses nicht gleich zu Anfang zu torpedieren. Also schwieg ich einen peinlichen Augenblick lang, bis Friedrich Sierich, unser Sprecher, uns einzeln vorstellte.

Das Gespräch verlief für uns völlig unbefriedigend. Als wir uns weigerten, auf unseren rechtlichen Mieterschutz zu verzichten, drohte Richardsen uns mit der Alternative, umfangreiche Renovierungen an dem Haus vorzunehmen. Mit der Folge, über viele Monate auf einer Baustelle zu leben, phasenweise für die Renovierungsarbeiten unsere Wohnungen zu räumen und danach exorbitant hohe Mieten zu zahlen. Sein Anwalt unterstützte seine Argumentation damit, dass unser Haus ein Altbau sei und tatsächlich einen erheblichen Renovierungsbedarf hätte. Er betonte, dass sein Mandant vertraglich verpflichtet sei, das Grundstück baureif in das Projekt einzubringen, und davon nicht zurücktreten könne.

Das Gespräch endete ziemlich abrupt, als wir feststellten, dass

Richardsen auf keinen Fall auf sein Projekt verzichten wollte. Nach dem Gespräch trafen wir Mieter uns noch bei Friedrich Sierich und beschlossen ebenfalls, einen Anwalt einzuschalten.

Kurz darauf wurden uns die Schreiben mit der Kündigung unserer Wohnungen zugestellt. Friedrich und ich waren von unseren Mitbewohnern beauftragt worden, einen Anwalt auszuwählen und mit der Klage gegen die Kündigungen zu beauftragen.

Wir beauftragten Dr. Bruch, das Mandat unserer Hausgemeinschaft zu übernehmen. In einem ersten Gespräch ließ er sich unsere Notlage schildern. Er war bereit, die Klage zu vertreten. Auch wollte er sich über die Umstände der Erbschaft Richardsens mehr Informationen verschaffen. Vielleicht ließe sich ja ein Hinweis finden, dass der Übergang des Eigentums an unserem Haus an ihn rechtlich nicht in Ordnung gewesen sei.

***

Zurück in unserer Wohnung erläuterte ich Irene die Vorgeschichte, die mich mit Richardsen verband – oder richtiger: in der er zum Urheber aller Übel in meinem Leben geworden war. Als wir erfuhren, dass Richardsen nun Eigentümer unseres Hauses sei, hatte ich ihr schon angedeutet, dass er einer meiner Lehrer gewesen war und wir nicht in Freundschaft voneinander geschieden waren. Ihn live erlebt zu haben, machte auch ihr klar, dass er ein Monster war.

Wie schon angedeutet, ist der Wohnungsmarkt auf Föhr für ein junges Paar mit begrenztem Einkommen leergefegt – erst recht, wenn die Frau schwanger ist. So war die Kündigung unserer Wohnung weniger ein Impuls, der unseren Durchhaltewillen belebte, als ein Schicksalsschlag, geeignet, uns aus der Bahn zu werfen. Jetzt, da ich die Verantwortung für Irene und unser Kind trug, durfte ich nicht versagen. In den letzten Jahren war es mir gelungen, mit mir selbst ins Reine zu kommen, trotz der zerstörerischen Weichenstellung auf meinem

Lebensweg, die Hinrich Richardsen zu verantworten hatte. Und das wollte er mir wieder kaputtmachen.

Natürlich unternahm ich alles, was möglich war, um eine neue

Wohnung zu finden: vergeblich. Auch meine Nachbarn waren ergebnislos auf der Suche. Als Friedrich Sierich aufgab und sich mit dem Gedanken anzufreunden begann, mit seiner Frau zu deren Eltern zu ziehen, gestand ich mir ein, dass sich aus dem Wohnungsmarkt keine Wohnung für uns herauspressen ließ. Bei unserer letzten Begegnung bemerkte Friedrich weinerlich, nur der Tod Richardsens könnte uns noch retten. Da wurde mir klar, Friedrich hatte recht! Aber Richardsen schien gesund, er konnte noch Jahrzehnte lang leben und seine Mitmenschen terrorisieren. Also musste es jemand auf sich nehmen, nachzuhelfen. Friedrich Sierich war eher der Hamlet-Typ: viel grübeln und zaudern, aber nicht handeln. Die beiden anderen Nachbarn waren ältere Ehepaare, denen das Projekt eines forcierten Ablebens Richardsens eher wesensfremd war. Traute ich mir das zu? In den letzten Jahren hatte ich mein Selbstvertrauen dank Irene aufbauen können. Jetzt konnte ich es beweisen.

Und so beschloss ich am 22. Mai um 16.45 Uhr, Hinrich Richardsen zu töten.

***

Mein Entschluss ist mir nicht leichtgefallen. Schließlich habe ich – wie die meisten Menschen – eine angeborene Hemmung, andere Menschen zu verletzen oder gar zu töten. Meine Eltern waren gute Christen, die mich im Sinne der zehn Gebote erzogen hatten. Ich erinnerte mich, dass auch das Verbot des Tötens dazugehörte. Die Tötung Richardsens wäre jedoch reine Notwehr. Er würde uns vernichten, wenn ich ihm nicht zuvorkäme.

Aber ich befand mich noch in einem weiteren Konflikt. Sollte ich Irene meinen Beschluss mitteilen? ... Nein, sie würde das sicherlich ablehnen. Ich musste sie schonen und ihr das ganze Projekt des Ablebens Richardsens verschweigen. Während ihrer Schwangerschaft würde ich alle psychischen Belastungen von ihr fernhalten.

Also war ich auf mich allein gestellt. Alle Zweifel, Selbstvorwürfe, auch Ängste, die sich sicherlich ergeben würden, musste ich mit mir selbst ausmachen. Es stellte sich nicht nur die Frage, ob ich genug Grips hätte, das ganze Projekt der Tötung Richardsens so durchzuziehen, dass kein Verdacht auf mich fiele, sondern auch, ob ich dazu psychisch stabil genug wäre. Ich beschloss, dass ich das war!

Ich glaube, ich konnte meine Situation als tragisch bezeichnen. Einerseits war ich verpflichtet, die Existenz meiner jungen Familie zu bewahren. Andererseits sah ich hierfür keine andere Möglichkeit, als einen Menschen aus dem Wege zu räumen, also in hohem Maße unmoralisch zu handeln. Wie ich mich auch entschied, es würde Unrecht sein.

Ich hatte nie geahnt, dass Richardsen je wieder in mein Leben treten würde. Daher wusste ich auch nichts über ihn, außer dass er ein charakterliches Monster war. Aber seine Lebensweise, sein soziales Umfeld, seine Gewohnheiten waren mir unbekannt. Da musste ich ansetzen. Ich fand seine Adresse heraus und begann, wann immer ich Zeit hatte, ihn zu beobachten. Da ich noch Urlaub aufgespart hatte, konnte ich immer wieder einige Tage freinehmen, um ihn zu allen Tageszeiten observieren zu können.

Solange Irene während ihrer Schwangerschaft noch arbeitete, war sie zu Hause schnell müde und schlief viel. Daher fand ich immer wieder Zeitfenster für meine Ausflüge in die Lebenswelt Hinrich Richardsens.

Richardsen wohnte in einem Einfamilienhaus in der Nähe der Boldixumer Kirche, nur zwei Straßen von meinem Freund Reinhardt Biegel entfernt. Natürlich wusste auch Reinhardt nichts von meinem Plan. Ich wollte auf keinen Fall Mitwisser haben, die mich von meinem Vorhaben abbringen wollten oder im Fall von polizeilichen Ermittlungen gegen mich aussagen könnten. Aber Reinhardt war die ganzen Jahre auf Föhr geblieben und war fest in der Gerüchteküche der Insel vernetzt. Als Teilhaber einer Agentur zur Vermietung von Ferienimmobilien kannte er sich auch in der Geschäftswelt der Insel bestens aus. Da er zudem in der Nähe von Richardsen wohnte, konnte er eine wertvolle Informationsquelle für mich werden. Ich durfte allerdings mein Bedürfnis nach Informationen über Richardsen nicht zu deutlich werden lassen.

Beim nächsten unserer regelmäßigen Treffen kam ich wie zufällig auf

Richardsen zu sprechen.

„Reinhardt, stell dir vor, Richardsen ist der neue Besitzer unseres Hauses, er hat das geerbt. Jetzt will er das Haus abreißen und uns alle rauswerfen, um dort Ferienwohnungen zu bauen. Er ist immer noch das Monster, das er früher schon war. Ich glaube, er wohnt hier in Boldixum. Weißt du mehr über ihn?“

„Ja, er hat sich nicht geändert, er ist eigentlich noch schlimmer geworden. Mit der ganzen Nachbarschaft liegt er im Dauerstreit. Alle früheren Kollegen machen einen großen Bogen um ihn. Ich weiß nicht, hast du noch den Krach zwischen ihm und Lennart Bosch mitbekommen?“

„Nee, da war ich schon weg von der Insel.“

„Also, Bosch sollte zum stellvertretenden Schulleiter befördert werden. Richardsen neidete es ihm und wollte dessen Chancen kaputtmachen. Er brachte das Gerücht auf, dass Bosch ein Verhältnis mit einer minderjährigen Schülerin gehabt hätte. Die stammte vom Festland und war damals hier im Internat. Es gab einen Inselskandal, der Bosch seine Karriere kostete. Er bekam ein Disziplinarverfahren an den Hals. Bosch und die Schülerin bestritten beide jeden ´unziemlichen Kontakt´. Es gab auch sonst keine Hinweise auf ein Fehlverhalten von Bosch. Das Disziplinarverfahren rehabilitierte ihn, aber seine Karriere war im Eimer. Schließlich ging auch seine Ehe daran kaputt.“

„Lebt Bosch noch auf Föhr? Hat Richardsen denn den Posten bekommen?“

„Ja. Bosch hat sich so bald als möglich frühpensionieren lassen. Jetzt wohnt er zurückgezogen in Goting. Aber er arbeitet noch ehrenamtlich beim Roten Kreuz, wie ich auch. Daher bin ich einer der wenigen, die mit ihm noch regelmäßig Kontakt haben. Und Richardsen? Nein, der bekam für seine Ambitionen vollen Gegenwind in der Schule. Er ist dann auch bald in den vorgezogenen Ruhestand gegangen.“

Reinhardt war in der Tat eine Quelle umfassender Informationen über mein Zielobjekt, wenn ich mir diese kriminalistische Formulierung gestatten darf. Aber ich wollte meine Neugier nach Hinrich Richardsen nicht übertreiben und bog auf ein anderes Thema ab.

***

Am nächsten Tag saß ich gegen Abend einige Häuser von Richardsen entfernt in meinem Auto, einem Allerweltsgolf, und beobachtete sein Grundstück. Irene hatte bis 22.00 Uhr Spätdienst, sodass ich Zeit für eine längere Observation hatte. Ich musste allerdings einige Male meinen Standort wechseln, damit ich dort nicht auffiel.

Als ich angekommen war, sah ich, dass eine Frau vor Richardsens Haus Gartenarbeiten verrichtete. Ich schätzte sie auf Mitte vierzig. Sie sah durchaus attraktiv aus, auch wenn sie offenbar keinem übertriebenen Schlankheitsideal huldigte. Sie arbeitete flott und zielstrebig. Nach etwa einer halben Stunde kam Richardsen mit seinem Wagen, einem Toyota älterer Bauart, nach Hause. Er blieb bei ihr stehen und schien ihr Vorwürfe zu machen. Was er sagte, konnte ich nicht hören, ich war zu weit entfernt. Sie widersprach ihm offensichtlich, denn seine Gestik wurde immer herrischer. Schließlich warf sie ihm die Harke, die sie in der Hand gehalten hatte, vor die Füße und entfernte sich um die Hausecke in den hinteren Teil des Grundstücks. Richardsen schrie ihr etwas nach und betrat mit hartem Gesicht sein Haus durch die Eingangstür. Das Verhalten der beiden legte nahe, dass sie in enger familiärer Beziehung standen. Ich glaubte mich zu erinnern, dass Richardsen zu meiner Schulzeit verheiratet war, seine Frau war sogar etwas älter als er gewesen. Kinder hatte er nicht. Die Frau gerade in seinem Garten musste fast zwanzig Jahre jünger als er sein. War er zum zweiten Mal verheiratet? Wenn ja, war das wohl keine glückliche Ehe. Ich musste das herausfinden.

Da ich nicht schon wieder Reinhardt nach Richardsen befragen wollte, wandte ich mich an meinen Nachbarn Friedrich Sierich. Auch er war Föhrer und kannte sich mit den Familienverhältnissen auf der Insel bestens aus. Unter dem Vorwand, das Gespräch mit unserem Anwalt vorzubereiten, suchte ich ihn auf. Nachdem wir einige Argumente für die Klage gegen die Kündigungen unserer Wohnungen durchgesprochen hatten, kam ich ganz nebenbei auf mein Zielobjekt zu sprechen.

„Friedrich, ich kam gestern an Richardsens Haus vorbei. Da schien er vor seinem Haus mit einer Frau zu streiten, die gerade Gartenarbeiten erledigte. Seine Frau konnte das nicht gewesen sein, diese war viel jünger. Weißt du, wer das sein könnte?"

„Eine Schwarzhaarige, etwas vollschlank, Mitte vierzig? Sprach sie Deutsch mit einem harten Akzent?"

„Ja, das stimmt. Allerdings konnte ich nicht hören, was sie geredet haben."

„Das ist seine zweite Frau, Vera. Seine erste Frau war lange krank. Es hieß, es sei etwas Psychosomatisches gewesen. Sie war auch zur Kur, mehrmals. Schließlich ist sie nach langer Krankheit gestorben. Wahrscheinlich Krebs. Dann hat Richardsen vor drei Jahren wieder geheiratet. Sie kommt irgendwo aus Osteuropa – Polen oder Litauen? Frauke, meine Frau, kennt sie vom Fitness. Eine sehr nette und fleißige Frau. Sie scheint es mit ihrem Mann nicht leicht zu haben. Vorige Woche kam sie mit verheulten Augen zum Sport, wollte aber nicht darüber reden."

„Dann sind wir ja nicht die Einzigen, die unter ihm leiden."

„Nein, da gibt es noch viele mehr."

Ich fragte Friedrich aber nicht, wen er damit meinte, denn auch bei ihm wollte ich mich nicht zu nachdrücklich nach Richardsens privaten Verhältnissen erkundigen.

***

Das Projekt des Ablebens von Richardsen konnte sich aber nicht auf die Observierung seiner Lebensumstände beschränken. Ich musste einen Handlungsplan entwerfen, der den Gedanken an einen Mord gar nicht erst aufkommen ließ. Da ich über keine hinreichenden medizinischen Kenntnisse verfügte, kam eine Tötungsmethode unter Vortäuschung einer Krankheit nicht in Frage. Eher eine Methode, die einem Unfall glich. Ich musste aber auch für den Fall Vorkehrungen treffen, dass die Polizei Ermittlungen wegen eines Tötungsdeliktes aufnehmen würde. Diese könnten darin bestehen, belastende Indizien für andere Verdächtige zu schaffen. Also musste ich Menschen aufspüren, die den Tod Richardsens wünschen könnten.

Richardsen fuhr einen älteren Wagen. Mit Autos kannte ich mich aus.

Da ich Zeit meines Lebens immer knapp bei Kasse gewesen war, konnte ich mir nur gebrauchte Autos leisten. Auch regelmäßige Inspektionen oder gar Reparaturen in Vertragswerkstätten überstiegen meine Budgets. Also war ich gezwungen, diese selbst vorzunehmen. Im Lauf der Jahre und mehrerer Autogenerationen war es mir gelungen, mir in der Schrauberszene eine ganze Menge an Fachkenntnissen anzueignen. Da man an Autos eher unbemerkt herankommen kann als an Menschen, lag es nahe, einen Autounfall zu manipulieren. Ich hatte inzwischen herausbekommen, dass Richardsen einen Fahrstil hatte, den man als „unfallgeneigt“ beschreiben konnte. Also begann ich, einen Plan zu entwickeln, Richardsens Tod durch einen manipulierten Autounfall herbeizuführen.

Richardsen stellte sein Auto in einer Garage ab, die durch einen Durchgang vom Haus getrennt war. Nur vom Küchenfenster war die Zufahrt zu sehen. Also musste es möglich sein, ungesehen an den geparkten Wagen in der Garage zu gelangen. Das Rolltor der Garage ließ Richardsen zufallen, ohne es abzuschließen. Als Neuling auf dem Gebiet der Inszenierung von Todesfällen bezog ich meine Vorkenntnisse für die Manipulation von Autounfällen vor allem aus TV-Krimis. Dort wurden meist die Bremsschläuche durchgeschnitten, um die Insassen des Wagens bei erhöhter Geschwindigkeit in den Tod rasen zu lassen. An zweiter Stelle kamen Bomben, deren Zündung durch das Anlassen des Motors ausgelöst wurde. Da ich noch nie mit Sprengkörpern zu tun hatte, strich ich diese Möglichkeit und entschied mich für den Weg über die Unterbrechung der Bremsschläuche.

Auf Föhr könnte sich dieser Weg allerdings als unsicher erweisen, da es hier keine Autobahnen oder Schnellstraßen gibt, die hohe Geschwindigkeiten erlauben. Aber Richardsen bretterte zuweilen mit einem Tempo über die Insel, dass einem Hören und Sehen verging. Vielleicht genügte das ja für seinen finalen Abgang. Die Bremsschlauchmethode hatte zusätzlich den Vorteil, dass ich dafür außer einem Messer kein weiteres Gerät benötigte.

***

Während ich die nächsten Planungsschritte durchdachte, widmete ich mich weiter der Observation der aktuellen Lebensumstände meines

Opfers. Inzwischen hatte ich einige Regelmäßigkeiten in Richardsens Verhalten mitbekommen. Bei gutem Wetter machte er gewohnheitsmäßig eine Fahrradtour zum Südstrand. Dort stellte er sein Rad ab und lief fast eine Stunde den Strand entlang, bevor er nach Hause zurückfuhr. Seine Frau Vera kam nie mit. Ihr reichte es offenbar, ihn den ganzen Tag zuhause ertragen zu müssen. Dienstagabends besuchte sie das Fitnessstudio – für einen Zimba- oder Zumbakurs.

Richardsen ging jeden Donnerstagabend Schachspielen. Schach ist ein Spiel, das sich durch seine Wortkargheit auszeichnet. Das schuf offensichtlich das einzige Umfeld, in dem andere Menschen Richardsens Anwesenheit ertragen konnten. Leider fanden seine Schachtermine nicht auch am Dienstagabend statt wie die Zumbatermine seiner Frau. Dann hätte ich damit rechnen können, dass die Abendstunden am Dienstag für einen Besuch in seiner Garage geeignet wären. Wie könnte ich jedoch auch seine Frau an einem Donnerstagabend von zu Hause weglocken?

An einem meiner Observierungsabende sah ich, dass eine Frau mit einem Fahrrad auf Richardsens Grundstück einbog. Sie stieg irgendwie wackelig vom Rad. Als sie wiederholt klingelte, öffnete Richardsen die Haustür. Er stellte sich so in die Tür, dass er den Zugang versperrte. Es entspann sich ein Wortwechsel, von dem ich zunächst nichts verstehen konnte. Erst als ich aus meinem Wagen stieg und mich vorsichtig näherte, bekam ich einige Wortfetzen mit: „Mein Vater … beschissen … Das bist du mir schuldig … wo ist das Testament … wirst du bereuen, aber das merkst du gar nicht mehr …“ Als eine Spaziergängerin näher kam, die mit ihrem Hund Gassi ging, musste ich mich zurückziehen. Verdammt, ich hätte gerne mehr gehört!

Wer war die Frau? Ich schätzte sie auf Anfang vierzig, also etwas jünger als Richardsens Frau Vera. Sie musste ihn gut kennen, denn sie duzte ihn. Sie bezog sich auf einen Vater – ihren Vater? Der hätte in Richardsens Alter sein können. Was hatte der mit Richardsen zu tun? Ein Testament? Hatte ihr Vater ein Testament gemacht, das Richardsen ihr vorenthielt? Bevor ich nicht wusste, wer sie war, wollte ich keine fruchtlosen Spekulationen anstellen. Aber waren die letzten Worte, die ich mitbekommen hatte, nicht eine Drohung? Ich wurde neugierig.

Als sie auf ihrem Fahrrad wegfuhr, folgte ich ihr in einigem Abstand quer über die Insel. Ihr Ziel war ein Haus in Toftum. Sie stellte ihr Rad in einem Schuppen ab. Also war sie hier zuhause. Wieder hatte ich den Eindruck, dass ihr Gang nicht ganz sicher war. Hatte sie getrunken? Ich wartete, bevor ich ausstieg und mich vorsichtig zur Tür begab. Auf dem gebrannten Keramikschild stand nur der Name „Leifheit“. Im Auto wartete ich noch eine Viertelstunde ab, ohne dass sie aus dem Hause kam. Dann fuhr ich wieder zurück.

Einer der Dachdecker auf der Baustelle, auf der ich zu der Zeit arbeitete, stammte aus Toftum. In der Frühstückspause am nächsten Tag erwähnte ich eine frühere Mitschülerin aus Toftum mit Namen „Leifhart“ – die ich aber spontan erfunden hatte. Er kannte in Toftum eine „Erika Leifheit“, die aber viel älter als ich sei. Mit der wäre ich sicher nicht zur Schule gegangen. Ich gab zu, dass ich mich nicht mehr so genau erinnerte und wechselte das Thema.

***

Irenes Schwangerschaft war lange Zeit ohne Komplikationen verlaufen. In letzter Zeit hatte sie aber einige depressive Phasen. Sie musste deswegen sogar einmal eine ganze Woche ihrer Arbeit fernbleiben. Ihre Gynäkologin bestätigte nach einer Ultraschalluntersuchung, dass keine Auffälligkeiten vorlägen. Sie erkundigte sich aber, ob sie sich psychisch belastet fühlte. Irene hatte das ihrer Ärztin gegenüber zwar verneint. Ich fragte mich jedoch, ob unsere ungeklärte Wohnungssituation sie nicht doch stärker besorgte, als sie sich anmerken ließ. Es musste schnell eine Lösung her.

Wenn Richardsen nicht mehr leben würde, müssten die Karten neu gemischt werden. Zumindest wäre eine längere Verzögerung des Abrisses unseres Hauses die Folge. Diese könnte sogar zur Aufgabe des ganzen Neubauprojektes führen. Der neue Eigentümer würde sich auf keine vertragliche Pflicht zum Abriss unseres Hauses berufen können. Vielleicht wäre es aber auch eine Eigentümerin? Mir fiel ein, dass ich noch gar nicht daran gedacht hatte, wer Richardsen beerben würde. Seine neue Frau?

Um Irene in diesen angespannten Zeiten eine Freude zu machen, lud ich sie in ihr Lieblingslokal am Rande von Nieblum ein, die ´Alte Diele´. Der Gastraum nimmt die große Diele eines alten Bauerhauses ein. Das Restaurant hat den Stil des Bauernhauses bewahrt und wirkt so gemütlich, dass Irene sich dort immer wohl gefühlt hatte. Sie wählte, wie ich schon geahnt hatte, ein Lammgericht. Lammfleisch hatte in der griechischen Küche ihres Vaters schon immer eine hervorragende Bedeutung. Der Scholle mit Speck, die ich mir bestellt hatte, widmete sie nur einen sehr zurückhaltenden Blick. Da es mir gelang, das Thema unseres Wohnungsdilemmas auszusparen, hatten wir einen sehr harmonischen Abend. Beim Hinausgehen kamen wir am Tresen vorbei, hinter dem ich am Ausschank die Frau sah, der ich von Richardsens Haus nach Toftum gefolgt war, Erika Leifheit. Hier arbeitete sie also! Ich wusste jetzt, wo sie zu finden war. Ein Blick auf die Speisekarte draußen an der Tür zeigte mir, dass während der Saison der Dienstag Ruhetag war.

Am nächsten Tag ging Irene früh schlafen. Das war eine Gelegenheit, mehr über Erika Leifheit und ihr Verhältnis zu Richardsen zu erfahren. Am folgenden Tag sollte ich meinen Chef, der mal wieder wegen zu hoher Promille seinen Führerschein abgegeben hatte, zu einem Kunden auf dem Festland fahren. Ich wollte abends noch mal aus dem Haus gehen, ohne Irene zu beunruhigen. Daher erzählte ich ihr, dass ich meine Brieftasche in meinem Spind im Bauwagen vergessen hätte und noch holen müsste, da mein Führerschein noch da drin sei. Stattdessen begab ich mich in das Restaurant in Nieblum, wo ich hoffte, Erika Leifheit am Tresen aushorchen zu können.

Das Restaurant war nur wenig besetzt. Erika Leifheit stand tatsächlich hinter dem Tresen. Ich fand dort noch Platz und bestellte ein Bier. Als sie mich bediente, fragte sie mich: „Sie sind neu hier?“

„Nein, ich war vor einigen Tagen schon hier – mit meiner Frau zum Essen. Die ist für zwei Tage zu ihrer Mutter gefahren. Daher habe ich gedacht, ich kann hier noch einen Happen essen.“

„Was soll es denn sein?“

„Ich habe gesehen, hier gibt es Matjes mit Bratkartoffeln, das ist was für mich.“

Als das Pärchen, das noch am Tresen gesessen hatte, gegangen war, kam ich mit Erika Leifheit ins Gespräch. Irgendwann flocht ich dann die Frage ein: „Ich habe Sie vor einigen Tagen im Gespräch mit einem meiner früheren Lehrer gesehen, Richardsen. Sind Sie mit dem verwandt?“

Sie schaute mich an, als hätte ich sie einer Untat beschuldigt. „Nicht aus freien Stücken. Er ist der Halbbruder meines Stiefvaters. Ein grässlicher Mensch – nein, nicht mein Stiefvater, Hinrich Richardsen ist der Mistkerl.“

Ich tat so, als wäre mein Interesse an Richardsen schon abgeklungen, und bemerkte nur nebenher: „Ja, man kann sich seine Verwandten nicht immer aussuchen.“

Aber Erika Leifheit lag ihr Onkel noch auf der Seele. Ich gab ihr einen Aquavit aus, wahrscheinlich nicht ihr einziger an diesem Abend. Ich merkte ihr an, dass sie ein starkes Bedürfnis hatte, sich ihren Ärger von der Seele zu reden. Nicht zum ersten Mal wurde mir bewusst, dass Menschen ihren aufgestauten Ärger wie auch ihre ganz persönlichen Ängste eher gegenüber einem Fremden als gegenüber engen Angehörigen offenbarten. Jedenfalls waren Richardsen und sein Halbbruder zeitlebens in inniger Abneigung verbunden. Nach dem Tod ihrer gemeinsamen Mutter hatte sich Richardsen den Hauptteil des mütterlichen Erbes „unter den Nagel“ gerissen, wie Erika Leifheit es nannte. Sie behauptete, dass Richardsen der Mutter gegen Lebensende ein Testament untergeschoben habe, dessen Inhalt diese gar nicht mehr verstand, das sie aber unterschrieben hatte. Die gerichtliche Auseinandersetzung mit Richardsen hatte Erika Leifheits Vater jedoch verloren. Da dieser jetzt in einem Pflegeheim war, hätten sie das Geld nur zu gut gebrauchen können. Die Auseinandersetzung mit Richardsen um das Erbe lag zwar schon Jahre zurück, dennoch glomm in Erika Leifheit noch Rache.

***

Ich musste mich nun aber dringend meinem Plan A widmen. Zunächst galt es, herauszubekommen, wann beide Eheleute Richardsen nicht zu Hause waren, damit ich ungesehen in die Garage gelangen könnte.

Diese Gelegenheit schien plötzlich gekommen, als ich am Donnerstagnachmittag auf meinem Rückweg von der Arbeit sah, wie Richardsen seine Frau mit einem Koffer ins Auto verfrachtete. Ich folgte ihnen zum Hafen, wo er sie zur Fähre brachte. Er verabschiedete sie fast herzlich. Anscheinend verreiste sie aufs Festland. Also waren beide am Abend nicht zu Hause: er bei seinem Schachverein, sie irgendwo auf dem Festland. Zum Schachspielen fuhr Richardsen immer mit dem Fahrrad. Daher musste sein Wagen in der Garage sein.

Ich beschloss, am gleichen Abend ans Werk zu gehen. Obwohl meine Entscheidung seit längerem feststand, war ich angespannt. Es ist etwas anderes, ob man die Tötung eines Menschen als Gedankenspiel durchführt oder ob man es tatsächlich realisiert. Hatte ich mir zuvor in Gedanken ein eiskaltes Nervenkostüm attestiert, merkte ich jetzt zwar eine innerliche Kälte, aber auch, dass meine Nerven ausgefranzt waren – wie es später der Bremsschlauch sein würde.

Ich hatte Irene gesagt, dass ein Kollege einen runden Geburtstag feierte und ich seine Einladung nicht ablehnen konnte. Auch das war etwas, das mir Unbehagen verursachte: dass ich Irene immer wieder anlügen musste.

Kurz vor 20.00 Uhr fuhr ich mit dem Fahrrad los. Ich machte einen Umweg, um erst in der Dämmerung an Richardsens Haus anzukommen. Ich wollte dort natürlich nicht gesehen werden. Unbemerkt gelangte ich in die Garage. Das nahm ich wenigstens an. Es erwies sich als richtig, dass ich neben einem robusten Messer auch eine Taschenlampe mitgenommen hatte, sodass ich in der Garage kein Licht machen musste. Die Bremsschläuche waren leicht zugänglich. Ich bemühte mich, diese nicht mit einem glatten Schnitt anzuschneiden. Bei einer Untersuchung des Unfalls wäre das ein Hinweis auf eine absichtliche Beschädigung. Ich schabte vielmehr an den Schläuchen herum, damit die Unterbrechung der Schläuche als Folge eines langfristigen Durchscheuerns gelten könnte.

Als ich wieder auf meinem Rad zurückfuhr, merkte ich, dass ich trotz des kühlen Abends durchgeschwitzt war. Ich fror. Meine ganze Rückfahrt war von der Frage überschattet: „Was hast du da gerade getan?“ Ich versuchte, eine Antwort zu formulieren, die mich rechtfertigen könnte. Schließlich hatte ich mir mein Handeln lange genug überlegt. Aber mein Kopf war leer, ich konnte keinen klaren Gedanken mehr fassen. Mir fiel nur ein, dass meine Eltern vielleicht doch recht gehabt hatten: es gab ein Gewissen, das mich jetzt quälte. Aber zurück konnte ich jetzt auch nicht mehr. Ich war nur froh, dass Irene schon fest schlief, als auch ich zu Bett ging. In dieser Nacht schlief ich kaum.

***

Am folgenden Tag war ich auf der Arbeit unkonzentriert. Immer wieder schweifte meine Phantasie zu Bildern ab, auf denen Richardsen mit seinem Wagen havarierte. Wie würde ich davon erfahren? Die Kunde von schweren Unfällen verbreitete sich schnell in der Gerüchteküche der Insel. Sollte es dabei Verletzte oder gar Tote geben, würde man das im „Inselboten" lesen, unserer Regionalzeitung. Da ich erst am Vorabend in Richardsens Garage war, konnte er frühestens am Folgetag wieder mit seinem Wagen unterwegs sein.

Am übernächsten Tag nach meinem Besuch in der Garage wollte ich mir schon früh auf dem Weg zur Arbeit den „Inselboten" besorgen. Da der aber erst später mit der Fähre auf die Insel kam, musste ich bis nach Feierabend warten. Auf dem Rückweg blätterte ich den Föhr-Amrum-Teil der Zeitung durch, aber Fehlanzeige. Kein Hinweis auf einen schweren Verkehrsunfall auf der Insel. Wen wundert es, dass ich wieder einen unruhigen Abend verlebte.

Am folgenden Morgen fuhr ich auf einem Umweg zur Arbeit, der mich am Haus meines Opfers vorbeiführte. Erschrak ich, als ich plötzlich Richardsen mit verdrossenem Gesichtsausdruck aus der leeren Garage kommen sah? Er lebte also, schien sogar unverletzt. Ich weiß nicht mehr, ob ich erleichtert oder enttäuscht war. Erst einmal atmete ich tief durch. Aber wo war der Wagen? In meinem Kopf entstand ein Gedankenkaleidoskop. Hatte Richardsen einen Unfall gehabt? War der Wagen schrottreif abtransportiert worden? Warum war er dann heil davongekommen? Oder hatte er nur einen leichten Unfall gehabt und der Wagen war zur Reparatur abgeschleppt worden?

Richardsen fuhr einen Toyota. Wenn der Wagen zur Reparatur war, dann wahrscheinlich in der Toyota-Werkstatt in Oevenum. Daher nahm ich auf dem Rückweg von der Arbeit den Weg über Oevenum. Ich stellte meinen Wagen ab und schlenderte durch das Dorf wie ein Tourist, der dieses schöne Dorf erkunden wollte. Als ich an der Toyota-Niederlassung vorbeikam, sah ich Richardsens Wagen tatsächlich auf der Parkfläche vor der Werkstatt stehen. Seine rechte Seite wie auch die Frontseite wiesen Einbeulungen und Schrammen auf, die vorher da nicht gewesen waren. Also hatte es einen Unfall gegeben, wahrscheinlich ohne Personenschäden.

Mein Plan A war also schiefgegangen. Kurzzeitig schoss mir die Frage durch den Kopf, ob mein Scheitern ein Wink des Schicksals sei, mein Vorhaben aufzugeben. Aber diese Frage verwarf ich gleich wieder. Richardsen war nicht unverwundbar. Er würde keine Gelegenheit bekommen, unser gemeinsames Leben zu zerstören.

***

Wie aber konnte der zweite Versuch gelingen? Ein Plan B musste her. Auch wenn ich meine Lehre der Elektrotechnik nicht abschließen konnte, war die Elektrotechnik während meiner ganzen Jahre auf dem Bau immer wieder ein Aufgabengebiet. So viel wie ein Elektriker konnte ich allemal. Also musste Richardsen durch einen tödlichen Unfall infolge eines starken Stromschlages sterben. Die normalen Lichtleitungen reichten dazu kaum aus. Aber der Anschluss des Elektroherdes in der Küche. Hatte Richardsen überhaupt einen Elektroherd oder kochte er auf Gas? Gut, Gas wäre auch eine Möglichkeit. Doch damit kannte ich mich nicht so recht aus. Also war weitere Recherche nötig. Ich musste in sein Haus, wenn niemand zuhause war.

Leider wusste ich nicht, wie lange Richardsens Frau verreist war. Er hatte einen recht großen Koffer ins Auto geladen, als er Vera zur Fähre gebracht hatte. Sie schleppte zusätzlich eine große Tasche mit sich. Daher nahm ich an, dass sie wohl eine längere Zeit unterwegs sein würde. Ich beschloss, eine Gelegenheit abzupassen, wenn Richardsen wieder einmal seinen Strandspaziergang unternehmen würde.

Diese Gelegenheit ergab sich zwei Tage später. Er stieg nach dem Abendessen noch aufs Rad und fuhr Richtung Strand davon. Ich wartete etwa eine Viertelstunde ab. Da im Haus kein Licht zu sehen war, musste es leer sein. Ich hatte Glück, dass die Hintertür nicht verschlossen war. Zur Not hatte ich einen Bund Dietriche dabei. Für normale Türschlösser hätten die ausgereicht. Ein kurzer Rundgang zur Orientierung, dann war ich in der Küche. Der Herd war ein Elektroherd. Man konnte ihn vorziehen, sodass der Zugang zu den Leitungen unkompliziert war. Ich sah, dass der Herd einen 400 V-Anschluss hatte und prägte mir ein, was es noch für mein Vorhaben zu wissen gab. Nach wenigen Minuten war ich wieder draußen und konnte zurückfahren. Irene hatte vor dem Fernseher gar nicht gemerkt, dass ich fort gewesen war. Ich glaube, ich hätte auch einen ganz passablen Einbrecher abgegeben.

Bei meinem Eindringen in Richardsens Haus hatte ich einen leichten Nervenkitzel gespürt. Aber ich durfte nicht leichtsinnig werden. Was ich vorhatte, war kein Abenteuer, bei dem ich mich selbst zum Helden phantasieren könnte. Es war aus der Not geboren, ja – ich wage wieder einmal ein großes Wort – eine schicksalhafte Notwendigkeit! Bei der nächsten Gelegenheit musste ich meinen Plan vollenden. Richardsens Frau war sicher noch auf dem Festland. Ich konnte nur noch abwarten, dass er wieder sein Haus verließ. Ich wusste jetzt ja, es war leicht, dort einzudringen.

***

Wir hatten auf Föhr gerade eine Schönwetterperiode. Daher war Richardsen häufig am Abend am Strand unterwegs. So auch am Dienstag, den 19. September. Ich gelangte ungesehen ins Haus und präparierte den Herd so, dass Richardsen beim Anschalten einen starken Stromschlag bekommen würde. Auch den Fehlerstrom-Schalter setzte ich außer Funktion. Außer Richardsen selbst würde sich zur Zeit niemand an seinem Herd zu schaffen machen. Auf der Rückfahrt merkte ich wieder eine innere Unruhe. Aber diesmal war sie nicht so stark wie bei meinem ersten Anschlag in der Garage. War ich schon so abgebrüht, dass ich begann, mich an meine Mordanschläge zu gewöhnen?

Als ich gegen 22.00 Uhr ins Bett ging, wachte Irene kurz auf und fragte mich, ob ich den Fernseher ausgemacht hätte.

Den nächsten Tag, den 20. September, verlebte ich in einem

Spannungszustand. Am Morgen nahm ich auf dem Weg zur Arbeit den Umweg über Richardsens Haus. Auf dem ganzen Grundstück waren keine Anzeichen eines Unglücksfalles zu sehen. Am oder im Haus rührte sich nichts – soweit ich sehen konnte. Vielleicht würden mir aus der Gerüchteküche der Insel Informationen über den Unfalltod Richardsens zugespült. Ich versuchte daher, mit möglichst vielen Menschen ins Gespräch zu kommen. Dabei hatte ich wiederholt das Gefühl, aufdringlich zu sein.

Auf dem Rückweg von der Arbeit führte mich meine Unruhe wieder an Richardsens Grundstück vorbei. Zwei Streifenwagen der Polizei standen am Straßenrand vor dem Haus. Ein Beamter hielt an der Pforte Neugierige auf Abstand, ein anderer gab in einem der Streifenwagen Anweisungen in ein Smartphone. Aber kein Notarztwagen bzw. Leichenwagen! Ich gesellte mich zu den Neugierigen. Die Vermutungen über den Grund des Polizeieinsatzes schwirrten wild durcheinander. Ich erfuhr, dass der Polizeieinsatz schon länger als eine Stunde andauerte. Der Einsatzwagen des Notarztes war auch dagewesen, aber nach einer halben Stunde wieder abgefahren, ohne dass etwas von einem Patienten zu sehen gewesen war. Richardsen musste einen körperlichen Schaden erlitten haben. Warum sonst war der Notarzt gerufen worden? Aber er war ohne Richardsen wieder abgefahren: entweder hatte Richardsen nur leichte bzw. keine Schäden erlitten oder er war tot. Ich hatte von den Umstehenden erfahren, dass bislang kein Leichenwagen vor Ort gewesen sei. Eine mögliche Erklärung könnte sein, dass Richardsen tot war und die Polizei Fremdverschulden annahm. Dann würde sie den Tatort sichern, die Spurensicherung anfordern und erst danach das Opfer abtransportieren lassen. So zumindest in den TV-Krimis.

Aber was war tatsächlich passiert? Ich konnte ja nicht reinspazieren und mich bei den Beamten erkundigen. Um keinerlei Aufmerksamkeit zu erregen, verließ ich meinen Schauplatz und fuhr nach Hause. Irene merkte mir meine Unruhe an. Ich redete mich mit Ärger auf der Baustelle heraus. Meine Versuche, mit Irene eine unverfängliche Abendunterhaltung zu führen, endeten in Hilflosigkeit. Wieder eine Nacht, in der ich kaum schlief.

Im „Inselboten" des nächsten Tages fand ich keine Notiz über die Ereignisse in Richardsens Haus. Auch auf der Baustelle kam mir nichts darüber zu Ohren. Ich musste mich damit abfinden, dass ich im Unklaren blieb, und vertröstete mich auf den folgenden Tag.

Und wirklich, auf der Baustelle war der Tod Richardsens das große Thema. Richardsens Rasenmäher hatte seinen Geist aufgegeben. Sein Nachbar, ein Autoschlosser, war von Richardsen gebeten worden, den Mäher zu reparieren. Als er diesen zurückbringen wollte, war die Terrassentür offen gestanden. Er hatte Richardsen tot im Wohnzimmer gefunden. Der Tote lag in seinem Blut, das schon in den Teppich eingesickert war. Der Nachbar hatte sofort die Polizei benachrichtigt. Die Gerüchteküche produzierte noch viele Variationen des Tathergangs und überbot sich mit unterschiedlichsten Vermutungen über Täter und Motive.

Aber halt! Wie war Richardsen noch von der Küche ins Wohnzimmer gelangt, wo er aufgefunden wurde? Wenn der Stromstoß am Herd tödlich gewesen war, konnte er sich doch nicht mehr dorthin schleppen. Und warum war sein Blut über den Teppich gelaufen? Ich verstand nichts mehr.

Als ich nach Hause kam, erwähnte ich Irene gegenüber, dass ich auf der Baustelle vom Tod Richardsens gehört hätte. Und dass er eventuell ermordet worden sei. Sie schauderte bei dieser Andeutung zusammen und bemerkte, auch ein Mensch wie Richardsen habe einen solchen Tod nicht verdient. Was würde sie erst von mir halten, wenn sie wüsste, was ich getan hatte?

***

Der Bericht, der am nächsten Tag im „Inselboten" stand, war nicht viel informativer als die Gerüchte, die schon seit dem Vortag umliefen. Sie bestätigten, dass der pensionierte Studienrat R. in seinem Haus tot aufgefunden worden war und die Polizei von einem Fremdverschulden, sprich: Mord, ausging. Seine Frau sei zurzeit auf Reisen. Meine Verwirrung dauerte an. Wenn mein Plan aufgegangen wäre, müsste es „Unfall" heißen. Was hatte ich falsch gemacht, dass die Polizei von Mord sprach? Ich hatte mir noch eine überregionale Zeitung besorgt, um zu sehen, ob ich hier genauere Angaben finden würde. Aber Fehlanzeige.

Auch auf der Arbeit war von nichts anderem die Rede. Mord ist auf Föhr kein alltägliches Ereignis. In der Pause hörte ich ein Gespräch von Kollegen mit an, die sich Fälle in Erinnerung riefen, in denen die Ehefrau eines Ermordeten die Täterin war. Richardsen war eine bekannte Erscheinung auf Föhr. Man war sich einig, dass er ein übellauniger Stänkerer gewesen sei. Unser Polier nannte ihn sogar einen „Misanthropen“ – ja, so hat er sich tatsächlich ausgedrückt. Aber seine Ehefrau war ja zur Tatzeit gar nicht auf Föhr gewesen. Was sich in seinem Haus wirklich ereignet hatte, blieb jedoch weiterhin unklar.

Am Abend brachte ich Irene zur Schwangerschaftsgymnastik. Als sie von einer anderen Teilnehmerin des Kurses wieder zurückgebracht wurde, wirkte sie ganz aufgeregt.

„Klaas, weißt du, dass in meinem Kurs auch die Tochter eines Polizisten hier auf Föhr ist? Meikes Vater ist der Leiter der Föhrer Polizei, Lürrsen heißt der. Da ihr Mann zurzeit auf Fortbildung seiner Firma in Kiel ist, wohnt sie jetzt eine Zeitlang im Haus ihres Vaters. Sie wusste, wie Richardsen zu Tode gekommen ist: er ist erstochen worden. Schrecklich, nicht wahr?“

Auf diese Nachricht hin musste ich mich erst einmal sammeln. Schließlich konnte ich mir eine Antwort abringen. „Was du nicht sagst. Gibt es denn schon Verdächtige?“ Ich wählte mit Absicht den Plural.

„Ich glaube nicht. Zwei der Frauen im Kurs kannten Richardsen von der Schule her. Auch sie hielten ihn für ein Arschloch. Sie konnten sich gut vorstellen, dass seine Frau die Schnauze von ihm voll hatte. Aber sie war ja auf dem Festland. Also nicht die Mörderin.“

Irene hatte noch erfahren, dass die Mordkommission aus Husum den Fall übernommen hatte – ein Hauptkommissar Mommsen, der mit der Spurensicherung schon auf der Insel war.

Ich musste jetzt erst einmal die neuen Informationen verdauen. So beendete ich unser Gespräch mit der Aufforderung: „Lass uns zu Bett gehen. Ich bin hundemüde.“

***

In der Nacht gingen mir die Geschehnisse um Richardsens Tod – nein, richtiger die Gerüchte darüber – immer aufs Neue durch den Kopf. War ich am Ende gar nicht für seinen Tod verantwortlich? Er soll also erstochen worden sein? Wie konnte ich mir Sicherheit verschaffen? Ich war ratlos, was sich auch darin zeigte, dass ich in der Nacht wieder kaum schlafen konnte. Sollte ich abwarten, was die Polizei ermittelte? Würde sie auch mich ins Visier nehmen? Die Beamten mussten sicher alle überprüfen, die Grund gehabt hatten, Richardsen zu hassen. Davon gab es jede Menge. Auch ich zählte dazu, vielmehr unsere Hausgemeinschaft, die er so rücksichtslos vor die Tür setzen wollte. Man würde uns nach unseren Alibis fragen. Aber wann war Richardsen denn ermordet worden? In den TV-Krimis konnte der Arzt den Todeszeitpunkt ja immer auf die Stunde genau bestimmen.

Ich konnte nichts weiter tun als abwarten. Was mir schwerfiel. Wenn Richardsen erstochen worden war und wenn ich nicht sein Mörder war, was war ich dann? Wenn … wenn … wenn …? Ich hatte mit meinen Anschlägen immerhin versucht, ihn umzubringen. Versuchter Totschlag? Auf jeden Fall ein strafbares Delikt! Also hatte ich keinen Grund, aufzuatmen oder mich sicher zu fühlen.

Der Bericht, der am nächsten Tag im „Inselboten“ erschien, enthielt wenigstens einen Hinweis auf den Todeszeitpunkt und die Todesursache. Er war am Dienstag, den 19. September, zwischen 23.00 und 24.00 Uhr erstochen worden. Drei Stiche, davon einer direkt ins Herz, hatten seinen sofortigen Tod zur Folge gehabt.

Mir war das alles unerklärlich. Sicher, es gab genug Menschen, die Grund gehabt hatten, Richardsen den Tod zu wünschen. Aber die Sache selbst in die Hand zu nehmen und ihn eigenhändig umzubringen, dazu gehört schon mehr als nur ein Wunsch. Ich war mir jetzt zwar sicher, dass nicht ich Richardsen getötet hatte. Aber wenn die Polizei von meinen beiden Anschlägen erfuhr, drohte mir Gefängnis. Gerade jetzt, wo ich Vater wurde, durfte ich meine Familie nicht alleine lassen. Also musste der wahre Täter schnell gefunden werden, damit die Polizei ihre Ermittlungen einstellen konnte und nicht weiter nachforschte. Konnte ich dazu beitragen, ohne mich aus der Deckung zu wagen? Ich musste es vermeiden, auffällig Detektiv zu spielen. Das könnte bei den Ermittlern Verdacht erregen. Aber eine allzu menschliche Neugier durfte ich mir wohl erlauben.

Als ich mir durch den Kopf gehen ließ, zu welcher Informationsquelle ich am ehesten Zugang hätte, fiel mir Erika Leifheit ein. Ein Besuch bei ihr am Tresen auf ein Feierabendbier würde niemandem auffallen. Als Verwandte des Opfers hatte die Polizei sicher schon mit ihr geredet. Ich war froh, dass sich für den Abend eine Kollegin bei Irene angemeldet hatte. Daher konnte ich mich rücksichtsvoll zurückziehen und beide ihrem „Mädelsabend" überlassen.

***

Die „Alte Diele" in Nieblum war zwar gut besucht, aber am Tresen war noch viel Platz. Als die Getränkebestellungen nachließen, nutzte ich die Pause, um ein Gespräch mit Erika Leifheit anzufangen. Sie hatte mich offensichtlich wiedererkannt und begann, in mir einen Stammkunden zu sehen. Da der Mord an ihrem Onkel Inselgespräch war, lag es auf der Hand, dass ich mich danach erkundigte.

Auf Föhr ist man es unter Einheimischen gewohnt, sich zu duzen. Daher nutzte auch ich jetzt die vertrautere Anrede. „Sag mal, was ist denn mit deinem Onkel passiert? Ich habe gelesen, der wurde ermordet? Das kann doch nicht sein." Ich gab mich verwundert, um Erika Leifheit zu näheren Erläuterungen zu veranlassen. Das klappte.

„Ja, das war irgendwie schrecklich. Aber er hat sich ja immer eine Menge Feinde gemacht. Da war wohl einer dabei, den er so in die Enge getrieben hat, dass der sich nur so zu helfen wusste."

Eigentlich hatte sie mit dieser Vermutung exakt meine Lage beschrieben. Hoffentlich kam ihr dieser Gedanke nicht.

„Hat die Polizei denn schon mit dir geredet? Meist wird ja die Familie zuerst angesprochen."

Erika Leifheit war nur zu gern bereit, ihre Erlebnisse mit der Polizei weiterzugeben. „Ja, so eine Kommissarin, Hositz heißt die. Ganz hübsch und auch ziemlich helle. Die wollte zuerst wissen, wie unser

Verwandtschaftsverhältnis war. Da hat sie viel nachgefragt. Über den Streit meines Stiefvaters mit Hinrich. Auch wegen der Sache mit dem Erbe damals."

„Hat sie dich auch nach deinem Alibi gefragt?"

„Na klar. Ich war an dem Abend zu Hause, wir haben hier im Restaurant Dienstag ja Ruhetag."

„Das konnte dein Mann sicher bestätigen."

„Nee, der war an dem Abend nicht zu Hause. Aber die Kommissarin hat nicht weiter nachgefragt."

„Aber was ist denn eigentlich passiert? In der Zeitung stand nichts Genaues."

„Er ist mit einem Messer erstochen worden. Das Messer haben sie noch nicht gefunden. Das hat der Täter wohl mitgenommen. Die Polizei prüft auch, ob das Messer von dort ist – also aus seiner Küche."

„Bei mir auf der Baustelle haben sie erzählt, dass es meistens die eigene Ehefrau ist, die ihren Mann umbringt."

„Nee, wohl kaum, seine Frau war ja auf dem Festland, in Neumünster, bei ihrer Schwester. Die hatten dort ein Familientreffen. Vera ist dort erst von der Polizei benachrichtigt worden. Jetzt ist sie aber wieder zurück."

Erika Leifheit schien einen Augenblick nachzusinnen. Dann kam sie auf ein mögliches Motiv für den Mord zu sprechen, ohne dass ich zu fragen brauchte. „Hinrich war kein armer Mann. Seine Frau wird jetzt wohl eine Menge erben."

Ich unterbrach sie: „Hat er denn kein Testament gemacht? Oder gibt es jemanden, dem ein Pflichtteil am Erbe zusteht?"

„Das weiß ich nicht. Hinrich machte immer den Eindruck, als könnte ihm nichts passieren. Von einem Testament hat er nie etwas erwähnt. … Nee, Kinder hatte er auch nicht."

Ich hatte genug gehört, was ich überdenken musste. Daher beließ ich es bei dem einen Bier und fuhr wieder nach Hause. Erika Leifheit hatte also für die Tatzeit kein Alibi. Ihr Mann? War nicht zu Hause gewesen, aber was hat er in der fraglichen Zeit gemacht? Sie ging davon aus, dass Richardsens Frau Vera ihren Mann mangels eines anderslautenden Testaments beerben würde. In diesem Fall hätte Erika vom Tod ihres Onkels keinen Vorteil. Oder hatte sie dies nur behauptet, um jeden Verdacht von sich abzulenken? Wenn Richardsen jedoch ihren Stiefvater – trotz seines Streites mit ihm – in einem Testament bedacht hätte, dann läge für sie ein handfestes Motiv vor. Denn von dem Erbe könnten sie den Heimaufenthalt ihres Stiefvaters bezahlen. Und Erika Leifheit würde sicher eines Tages ihren Stiefvater beerben.

Vera Richardsen war zur Tatzeit bei einem Familientreffen in Neumünster gewesen. Ich nahm an, dass die Polizei ihr Alibi überprüft hatte. Sie selbst konnte ihren Mann nicht getötet haben. Aber was hatte es mit dem Streit mit ihrem Mann auf sich, den ich selbst beobachtet hatte? Auch hatte Friedrich Sierich mir berichtet, dass seine Frau beim Fitness Vera mit verheultem Gesicht angetroffen hätte. Wahrscheinlich war eine Auseinandersetzung mit Richardsen die Ursache gewesen. Wenn sie bei der Ausführung des Mordes Hilfe von ihrer Familie bekommen hätte? Der Familienzusammenhalt in Osteuropa soll ja recht stark sein. Aber jetzt wurde ich reichlich spekulativ.

***

Als ich am nächsten Tag nach der Arbeit nach Hause kam, fand ich Frauke vor, die Frau meines Nachbarn Friedrich Sierich. Sie hatte Irene auf einen Nachmittagskaffee besucht und wollte meine Rückkehr zum Anlass nehmen, sich zu verabschieden. Ich konnte sie aber dazu bringen, noch etwas zu bleiben und mit mir einen Pharisäer zu trinken. Irene blieb wegen ihrer Schwangerschaft bei einem Milchkaffee. Ich hatte mich erinnert, dass Frauke mit Vera Richardsen im gleichen Fitnesskurs war. Vielleicht hatte sie Richardsens Frau dort nach dem Tod ihres Mannes getroffen. Ich wollte die unerwartete Gelegenheit nutzen, von ihr Informationen zum Ermittlungsstand zu bekommen. Natürlich hatten die beiden Frauen schon vor meiner Rückkehr über den Mord an Richardsen gesprochen. So konnte ich mich zu dem Thema unauffällig in ihr Gespräch einfädeln.

„Frauke, sag´ mal, du kennst doch Richardsens Frau vom Fitness. Hast du sie nach dem Tod ihres Mannes schon gesehen? Wie geht es ihr denn? Es muss doch für sie ein harter Schlag gewesen sein, so plötzlich ihren Mann zu verlieren?"

Frauke ist keine von der schweigsamen Sorte. Daher war meine Frage für sie ein willkommener Anstoß, sich über das Leid auszulassen, das die bedauernswerte Witwe so unerwartet getroffen hatte. Ja, sie hätte erst am Vortag Vera getroffen. Nicht beim Fitness, dazu wäre Vera noch nicht wieder in der Lage. Aber beim Einkaufen. Sie hätte die arme Frau erst einmal in den Kaffeeausschank des Bäckers mitgenommen. Vera wäre froh gewesen, jemanden zu haben, bei dem sie sich ihren ganzen Kummer vor der Seele reden konnte. Ihre Familie lebte ja nicht auf Föhr.

Frauke hatte dabei erfahren, dass Vera schon von der Polizei vernommen worden war. Die Beamten bestätigten ihr, dass ihr Mann durch Messerstiche in die Brust zu Tode gekommen war. Der Kommissar Mommsen hatte sie aufgefordert, nachzusehen, ob ein Messer aus ihrem Küchenvorrat fehlte. Aber in ihrem Messerblock waren die Messer vollständig vorhanden. Also musste der Täter dieses bereits mitgebracht haben. Auch Wertsachen schienen im Hause nicht zu fehlen. Die Polizisten in den weißen Schutzanzügen, die Spurensicherung, hatten keine Spuren eines Einbruchs gefunden. Türen und Fenster waren unbeschädigt. Richardsen hatte also seinen Mörder selbst hereingelassen. Ich hatte bei meinen Besuchen in dem Haus die Hintertür unverschlossen vorgefunden. Vielleicht auch der Mörder? Eigentlich sollte ich glücklich sein, dass ich kein Mörder war, dennoch blieb meine Unruhe.

Vera hatte Frauke noch eine Tatsache berichtet, die mich besonders interessierte. Als die Polizei im Laufe ihrer Untersuchungen nach Einbruch der Dämmerung in der Küche Licht anmachen wollte, gab es sofort einen Kurzschluss. Nach eingehender Untersuchung der Kriminaltechnik hatte sich herausgestellt, dass der Elektroherd die Ursache war. Man ging davon aus, dass Richardsen kurz vor seinem Tod aus ungeklärten Gründen versucht hatte, an dem Herd eine Reparatur vorzunehmen. Diese hatte er aber so dilettantisch durchgeführt, dass es zu den Kurzschlüssen kam. Nach Ansicht der Beamten der Kriminaltechnik hatte er Glück gehabt. Er hätte sich schon am Herd einen tödlichen Schlag holen können. Kurz darauf ist er dann erstochen worden. Ich bezweifle, dass „Glück“ in diesem Zusammenhang das richtige Wort war.

Die Polizei ging von einer gezielten Tat mit Richardsen als Opfer aus. Der Kommissar hatte Vera auch nach ihrem Alibi gefragt. Und nach Personen, die Grund gehabt hätten, Richardsen den Tod zu wünschen. Nach einem Kollegen an der Schule, Bosch, hatte er sich genauer erkundigt. Die Ermittler der Polizei hatten aus Richardsens Arbeitszimmer eine Menge Unterlagen mitgenommen, die sie auswerten wollten. Dabei würden sie sicher auch auf die Schreiben mit der Kündigung unserer Wohnungen stoßen. Wir mussten uns auf Vernehmungen durch die Polizei vorbereiten.

Frauke war dank ihres Einfühlungsvermögens und ihrer Kommunikationsfreude eine wertvolle Informationsquelle. Ich wollte sie daher nicht so schnell gehen lassen. Wie ihr Mann war sie auf Föhr gut vernetzt.

„Frauke, was meinst du denn, wo könnte Richardsens Mörder zu suchen sein, wenn es kein zufälliger Einbrecher war?“

„Das ist mir auch nicht klar. Mit seinen Nachbarn hatte Richardsen ja immer wieder Krach, das ging manchmal bis zu Anzeigen bei der Polizei. Vor Richardsens Haus ist Parkverbot. Wenn der Besuch eines Nachbarn sein Auto vor Richardsens Haus geparkt hat, hat dieser das fotografiert und bei der Polizei zur Anzeige gebracht, selbst wenn er in keiner Weise dadurch behindert war. Aber bringt man wegen einer solchen Anzeige jemanden um?“

„Fällt dir denn sonst jemand ein?“

„Sein Bruder? Nein, der ist ja sein Halbbruder. Als ihre Mutter gestorben war, gab es Streit um das Erbe. Den hat Richardsen gewonnen. Aber sein Halbbruder ist im Pflegeheim, der war sicher nicht nachts mit einem Messer unterwegs. Und dieser Erbstreit ist schon viele Jahre her. Aber warte mal – der Bruder hat doch Kinder? … Nee, eine Stieftochter. Aber was sollte die davon haben, dass ihr Onkel tot ist?“

***

Irene hatte sich bei der Schwangerschaftsgymnastik mit Meike Ketelsen, der Tochter des Föhrer Polizeichefs Lürrsen, angefreundet. Nach ihrem letzten Termin hatten beide noch auf dem Sandwall bei einem Kaffee zusammengesessen. Da Meike während der Abwesenheit ihres Mannes vorübergehend im Hause ihres Vaters wohnte, bekam sie auch eine ganze Menge von den Ermittlungen im Mordfall Richardsen mit.

Sie wusste, dass Richardsen unser Vermieter gewesen war. Daher hatte sie Verständnis für Irenes Interesse an dem Thema und einige interessante Einzelheiten berichten können. So war das Alibi von Vera Richardsen von deren Schwester in Neumünster bestätigt worden. Dort hatte sie zur Zeit des Mordes an einem Familientreffen teilgenommen, zu dem auch ihre Mutter und ihre zwei Brüder aus Litauen angereist waren. Ferner wusste Meike, dass auch Lennart Bosch schon befragt worden war. Da sich bei seinen Aussagen Widersprüche ergeben hatten, war eine zweite Befragung mit ihm geplant. Irene hatte aber nicht gefragt, in welche Widersprüche sich Bosch verwickelt hätte. Schließlich konnte Irene von Meike noch erfahren, dass die Ermittlungen sich auf die aktuellen Streitereien konzentrierten, in die Richardsen verwickelt war. Dazu wurden zurzeit die Unterlagen ausgewertet, die im Hause Richardsens gefunden worden waren. Für den folgenden Tag hatte Kommissar Mommsen einen Termin bei Richardsens Rechtsanwalt, der diesen in seinen zahlreichen Rechtshändeln vertrat.

Ich hatte Irene nichts von meiner Befragung Erika Leifheits gesagt, sodass sie sich bei Meike Ketelsen auch nicht nach dieser Spur erkundigte. Dazu hätte ich Irene zuvor meine eigenen Vergehen beichten müssen, was ich auf jeden Fall vermeiden wollte. Selbst wenn ich sie davon unterrichtet hätte, würde sie sich sicher weigern, bei einer Strategie mitzumachen, mit der ich vor allem von meiner eigenen Schuld ablenken wollte. Ich merkte, dass das, was meine Eltern „Gewissen“ nannten, mich wieder zu zermürben begann. Weniger wegen meiner fehlgegangenen Anschläge auf Richardsen als wegen der Geheimnisse – oder richtiger: Täuschungen – die ich Irene zumutete.

Meikes Vater, Oberkommissar Lürrsen, war vor allem mit der

Befragung der Nachbarschaft Richardsens beschäftigt. Auch dort war ein handfester Rechtsstreit aufgetaucht. Der Besitzer des Grundstücks, das hinter Richardsens Haus liegt, wollte es zu Bauland machen. Dazu hätte Richardsen ihm ein Wegerecht einräumen oder einen schmalen Seitenstreifen seines Grundstücks verkaufen müssen. Das hatte er immer entschieden abgelehnt. Irene hatte aber nicht gefragt, wer der Besitzer des Grundstücks war.

Als Irene ihren Bericht beendet hatte, fragte ich nicht weiter nach, obwohl mir noch viele Fragen dazu eingefallen waren. Ich wollte nicht mehr als eine allzumenschliche Neugier an den Tag legen.

Wie bereits erwähnt, meine persönliche Verwobenheit in die Ereignisse durfte Irene nicht erfahren.

Aber die Informationen von Meike Ketelsen klärten das irritierende Bild der Geschehnisse etwas. Vera Richardsens Alibi hatte sich also bestätigt. Damit schied sie als Verdächtige aus. Die Polizei war auch Lennart Bosch auf der Spur. Dann der Rechtstreit mit dem Besitzer des Grundstücks hinter seinem Haus. Ich musste noch herausfinden, wer das war. Die bevorstehenden Ermittlungen in Richardsens Unterlagen würden auf unseren Streit mit ihm hinweisen. Die Vernehmungen unserer Hausgemeinschaft standen kurz bevor.

***

Kommissar Mommsen war für den nächsten Tag angesagt. Er hatte sich telefonisch bei Irene gemeldet und mitgeteilt, dass er uns um 14.00 Uhr in unserer Wohnung treffen wollte. Als Irene ihm sagte, dass ich erst kurz nach 16.00 Uhr von der Arbeit zurück sei, hatte er den Termin auf 16.30 Uhr verschoben.

Er erschien pünktlich in Begleitung seiner Kollegin Hositz. Wie schon Erika Leifheit berichtet hatte, war sie eine attraktive, kommunikative Person, mit einer Mähne roter Haare und einem Hauch Folklore in ihrer Kleidung. Ich schätze sie auf Mitte dreißig. Mommsen war ein schlanker Mann, sicher zehn Jahre älter als seine Kollegin. Er war eher konventionell-leger gekleidet. Sein Gesicht zeigte einige markante Linien, die darauf schließen ließen, dass sein Leben ihm schon einiges abverlangt hatte. Bei seinem Beruf eigentlich nicht überraschend. In unserem Gespräch bemerkte ich später, dass er auf Ausführungen seiner Gesprächspartner häufig mit einer kleinen Verzögerung reagierte, während er seinem Gegenüber in die Augen schaute. Vielleicht ein Signal an diesen: „Ich registriere alles, was du sagst, du kannst mir nichts vormachen"? Jedenfalls verlieh diese Eigenheit dem Gespräch mit ihm eine besondere Ernsthaftigkeit. Der Part seiner Kollegin war dann eher, Einfühlung und Empathie zu zeigen.

Irene bot den Beamten Kaffee oder Tee an. Sie entschieden sich für Kaffee. Da sie das Angebot annahmen, mussten wir uns wohl auf ein längeres Gespräch einrichten.

Nachdem Mommsen seine Kollegin und sich vorgestellt hatte, begann er das Gespräch vom Hintergrund her.

„Bevor wir zum eigentlichen Kern unserer Ermittlungen kommen, dem Mord an Hinrich Richardsen, würden wir gerne etwas mehr über Ihre Beziehungen zum Opfer erfahren. Wir wissen bereits, dass er Ihr Vermieter war. Sie wohnen jetzt schon wie lange hier?"

„Etwa eineinhalb Jahre."

Jetzt beteiligte sich auch Hositz an dem Gespräch. „Erzählen Sie mal, wie sind Sie zu der Wohnung gekommen? Der Wohnungsmarkt auf Föhr ist ja mehr als angespannt. Sie stammen beide doch nicht von Föhr?"

Ich war darauf vorbereitet, dass in dem Gespräch mit den Beamten einiges über meine Biografie auf den Tisch kommen würde. Daher berichtete ich in Kurzform von meinem Föhrer Hintergrund: wie ich die Insel verlassen hatte, wieder zurückgekommen war, um mit Irene hier auf der Insel ein neues Leben anzufangen, von meinem Glück mit der Wohnung angesichts des für Mieter fast aussichtlosen Wohnungsmarktes. Aber auch, dass ich Richardsen schon von meiner Schulzeit her kannte. Dabei vermied ich es allerdings, Richardsen als den Urheber allen Unglücks in meinem Leben zu kennzeichnen. Auch überging ich, dass er das Leben meiner Eltern zerstört hatte. Irenes biografischer Anteil an dem Gespräch war natürlich deutlich kürzer. Ich war mir sicher, dass wir den Polizeibeamten das Bild eines optimistischen, der Zukunft zugewandten Paares vermittelten.

„Also hatten Sie die Wohnung noch von der Vorbesitzerin gemietet. Wie ist unser Opfer denn in den Besitz der Wohnung gekommen? Hat sich dadurch etwas für Ihre Wohnsituation geändert? Richardsen musste doch Ihren Mietvertrag übernehmen.“ Der Kommissar kam recht bald zum Kern unseres Problems.

Ich beschloss, gleich unser Dilemma zu offenbaren. Mommsen würde spätestens bei der Sichtung der Unterlagen auf Richardsens Neubauprojekt und die Kündigungen unserer Wohnungen stoßen. Durch Offenheit wollte ich vermeiden, dass er uns verdächtigte, ihm Informationen vorzuenthalten. Ich berichtete den Beamten von Richardsens Erbschaft, von seinem Einstieg in das Neubauprojekt, von den Kündigungen. Ich beschloss meine Ausführungen aber optimistisch: „Wir hatten uns als Hausgemeinschaft zusammengeschlossen und wollten den Rechtsweg beschreiten, also gegen die Kündigungen klagen. Unser Anwalt hatte uns beruhigt, da das Mietrecht uns weitgehend schützt. Richardsen hätte uns nicht raussetzen können, bevor wir nicht eine neue Bleibe gehabt hätten. Wir konnten davon ausgehen, eine Menge Zeit zu gewinnen. Und bis wir ausziehen müssten, wäre das Neubauprojekt sicher schon gestorben.“ Ich versuchte durch Betonung meines Optimismus zu verhindern, dass die Beamten in dem drohenden Verlust unserer Wohnung ein Mordmotiv vermuteten könnten.

In dieser Phase unseres Gesprächs schwankte ich, ob ich fragen sollte, wie Richardsen zu Tode gekommen war. Ich hatte zwar auf Umwegen gehört, dass er erstochen worden sei, wollte aber gerne Genaueres wissen. Die Beamten würden meine Frage sicher einer natürlichen Neugier zuschreiben, vielleicht sogar erwarten.

Hositz schaute kurz Mommsen an. Als der nickte, schilderte sie ihre Erkenntnisse. „Das Opfer wurde durch zwei Messerstiche in die Brust getötet, also von vorn. Wahrscheinlich kannte das Opfer den Täter, sonst hätte er diesen wohl kaum so nah an sich herangelassen. Kampfspuren konnten wir nicht finden.“

Mehr würde ich dazu wohl nicht erfahren. Ich war unsicher, ob ich jetzt etwas unternehmen sollte, um die Blickrichtung der Beamten auf andere Verdächtige zu richten oder ob ich einfach ihrer Gesprächsführung folgen sollte. Ich beließ es erst einmal dabei, mich auf die

Beantwortung ihrer Fragen zu beschränken. Für meine ablenkenden Fragen würde später noch Gelegenheit sein.

„Kennen Sie eigentlich die Frau des Opfers, Vera Richardsen?“ Bei dieser Frage schaute Kommissarin Hositz erst Irene und dann mich an. Ich überließ Irene die Antwort.

„Ich habe sie einmal gesehen. Vor sechs Wochen etwa. Die Abrechnung der Wasserwerke war in unserem Briefkasten gelandet. Da die an Herrn Richardsen gerichtet war, habe ich sie dort abgegeben. Er war nicht zu Hause. Daher habe ich die seiner Frau gegeben. Sie wirkte ganz sympathisch, hatte einen etwas harten Akzent. Später habe ich gehört, dass sie aus Litauen stammt. … Ach so, im Flur war kurz ein Mann aufgetaucht. Sie hat aber schnell die Tür geschlossen, als sollte ich den Mann nicht bemerken.“

Das war auch für mich neu. Irene hatte das noch nie erwähnt. Hositz hakte gleich nach. „Meinen Sie, dass Frau Richardsen ein Verhältnis mit dem Mann hatte?“

„Nein, das glaube ich nicht, ich möchte keine Verdächtigung in die Welt setzen. Ich habe auch nur einen ganz kurzen Blick auf ihn werfen können. Richardsen war das jedenfalls nicht.“

„Wann war das denn?“

„Vielleicht vor einem Monat? Eher etwas länger.“

Dann schaute Hositz mich an.

„Ich habe Frau Richardsen nur kurz kennengelernt, als ich mit ihrem Mann die Nebenkostenabrechnung durchgesprochen hatte. Sie hat uns Tee gebracht. Auch ich fand sie sehr sympathisch.“

Ich wartete auf die Frage, ob ich mir Vera Richardsen als Mörderin ihres Mannes vorstellen könnte. Aber diese Frage kam nicht. Mommsen überließ Hositz weiter die Gesprächsführung, ließ uns aber nicht aus den Augen. Ich hatte immer wieder das ungute Gefühl, als wollte er mich mit Röntgenaugen auf meine unausgesprochenen Gedanken durchforschen. Der Kommissar hatte schließlich viele Hundert Verhöre geführt. Hositz fuhr fort.

„Wer kennt Frau Richardsen denn besser als Sie beide?“

Irene war schneller als ich. „Unsere Nachbarin, Frauke Sierich, macht mit ihr zusammen einen Fitnesskurs. Ich erinnere mich, dass sie bei ihr Eheprobleme vermutet hat. Klaas, du warst doch dabei, als Frauke so etwas erwähnte.“ Irene übergab mir die weitere Antwort.

„Ja, aber das war nur so ein oberflächlicher Eindruck. Ich weiß nicht, ob es dafür einen wirklichen Grund gab. Das sollten Sie Frau Sierich selbst fragen.“

Nun übernahm Mommsen wieder die Befragung. „Herr Mehring, Sie waren als Schüler an der gleichen Schule wie Richardsen. Dann haben Sie doch sicher davon gehört, dass dieser seinem Kollegen Bosch die Karriere zerstört hat. Man sprach damals von Intrigen, deren Urheber Richardsen gewesen sein soll. Der hätte das Gerücht in Umlauf gebracht, Bosch habe ein verbotenes Verhältnis mit einer minderjährigen Schülerin gehabt. Was wissen Sie darüber?“

„Zu der Zeit war ich schon nicht mehr auf der Schule. Aber ich habe nach meiner Rückkehr von meinem Schulfreund Reinhardt Biegel davon gehört. Aber nur das, was Sie gerade erwähnt haben. Mehr weiß ich dazu auch nicht.“

Ich fragte mich allerdings, warum Mommsen gerade mich das fragte. Es hatte sicher ein Disziplinarverfahren gegen Bosch gegeben. Die Unterlagen mussten im Archiv der Schule vorhanden sein, wie Mommsen gewiss wusste. Auf was wollte er mich testen?

„Hatten Sie Herrn Bosch als Lehrer? Was ist er für ein Mensch? Können Sie sich vorstellen, dass Herr Bosch über die ganzen Jahre Rachegedanken am Leben gehalten hat?“

„Ich hatte ihn nur ein Schuljahr lang. Und das ist 15 Jahre her. Nein, ich kann mir zu Ihrer Frage kein Urteil erlauben.“ Ich konnte mich glaubwürdig der Beantwortung seiner Frage entziehen. Aus Mommsens Frage entnahm ich aber, dass Bosch auch ohne mein Zutun als Verdächtiger geführt wurde.

Dann stellte die Kommissarin die Frage nach unseren Alibis für den

Abend des 19. Septembers, einem Dienstag. Das war natürlich ein Datum, das sich in meinem Gedächtnis festgesetzt, eigentlich sogar eingebrannt hatte. Dennoch fragte ich naiv: „Ist das der Zeitraum der Tat?“

„Ja, also bitte.“

Irene überlegte. Dann hatte sie ihr Gedächtnis sortiert. „Ich war an dem Tag recht müde und bin früh zu Bett gegangen, so gegen neun. Als Klaas ins Bett kam, bin ich noch einmal kurz aufgewacht.“

„Wann war das?“

„Ziemlich genau 22.00 Uhr. Ich habe ihm noch den Wecker gestellt, damit er pünktlich zur Arbeit kommt.“

Hositz schaute mich auffordernd an.

„Ja, wie meine Frau schon sagte, ich hatte noch etwas Fernsehen geschaut.“

Weitere Zeugen konnten wir nicht benennen. Aber niemand fragte danach.

***

Der nächste Tag war ein Samstag. Beim Frühstück kamen wir auf das Gespräch mit den beiden Beamten zurück. Dabei fragte mich Irene, ob wir der Witwe des Opfers nicht einen Kondolenzbesuch abstatten sollten.

„Klaas, schau mal, sie hat hier auf Föhr doch niemanden. Wenn sie schon jemanden wie Frauke ihr Herz ausschütten muss! Gut, Richardsen war ein Mistkerl, aber dafür kann sie doch nichts. Wahrscheinlich hatte sie genug unter ihm zu leiden.“

Ich erledigte zunächst unsere Wochenendeinkäufe. Irene sollte sich in ihrem Zustand damit nicht abgeben, die Einkäufe nach Hause zu schleppen. Auf dem Rückweg besorgte ich einen Blumenstrauß für die Witwe. Am Nachmittag machten wir uns auf den Weg zu Vera Richardsen. Nach dem Klingeln blieb es zunächst ruhig. Dann – nach nochmaligem Klingeln – erschien Vera Richardsen. Sie hielt die Tür nur halb auf, sodass wir nicht in den Flur sehen konnten. Irene überreichte ihr mit einer teilnehmenden Beileidsbezeugung die Blumen. Wir hatten damit gerechnet, dass sie uns ins Haus bitten würde, aber sie blieb in der Tür stehen. Das überraschte uns, denn sie schien von unserem Besuch durchaus gerührt. Vera Richardsen bedankte sich in ihrer hart akzentuierten Sprechweise für unsere Teilnahme, veränderte aber nicht ihren Standort in der Tür. Wir sollten offensichtlich nicht eintreten. Wir boten noch unsere Hilfe an, bevor wir uns verabschiedeten.

Als wir das Grundstück verlassen hatten, schauten wir uns an. Auch Irene war aufgefallen, dass die Witwe auf jeden Fall verhindern wollte, dass wir ins Haus kämen. Ich war neugierig geworden und steckte Irene damit an.

„Lass´ uns hier in den Seitenpfad einbiegen. Der führt am Richardsens Grundstück vorbei. Vielleicht können wir von der Seite hinter das Haus blicken."

Die Hecke, die Richardsens Garten umgab, wies viele Lücken auf, sodass wir mehrere Durchblicke auf Haus und Garten fanden. Wir verweilten eine Zeit lang an unserem Standort, ohne dass andere Fußgänger vorbeikamen. Schließlich hörten wir undeutliche Stimmen. Dann erschien Vera Richardsen auf der Terrasse, gefolgt von einem gutaussehenden Mann ihres Alters. Sie schienen vertraut miteinander. Es war unklar, ob sie miteinander stritten. Vera machte einige Male ärgerliche Handbewegungen, als wollte sie ihre ablehnenden Äußerungen unterstreichen. Plötzlich stieß Irene mich an und flüsterte mir zu.

„Du, ich bin sicher, das ist der Mann, den ich damals bei ihr im Haus gesehen habe. Du weißt, ich habe dem Kommissar davon erzählt. Aber warum sollten wir den nicht sehen?"

„Vielleicht hat sie doch ein Verhältnis?"

„Ich weiß nicht. Aber ich kenne sie eigentlich auch gar nicht. Meinst du, wir müssten dem Kommissar davon berichten?"

***

Zu Beginn der neuen Woche waren mir keine neuen Nachrichten zum Stand der polizeilichen Ermittlungen zu Ohren gekommen. Während ich am Montagmorgen kurz frühstückte, stand Irene mit einem Kaffee in der Hand neben mir. So früh am Morgen mochte sie noch nichts essen. Bevor ich zur Arbeit fuhr, sprach ich sie nochmals auf die Frage an, die wir uns am Samstag gestellt hatten, als wir vom Kondolenzbesuch zurückkehrten: Sollten wir Mommsen von dem Mann berichten, den wir mit Vera Richardsen im Garten gesehen hatten und den sie offensichtlich vor uns verbergen wollte?

Irene erzählte mir von ihrem Tagesplan und erwähnte dabei ihren Termin bei der Schwangerschaftsgymnastik. Dort würde sie auch Meike Ketelsen treffen, die Tochter von Kommissar Lürrsen. Ich schlug ihr vor, dieser von unserer Beobachtung Vera Richardsens zu erzählen. Auf diesem Umweg würde die Polizei von unserer Beobachtung erfahren, ohne dass wir uns mit dieser Information aufdrängten.

Auf der Arbeit war der Mord an Richardsen immer noch Thema Nr. 1. Die Gespräche kreisten vor allem um mögliche Verdächtige. Immer wieder zielte der Verdacht der Kollegen auf die Ehefrau. Mein Gott, was für eine Ehe mussten die führen, dass ihnen Mord als Möglichkeit in den Sinn kam, Eheprobleme zu lösen. Und wieder bestätigte sich mir eine Erfahrung, die ich schon häufig gemacht hatte: je weniger Wissen Menschen von den wirklichen Tatsachen haben, desto fester und selbstgewisser sind ihre Meinungen darüber.

Ich sah wenig Anlass, mich an den Spekulationen zu beteiligen. Erst als ein Kollege berichtete, er hätte die Witwe am Sonntagabend auf dem Deich bei Dunsum in vertrauter Begleitung eines Mannes gesehen, horchte ich auf. Als jemand fragte, wie vertraut die Begleitung gewesen sei, schwächte er seine Bemerkung ab. Der Mann hätte eine Zeit lang seinen Arm um die Frau gelegt. Und nein, nichts Sexuelles! Die Beobachtung unseres Kollegen regte noch eine Zeit lang die Diskussion an. Weniger unter moralischen Gesichtspunkten als mit der Verwunderung, dass Richardsens Witwe es riskierte, sich durch die Begleitung des Mannes verdächtig zu machen.

In der Mittagspause setzte ich mich neben den Kollegen, der Vera Richardsen bei Dunsum gesehen hatte. Ich erkundigte mich nach dem

Aussehen des Mannes. So wie er ihn beschrieb, konnte es der Mann gewesen sein, den wir am Samstag in ihrem Garten beobachtet hatten. Gut, dass Irene Meike Ketelsen über unsere Beobachtung des Mannes im Hause der Witwe berichten würde. So hätten wir wenigstens unsere Schuldigkeit getan. Ich war mir gegenüber aber so ehrlich, mir zuzugeben, dass dies auch dazu diente, Verdacht von mir abzulenken.

***

Ich hatte mich mit Friedrich Sierich darüber unterhalten, wie es mit unseren Wohnungen bzw. den Kündigungen weiter gehen würde. Nach dem Tod Richardsens hing unsere Zukunft in unserem Haus vom neuen Eigentümer ab. Wir waren uns einig, dass es unsere dringendste Aufgabe wäre, den Erben Richardsens ausfindig zu machen. Wahrscheinlich seine Frau, da er keine Kinder hatte, aber das war nicht mehr als eine bloße Vermutung.

Friedrich hatte plötzlich einen Einfall. „Aber was ist, wenn Richardsen das Grundstück und unser Haus schon auf die Projektgesellschaft überschrieben hat?“

Bei diesem Gedanken erschrak ich. Dann hätte ich mich mit meinen fehlgeschlagenen Anschlägen vergeblich schuldig gemacht. Und wir befänden uns in der gleichen beschissenen Lage wie vorher. Nein, das durfte nicht sein. Aber wie konnten wir Gewissheit bekommen?

„Friedrich, die Polizei hat sich gewiss schon um diese Frage gekümmert. Die suchen doch ein Motiv. Wenn das Opfer betucht ist, schauen die sich immer schnell nach den Erben um. Sprich du den Kommissar, den Mommsen, direkt an. Es ist doch ganz verständlich, dass wir hier im Haus Klarheit haben wollen, wie es mit uns weitergeht. Ich versuche herauszufinden, ob im Grundbuch schon ein neuer Eigentümer eingetragen ist. Und auch, ob der Bauantrag für das Projekt auf unserem Grundstück schon eingereicht ist.“

„Hast du denn die Kontakte, dass du an die Informationen herankommst?“

„Nein, ich nicht. Aber mein Chef, als Eigentümer eines alteingesessenen Bauunternehmens, hat die. Ich werde mal mit ihm reden, ich habe einen guten Draht zu ihm."

Friedrich war einverstanden. Wir sprachen noch ab, dass wir am nächsten Tag mit den beiden anderen Mietparteien, den Familien Gärtner und Hagen, also der ganzen Hausgemeinschaft, zusammenkommen wollten, um unser weiteres Vorgehen abzusprechen.

Am nächsten Abend saßen wir alle auf Sierichs Terrasse zusammen. Zuerst berichtete Friedrich, was er von Mommsen erfahren hatte. „Der Kommissar sagte mir, dass die Polizei bislang kein Testament des Toten gefunden hat. Bei seinem Föhrer Rechtsanwalt hat Richardsen kein Testament hinterlegt, auch beim zuständigen Amtsgericht nicht. Aber der Anwalt erinnerte sich, dass Richardsen ihn vor einiger Zeit danach gefragt hatte, welchen Richtlinien ein Testament genügen müsse. Der Anwalt hatte ihm einige Tipps gegeben, ihn aber auch auf das Internet verwiesen."

Friede Gärtner, die merkte, wie ihr Mann John zu einem seiner gefürchteten langatmigen Kommentare ansetzte, kam ihm zuvor. „Also bleibt unter dem Strich: ohne Testament ist Vera Richardsen die Erbin. Aber das ist nicht sicher, irgendwann oder irgendwo kann ein Testament immer noch auftauchen, dann werden die Karten neu gemischt."

Auch Frauke Sierich konnte nicht darauf verzichten, sich bemerkbar zu machen. „Dann müssen wir mit Vera Richardsen ins Gespräch kommen. Aber wie?"

Friedrich und ich hatten am Vortag darüber auch schon nachgedacht. Ich nickte Friedrich zu. Der trug der Runde unseren Vorschlag vor.

„Wir wollen ja unser Wohnrecht hier im Haus langfristig sichern. Richardsen hatte uns angedroht, wenn wir nicht ausziehen, Renovierungsarbeiten am Haus zu starten, deren Neben- und Folgewirkungen uns vertreiben sollten. Das Haus ist alt und einige Renovierungen sind tatsächlich notwendig: die neue Heizungsanlage, neue Fenster und die Absicherungen der Balkone im Obergeschoss. Klaas hat das mit einem Kollegen, einem Bautechniker, mal überschlagen. Er ist dabei auf einen Betrag von ca. 40.000 Euro für das ganze Haus gekommen. Den Flur und die Giebel können wir selber streichen. Wenn wir nun Richardsens Witwe anbieten, diese Renovierungskosten selber zu tragen? Ihr Haus wird dadurch aufgewertet und sie behält gute Mieter. Im Gegenzug bekommen wir für 10 Jahre eine Garantie, nicht gekündigt zu werden. Was haltet ihr davon? Auf jede Mietpartei entfielen dann 10.000 Euro.“

Der Vorschlag wurde lebhaft, aber verhältnismäßig kurz diskutiert. Schließlich stimmten alle zu. Friedrich und ich wurden beauftragt, mit Vera Richardsen über unseren Vorschlag zu sprechen.

***

So wichtig es mir war, uns unsere Heimstatt zu sichern, das Thema vermischte sich mir aber immer wieder mit der Frage, wie weit die Polizei mit ihren Ermittlungen des Täters gekommen sei. Ich fühlte mich von den Informationen abgeschnitten. Direkte Nachfragen bei den Beamten könnten mich in den zentralen Kreis der Verdächtigen befördern. Es war für mich aber besser, am Rand ihrer Aufmerksamkeit zu bleiben. Also musste ich immer wieder Umwege suchen. Aber halt, Mommsen hatte mich doch genauer nach Lennart Bosch gefragt. Wieweit hatte sich der Verdacht gegen ihn verfestigt? Mein Freund Reinhardt war durch seine ehrenamtliche Tätigkeit beim Roten Kreuz mit Bosch in Kontakt geblieben. Hatte er etwas von den Widersprüchen in Boschs Aussagen bei der Polizei erfahren, von denen Meike Ketelsen meiner Frau erzählt hatte?

Ich beschloss, Reinhardt auf einen möglichen Verdacht der Polizei gegen Bosch anzusprechen. Aber ich musste einen unverfänglichen Grund für meine Neugier haben, also auf einem Umweg zu dem Verdacht gegen Bosch kommen. Daher verabredete ich mich mit Reinhardt in der Hafenkneipe in der ehemaligen Werkzeughalle der Reederei. Als Vorwand diente mir das Interesse unserer Hausgemeinschaft an der Zukunft unseres Hauses. Ich wollte Reinhardt fragen, ob er von Vera Richardsens Plänen etwas wüsste, insbesondere was sie mit unserem Haus vorhatte. Sie wohnte ja in seiner Nachbarschaft. Vielleicht war er mit ihr ins Gespräch gekommen. Bei dieser Gelegenheit konnte ich mich dann unauffällig auch nach Lennart Bosch erkundigen.

Wir freuten uns beide, nach langer Zeit mal wieder einen ungezwungenen Kneipenabend miteinander zu verbringen. Wie erwartet wurden zunächst die Erinnerungen an gemeinsame Freunde aufgefrischt, ihre privaten und beruflichen Lebensläufe, ihre Eigenheiten, die sich bei einigen mit zunehmendem Lebensalter zu bemerkenswerten Marotten ausgewachsen hatten. Reinhardt, der ja auf Föhr geblieben war, erwies sich bei diesen Themen als eine wahre Fundgrube an Informationen und Anekdoten. Irgendwie waren wir – wie ich gehofft hatte – auch bei Lennart Bosch gelandet. Reinhardt hatte sich schon mit ihm nach seiner zweiten Vernehmung durch die Polizei unterhalten.

Bosch war vor einiger Zeit im Rahmen seiner ehrenamtlichen Arbeit beim Roten Kreuz kurzfristig für einen Kollegen eingesprungen, der einen wöchentlichen Altenabend leitete. Als die Teilnehmer sich vor dem Eingang versammelten, war Richardsen auf seinem Fahrrad vorbeigekommen. Er hatte Bosch eine Schmähung zugerufen. Dieser verstellte ihm daraufhin den Weg und es kam zu einem lautstarken Streit zwischen den beiden Männern. Richardsen hatte den Teilnehmern des Altenabends die Frage gestellt, warum sie jemanden wie Bosch einladen, der sich an minderjährigen Mädchen vergehen würde. Bosch hatte bei seinem ersten Verhör durch die Polizei jedoch angegeben, er habe seit Jahren keinen Kontakt mit Richardsen gehabt. Kommissar Mommsen hatte ihn daraufhin ein zweites Mal einem recht zähen Verhör unterworfen. Unter dem Druck dieses offensichtlichen Verdachts fühlte sich Bosch psychisch sehr belastet und in die Ecke gedrängt.

Ich konnte das gut verstehen. „Reinhardt, was hältst du davon? Du kennst Bosch besser als ich: traust du ihm einen Mord zu?“

„Eigentlich nicht. Er ist eher ein tugendhafter Mensch.“ Reinhardt hielt inne und schüttelte verwundert den Kopf. „Tugendhaft, herrje, was für ein altertümliches Wort? Aber auf Bosch passt das schon. Richardsens Intrige hatte ihn damals aus seiner Bahn geworfen, er ist nie darüber hinweggekommen, auch wenn die Anschuldigungen unbegründet waren. Aber wahrscheinlich gerade deshalb. Als Richardsen ihn dann vor den alten Leuten so haltlos beschuldigte, kann ihn das ganze Elend wieder überkommen haben. Der Kommissar hatte ihn auch nach dem Messer gefragt, mit dem Richardsen erstochen worden ist. Das muss der Mörder mitgebracht haben, also war das eine vorsätzliche Tat. Klaas, ich weiß es einfach nicht. Ich wünsche mir aber, dass er es nicht war."

Reinhardt hielt es also zumindest für möglich, dass Bosch der Täter war.

„Aber sag mal, dieser Kommissar wird doch sein Alibi überprüft haben?"

„Bosch behauptet, dass er an dem Abend des Mordes lange am Utersumer Strand gesessen hat. Aber er hat niemanden gesehen, den er kannte."

Also hat Bosch kein Alibi, aber ein handfestes Motiv.

Dann kam ich auf das Thema zurück, das mir als Vorwand für unser Treffen gedient hatte. „Weißt du, was Vera Richardsen nun vorhat? Ist sie denn die Erbin ihres Mannes?"

„In der Nachbarschaft wird erzählt, dass sie mit dem Gedanken spielt, wieder nach Litauen zurückzukehren, zu ihrer Familie. Da kein Testament vorliegt, wird sie wohl alles erben. Was sie mit dem Erbe macht, ist noch unklar."

„Weißt du, ob sie jemals ein Verhältnis hatte?" Ich berichtete Reinhardt von dem Mann, den wir in ihrem Garten gesehen hatten.

Reinhardt war sich unsicher, ob sie die Möglichkeit zu einem Seitensprung gehabt hatte. Richardsen hatte seine Frau nie sehr lange aus den Augen gelassen. Aber Vera war von ihm häufig schlecht behandelt worden. Wir konnten uns beide nicht vorstellen, dass er ein Mann war, der sich für zärtliche Bedürfnisse einer Frau zuständig fühlte. Reinhardt hielt Vera für eine Frau, die Zuwendung zu schätzen weiß. Also hatte sie vielleicht doch ein Verhältnis? Er wollte es nicht ausschließen. Das musste aber sehr geheim sein, da Richardsen seine Frau sonst mittellos aus der Ehe und dem Haus gejagt hätte.

Unser Kneipenabend zog sich noch länger hin und wurde zunehmend lustiger. Zur Bekämpfung der Kopfschmerzen am nächsten Morgen reichte Kaffee nicht aus, ich benötigte noch einige Aspirin. Bei meiner zweiten Tasse Kaffee fiel mir ein, dass ich am Vorabend vergessen hatte, Reinhardt nach dem Eigentümer des Grundstücks zu fragen, das hinter dem Haus Richardsens lag.

Am Vormittag rief mich Irene auf der Arbeit an. Kommissar Mommsen hatte sich gemeldet. Er wollte uns baldmöglichst wegen des Mannes sprechen, den wir mit Vera Richardsen auf ihrer Terrasse gesehen hatten. Um 16.30 Uhr würde er zu uns kommen.

Mir war Mommsens neuerliches Interesse an uns gar nicht recht. Je mehr Kontakt wir hatten, desto größer war die Gefahr, dass er mich in Widersprüche verwickelte. Aber ich konnte mich seinem Wunsch auch nicht verwehren. Ich wollte mein Erscheinungsbild des harmlosen, werdenden Familienvaters, der die Ermittlungen mit verständlicher Neugier verfolgte, nicht gefährden. Vielleicht würde ich aus dem Gespräch ja auch Neuigkeiten erfahren.

Einigermaßen gefasst kam ich kurz vor dem vereinbarten Termin nach Hause. Gottseidank war Mommsen noch nicht da. Ich war etwas besorgt gewesen, dass er Irene ohne mein Beisein ausgehorcht hätte. Kurz darauf kam er mit seiner Kollegin Hositz an. Irene bot ihnen eine Erfrischung an, die sie aber ablehnten. Wir konnten also hoffen, dass ihr Besuch nicht lange dauern würde.

Mommsen rückte sich auf dem Sofa in eine bequeme Sitzhaltung. Wollte er sich doch auf eine längere Unterhaltung einrichten? Er wandte sich zunächst an Irene.

„Frau Kiriadou, Sie hatten uns erzählt, dass Sie Frau Richardsen mit einem unbekannten Mann gesehen haben. Und später der Tochter meines Kollegen Lürrsen, dass Sie Frau Richardsen mit dem gleichen Mann noch einmal in ihrem Garten beobachtet hatten. Können Sie uns bitte wiederholen, was Sie dort gesehen haben? Hatten Sie den Eindruck, dass Frau Richardsen und dieser Mann miteinander vertraut waren?“

(Ich muss hier einschieben, dass Irene auch nach unserer Hochzeit ihren Nachnamen behalten hatte.)

Irene berichtete den Beamten, was sie bei den beiden Begegnungen gesehen hatte. Sie meinte, eine gewisse Vertrautheit zwischen den beiden gespürt zu haben, war sich dessen aber nicht sicher. Beim zweiten

Mal schien die Gestik beider gar auf einen Streit hinzuweisen.

An diesem Punkt schaltete ich mich in das Gespräch ein. Ich erinnerte mich an die Beobachtung meines Arbeitskollegen am letzten Sonntag am Dunsumer Deich. Er hatte Vera Richardsen im vertrauten Umgang mit einem Mann gesehen. Auf meine Nachfrage hatte er diesen in einer Weise beschrieben, die sich mit unseren Beobachtungen deckte. Hositz ließ sich daraufhin von mir den Namen meines Kollegen geben. Sie hatte sich schon vorher Notizen über unser Gespräch gemacht. Es hatte den Anschein, als würden die Beamten hier eine Spur verfolgen, die sie für wichtig hielten.

Eigentlich brannte ich darauf, zu erfahren, ob die Ermittler von einem außerehelichen Verhältnis Vera Richardsens ausgingen. Das wäre für die Witwe ein überragendes Mordmotiv. Aber ich hielt mich zurück, danach zu fragen.

Die Beamten schienen es nicht eilig zu haben. Mommsen erkundigte sich in väterlich-besorgtem Tonfall, ob sich denn unsere künftige Wohnsituation schon geklärt hätte. Ich schilderte ihm, welches Angebot an die Witwe wir als Hausgemeinschaft beschlossen hätten. Und nutzte die Gelegenheit, Mommsen zu fragen, ob Vera Richardsen ihm schon ihre Zukunftspläne mitgeteilt hätte. Mit der Frage wollte ich ihm entlocken, ob sie tatsächlich die Erbin des Opfers sei.

Mommsen ging auf meine Frage ein. Da kein Testament aufgetaucht sei und Richardsen keine Kinder habe, werde sie als Ehefrau Alleinerbin sein. Und nein, er hätte aus den Gesprächen mit ihr nicht den Eindruck, dass sie nach Litauen zurück wolle. Sie fühle sich in Deutschland und auf Föhr recht wohl. Mommsen schien bereit, von seiner straffen Gesprächsführung abzukommen und Verständnis für meine Fragen zu haben. Als auch Hositz ihren Notizblock zur Seite legte und sich bei Irene nach dem Geburtstermin erkundigte, lockerte sich die Atmosphäre weiter auf.

Da Irene die Beamten jetzt eher als Gäste ansah, machte sie einen erneuten Anlauf und bot ihnen Teepunsch an. Mommsen und Hositz nahmen diesmal dankend an. Während Irene in der Küche zu tun hatte, erzählte Mommsen beiläufig, dass er sich auf Föhr schon wie zu Hause fühlte. Seine Lebensgefährtin Cosima Bernstädt lebte als Malerin in Nieblum. Irene hatte durch die offene Küchentür mitgehört. Als sie mit dem Teepunsch wieder hereinkam, erzählte sie, dass sie das Atelier von Mommsens Partnerin schon einmal besucht hätte und von deren Werken sehr beeindruckt sei.

Das Gespräch schweifte zu so unverfänglichen Themen wie den rechten Mischungsverhältnissen zwischen Köm und Tee beim Teepunsch ab. Ich wollte auf eine Gelegenheit warten, mehr über weitere Spuren zu erfahren, die von den Beamten verfolgt würden, musste mich aber gedulden. Einerseits förderte der lockere, fast familiäre Gesprächsstil, der sich inzwischen eingestellt hatte, eine gewisse Vertrautheit, andererseits könnte meine Ungeduld die Beamten schnell wieder in den Vernehmungsmodus bringen, der ihre Mitteilungsbereitschaft sofort beenden würde.

***

Die Frage nach dem Schicksal unseres Hauses war immer noch nicht geklärt. Ich hatte zwar über meinen Chef erfahren, dass sich im Grundbuch kein Hinweis fand, dem gemäß das Grundstück an die Projektgesellschaft überschrieben war. Auch war bislang kein Bauantrag gestellt worden. Da nach Mommsens Bericht alles darauf hindeutete, dass Vera Richardsen die Erbin war, wollte ich unbedingt Genaueres über ihre Absichten herausfinden. Eine direkte Ansprache kam für mich aus verständlichen Gründen nicht in Frage. Aber wen konnte ich ansprechen?

Unter meinen Bezugspersonen hatte wahrscheinlich Erika Leifheit den engsten Kontakt zu ihr. Sie war zwar keine Blutsverwandte von Vera Richardsen, aber irgendetwas wie Verwandtschaft bestand ja doch zwischen ihnen. Also musste ich mit ihr noch einmal ins Gespräch kommen.

Die Gelegenheit ergab sich schon am nächsten Tag. Aufgrund von Verzögerungen bei Materiallieferungen auf unserer wichtigsten Baustelle waren wir unserem Zeitplan hinterhergehinkt und mussten jetzt Überstunden leisten. Damit konnte ich Irene erklären, warum ich erst spät nach Hause kommen würde.

Auf dem Rückweg von der Arbeit schaute ich in der „Alten Diele" in Nieblum vorbei. Erika Leifheit stand hinter dem Tresen. Ich gönnte mir ein Feierabendbier. Wir kamen gleich ins Gespräch. Erika hatte mit Vera Kontakt gehalten. Sie fand nichts dabei, dass ich mich nach Veras Plänen mit unserem Haus erkundigte. Diese hatte ihr gegenüber keine Andeutungen gemacht, dass sie Föhr verlassen wollte, – im Gegenteil, sie hatte betont, wie gut es ihr auf Föhr gefalle.

Ich bemerkte ganz harmlos, dass Vera doch noch eine attraktive Frau sei. Erika stimmte mir sofort bei. Ohne dass ich sie zu fragen brauchte, fuhr sie mit Spekulationen darüber fort, ob Vera eine neue Beziehung eingehen würde. Das war für mich Anlass, sie nach dem Mann zu fragen, den Irene und ich als einen möglichen Liebhaber Veras in Verdacht hatten. Bei meiner Frage stutzte Erika etwas. An einen außerehelichen Freund Veras hatte sie vielleicht noch nie gedacht. Dann – nach einigem Zögern – schien sie das zu erwägen. Sie fragte mich nach dem Aussehen des Mannes. Ich versuchte ihn zu beschreiben, war aber im Zweifel, ob ich ihn nach meiner eigenen Beschreibung selbst wiedererkannt hätte.

Nach meiner Schilderung des Mannes sortierte Erika ihr Gedächtnis.

„Er war etwa in ihrem Alter? Sprach er deutsch? Wie vertraut waren die beiden miteinander?"

Die Alterseinschätzung konnte ich bestätigen, die anderen Fragen musste ich offen lassen.

„Also von einem Verhältnis weiß ich nichts. Hinrich war keiner, der mit einer lebenslustigen Frau mithalten konnte. Aber er war immer um sie herum, er war ja schon pensioniert. Wann habt ihr den Mann mit ihr gesehen?"

„Meine Frau schon einmal vor etwa vier bis sechs Wochen. Dann wir beide vor einigen Tagen nochmals."

„Ich weiß, Vera hat zwei Brüder, die manchmal ihre Mutter in Neumünster besuchen. Vielleicht war einer von denen der Mann, den ihr gesehen habt. Hinrich hatte es nicht so mit ihrer Familie, deshalb kamen Veras Verwandte sie auch nicht hier auf Föhr besuchen. Aber vor etwa sechs Wochen war Hinrich für einige Tage auf dem Festland, er hatte an einem Treffen mit ehemaligen Studienfreunden teilgenommen. … Dass der überhaupt Freunde hatte? … Na ja, vielleicht war er als junger Mensch ja anders.“ Dann nach einer kurzen Pause mit leiser Stimme: „Aber dass Vera das Risiko eingeht, einen Liebhaber in Hinrichs Abwesenheit in seinem Haus zu empfangen? Na ja, wenn die Liebe eine Frau in ihrem Alter noch einmal überfällt, kann die schon auf Abwege geraten.“

Ich wurde aus Erikas gemurmelten Überlegungen nicht recht schlau. Hielt sie es nun für möglich, dass Vera einen Liebhaber hatte, oder nicht?

***

Kaum war ich an dem Abend nach Hause gekommen, rief mich Reinhardt an. Er wiederum hatte einen Anruf von Lennart Bosch bekommen. Dieser war von der Polizei festgenommen worden. Die Spurensicherung hatte in Richardsens Arbeitszimmer die Kopie des Einsatzplans Lennart Boschs beim Roten Kreuz – für das Bosch ehrenamtlich tätig war – für den folgenden Monat eingesammelt

, die erst jetzt unter anderen Unterlagen herausgefunden worden war. Auf der Kopie befanden sich Boschs Fingerabdrücke. Der Plan war erst zwei Tage vor Richardsens Tod verschickt worden. Die Beamten gingen demnach davon aus, dass Bosch am Todestag Richardsens bzw. am Vortag in dessen Haus gewesen war. Das hatte er aber konsequent geleugnet. Auch Boschs Haus war daraufhin durchsucht worden. In seiner Küche war ein Messer entdeckt worden, dessen Klinge genau den Maßen entsprach, die die Stichwunden aufwiesen. Das Messer war gereinigt worden, so dass keine Tatspuren gefunden worden waren. Lennart Bosch hatte behauptet, dass dieses Messer ihm unbekannt sei und ihm nicht gehöre. Er hatte dann versucht, Kontakt zu seinem Anwalt aufzunehmen. Da dieser nicht zu erreichen war, hatte er Reinhardt gebeten, den Anwalt zu benachrichtigen.

Reinhardt schien wegen der Verhaftung Lennart Boschs echt besorgt. Er betonte, dass er sich Bosch nie im Leben als Mörder hätte vorstellen können. Aber nach den Ermittlungen der Polizei sei dieser an Richardsens Todestag bzw. am Tag zuvor im Haus des Opfers gewesen.

Dann fuhr er fort. „Aber warum leugnet er das denn so konsequent? Es muss doch eine andere Erklärung dafür geben als den Mord? Sein Streit mit Richardsen liegt ja so viele Jahre zurück, das kann die Polizei doch nicht als ausreichendes Motiv ansehen."

„Aber Reinhardt, du hast mir doch selbst erst erzählt, dass Bosch vor wenigen Tagen von Richardsen vor aller Öffentlichkeit mit den früheren Vorwürfen konfrontiert und beleidigt worden ist. Das kann bei ihm die alten Wunden wieder aufgerissen haben."

„Ja, richtig."

Reinhardt schwieg gedankenverloren. Ich nutzte die Pause für eine weitere Frage. „Hat Bosch denn immer noch kein Alibi für den Zeitraum der Tat?"

„Das habe ich ihn auch noch einmal gefragt. Aber da war er am Dunsumer Deich und hat niemanden gesehen, den er kennt. Nee, auch beim Alibi hat er schlechte Karten. Aber trotzdem, ich will ihn mir immer noch nicht als Mörder vorstellen."

Da ich seit meiner Schulzeit keinen Kontakt mit Lennart Bosch gehabt hatte, ließ ich Reinhardts letzte Bemerkung im Raum stehen und wollte das Gespräch beenden. Aber mir fiel ein, dass ich gerne gewusst hätte, ob die Beamten in der Nachbarschaft Richardsens Verdächtige vermuteten. Ich erinnerte mich an die Gerüchte, dass das Opfer auch dort immer wieder Streit gehabt hätte. Tatsächlich hatte Reinhardt davon gehört. Der Nachbar, den Richardsen mehrfach wegen Falschparkens vor seinem Haus angezeigt hatte, war von den Beamten verhört worden, hatte aber für die Tatzeit ein Alibi. Bei Streitigkeiten mit anderen Nachbarn handelte es sich um Banalitäten, die die Polizei offensichtlich nicht als Tatmotiv in Betracht gezogen hatte.

„Reinhardt, wem gehört eigentlich das unbebaute Grundstück hinter Richardsens Haus? Hatte es da nicht Auseinandersetzungen wegen eines Wegerechtes gegeben?"

Reinhardt musste einen Augenblick überlegen. Dann hatte er es. „Eigentümerin ist eine alte Frau, die in einem Pflegeheim lebt. Die hat bestimmt nichts mit Richardsens Tod zu tun.“

Schade, der Streit um ein Wegerecht wäre ein Tatmotiv gewesen, das die Ermittler von mir abgelenkt hätte.

***

Die nächsten beiden Tage brachten keine Neuigkeiten, die mich beruhigt hätten. Für den darauf folgenden Tag hatten Friedrich Sierich und ich einen Termin mit Vera Richardsen vereinbart, bei dem wir mit ihr über die Zukunft unseres Hauses – d.h. über die Zukunft unserer Mietverträge – sprechen wollten. Unser Angebot, die Renovierungskosten für das Haus im Gegenzug für eine dauerhafte Garantie unserer Mietverträge zu übernehmen, hatten wir ihr schriftlich zugeschickt. Aus Rücksicht auf den Verlust, den die Witwe erlitten hatte, waren wir mit unserer Bitte um ein persönliches Gespräch erst einige Tage später an sie herangetreten.

Als wir an ihrer Tür läuteten, öffnete uns der Mann, den Irene und ich vor einigen Tagen mit Vera auf ihrer Terrasse gesehen hatten. Ich will nicht behaupten, dass ich bei seinem Anblick erschrocken war, aber doch überrascht. Sollte sie so viel Dreistigkeit besitzen, ihren Liebhaber so kurz nach der Ermordung ihres Ehemannes öffentlich vorzuzeigen? Nein, das passte nicht zu dem Bild, das ich bisher von ihr hatte. Der Mann hielt uns die Tür auf, lächelte uns freundlich an und stellte sich als Damian vor, den Bruder von Vera. Also waren Mutmaßungen über einen Liebhaber Veras wohl doch nur Gebilde meiner überreizten Phantasie gewesen.

Vera Richardsen empfing uns gefasst. Nach unseren Erfahrungen mit Hinrich Richardsen waren wir nicht davon ausgegangen, dass wir auf eine Witwe treffen würden, die durch den Tod ihres Mannes jeden eigenen Lebensmut verloren hätte. In ihrem Auftreten zeigte sie Würde, aber auch eine gewisse Unsicherheit. War die Anwesenheit ihres Bruders ein Zeichen, dass sie Unterstützung brauchte, um sich gegen uns zu behaupten?

Auch Friedrich und ich hatten uns mit einer gewissen Unsicherheit auf den Weg zu Vera Richardsen gemacht. Die Zukunft unseres Zuhauses hing davon ab. Nachdem sie uns Kaffee angeboten hatte, kam sie gleich auf unser Anliegen zu sprechen. Vera hatte sich schon mit ihrem Bruder beraten. Sie wollte in dem Haus auf Föhr – ihrem Erbe – wohnen bleiben. Ihr Bruder Damian würde mit seiner Frau zu ihr ziehen. Er wäre zuversichtlich, auf dem Arbeitsmarkt auf Föhr eine passende Stelle zu finden. Mit unserem Angebot war sie einverstanden, da sie uns, d.h. die ganze Hausgemeinschaft, als Mieter schätzte. Sie deutete an, dass sie Hinrichs kompromisslosen Umgang mit seinen Mietern und seinen Nachbarn immer bedauert hätte und sich mehr Harmonie wünschte.

Unser Gespräch verlagerte sich mehr und mehr von der Ebene der Sachlichkeit auf die der persönlichen Hoffnungen und Zukunftspläne. So seien für den Einzug ihres Bruders noch einige Umbaumaßnahmen erforderlich. Auch wollte sie mit ihren Nachbarn wieder ins Gespräch kommen.

Veras letzte Bemerkung rief noch einmal meine Neugier hervor. „Auch mit der Eigentümerin des Grundstücks hinter Ihrem Haus? Ich hatte gehört, dass Ihr verstorbener Mann mit der Eigentümerin einen Streit wegen eines Wegerechts hatte. Ist der denn beigelegt?“

„Sie meinen mit Frau Schwieters? Die alte Dame lebt in einem Pflegeheim. Nein, ich glaube, sie hat davon nicht viel mitbekommen. Hinrich hatte mit ihrem Vertreter Krach, einem Verwandten von ihr. Der hat mir für das Wegerecht einen angemessenen Preis geboten, davon kann ich locker den anstehenden Umbau bezahlen. Nein, da bleibt kein Streit.“

Das Ergebnis des Gesprächs hat uns alle Sorgen genommen. Friedrich und ich verabschiedeten uns erleichtert. Also profitierten wir alle von Hinrich Richardsens Tod.

Als ich zuhause Irene von unserer Verhandlung mit Vera berichtete, fiel sie mir vor Freude gleich um den Hals und holte uns eine Flasche Sekt, von der sie – trotz ihrer Schwangerschaft – ein halbes Glas mittrank. Die Sorge um unser Zuhause hatte sie in den letzten Wochen doch stärker mitgenommen, als sie mir gezeigt hatte.

***

Eigentlich hatte ich jetzt – nach den vielen schlafarmen Nächten der letzten Zeit – allen Grund für eine erholsame, entspannte Nachtruhe. Dennoch konnte ich lange nicht einschlafen. Meine Mordversuche lagen mir noch immer schwer auf der Seele, obwohl sie gottseidank misslungen waren. Aber bevor der wirkliche Täter nicht gefasst war, musste ich immer damit rechnen, dass die Ermittler mir auf die Spur kämen. Und auch eine Anklage wegen versuchten Mordes würde meine Zukunft und meine Familie zerreißen, bevor diese richtig begonnen hätten.

Ich wälzte mich noch lange im Bett hin und her und hoffte, dass ich Irene nicht aufwecken würde. Fragmente meiner Erlebnisse der letzten Wochen und Tage schossen mir als schattenhafte Bilder durch meinen halbwachen Kopf. Schwieters? Wie kam ich gerade auf den Namen? Ach ja, das war die Frau, der das Grundstück hinter Hinrich Richardsen gehörte. Die im Altenheim lebte. Aber warum ging mir der Name nicht aus dem Kopf? Ich hatte ihn schon anderweitig gehört. Aber verdammt, wo nur? … Doch, das war der Mädchenname von Reinhardt Biegels Mutter. War die Besitzerin des Grundstücks etwa Reinhardts Großmutter? Und hatte er als Vertreter seiner Großmutter mit Richardsen um das Wegerecht gestritten? Ich war nun wieder hellwach.

Ich stand behutsam auf, holte mir ein Bier aus dem Kühlschrank und setzte mich ins Wohnzimmer. Welche Schlussfolgerung drängte sich mir auf? Warum hatte er mir auf die Frage nach dem Eigentümer des Grundstücks nicht offen geantwortet? Wollte Reinhardt ein mögliches Motiv für den Mord an Richardsen verheimlichen? Welchen Vorteil hätte das Wegerecht über Richardsens Grundstück für ihn gehabt? Gut, das Wegerecht würde das Grundstück baureif machen und seinen Wert immens erhöhen. Doch das gehörte seiner Großmutter.

Reinhardt war der einzige Enkel seiner Großmutter und schon als Kind immer ihr Liebling gewesen. Er hatte mir einmal erzählt, dass sie sogar für seinen Kredit bei der Gründung seines Unternehmens gebürgt hätte. Hatte sie ihn vielleicht als Erben eingesetzt und ihm einen Vorgriff auf sein Erbe, also das Grundstück hinter Richardsens Haus, eingeräumt? In welcher Form? War er in finanziellen Schwierigkeiten? Darüber hatte er nie geredet. … Fragen über Fragen, über deren Antworten ich sinnvoll nicht einmal spekulieren konnte.

Sollte ich über meine unbelegten Spekulationen die Polizei informieren, um sie von meiner Spur abzulenken? Reinhardt war mein Freund! Er hatte mich auf Föhr mit offenen Armen aufgenommen. Aber warum hatte er auf meine Frage nach dem Besitzer des Grundstücks nicht gleich zugegeben, dass seine Großmutter die Eigentümerin war? Sollte ich ihn darauf ansprechen? Ich holte mir noch ein Bier, um meine Bettschwere zu verstärken. Dann machte ich den Versuch, doch noch ein paar Stunden Schlaf zu finden.

***

Gegen 6.00 Uhr am nächsten Morgen war ich gerade im Badezimmer, als mein Smartphone sich meldete. „Klaas, weißt du, wo Reinhardt ist? Er ist die ganze Nacht nicht nach Hause gekommen.“ Susanne Biegel, Reinhardts Frau, hörte sich verheult an und konnte erst einmal nicht weitersprechen.

„Susanne, sei mal ganz ruhig. Hol tief Luft und erzähl, was passiert ist.“

Ein kurze Pause, dann: „Nichts ist passiert, das ist es ja gerade. Reinhardt ist nicht nach Hause gekommen. Er hat jetzt in der Saison häufig noch spät zu tun. Aber er ist noch nie über Nacht weggeblieben, ohne mir Bescheid zu sagen. Ich weiß nicht, … soll ich die Polizei benachrichtigen?“ Sie war jetzt etwas deutlicher zu verstehen.

Das Karussell meiner Gedanken, das sich in der vergangenen Nacht schon um Reinhardt gedreht hatte, begann wieder Fahrt aufzunehmen. Ich musste erst mehr darüber in Erfahrung bringen, ob und wie weit Reinhardt mit Richardsens Tod zu tun hatte. Daher hielt ich es für besser, der Polizei sein Verschwinden noch nicht mitzuteilen. Meinen Verdacht aus der letzten Nacht konnte ich den Beamten nicht offenbaren, ohne meine Nachforschungen darzulegen, die zu diesem Verdacht geführt haben. Und damit liefe ich Gefahr, die Rolle des Zaungastes ihrer Ermittlungen zu verlassen und Fragen nach der besonderen Stärke meines Interesses zu provozieren. Ich musste auf jeden Fall vermeiden, dass ich ins Zentrum ihres Interesses geriet.

„Susanne, was hatte Reinhardt denn gestern vorgehabt? Wollte er jemanden auf dem Festland aufsuchen? Hat er vielleicht die letzte Fähre verpasst?“

„Nein, gestern nicht. Er wollte heute nach Kiel, um mit einer Kette von Reisebüros zu verhandeln. Die wollte Ferienwohnungen vermitteln, die er mit seiner Firma betreut.“

„Kann es nicht sein, dass der Termin auf gestern vorgezogen worden ist?“ Ich wollte Susanne zunächst beruhigen.

„Vielleicht, aber er hätte mich auf jeden Fall angerufen und Bescheid gesagt.“

„Und wenn sein Akku leer ist? Hat er denn sein Ladegerät mitgenommen?“

„Warte mal, ich schaue nach.“ Kurz darauf war Susanne wieder am Handy. „Sein Ladekabel liegt auf dem Schreibtisch. Vielleicht hat er es tatsächlich vergessen.“

„Susanne, wir haben es jetzt gerade 6.00 Uhr am Morgen. Warte auf jeden Fall ab, Reinhardt wird sich sicher im Laufe des Tages melden. Wenn du jetzt die Polizei aufscheuchst, steht ihr beide dumm da, wenn Reinhardt heute zurückkommt und ihr es der Polizei als Fehlalarm melden müsst.“

Susanne war wahrscheinlich nicht beruhigt, erklärte sich aber einverstanden, bis zum Abend abzuwarten, bevor sie eine Vermisstenmeldung bei der Polizei aufgeben würde. Also hatte ich etwas Zeit gewonnen, um mir mehr Klarheit zu verschaffen, ob Reinhardt in irgendeiner Weise in den Mord an Richardsen verwoben war.

Als ich auf der Baustelle ankam, war schon eine heftige Diskussion meines Chefs mit dem Architekten im Gange, den der Bauherr mit der Aufsicht über den Baufortschritt beauftragt hatte. Der Architekt hatte Baumängel festgestellt, die mein Chef aber bestritt. Das lenkte mich am Vormittag für einige Zeit von meiner Sorge um Reinhardts Verschwinden ab. Kurz vor Mittag machte sich mein Smartphone bemerkbar. Ohne hinzugucken – ich hielt es für einen Anruf Susanne Biegels – nahm ich das Gespräch an.

„Hallo Herr Mehring, Mommsen hier. Sie hatten mir erzählt, dass Sie mit Reinhardt Biegel zur Schule gegangen sind. Ich nehme daher an, dass Sie immer noch befreundet sind. Herr Biegel ist verschwunden. Wissen Sie, wo er sich zurzeit aufhalten könnte?“

Diese Frage Mommsens war gerade jetzt das Letzte, was ich gebrauchen konnte. Hätte ich das Gespräch doch nicht angenommen! Aber warum hatte Susanne nicht mit der Vermisstenanzeige bis zum Abend gewartet?

„Nein, wie kommen Sie denn darauf, dass er verschwunden ist? Reinhardt ist häufig geschäftlich unterwegs.“ Ich wollte mich ahnungslos stellen, auch auf die Gefahr hin, dass Susanne Biegel Mommsen mitgeteilt hatte, mich nach dem Aufenthaltsort Reinhardts gefragt zu haben.

„Wir hatten noch einige Fragen wegen Herrn Bosch an ihn, konnten ihn gestern Nachmittag aber nicht erreichen. Wir wissen jetzt, dass er mit der letzten Fähre aufs Festland gefahren ist, zumindest war sein Wagen auf dem Schiff. Seine Frau konnte uns nur sagen, dass er heute einen Termin in Kiel hatte und letzte Nacht nicht zu Hause war. Aber das hatte sie Ihnen ja bereits heute Morgen erzählt.“

Sollte Mommsens letzte Bemerkung seine Vermutung ausdrücken, dass ich mehr über Reinhardts Verwicklung in den Fall wüsste, als ich bisher zugegeben hatte? Ich war beunruhigt. Also schwieg ich lieber.

Mommsen fuhr daher fort. „Sein Geschäftspartner in Kiel sagte mir vorhin, dass Herr Biegel zu dem vereinbarten Termin nicht erschienen sei. Deswegen noch einmal die Frage: wo könnte sich Ihr Freund aufhalten? Und warum ist er verschwunden?“

Nun musste ich mich irgendwie äußern. Der Zwiespalt, dessen Lösung ich aufschieben wollte, hatte mich wieder eingeholt. Sollte ich Mommsen meinen nächtlichen Verdacht gegen meinen Freund mitteilen? Ich versuchte einen Ausweg.

„Sie haben doch einen Tatverdacht gegen Lennart Bosch. Mit dem ist Reinhardt seit Jahren befreundet. Ich kann mir denken, dass er seinen Freund nicht belasten wollte und sich deshalb dem Gespräch mit der Polizei entziehen möchte.“

Jetzt hatte ich den Zwiespalt, in dem ich selber steckte, einfach auf Reinhardt übertragen. Das war vielleicht kein guter Einfall, aber mir war nichts Besseres eingefallen.

„Also, wenn Ihr Freund sich bei Ihnen meldet, möchte ich das sofort wissen. Fordern Sie ihn auf, sich umgehend zu melden.“

In der Mittagspause rief ich Susanne Biegel an. „Susanne, die Polizei hat sich bei mir gemeldet und mich nach Reinhardt gefragt. Weißt du inzwischen, wo er ist?“

„Ja, bei mir hat der Kommissar auch schon angerufen. Reinhardt ist offensichtlich schon gestern aufs Festland gefahren, aber zu dem Termin in Kiel nicht erschienen. Die Polizei hat ihn und seinen Wagen zur Fahndung ausgeschrieben. Weißt du, was das soll, wenn die nur einige Fragen an ihn haben?“ Trotz ihrer Besorgnis hörte sich Susannes Stimme jetzt gefasster an als am frühen Morgen.

„Wahrscheinlich brauchen sie seine Aussage über Lennart Bosch dringend, um dessen Inhaftierung zu begründen.“ Ich hoffte, meine Aufmerksamkeit bei den TV-Krimis zahlte sich aus, um Susanne eine befriedigende Antwort für die Fahndung nach ihrem Mann zu liefern.

„Aber so viel Aufwand wie eine Fahndung durch die Polizei in ganz Deutschland? Dieser Mommsen hat sich auch nach den Ferienwohnungen erkundigt, die Reinhardts Firma verwaltet. Ich habe ihn an Reinhardts Onkel verwiesen, der mit ihm die Firma betreibt.“

Mommsen war mir mit dieser Frage zuvorgekommen. Wenn Reinhardt das Auto nur deshalb aufs Festland gebracht hatte, um die Polizei abzulenken? Und dann nach Föhr zurückgekommen war, um sich auf der Insel zu verstecken? Dann bekam Mommsens Frage nach den Ferienwohnungen durchaus Sinn. Eine leerstehende Ferienwohnung war ein ideales Versteck. Und Reinhardt wusste genau, wann Reinigungskräfte bzw. Feriengäste die Wohnung betreten würden.

Ich beschloss, mich erst einmal ruhig zu verhalten. Das Weiterführen meiner Nachforschungen würde die Gefahr mit sich bringen, dass ich auf dem Radar der Beamten auftauchen würde. Ich denke, es ist verständlich, dass ich den Rest meines Arbeitstages in einer gewissen Unruhe verbrachte. Auch nach Feierabend wich die Unruhe nicht, da mir immer vor Augen stand, dass ich meine Geheimnisse vor Irene weiterhin verbergen musste.

***

Nach den beunruhigenden Anrufen von Mommsen und Susanne Biegel hatte ich mein Smartphone abgestellt. Ich wollte vermeiden, mit unvorhergesehenen Fragen konfrontiert zu werden, auf die ich womöglich unbedacht antworten würde. Da der Ärger zwischen meinem Chef und dem Architekten des Bauherren auch den Nachmittag auf der Baustelle bestimmte, war ich einige Stunden von meinen eigenen Problemen abgelenkt.

Als ich gegen Abend wieder nach Hause kam, winkte mich Irene aufgeregt ins Wohnzimmer. „Klaas, Susanne hat schon mehrmals angerufen. Sie ist ganz aufgeregt. Die Polizei hat Reinhardt verhaftet – - wegen Mordes an Richardsen. Ich kann das gar nicht glauben. Sie war so durcheinander, dass sie nicht richtig erklären konnte, was genau passiert ist. Ruf sie bitte sofort zurück!"

Ich schnappte mir mein Smartphone und zog mich auf den Balkon zurück, um mich erst einmal von Susanne informieren und mir einen passenden Kommentar für Irene einfallen zu lassen. Susanne hatte sich soweit wieder in der Gewalt, dass sie eine zusammenhängende Schilderung zustande brachte. Sie hatte sowohl mit der Polizei als auch kurz mit Reinhardt sprechen können. Die Polizei hatte Reinhardt tatsächlich in einer der leerstehenden Ferienwohnungen gefunden, wo er sich ohne Widerstand festnehmen ließ.

Reinhardt musste irgendwie mitbekommen haben, dass sich die Ermittler in den letzten Tagen mit besonderer Intensität mit ihm beschäftigten. Dadurch war in ihm wohl ein Fluchtinstinkt ausgelöst worden, so dass er Hals über Kopf mit der nächsten erreichbaren Fähre die Insel verlassen hatte. Um nicht verfolgt zu werden, hatte er sein Auto nicht auf dem großen Fährparkplatz in Dagebüll, sondern bei der Dagebüller Kirche abgestellt und war umgehend wieder zurück nach Föhr gefahren, um sich in einer der Ferienwohnungen zu verstecken. Dass dieser simple Trick nicht ausreichte, um der Polizei zu entkommen, dürfte ihm inzwischen klar geworden sein. Auch, dass er ohne ausgereifte Pläne für die Zeit nach seiner kopflosen Flucht keine Chancen für ein Entkommen hatte.

Aber mit welchem Recht bildete ich mir eigentlich ein, über Reinhardts Verhalten urteilen zu dürfen? Bisher hatte ich selbst doch nur Glück gehabt, dass meine Schuld nicht offenbar geworden war. Und hatte ich selber einen Fluchtplan? Nein, ich hatte zwar ein schlechtes Gewissen, aber den Gedanken verdrängt, was aus mir und meiner Familie werden könnte, wenn meine Verfehlungen auffliegen würden. Mir blieb nur, mich ruhig zu verhalten und zu hoffen, dass es dazu nicht käme.

***

Die Verhaftung Reinhardts machte in den nächsten Tagen die Runde auf der Insel. Auch auf der Arbeit war sie wiederholt Thema. Die Polizei hielt sich mit Verlautbarungen über Tathergang und Motivation zurück, was den Spekulationen weiten Raum ließ. Die Diskussion wurde zunächst durch die Verwunderung darüber bestimmt, warum ein erfolgreicher Geschäftsmann wie Reinhardt einen Mord begangen hat. Nach einigen Tagen wurden die Vermutungen stärker, dass Reinhardt trotz gutgehender Geschäftsverläufe in finanziellen Schwierigkeiten war. Ich hatte davon zwar nie etwas mitbekommen, aber vielleicht hatte Reinhardt gute Gründe gehabt, mir das zu verschweigen.

Ich hatte überlegt, ob Irene und ich Susanne Biegel einen Besuch abstatten sollten, um ihr unsere Hilfe anzubieten. Ich begnügte mich aber mit einem längeren Telefongespräch mit Susanne, in dem ich mich vergewisserte, dass ihre Familie sich um sie kümmerte. Als Irene sie beim Einkaufen traf, erfuhr sie von ihr, dass sich Reinhardt auf gewagte Spekulationen eingelassen hatte. Seitdem war er bei unseriösen Geldgebern verschuldet, die ihn massiv unter Druck gesetzt hatten. Susanne hatte von all dem wohl nichts gewusst.

Die Diskussionen über den Mord und die Verhaftung Reinhardts ebbten langsam ab. Nach zwei Wochen hatten andere Neuigkeiten die öffentliche Aufmerksamkeit auf sich gezogen. In der ganzen Zeit hütete ich mich, dieses Thema von mir aus ins Gespräch zu bringen. Mit jedem Tag, der vorüberging, ohne dass ich von der Polizei angesprochen wurde, wuchs meine Hoffnung, dass ich in dem ganzen Projekt des Ablebens Hinrich Richardsens keine Spuren hinterlassen hatte. Aber ich durfte mich nicht zu früh in Sicherheit wiegen, denn Mommsen war ein Ermittler, den man nie unterschätzen sollte.

Etwa zwei Wochen nach Reinhardts Verhaftung – er befand sich inzwischen in Husum in Untersuchungshaft – hatte Irene die Ankündigung einer Ausstellung der Malerin Cosima Bernstädt in ihrem Atelier in Nieblum gelesen. Ich ließ mich von ihr überreden, sie zu einem Besuch der Ausstellung zu begleiten. Ich scheute zwar die Begegnung mit Hauptkommissar Mommsen, dem Lebensgefährten der Künstlerin. Aber der war sicher schon lange wieder zurück auf dem Festland.

Als wir am späten Nachmittag das Atelier betraten, setzte mir beinahe der Herzschlag aus. Kaum waren wir durch die Tür, trat uns Mommsen mit einem fast schon herzlichen Lächeln entgegen.

„Frau Kiriadou, Herr Mehring, wie schön, Sie beide wiederzusehen. Kommen Sie herein."

Cosima Bernstädt stand mit einem Besucherpaar im hinteren Teil des Ateliers und besprach ein großformatiges Bild. Da gerade keine anderen Besucher anwesend waren, konnte sich Mommsen ganz uns widmen. Nachdem er darauf hingewiesen hatte, dass die Bilder der gegenwärtigen Ausstellung auf Inspirationen ihrer gemeinsamen Rundreise im letzten Jahr in der Toskana und der Werke der Florentiner Renaissancemaler zurückgingen, erläuterte er uns dies anhand einiger Bilder. Ich bemerkte, dass Mommsen neben seinen Qualitäten als Ermittler auch ein eindrucksvolles Einfühlungsvermögen in künstlerisches Schaffen besaß.

Nach dem kurzen Rundgang durch das Atelier wollte Mommsen uns jedoch noch nicht gehen lassen. Er bot Irene einen bequemen Sitzplatz an und holte uns eine Erfrischung. Offenbar wollte er das Gespräch mit uns noch fortsetzen.

„Sie haben sicher schon gehört, dass die Ermittlungen im Fall Hinrich Richardsens abgeschlossen sind. Herr Mehring, haben Sie eigentlich gewusst, dass Ihr Freund Biegel mit dem Opfer einen Streit hatte, der ihn schließlich zu seiner Tat getrieben hat?“

Ich fühlte, dass mich Mommsens Frage auf ganz brüchiges Eis führte und wünschte, ich wäre an einem anderen Ort, ganz weit weg. Aber ich musste mir irgendeine Antwort abringen.

„Nein, ich war genauso überrascht wie alle, die Reinhardt kannten. Ebenso wie seine Frau, die von alledem auch nichts wusste.“ Ich wollte mit dem Vergleich meiner Unwissenheit mit der Susanne Biegels meine Glaubwürdigkeit betonen.

„Ja, Herr Biegel hatte seine Spekulationen immer geheim gehalten. Hätte er das Wegerecht über Richardsens Grundstück bekommen, wäre seine Bank bereit gewesen, ihm einen Kredit auf das hintere Grundstück zu gewähren. Seine Tante hatte mit dem Grundstück für den Kredit gebürgt. Es sei dahingestellt, inwieweit sie das in ihrem gesundheitlichen Zustand noch übersehen konnte. … Ach, sagen Sie, hatte Ihr Freund Kenntnisse in der Elektrotechnik?“

Ich erschrak. Was wusste er von der Manipulation an Richardsens Elektroherd? „Nicht mehr, als die meisten Hausbesitzer. Er hatte BWL studiert.“

„Aber Sie haben doch mal eine Lehre als Elektriker gemacht?“

Seine Fragen kamen immer näher an mich heran. Trotz der sommerlichen Temperatur fror ich jetzt. Auch weil ich plötzlich Irenes fragende Blicke spürte. „Ja, aber wie so manches in meiner Jugend habe ich das nicht abgeschlossen. Viel ist davon nicht mehr hängen geblieben.“ Ich versuchte, mich unbekümmert zu geben.

Wenn Mommsen einen konkreten Verdacht hatte, warum unterzog er mich dann nicht einer offiziellen Vernehmung und lud mich vor? Warum sprach er mich in dieser fast familiären Umgebung auf Elektrotechnik an? Was bezweckte er? Ich verbiss mich so stark in diese

Frage, dass ich fast nicht mitbekam, wie Mommsen unserem Gespräch eine andere Richtung gab.

„Ich habe auch von Ihrer Einigung mit der Witwe des Opfers gehört." Dann zu Irene: „Frau Kiriadou, Sie sind sicher auch sehr froh, dass die Zukunft Ihres Zuhauses gesichert ist. Ich stelle es mir sehr beunruhigend vor, mit einem Kleinkind hier auf Föhr auf Wohnungssuche zu gehen. Glauben Sie mir, ich freue mich mit Ihnen." Mommsen hatte mit Wärme gesprochen, glaubhaft.

Cosima Bernstädt hatte ihre Besucher verabschiedet und kam herüber, um uns zu begrüßen. Als sie mit Irene zu dem Bild hinüberging, das sie zuvor mit den anderen Besuchern besprochen hatte, wandte Mommsen sich wieder mir zu.

„Da ich ja einiges aus Ihrem Lebenslauf kenne, weiß ich, wie wichtig es für Sie ist, hier auf Föhr mit Ihrer Familie, die ja nun größer wird, ein neues Leben zu starten. Die Verantwortung, die Sie jetzt angenommen haben, wird Ihnen dabei helfen – auch bei der Verarbeitung des Zwiespalts, in dem Sie sich befinden."

Ich hütete mich, Mommsen zu fragen, welchen Zwiespalt er meine. Denn das war mir klar. Er wollte mir eine Chance geben.

Ich sagte nur noch: „Danke."

Sackgasse Godelniederung

Prof. Dr. Hugo Majol blickte einen kurzen Augenblick lang versonnen auf die Bäume vor dem Fenster seines Büros, deren lichtes Grün ihm eine Vorahnung auf den nahenden Sommer vermittelte. Als einer der drei Geschäftsführer der „Holsatia-Labor-GmbH“ in Lübeck residierte er mit seinen beiden Geschäftsführer-Kollegen Dr. Sanna Goltz und Dr. Jean Kollund in der obersten Etage des Bürogebäudes am Lübecker Stadtrand. Die „Holsatia“ war ein großer Anbieter medizinischer Laborleistungen mit vielen Standorten in Norddeutschland. Er rief gerade in seinem Laptop das Angebot eines Herstellers von Laboranlagen auf, als plötzlich die Tür zu seinem Büro aufflog.

Dr. Sanna Goltz schwang sich mit einer halben Drehung in den Raum. Nach einem kurzen Blick zurück in den Flur schloss sie sorgsam die Tür und ließ sich auf den Besucherstuhl an der Seite des Schreibtisches ihres Kompagnons fallen. Ohne Begrüßung begann sie sofort: „Hugo, wir müssen reden. Von Jean Kollunds Sekretärin habe ich erfahren, dass ein Teil seiner Terminvereinbarungen nicht mehr von ihr, sondern von unserer Justitiarin Hildegard Stiller gemacht wird. Du weißt ja, dass er mit der ein Verhältnis hat - das ist in der Firma schon lange kein Geheimnis mehr. Also, Jeans Sekretärin sagte mir im Vertrauen, dass sie schon seit drei Wochen keine Kontakte mit „Morgan Laboratories“ für ihn hergestellt hat - also mit unserem potenziellen Investor. Das macht jetzt offensichtlich die Stiller. Wir müssen davon ausgehen, dass Jean im Geheimen mit denen verhandelt.“

Hugo Majol ließ ihren Wortschwall schweigend, aber aufmerksam über sich ergehen. Seine nachdenkliche Antwort kam erst nach einer kleinen Pause. „Gut, das ist nicht überraschend. Wir beide wollen das Unternehmen durch Spezialisierung fester im Markt verankern und so für die Zukunft sichern. Jean möchte dagegen in die Fläche ausweiten. Das ist auch der Grund, weswegen „Morgan Laboratories“ bei uns einsteigen will. Aber wir sind drei gleichberechtigte Geschäftsführer, die nur mit Zweidrittelmehrheit solche Veränderungen der Geschäftspolitik vornehmen können. Nach dem gegenwärtigen Stand unserer

Verhandlungen übernimmt „Morgan“ 15% der Anteile, 5% von jedem von uns.“

„Aber was ist, wenn es Jean gar nicht um die Änderung der Geschäftspolitik geht, sondern wenn er seine gesamten Anteile an der Firma verkaufen will? Er hält 40% der Anteile, wir beide jeweils 30%. Wenn „Morgan Laboratories“ Jeans Anteile ganz übernimmt und von uns beiden jeweils 5%, werden sie das Sagen im Unternehmen haben. Jean hat erst im vorigen Jahr eine große Jagd in der Nähe der Lauenburgischen Seen übernommen und seine alte Leidenschaft für die Jagd wieder aufleben lassen. Er ist auch schon Ende 50. Ich kann mir denken, er will sein Leben noch etwas genießen.“ Sanna Goltz sah ihren Kompagnon auffordernd an.

„Wir müssen herausfinden, ob er geheime Kontakte mit „Morgan“ aufgenommen hat. Wenn wir ihn direkt fragen, wird er misstrauisch und erst recht abblocken. Jean macht doch gerade Urlaub auf Föhr. Wie lange bleibt er?“

„Zwei Wochen hat er gesagt.“

„Hm … Kommen wir in seinen Computer rein?“

„Ich werde Sven Werner, unseren Spezialisten für Computersicherheit, mal vorsichtig ansprechen. Ich habe Gerüchte gehört, dass der erhebliche Spielschulden hat. Wenn einer, dann ist er es, der Jeans Passwort knacken kann. Was könnte ich ihm anbieten?“

„Versuche es erst einmal mit drei Monatsgehältern. Zur Not lege evtl. noch mal die gleiche Summe drauf. Aber achte darauf, dass das keiner erfährt.“

***

Das junge Pärchen zwei Reihen vor ihr im Zug nach Kiel konnte die Finger nicht voneinander lassen, seitdem es in Flensburg eingestiegen war. Isabell überlegte, ob sie das Verhalten der jungen Leute einfach nur schamlos fand oder ob sie die beiden nicht auch ein bisschen beneidete. Sicher, in deren Alter hätte sie nie gewagt, sich in der Öffentlichkeit so zu benehmen. Aber vor dreißig Jahren war Anstand noch kein Fremdwort, das man allenfalls aus dem Geschichtsunterricht zur Kennzeichnung einer fernen Vergangenheit kannte. Das offenkundige Begehren, das die beiden zur Schau stellten, hatte sie in ihrer Beziehung mit ihrem Mann Wolfgang immer vermisst. Sie versuchte sich zu erinnern, ob die intimen Momente in ihrer Ehe jeweils mehr als nur Pflichtübungen waren. Schon bei der Silberhochzeit vor zwei Jahren hatte sie sich zwingen müssen, die glückliche „Silberbraut" - was für ein lächerlicher Begriff! – zu spielen.

Immer wieder wanderten Isabells Blicke zu den beiden, die ihre Umwelt offensichtlich vergessen hatten bzw. sich darum nicht scherten. Ja, sie hatte in ihrer Ehe mit Wolfgang auf so vieles verzichten müssen - nicht nur auf Romantik und erfüllte Sexualität. Wolfgang jedoch hatte offensichtlich auf nichts verzichtet. Das war ihr klar geworden, als er ihr vor zwei Tagen - mitten in ihrem Urlaub auf Föhr - mitgeteilt hatte, dass er seit einem Jahr mit einer Patientin aus seiner Physiotherapiepraxis ein Verhältnis unterhielt. Da war sie ausgerastet. Sie hatte ihm gedroht, ihn eher umzubringen, als hinzunehmen, wie ein alter Waschlappen von ihm zunächst ausgewrungen und dann einfach weggeworfen zu werden. Isabell hatte die lautstarke Abrechnung mit ihrem Mann auf der Terrasse ihrer Ferienwohnung geführt. Schließlich war von den Bewohnern der Nachbarwohnung die Bitte herübergerufen worden, ihre Ehestreitigkeiten nicht als kostenloses Freilufttheater der Umwelt vorzuführen.

Ihre Auseinandersetzung war daraufhin im Inneren der Ferienwohnung weitergegangen. Für Isabell war schließlich das erträgliche Ausmaß ihrer Verletzung überschritten, als Wolfgang ihr dann auch noch für ihre Fürsorge in den Jahren ihrer Ehe und für ihre Unterstützung beim Aufbau seiner Praxis dankte. Auf einen solchen Gipfel des Zynismus konnte sie zunächst nur sprachlos reagieren. Als er ihr dann noch offenbarte, dass er schon einen gemeinsamen Termin bei einem Rechtsanwalt ausgemacht hatte, um die Aufteilung der gemeinsamen Vermögenswerte zu klären, hatte sie die Wohnung verlassen und mehrere Stunden am Strand verbracht, ohne einen klaren Gedanken fassen zu können. Wie in einem chaotischen Malstrom kreisten ihr Erinnerungsfetzen ihrer Ehe durch den Kopf. Sie verstrickte sich orientierungslos in dunklen Wolken aus Angst und Hilflosigkeit. Am Ende blieb nur ein Gedanke: ich muss etwas tun, um mich nicht ganz zu verlieren!

Friedrichsen saß an seinem Schreibtisch in der Polizeiwache am Wyker Hafen. Noch zwei Tage, dann hatte er eine Woche Urlaub. Schon das war Grund genug für seine gute Laune. Die Vormittagssonne kitzelte den Rand seines Schreibtisches und brachte eine dicke Staubschicht in den Blick. Camila, die einmal pro Woche für die Reinigung der Büroräume der Polizeiwache zuständig war und eine Ahnung von Sauberkeit hinterließ, hatte sich in dieser Woche krankgemeldet. Aufgrund der engen Zeitvorgaben und ihrer hohen Gesprächsbereitschaft gelang es ihr nur selten, ihre Vorstellungen von dieser Kunst in die Tat umzusetzen. Oberkommissar Henning Lürrsen, der Chef der Föhrer Polizei, hatte seinen Leuten schon angedroht, dass am Wochenende die ganze Mannschaft zur Selbsthilfe - d.h. zu Putzeimer und Staubsauger - greifen müsste. Friedrichsen grinste bei dem Gedanken, dass er dann schon im Urlaub wäre.

Heute, am Donnerstagvormittag, war er allein auf der Wache. Lürrsen war zur Beilegung eines Nachbarschaftsstreits unterwegs, zwei andere Kollegen führten auf der Straße zwischen Alkersum und Oldsum eine Geschwindigkeitskontrolle durch. Friedrichsen gab sich einen Ruck und machte sich daran, den Bericht über einige Diebstähle in der Turnhalle der Wyker Gesamtschule zu Ende zu bringen.

Als das Telefon klingelte, meldete er sich etwas unkonzentriert: „Polizei, … äh … Polizeiobermeister Friedrichsen."

„Da ist einer ermordet worden! … an der Godelniederung, kurz hinter Goting, … an dem Waldstück, am Meetweg." Die Stimme klang aufgeregt, abgehackt.

Friedrichsen war alarmiert. „Wie ist Ihr Name?" Bevor er einen Namen bekam und den Anrufer auffordern konnte, den Platz nicht zu verlassen, hatte dieser schon aufgelegt. Oder war es eine Anruferin? Friedrichsen war sich nicht sicher. Auf dem Display seines Telefons war keine Nummer aufgetaucht. Wahrscheinlich ein Prepaid-Handy. Er rief sofort seinen Vorgesetzten an und gab die Angaben des anonymen Anrufers weiter. Lürrsen bat ihn, solange auf der Wache zu bleiben, bis er ihm eine Ablösung schicken würde, dann solle er sofort zum Fundort der Leiche nachkommen. Friedrichsen notierte gewohnheitsmäßig den Zeitpunkt der Meldung des Leichenfundes: Donnerstag, 26. Mai, 10.15 Uhr.

Nach dem Anruf von Friedrichsen beendete Lürrsen abrupt seine Vermittlungsbemühungen zwischen den streitenden Nachbarn und fuhr mit hohem Tempo zu dem Fundort der Leiche, den der Anrufer angegeben hatte. Er hatte darauf gehofft, diesen dort noch anzutreffen. Als er an dem kleinen Waldstück neben der Godelniederung ankam, war niemand zu sehen. Auch keine Schaulustigen. Er stieg aus und ging den Waldrand entlang: keine Leiche. Kurz darauf kam auch Friedrichsen mit einem weiteren Kollegen an. Bevor Lürrsen bereit war, den Anruf als Dummen-Jungen-Streich zu werten und die Aktion abzublasen, schickte er Friedrichsen und dessen Kollegen links um das Wäldchen herum, um den Waldrand abzusuchen. Er selbst machte sich rechtsherum auf den Weg. Als er zu einer Bank kam, von der der Blick über die ganze Niederung bis zu den Halligen und Amrum hinüberreichte, wühlte er sich durch das Unterholz hinter der Bank durch. Einige abgeknickte Äste öffneten einen engen Durchgang, in dem Lürrsen tatsächlich eine leblose Gestalt entdeckte. Sie lag auf der Seite und war offensichtlich dorthin gezogen worden. Auf den ersten Blick war der Mann tot. Das hatte schon der Anrufer festgestellt. Auf seinem Rücken entdeckte Lürrsen einige Einstiche, die von Blutflecken umrahmt wurden. Er rief seine Kollegen von der Rückseite des Wäldchens heran. Während er auf sie wartete, überlegte er, wie der Anrufer die Leiche in ihrem Versteck überhaupt entdecken konnte. Was hatte dieser hinter der Bank zu suchen? War er etwa in den Mord verstrickt? Aber warum hätte er dann die Polizei anrufen sollen? Das ergab keinen Sinn.

Kurz bevor seine beiden Kollegen bei ihm eintrafen, meldete Lürrsen den Leichenfund bei der zuständigen Kriminalpolizei in Husum. Er wurde angewiesen, sich noch einmal zu vergewissern, ob tatsächlich von einem Tötungsdelikt ausgegangen werden könnte, sowie den Fundort zu sichern und möglichst keine Spuren am Fundort zu hinterlassen. Etwas unwirsch kam er der Aufforderung nach, schließlich war es nicht der erste Fundort einer Leiche, den er entdeckte und sicherte.

Als Friedrichsen mit seinem Kollegen ankam, bat Lürrsen beide, sich den Anblick des Fundortes genau einzuprägen. Er machte mehrere Aufnahmen von dem Toten und seiner Lage. Dann drängte er sich durch das Gestrüpp näher an den Toten heran. Der war ein Mann, den Lürrsen auf etwa 40 bis 50 Jahre schätzte. Ein großer Schmerz hatte seine Gesichtszüge verzerrt. Seine kurz geschnittenen Haare und sein Dreitagebart ließen ihn jünger erscheinen, als er wahrscheinlich war. Die mittelgroße und mittelschlanke Gestalt war mit Jeans und einem Polohemd sportlich gekleidet. Lürrsen drehte den Toten in die Bauchlage, um die Blutflecken auf seinem Rücken in den Blick zu nehmen. Mitten in den fünf Flecken konnte er Einstiche in das Polohemd sehen. Als er das Hemd kurz anhob, sah er auch auf der Haut des Toten schmale Einstiche. Der Mann war ganz ohne Zweifel erstochen worden. Lürrsen griff in die Taschen der Jeans, die jedoch vollständig leer waren. Keine Hinweise auf die Identität des Mannes. Wahrscheinlich hatte der Täter die Taschen ausgeräumt.

Erst berichtete er seinen Kollegen über das Ergebnis seiner flüchtigen Untersuchung, dann gab er seine Erkenntnisse an die Mordkommission in Husum weiter. Diese teilte ihm mit, dass ihre Ermittlungsbeamten sowie die Spurensicherung so schnell wie möglich mit der Fähre von Dagebüll anreisen würden.

***

Kriminalhauptkommissar Ludwig Mommsen****** war mit seiner Lebensgefährtin Cosima Bernstädt auf dem Weg von Hamburg nach Husum. Sie hatten eine Ausstellung über surrealistische Malerei in der Hamburger Kunsthalle besucht, die in Kürze schließen würde. Mommsen war früher nie ein Kunstfreund gewesen, erst recht keiner der modernen Kunst. Zur Welt bzw. zum Leben hatte er immer ein nüchternes Verhältnis gehabt. Vielleicht war das der Grund gewesen, aus dem er sich für den Polizeiberuf entschieden hatte - ein ausgesprochen illusionsloses Metier. Als vor Jahren seine Ehe in die Brüche gegangen war, hatte er sich gefragt, ob er selbst so illusionslos war, wie er immer geglaubt hatte. Er hatte damals über Jahre sein Vertrauen in die Welt, aber auch zu sich selbst verloren. In dieser Zeit hatten sich die Kontakte zu seiner Tante Cordula, der Schwester seiner verstorbenen

Mutter, wieder intensiviert. Schon als Kind war er mit seinen Sorgen immer zu ihr gegangen. In Gesprächen mit ihr war ihm klargeworden, dass Illusionslosigkeit nicht in Hoffnungslosigkeit münden muss. Auch bei nüchterner Betrachtung bietet das Leben vieles, auf das es sich zu freuen lohnt. Vor einigen Jahren hatte er Cosima Bernstädt kennengelernt, die als Malerin auf Föhr arbeitete und lebte. Mit ihr lernte er immer, dass Kunst nicht Illusion ist, die die Welt verfälscht, sondern Fantasie, die die Welt neu entdeckt.

Auf der Rückreise von Hamburg hatten sie auf der Autobahn 23 gerade die Brücke über den Nord-Ostsee-Kanal bei Hanerau-Hademarschen hinter sich gelassen, als sich Mommsens Smartphone meldete. Auf dem Display die Nummer seines Chefs in Husum. Wie üblich meldete sich dieser gar nicht erst mit Namen, sondern kam gleich zur Sache.

„Mommsen, tut mir leid … äh … oder auch nicht … also wir haben einen Leichenfund auf Föhr. Wo sind Sie gerade?“

„Im Urlaub, wie Sie wissen.“

„Ja doch, das weiß ich. Aber wo halten Sie sich gerade auf?“

„Ich halte nicht, sondern befahre die A 23 kurz vor Heide.“

„Sie haben mich ganz genau verstanden, Sie Scherzkeks! Sie müssen den Fall sofort übernehmen, ich hab sonst niemanden. Widerrede zwecklos.“

„Ich fahre heute noch mit Cosima für drei Tage nach Kopenhagen. Das Hotel ist schon gebucht. Und ich habe in diesem Jahr schon zweimal meinen Resturlaub verschieben müssen. Nein, Sie müssen den Fall eben an Flensburg abgeben.“

Cosima konnte Mommsens Disput mit seinem Chef hören, da er sein Smartphone laut gestellt hatte. So musste er ihr später nicht alles wiederholen. Mit einem resignierten Lächeln verfolgte sie Mommsens weitere Verhandlung mit dem Chef, die – wie sie schon geahnt hatte – im Verschieben ihrer Kopenhagen-Reise endete.

Nach einem kurzen Stopp an Mommsens Husumer Wohnung kamen

sie gerade noch rechtzeitig zur 14.05 Uhr-Fähre nach Wyk in Dagebüll an. Cosima fuhr mit Mommsen zurück in ihr Haus auf Föhr, da sie nicht alleine nach Kopenhagen reisen wollte. Auf der Fähre trafen sie Mommsens Kollegin, Oberkommissarin Caroline Hositz, die dieser zu seiner Unterstützung angefordert hatte. Da Caroline Hositz schon seit Jahren in Mommsens Team arbeitete, hatten sich auch Cosima und Caroline im Laufe der Zeit angefreundet.

Caroline berichtete ihnen, dass die Spurensicherung erst mit der nächsten Fähre nachkommen würde, da sie von einem anderen Fall abgezogen werden müsste. Auch der Staatsanwalt hätte sein Kommen mit der nächsten Fähre angesagt. Die erste medizinische Untersuchung sollte ein Föhrer Arzt vornehmen, da gerade kein Rechtsmediziner zur Verfügung stünde. Zur pathologischen Untersuchung würde die Leiche dann in die Gerichtsmedizin nach Kiel gebracht werden. Mommsen nahm noch auf der Überfahrt Kontakt mit seinem Föhrer Kollegen Lürrsen auf, der ihm den Fundort der Leiche angab. Mommsen hatte schon mehrmals auf Föhr ermittelt. Da er sich zudem häufig bei Cosima aufhielt, war er mit der Geographie der Insel bestens vertraut. Auch mit den Föhrer Kollegen hatte sich im Laufe der Zeit eine vertraute Art der Zusammenarbeit eingespielt.

Mommsen setzte Cosima noch schnell vor deren Haus in Nieblum ab. Dann fuhr er zügig zur Godelniederung weiter. Dort winkte ihn Friedrichsen, der die Leiche bewachte, schon von Ferne heran. Caroline Hositz, die auch schon mehrmals auf Föhr ermittelt hatte, war schon vor ihm da. Lürrsen kam kurz nach ihnen wieder zum Fundort zurück und setzte Mommsen und Hositz schnell ins Bild. „Ludwig, an der Todesursache gibt es wohl kaum Zweifel, er ist erstochen worden.“ Er zeigte auf die Blutflecken auf dem Polohemd und hob dann das Hemd an, sodass Mommsen die Einstiche in den Körper des Toten sehen konnte. Dann zog er sich zurück, damit Mommsen näher an die Leiche herantreten konnte. Dieser ließ sich beim Betrachten Zeit. Schließlich bemerkte er nachdenklich, eher für sich: „Fünf Stiche: ein typischer Overkill. Hier hat er sehr wenig Blut verloren … in der Gasse im Gebüsch sind viele Zweige niedergetreten worden … er ist hier erst hereingezogen worden, als er schon tot war … aber wo ist er getötet worden?“ Dann zu seinen Kollegen: „Habt ihr hier irgendwo die Tatwaffe gesehen? Ein schmales Messer oder eine ähnliche Stichwaffe?“ Die Föhrer Kollegen verneinten. Bei den letzten Worten war Mommsen wieder aus dem Gebüsch herausgetreten. Dann wandte er sich an Lürrsen: „Henning, kannst du einen eurer Föhrer Ärzte veranlassen, das Opfer hier vor Ort zu untersuchen? Der sollte den Todeszeitpunkt soweit wie möglich eingrenzen. Von den Gerichtsmedizinern ist keiner verfügbar. Wenn der Staatsanwalt den Toten angeschaut hat, kann der nach Kiel zur Gerichtsmedizin. Bis die Spurensicherung und der Staatsanwalt hier sind, halten wir zum Opfer einige Meter Abstand und suchen nach der Tatwaffe und nach Reifenspuren.“ Mommsen zeigte auf den Toten. „Es ist unwahrscheinlich, dass er hierher getragen wurde, dazu ist er zu schwer. Er muss mit einem Auto hierhergebracht worden sein.“

Während Lürrsen seine Telefongespräche erledigte, winkte Mommsen Friedrichsen heran. „Friedrichsen, hatten Sie in den letzten Tagen irgendwelche Vermisstenmeldungen auf Föhr?“

„Nein, … oder doch: vor 10 Tagen hatte ein Tourist seine Frau als abgängig gemeldet. Die hatte nach einem Streit ihren Mann verlassen und war nach Hause gefahren. Den Zettel, auf dem sie ihrem Mann das mitgeteilt hatte, hat er erst nach drei Tagen gefunden.“ Friedrichsen zeigte auf das Opfer: „Das war die sicher nicht. Sonst ist in den letzten Wochen niemand hier vermisst worden.“

Nun beteiligte sich auch Mommsen an der Suche. Während er einen Feldweg in Richtung Strand abging, ließ er immer wieder den Blick über die Godelniederung schweifen, einen seiner Lieblingsorte auf Föhr. Hier erlebte er den Himmel blauer und weiter als irgendwo sonst auf der Insel. Trotz des Gekreisches der Vögel, das immer wieder vom Vogelschutzgebiet herüberklang, empfand er den Frieden dieses Landstrichs. Diese friedliche Stimmung mischte sich jetzt mit der Vorstellung des brutalen Todes des Opfers zu einer Melancholie, aus der er sich mit dem Befehl an sich selbst herausreißen musste: „Mache deinen Job und konzentriere dich auf die Spurensuche!“ Da die letzten Tage sehr trocken gewesen waren, rechnete er allerdings damit, dass die Suche nach Reifenspuren ergebnislos verlaufen würde. Wider Erwarten entdeckte Caroline Hositz jedoch schwache Reifenspuren eines Autos, von denen sie Aufnahmen machen konnte. Ansonsten waren nur Abdrücke von zahlreichen Fahrrädern zu sehen, jedoch keine Tatwaffe.

Kurz darauf kamen auch die Spurensicherung und der Staatsanwalt an. Ebenso der Arzt, den Lürrsen überredet hatte, seine Sprechstunde im Stich zu lassen und am Fundort der Leiche zu erscheinen. Im Beisein des Staatsanwalts nahm er eine erste Untersuchung des Toten vor. Auch er kam zu dem Befund, dass das Opfer erstochen worden sei. Nach der Lage der Einstiche hätten zwei davon das Herz getroffen. Den Zeitpunkt des Todes bestimmte er auf die Zeitspanne zwischen 20.00 und 22.00 Uhr des Vortages. Er stimmte der Vermutung zu, dass der Tod an einem anderen Ort eingetreten sein müsste.

Als er gegangen war, machten sich die beiden Kollegen der Spurensicherung an die Arbeit. Aber auch sie konnten keine Aufschlüsse zur Identität des Toten oder zum Tathergang geben, außer der Erkenntnis, dass in den Rillen der Sohlen seiner Sneakers keine Sandpartikel gefunden worden waren, was darauf hindeutete, dass der Tote in der sandigen Umgebung des Fundortes nicht zu Fuß gelaufen war. Also musste er hierher transportiert worden sein. Da der Tote schätzungsweise mehr als 80 Kilo wog, war dafür sicher ein gehöriger Kraftaufwand nötig gewesen.

In Absprache mit dem Staatsanwalt entließ Mommsen die Kollegen der Spurensicherung, da diese dringend auf dem Festland benötigt wurden. Solange der Tatort nicht gefunden war, konnten sie ohnehin nichts ausrichten. Zusammen mit dem Staatsanwalt machten sie sich auf den Weg zur nächsten Fähre. Kurz darauf kam auch der Wagen eines ortsansässigen Bestatters, um die Leiche in die Gerichtsmedizin nach Kiel zu bringen.

Die Beamten verließen den Fundort der Leiche und fuhren zur Polizeiwache am Wyker Hafen. Mittlerweile war es später Nachmittag geworden. Lürrsen hatte den Besprechungsraum der Polizeiwache für die Ermittlungen zur Verfügung gestellt. Auf der Rückfahrt fuhr er noch beim Bäcker in Borgsum vorbei, um einige Kopenhagener zu besorgen, da die Beamten seit dem Frühstück nicht zum Essen gekommen waren. Friedrichsen, auf der Wache für die Kaffeemaschine zuständig, bereitete routiniert einen kräftigen Kaffee, der die Lebensgeister wieder belebte. Mit Kaffee und Kuchen versehen setzte sich die Runde zusammen, um die ersten Erkenntnisse über den Ermittlungsstand zu sortieren.

***

Zum wiederholten Male ließ er seinen Blick an der Reihe der Teilnehmer der Kaffeetafel entlanggleiten, die ihm gegenübersaßen. Was gingen ihn diese Leute eigentlich an, die er noch nie vorher gesehen hatte und auch nie wieder sehen würde? Jean Kollund fühlte sich unwohl. Warum hatte er sich nur von Hildegard überreden lassen, sie zur Beerdigung ihrer Großmutter hierher nach Soltau zu begleiten? Gut, Hildegard Stiller und er waren schon seit fast eineinhalb Jahren ein Paar. Er war sich bewusst, dass Hildegard sehr konventionelle, wenn nicht gar romantische Vorstellungen von einer Partnerschaft hatte, die in eine bürgerliche Ehe mündeten. Da sie auf die 40 zuging, hatte Jean Kollund zwar Verständnis für ihren Wunsch nach Sicherheit, wollte es aber - nach seinen zwei gescheiterten Ehen - dabei belassen und sich nicht noch einmal auf das Abenteuer einer Ehe einlassen.

Als vor einigen Tagen Hildegard über den Tod ihrer Großmutter unterrichtet wurde, waren sie gerade in seinem Ferienhaus in Utersum auf Föhr angekommen, um gemeinsam zwei entspannte Ferienwochen zu genießen, bevor auf Föhr die Saison begann und eine Lawine von Touristen Unruhe auf die Insel brachte. Hildegard hatte ihn überredet, zur Beerdigung am 26. Mai nach Soltau mitzukommen. Sie wollte den Anlass nutzen, um ihren Freund – oder „Lebenspartner“ – ihrer Familie vorzustellen. Den Begriff „Verlobter“ wollte Jean Kollund auf jeden Fall vermeiden.

Jean Kollund kannte Hildegard Stiller schon seit der Zeit, als sie vor sechs Jahren ihre Tätigkeit als Justitiarin der „Holsatia GmbH“ begonnen hatte. Die Grenze zur Intimität war von ihnen allerdings erst vor etwa eineinhalb Jahren überschritten worden. Damals hatte sie ihn zu Verhandlungen mit einem Hersteller von Laboranlagen nach Schweden begleitet. Das kalte Winterwetter sowie die langen Winternächte im Norden hatten sie die meiste Zeit im Hotel festgehalten. So waren sie sich näher gekommen.

Kollund hatte sich nach anstrengenden Wochen in der Firma auf die zwei entspannenden Urlaubswochen in seinem Haus auf Föhr gefreut. Daher wäre es ihm lieber gewesen, Hildegard wäre alleine zur Beerdigung nach Soltau gefahren. Aber der Tod ihrer Großmutter ging ihr näher, als gedacht. So hatte er sich also überreden lassen, sie zu begleiten. Sie waren schon zwei Tage vor der Trauerfeier in Soltau angereist, die Hildegard genutzt hatte, um bei der Vorbereitung der Beerdigung zu helfen und die notwendigen rechtlichen Angelegenheiten in die Wege zu leiten.

Als die Kaffeetafel aufgehoben wurde, wollte Hildegards Bruder Kollund überreden, noch einen Tag länger zu bleiben, um Hildegards Familie besser kennenzulernen. Gerade das wollte Kollund vermeiden, mochte sich aber nicht so deutlich äußern. So verzögerte sich ihre Abfahrt, sodass sie die letzte Fähre ab Dagebüll nicht mehr erreichen konnten. Daher übernachteten sie noch in Husum.

Als sie in Kollunds Haus in Utersum ankamen, fanden sie alles unversehrt vor. Während Hildegard in der Küche erst einmal Kaffee zubereitete, sah Kollund die Post der letzten Tage durch, die Hildegard aus dem Briefkasten geholt und ihm ins Wohnzimmer nachgebracht hatte. Nachdem er einige Reklamesendungen weggeworfen hatte, blieben zwei Briefe übrig: eine Rechnung und ein Umschlag mit der Aufschrift: Dr. Jean Kollund, jedoch ohne Briefmarke und Absender. Also war das Schreiben persönlich in den Briefkasten gesteckt worden. Kollund entfaltete die Nachricht, die im Umschlag steckte: „Deponiere am 24. Mai um 23.00 Uhr 200.000,- Euro in einer Plastiktüte hinter dem Aushang der Touristik-Information am Haus des Gastes in Utersum. Sonst wird Wolfgang Viets am 25. Mai sterben!"

Kollund sah irritiert auf das Schreiben. Ein schlechter Scherz, - oder doch nicht? Einen Wolfgang Viets kannte er nicht. Er suchte konzentriert in seiner Erinnerung. Nein, weder in seinem privaten noch in seinem beruflichen Umfeld ein Treffer. Wolfgang Viets war ihm unbekannt. Als Hildegard mit dem Kaffee ins Wohnzimmer kam, saß er immer noch regungslos mit dem Brief in der Hand da. Auf ihre besorgte Frage: „Jean, was ist dir?" reichte er ihr stumm das Schreiben.

Sie überflog den kurzen Text, der offensichtlich mit dem Computer geschrieben war. Mit überraschtem Gesichtsausdruck starrte sie einige Sekunden lang auf das Schreiben. „Und wer ist dieser Wolfgang Viets?“

„Das ist ja das Merkwürdige, ich kenne keinen Wolfgang Viets. Fällt dir jemand mit diesem Namen ein?“

„Nein, der Name sagt mir überhaupt nichts.“ Hildegard Stiller schaute noch einmal auf das Schreiben. „Der Tod dieses Wolfgang Viets ist hier für den 25. Mai angekündigt. Heute haben wir aber schon den 27. Mai.“ Dann mit entrüsteter Stimme: „Das kann doch nur ein ganz bösartiger Scherz von jemandem sein, der dich ärgern will. Aber wer könnte das sein?“

Kollund trank einen Schluck Kaffee. Dann stellte er die Tasse wieder hin und wandte sich an seine Freundin. „Ich brauche jetzt etwas Stärkeres, am besten einen Brandy. Gießt du mir bitte einen ein? Irgendwie hat mich dieser makabre Scherz doch erschreckt, obwohl ich mir keinen Reim darauf machen kann. Sind wir verpflichtet, das Schreiben bei der Polizei anzuzeigen?“

„Das ist offensichtlich ein Dummer-Jungen-Streich. Da wir keinen Wolfgang Viets kennen, wird die Polizei die Anzeige nur zu den Akten legen. Ich werde auf jeden Fall in unserer Firma nachfragen, ob ein Wolfgang Viets bei uns beschäftigt ist oder war. Lass uns abwarten, ob der Schreiber sich noch mal meldet. Jedenfalls wirkt das Schreiben für einen Erpresser recht weltfremd, überhaupt nicht professionell. Wie kommt der nur auf den Gedanken, dass du für jemanden locker 200.000,- Euro hinblätterst, der schon tot sein soll, den du nicht kennst, den es vielleicht nicht einmal gibt? Und das auch noch in einer solchen naiven Form der Übergabe.“

Hildegard verließ den Raum, um den Brandy zu holen. Als sie die Flasche gefunden hatte, hielt sie kurz inne. „Was, wenn Jean diesen Viets doch kannte?“ schoss es ihr durch den Kopf. Schließlich war sie mit ihm noch nicht lange zusammen und von seinem Leben zuvor war ihr nur wenig bekannt. Aber sie hielt es für besser, ihn nicht zu fragen. Hildegard brachte ihm den Brandy. Dabei erwähnte sie noch einen Einwand gegen eine vorschnelle Anzeige bei der Polizei: die Gefahr, dass der Vorfall dann an die Presse durchsickern könnte. Auch wenn die Forderung des Erpressers völlig absurd sei, könnte dies Kollunds Verhandlungen mit dem Investor Morgan Laboratories stören, die gerade in eine entscheidende Phase geraten waren. So beschlossen sie daher, erst einmal abzuwarten. Den Brief schloss Kollund in den Safe ein.

***

Björn Lammers fuhr in Hochstimmung die Fahrstraße am Deich von Utersum nach Dunsum entlang. Er wollte dort noch einmal einen Blick auf das Vorland des Deiches werfen, an dem am nächsten Tag noch weitere Vermessungen zur Vorbereitung des Deichausbaus stattfinden sollten. Er war als Wasserbauingenieur für den Landesbetrieb für Küstenschutz, Nationalpark und Meeresschutz in Schleswig-Holstein tätig, dem auch die Verantwortung für die Seedeiche an der Westküste übertragen war. Aber nicht die Aussicht auf die Arbeit der nächsten Tage an der frischen Luft war die Ursache seiner freudigen Stimmung. Sondern vielmehr die Zusage Veronika Kollunds, mit ihm zusammen im Herbst zwei Wochen Urlaub in Norwegen zu machen.

Veronika Kollund und Björn Lammers kannten sich schon seit ihrer gemeinsamen Schulzeit am Wyker Gymnasium. Björn stammte von Föhr, Veronika aus Dortmund. Da Veronika in Dortmund in eine Clique mit zunehmender Distanz zu schulischen Aktivitäten geraten war und ein Schulverweis drohte, hatten ihre Eltern sie ins Internat nach Föhr verbannt, wo sie die letzten beiden Jahre bis zum Abitur verbrachte. Das Kalkül ihrer Eltern, Veronika im Internat auf Föhr zu einer verantwortungsvollen Lebensauffassung zu bringen, war nur zur Hälfte erfolgreich: die eine Hälfte war, dass sie ein ganz passables Abitur hinlegte, die andere Hälfte, dass sie weiterhin das Leben als ein nicht endendes Fest betrachtete. Auch ihr BWL-Studium zog sie locker durch. Dass das Leben nicht nur ein Fest ist, merkte sie in ihren beruflichen Jahren in der Versicherungswirtschaft und dann in ihrer Ehe mit Jean Kollund. Seine Weltläufigkeit, seine unternehmerischen Erfolge und die Sicherheit, die er ihr bot, hatten sie betört, seinen Heiratsantrag trotz des Altersunterschieds von 16 Jahren anzunehmen. Nach zwei Jahren wurde die Tochter Natalie – genannt Netta –

geboren. Veronikas Erwartungen an ihre Ehe mit Jean Kollund waren schon nach kurzer Zeit enttäuscht worden. Bald nach der Geburt der Tochter einigten sie sich auf eine Scheidung. Jean Kollund hatte Veronika und Netta bei diesem Anlass ein Wohnrecht in seinem Haus in Oldsum bis zu Nettas 25. Geburtstag eingeräumt und in seinem Testament verfügt, dass Netta das Haus in Oldsum im Falle seines Ablebens erben werde. Damit sollte Nettas Zukunft abgesichert sein. Das Wohnrecht war allerdings nicht im Grundbuch eingetragen worden. Zu Veronikas Verärgerung hatte Jean Kollund Föhr nach der Scheidung nicht verlassen, sondern ein Anwesen in Utersum gekauft, in dem er immer wieder mit wechselnden Freundinnen abstieg.

Veronika war nach der Scheidung auf Föhr geblieben und hatte ein Geschäft für Designermöbel und -stoffe eröffnet. Nach harten Anfangszeiten konnte sie mit dem geschäftlichen Erfolg der letzten Jahre zufrieden sein. Dieser Erfolg verdankte sich der steigenden Bautätigkeit auf der Insel - insbesondere im Luxussegment der Ferienhäuser auswärtiger Immobilienkäufer.

Schon während ihrer Schulzeit auf Föhr hatte Veronika ihre Attraktivität immer wieder an neuen Freunden erprobt. Sie und Björn Lammers waren zwar nie ein dauerhaftes Paar geworden, dennoch war er immer ihr Vertrauter gewesen, ihr bester Freund, bei dem sie ihren Kummer, aber auch ihre zuweilen aufkommenden Selbstzweifel abladen konnte. Als Veronika nach ihrer Scheidung mit ihrer Tochter auf Föhr blieb, war der Kontakt mit Björn immer dann wiederbelebt worden, wenn eine von Veronikas Beziehungen in die Brüche gegangen war. Sein Interesse an ihr erlahmte aber trotz ihrer wechselnden Männerbekanntschaften nie. Seit einigen Jahren glaubte Björn bei Veronika eine ruhigere und stetigere Einstellung zum Leben zu bemerken. Mittlerweile war sie ja auch schon über 40. Sie zeigte jetzt ein vermehrtes Interesse an seinem Engagement für den Naturschutz und den Nationalpark Wattenmeer. So hatte sie mit ihm schon mehrmals längere Wattwanderungen unternommen, für die sie früher nie Zeit gefunden hatte. Daher sah Björn nach der Zusage Veronikas für den gemeinsamen Urlaub nach Norwegen einen Sommer voller Vorfreude vor sich.

***

Die Dämmerung schlich sich langsam in sein Büro in Schleswig. Es war ein arbeitsreicher Tag gewesen. Als Philipp Tersteegen seinen Terminkalender für die nächsten Tage noch einmal durchcheckte, beschloss er Freitag, den 27. Mai, für einen Abstecher nach Föhr zu reservieren. Es wurde Zeit, dass er sich Benno Thomsen mal wieder zur Brust nahm. Philipp Tersteegen betätigte sich als Immobilienmakler für mehrere Luxemburger Banken. Sein Schwerpunkt war das Aufspüren und Vermitteln hochpreisiger Luxusimmobilien für eine anonyme Kundschaft, die sich von Luxemburger Banken vertreten ließ. Über deren Identität war er nicht immer informiert. Er hatte aber erfahren, dass in einigen der von ihm vermittelten Häuser fremdländisch aussehende Bewohner gesehen worden waren.

Der Markt für luxuriöse Immobilien auf Sylt stagnierte inzwischen weitgehend. Daher war auch Föhr in den gierigen Blick der Immobilienmakler geraten. Philipp Tersteegen hatte Benno Thomsen als Informanten über den Föhrer Immobilienmarkt angeworben. Thomsen lebte auf Föhr und arbeitete als Disponent für ein Föhrer Bauunternehmen. Daher war er über aktuelle bzw. sich anbahnende Aktivitäten auf diesem Markt frühzeitig im Bilde. Philipp Tersteegen pflegte Thomsen als seinen Seismographen für kleinste Bewegungen im Immobilienmarkt der Insel zu bezeichnen.

Tersteegens aktuelles Projekt auf Föhr war die Beschaffung eines großen Grundstücks für eine Investorengruppe, die eine Klinik für Schönheitschirurgie für eine betuchte Klientel bauen wollte. Seine Auftraggeber hatten für dieses Projekt Föhr ausgewählt. Sie hofften, dass die abgelegene Lage der Insel besonders jene Kundinnen anziehen würde, die Wert darauf legten, die Verschönerung ihrer Erscheinung im Geheimen – fern jeder Öffentlichkeit – zu vollziehen. Tersteegen war es gelungen, drei Grundstücke in Utersum für seine Auftraggeber zu sichern. Für die Realisierung des Projektes benötigte er aber noch ein weiteres Flurstück, das sich zwischen diesen Grundstücken befand. Der Eigentümer weigerte sich seit mehr als einem Jahr beharrlich zu verkaufen, obwohl das Angebot dreimal erhöht worden war. Tersteegens Tagträume spielten immer wieder Möglichkeiten durch, den

Eigentümer doch noch zu einem Verkauf zu bewegen. Er hatte bereits erwogen, sich in der kriminellen Szene seiner Heimatstadt nach Personen mit einem Hang zu unkonventionellen Mitteln umzusehen, hatte aber noch keinen Zugang zu diesen Kreisen gefunden. Aber auch die Furcht, sich erpressbar zu machen, hielt ihn bislang von diesem Weg ab. Dennoch, die erhebliche Provision, die ihm bei einem kurzfristigen Abschluss dieses Projektes winkte, reizte ihn.

***

Veronika Kollund war mit dem Rad durch die Midlumer Marsch zum Deich gefahren, wie häufig, wenn sie sich gestresst fühlte. Sie hatte am frühen Nachmittag ihrer Aushilfe Doris den Laden anvertraut und sich einige Stunden Freizeit genehmigt. Bislang hatte sie auf die Anschaffung eines E-Bikes verzichtet. Um fit zu bleiben, war sie bei ihrem Sportrad geblieben. Da sie den größten Teil der Strecke gegen den Wind ankämpfen musste, war sie nun etwas außer Atem. Aber die Anstrengung hatte ihre innerliche Verkrampfung … nein, nicht aufgelöst, aber gemildert. Unbekümmert um die Hinterlassenschaften der Verdauung der Schafe, die mit ihren neugeborenen Lämmern am seewärtigen Deichabhang grasten, hatte sich Veronika auf dem Deich niedergelassen. Wie abwesend ruhten ihre Blicke auf der Weite des Wattenmeeres, das sich bis zum Hindenburg-Damm erstreckte – dem Bahndamm, der die Verbindung zwischen Sylt und dem Festland herstellte. Bewusst sog sie mit offenem Mund die frische Meeresluft ein, als könnte dies ihr die Energie bringen, die sie jetzt brauchte.

Sollte sie handeln oder abwarten? Vor zwei Wochen hatte sie gesehen, wie ein Mann vor ihrem Haus herumlungerte, der interessiert ihr Haus und das Grundstück in Augenschein nahm. Sie glaubte sich zu erinnern, dass er ein Makler war. Als ihre Tochter Netta gegen Abend von ihrer Reitstunde zurückkam, hatte der Mann diese angesprochen und in ein Gespräch über das schöne Haus verwickelt, das sie bewohne. Als Veronika hinzukam und ihn nach dem Grund für sein Interesse fragte, erklärte er ihr, dass er als Makler immer Informationen über Immobilien auf der Insel sammele. Veronika war elektrisiert. Ihrer Frage, ob er denn Kauf- oder Verkaufsaufträge für dieses Objekt habe, wich er mit dem Allgemeinplatz aus, man könne nie genug

Informationen haben.

Veronika hatte – aufgeschreckt durch das Zusammentreffen mit dem Makler – einen Anwalt aus ihrem Kundenkreis angesprochen, um anhand ihrer Scheidungsvereinbarung abzuklären, ob ihr Ex-Mann berechtigt war, während der Laufzeit des Wohnrechts für sie und Netta das Haus in Oldsum zu veräußern. Die Prüfung ergab, dass ihre Vereinbarung mit Jean Kollund den Verkauf durch ihren Ex-Mann nicht ausschloss.

Warten war Veronika immer schwer gefallen, sie hatte sich zu häufig von ihrer Spontaneität mitreißen lassen. Aber dafür hatte sie viel Lehrgeld zahlen müssen. Ihr war klar, dass ihre Verkrampfung – richtiger ihre Zerrissenheit – daher rührte, dass sie eigentlich handeln wollte, aber nicht wusste wie. Hatte sie die Übersicht verloren? Nichts war mehr kalkulierbar.

Als Veronika auf die Uhr schaute, merkte sie, dass sie schon mehr als eine halbe Stunde auf dem Deich gesessen hatte. Nur ein tröstlicher Gedanke war ihr in dieser Zeit gekommen: die Treue, mit der Björn ihr durch die Windungen ihres Lebens gefolgt war. Um ihm eine Freude zu machen, hatte sie dem gemeinsamen Urlaub in Norwegen zugestimmt. Jetzt merkte sie, dass sie sich darauf sogar freute.

***

Isabell Viets war wie in Trance ziellos von der Insel aufs Festland geflohen. Die Panik ihrer ersten Verwirrung musste erst in ihr abklingen. Alles in ihr drängte darauf, eine möglichst große Distanz zu dem Ort zu gewinnen, an dem nach Wolfgangs zynischem Geständnis ihr bisheriger Lebensweg zusammengebrochen war. Nach Zwischenstationen in Flensburg und Kiel war sie zu Hause in Bargteheide angekommen. Die Rundreise mit der Bahn hatte ihre Panik etwas gedämpft. Sie gestand sich ein, dass sie kopflos gehandelt und dem Gedanken an Rache an Wolfgang zu viel Raum gegeben hatte. Aber nun konnte sie wieder klarer denken. Gleich nach ihrer Rückkehr in ihr Haus in Bargteheide suchte sie einen Anwalt auf. Seinem Rat zufolge reiste sie wieder nach Föhr zurück, um das durchzustehen, was auf sie zukam.

Schon auf der Fähre von Dagebüll nach Wyk spürte Isabell Viets, wie sich langsam wieder Panik in ihr aufbaute. Auch die Beruhigungstablette, die sie kurz vor der Ankunft in Wyk einnahm, half wenig. Als sie vor der Tür zu ihrem Ferienappartement stand, musste sie ihren ganzen kläglichen Mut zusammennehmen, um die Tür zu öffnen. Da gerade in diesem Augenblick eine Frau aus der gegenüberliegenden Wohnung kam, drehte sie sich um, um nicht erkannt zu werden, und drückte auf die Türklingel. Erst als niemand öffnete, benutzte Isabell ihren eigenen Türschlüssel. Wie erwartet war das Appartement leer. Die Wohnung sah genau so aus, wie sie diese vor ein paar Tagen verlassen hatte. Von Wolfgang keine Spur. Seine Garderobe, Wäsche, Koffer jedoch befanden sich alle noch dort, wo sie diese bei ihrer Ankunft verstaut hatte. Auch die Betten im Schlafzimmer sahen aus, als wären sie gerade erst benutzt worden. Sie überlegte, ob sie das Smartphone ihres Mannes anwählen sollte. Schließlich tippte sie seine Kurzwahl an: keine Antwort.

Im Kühlschrank in der Küche fand sie eine halbvolle Flasche Weißwein, aus der sie sich – ohne Umweg über ein Glas – hastig einen kräftigen Schluck gönnte. Ihre Anspannung ließ aber nicht nach. Sie nahm die Flasche mit ins Wohnzimmer. Zusammengekauert auf dem Sofa trank sie langsam die Flasche leer. Sollte sie Wolfgang bei der Polizei als vermisst melden? Da sie selbst schon mehrere Tage unterwegs gewesen war, konnte sie keinen glaubhaften Termin angeben, seit wann Wolfgang verschwunden war. Isabell Viets beschloss, mit dem Anruf bei der Polizei noch zu warten.

***

Mommsen ließ den Kollegen Zeit, sich Kaffee einzuschenken und sich mit Kuchen zu versorgen. Ein kurzer Blick in die Runde im Besprechungsraum des Wyker Polizeireviers zeigte ihm, dass alle zu ihm hinschauten.

Dann begann er mit leiser, nachdenklicher Stimme. „Also – ohne große Einleitung – wo stehen wir? Wir haben eine Leiche, männlich, ca. 40 bis 50 Jahre in sportlicher Freizeitkleidung. Das könnte auf einen Touristen hindeuten. Die offenkundige Todesursache sind fünf Stiche in den Körper, zwei davon in die Herzgegend. Die vielen Stiche legen eine Affekttat nahe. Auf den ersten Blick sind aber keine

Kampfspuren zu sehen. Genaues wird uns der Befund der Gerichtsmedizin sagen. Hoffentlich bald.“ Dann fuhr er etwas pedantisch fort. „Die Nachricht über den Leichenfund ging um 10:15 Uhr am Donnerstag, den 26. Mai, auf dem Revier telefonisch und anonym ein. Die vorläufige ärztliche Untersuchung engt den Todeszeitpunkt auf die Zeitspanne von 20:00 bis 22:00 Uhr am 25. Mai ein. Diese Angabe steht unter dem Vorbehalt der Bestätigung durch die Gerichtsmedizin. Der Fundort scheint nicht der Tatort zu sein. Da wir an dieser Stelle kaum Blutspuren haben, wurde die Leiche wahrscheinlich dorthin transportiert. Dafür bedurfte es einer ganzen Menge Kraft. Also wahrscheinlich ein Mann.“ Mommsen lehnte sich zurück. Dann mehr zu sich selber: „Das sind mir zu viele ‚wahrscheinlich‘ und zu wenig Fakten. Zu dumm, dass wir noch einige Zeit auf den Bericht der Gerichtsmedizin warten müssen. Die haben dort z. Zt. erhebliche Personalausfälle.“

Dann wandte Mommsen sich wieder an seine Kollegen. „Wie können wir herausfinden, wer der Tote ist? Ohne seine Identität werden wir kaum weiterkommen. … Friedrichsen, Sie haben mir gesagt, dass gegenwärtig keine Vermisstenmeldungen vorliegen. Wo können wir aktiv nachfragen, ob jemand vermisst wird? Ich möchte mich nicht aufs Abwarten verlassen.“

Friedrichsen hätte sich gerne vor einer Antwort gedrückt, da er keinen überzeugenden Vorschlag zur Hand hatte, fühlte sich jedoch zu einer Antwort gedrängt. „Wir können den Versuch machen, die professionellen Vermieter bzw. die Kurverwaltung auf der Insel anzusprechen, um einen großen Teil des Touristenbereichs abzudecken. Aber die Eigentümer von Ferienhäusern bzw. -wohnungen erreichen wir damit nicht. Die Einheimischen werden durch den Inselklatsch erreicht. Vielleicht dringt davon etwas zu uns durch. Schließlich bleibt noch ein Aufruf über unsere Regionalzeitung, den ‚Inselboten‘, übrig.“

Mommsen nickte Friedrichsen zu. „Gut, starten Sie noch heute die Anfrage bei den Vermietern. Morgen machen wir den Leichenfund über den ‚Inselboten‘ öffentlich.“ Dann schaute er zu Hositz hinüber. „Caroline, gehst du bitte die überregionalen Vermisstenlisten durch, erst einmal die aus Deutschland. Da unser Opfer höchstwahrscheinlich auf der Insel zu Tode kam, verspreche ich mir davon nicht viel, aber wir müssen uns auch dort vergewissern. Und versuche herauszufinden, ob du mit dem Foto der Autospuren vom Fundort die Automarke feststellen kannst.“ Dann mit einer gewissen Resignation: „Also doch erst abwarten. Ich werde noch einmal den Staatsanwalt anrufen, dass er bei der Gerichtsmedizin in Kiel aufs Tempo drückt.“

***

Philipp Tersteegen traf sich am Freitagvormittag mit Benno Thomsen auf dem Sandwall in Wyk. Da der wolkenlose Himmel bereits am Morgen einen sonnigen Tag versprach, nahmen sie an einem schattigen Tisch auf der Grünfläche vor einem Café mit Aussicht auf den belebten Strand Platz. Anders als die Touristen, die anscheinend zeitlos über die Promenade bummelten, hatte Tersteegen es eilig.

„Also Thomsen, was ist mit dem Grundstück in Utersum? Wird dieser

Kollund langsam weich? Wird er verkaufen?“

„Er war mit seiner Freundin kurz auf der Insel. Nach zwei Tagen sind sie aber gleich wieder abgereist, zur Beerdigung der Großmutter – also der Großmutter seiner Freundin. Heute kommen die beiden aber wieder auf die Insel zurück.“

„Wissen Sie denn, wie lange die noch auf der Insel bleiben?“

„Sie wollten ursprünglich zwei Wochen bleiben. Die Freundin hat für den 7. Juni die Fähre für die Rückfahrt nach Dagebüll gebucht. Also, wenn Sie Kollund noch einmal gut zureden wollen, haben Sie dafür noch einige Tage Zeit.“

„Sagen Sie mal, Thomsen, wie kommen Sie eigentlich an diese Informationen?“

Thomsen grinste ein wenig selbstgefällig. „Ich habe da so meine Beziehungen. Schließlich lebe ich mein Leben lang hier auf der Insel.“

„Ja, aber Kollund doch nicht, der ist doch auf Föhr ein Fremder.“

„Er kommt aber schon seit vielen Jahren regelmäßig hierher. Meine

Informationen sind jedenfalls zuverlässig. Sie können sich darauf verlassen."

„Okay, aber warum sollte Kollund jetzt bereit sein zu verhandeln, nachdem er trotz mehrmaliger Erhöhung des Angebots von einem Verkauf nichts wissen wollte?"

„Es hat sich für ihn etwas verändert. Er wird erpresst."

Hatte Tersteegen das Gespräch bisher eher als geschäftliche Routine geführt, wurde er jetzt hellwach. „Mensch Thomsen, was sagen Sie da? Er wird erpresst? Womit? Von wem?"

„Das kann ich heute noch nicht sagen. Ich habe auch meine Betriebsgeheimnisse. Wenn die Erpressung erfolgreich ist, werde ich das erfahren. Dann können Sie von mir Material bekommen, um ihn unter Druck zu setzen. Aber das wird Sie etwas kosten."

„Darüber brauche ich aber schon jetzt Informationen, meine Auftraggeber haben es eilig. Sie bekommen 5.000,- Euro mehr als vereinbart, wenn ich Kollund mit Ihrem Material in den nächsten 14 Tagen zum Abschluss bringe. Das ist doch ein Angebot."

„Ich werde es mir überlegen. Aber erst wenn Kollund durch die Erpressung verunsichert ist, können wir das Material verwerten. Ich schätze, das wird noch zwei, drei Tage dauern."

„Aber eins noch, Thomsen, ich will in nichts verwickelt werden. Mein Name bleibt außen vor. Sollte irgendetwas auffliegen, kennen wir uns nicht. Klar?"

„Alles klar, machen Sie sich keine Sorgen. Wenn ich von Ihnen mein Geld bekommen habe, sind wir uns nie begegnet."

„Gut, dann werde ich heute wieder zurückfahren. Sie melden sich aber sofort, wenn sich bei Kollund eine neue Entwicklung ergibt."

Tersteegen verabschiedete sich eilig von Thomsen, um die nächste Fähre zu erreichen. Als er auf der Rückfahrt im Salon der „Uthlande" bei einem Becher „Tote Tante" über das Gespräch mit Thomsen nachdachte, fühlte er in sich eine Spannung zwischen der Gier auf die

Provision für das Projekt und der Angst, dass ihm die ganze Angelegenheit aus der Hand gleiten könnte.

***

Lürrsen hatte Friedrichsen gebeten, seinen geplanten Urlaub aufgrund des unvorhergesehenen Leichenfundes für die Dauer der Ermittlungen zu verschieben. Als Lürrsen ihm bestätigt hatte, dass die Reinigung der Wache in Eigenarbeit ebenfalls verschoben sei, hatte Friedrichsen eingewilligt. Daher saß er auch am Sonnabendvormittag wieder an seinem Schreibtisch in der Wyker Polizeiwache. Seit Dienstbeginn war er damit beschäftigt, die Antworten der professionellen Vermieter bzw. Vermittler von Ferienquartieren und auch der Kurverwaltung auf seine Anfrage auf Hinweise zur Identität der Leiche aus der Godelniederung durchzuarbeiten. Er hatte gerade begonnen, die säumigen Adressaten seiner Anfrage anzurufen, als eine Besucherin die Wache betrat. Etwas schüchtern wartete sie das Ende seines Telefongesprächs mit einer Vermittlungsagentur ab. Friedrichsen winkte sie heran und bat sie, auf dem Besucherstuhl an seinem Schreibtisch Platz zu nehmen.

Zögerlich ließ sie sich auf dem Stuhl nieder. Friedrichsen musterte sie. Er schätzte sie auf ein Alter von etwa 50 Jahren. Sie trug Jeans und einen leichten Anorak. „Also eine Touristin“, ging ihm durch den Kopf, „irgendwie verunsichert oder schüchtern“. Er wollte sie nicht durch Fragen unter Druck setzen und wartete erst einmal ab. Da sie aber nur heftig atmend vor sich auf den Boden schaute, übernahm er dann doch die Initiative und fragte: „Kann ich Ihnen irgendwie helfen? Fühlen Sie sich nicht wohl?“

Als sie aufschaute, nickte Friedrichsen ihr aufmunternd zu. „Also, weswegen sind Sie hergekommen?“

„Mein Mann ist verschwunden.“

Friedrichsen hatte plötzlich das Gefühl, dass diese leise gemurmelte Botschaft zunächst wie eine Welle seinen Körper durchströmte, bevor sie sein Gehirn erreichte. „So fühlt sich also ein Adrenalinstoß an“, schoss es ihm durch den Kopf. Sollte das die erste Spur ihrer Ermittlungen sein? Er merkte aber auch, wie schwer der Frau der Besuch der Polizeiwache fiel. Um ihre Aufregung zu mildern, bot er ihr eine Tasse

Kaffee an. Mit einem so freundlichen Angebot hatte sie offensichtlich nicht gerechnet und nickte nur mit dem Kopf.

Da Friedrichsen die Kaffeemaschine schon vorher in Betrieb gesetzt hatte, stand schon nach wenigen Augenblicken der Kaffee vor seiner Besucherin. Während sie den ersten Schluck trank, hatte er einen Notizblock herangezogen, um sich ihre wichtigsten Angaben zu merken. Dabei nahm er wahr, dass ihre Hand leicht zitterte, als sie die Tasse zum Mund führte. Das Aufnahmegerät wollte er für das erste Gespräch noch nicht einsetzen. Er ging davon aus, dass Mommsen, den er erst in einer halben Stunde erwartete, die formelle Befragung durchführen würde.

„Sagen Sie mir bitte zuerst Ihren vollständigen Namen."

Mit weiterhin leiser Stimme antwortete sie: „Isabell Viets."

Als Friedrichsen ihre sowie die vollständigen Personalien ihres Mannes aufgenommen hatte, veranlasste er sie zu genaueren Angaben zum Verschwinden ihres Mannes. „Also Ihr Mann ist verschwunden? Wann war das denn?"

„Das weiß ich nicht so genau. Wir sind vor 10 Tagen hier auf Föhr angekommen, … zum Urlaub in einer Ferienwohnung in der Nähe des Südstrandes. Dienstag hatten wir einen Streit. Wolfgang, also mein Mann, hat mich beleidigt und ich bin nach Hause, nach Bargteheide, gefahren. Und als ich gestern zurückgekommen bin, war er nicht mehr da. Auch auf dem Handy habe ich ihn nicht erreicht."

„Der Streit mit Ihrem Mann war also schon am Dienstag, den 24.05. Am gleichen Tag haben Sie die Insel verlassen und sind nach Hause gefahren. Stimmt das?"

„Ja, genau am Dienstag."

„Wir brauchen noch eine Beschreibung Ihres Mannes. Wie alt ist er, Größe, Gewicht, Haarfarbe, Kleidung?"

Als Friedrichsen den Namen ihres Mannes – Wolfgang Viets – und ihre weiteren Angaben notiert hatte, unterbrach er das Gespräch und verließ den Raum. Im Besprechungsraum war inzwischen Caroline

Hositz angekommen. Mit leiser Stimme fasste er für sie die bisherigen Informationen zusammen, die Isabell Viets ihm mitgeteilt hatte. Sie beschlossen, deren Befragung auszusetzen, bis Mommsen eingetroffen sei. Auch wollten sie es Mommsen überlassen, den Leichenfund in der Godelniederung anzusprechen. Caroline Hositz übernahm es, Isabell Viets solange Gesellschaft zu leisten. Vielleicht ließe sich dabei – ganz informell – einiges über den Verlauf der Ehe von Isabell und Wolfgang in Erfahrung bringen. Friedrichsen rief Mommsen an, den er kurz vor Verlassen der Wohnung erreichte.

Mommsen kam in einer gewissen Erregung auf der Wache an, in die auch ihn die kurze Information Friedrichsens versetzt hatte. Dennoch begann er das Gespräch mit Isabell Viets behutsam. Caroline Hositz führte Protokoll.

„Frau Viets, Sie hatten meinem Kollegen bereits vom Verschwinden Ihres Mannes berichtet. Und auch von einem Streit mit Ihrem Mann, weswegen Sie sich veranlasst fühlten, erst einmal auf Distanz zu ihm zu gehen und die Insel zu verlassen. Welchen Grund könnte Ihr Mann gehabt haben, seinerseits Ihre Ferienwohnung zu verlassen?"

„Ich weiß nicht, warum er da weggegangen ist." Isabell Viets schien sich gesammelt zu haben. „Er hat mir ungerechte Vorwürfe gemacht, nicht ich ihm."

Caroline Hositz räusperte sich und sah Mommsen fragend an. Der forderte sie mit einem leichten Wink auf, das Gespräch fortzusetzen. „Wie lange sind Sie denn schon verheiratet?"

„Unsere Silberhochzeit war schon vor zwei Jahren."

„Also über 25 Jahre. In einer so langen Zeit gibt es doch in jeder Ehe mal Streit." Hositz gab sich verständnisvoll. „Was war diesmal so heftig, dass Sie Hals über Kopf von der Insel abgereist sind und auch Ihr Mann verschwunden ist?"

Isabell Viets hatte sich entschlossen, den Beamten den Inhalt ihres Streits mit ihrem Mann zu offenbaren und berichtete von seiner Beichte des Verhältnisses mit einer Patientin und seinem Scheidungsverlangen. Die sensible Gesprächsführung der Beamten hatte sich bezahlt gemacht. Als Isabell Viets ihre Schilderung beendete, entschloss Mommsen sich, ihr von dem noch nicht identifizierten Leichenfund zu berichten.

„Frau Viets, Sie können sich vielleicht vorstellen, dass wir nicht jede Vermisstenanzeige mit so viel Personalaufwand aufnehmen. Diesmal haben wir einen besonderen Grund dazu. Am Donnerstag haben wir in der Godelniederung eine männliche Leiche gefunden. Nach Ihrer Personenbeschreibung könnte es sich um Ihren Mann handeln. Fühlen Sie sich stark genug, sich einige Fotos anzuschauen?“

Isabell Viets erstarrte. Nach einigen Augenblicken nickte sie. Mommsen legte ihr die Fotos der Leiche vor. Schweigend und wie abwesend schaute sie sich einige Fotos an. Dabei hielt sie sich die Hand vor den Mund, als müsse sie einen aufgestauten Wortschwall oder gar einen Anfall von Übelkeit zurückhalten. Dann senkte sie die Hand und sagte leise: „Der sieht aus wie Wolfgang.“ Dann schwieg sie wieder. Mommsen ließ ihr eine Pause.

Ihn machte die Situation, Angehörigen die Nachricht vom Tod eines Menschen zu überbringen, trotz der langen Jahre in seinem Beruf immer noch verlegen. Er war sich bewusst, dass ein unnatürlicher Tod auch das Leben von nahestehenden Personen einschneidend veränderte. In einer Mischung von Verlegenheit und Taktik setzte er nach der kleinen Pause das Gespräch fort, nachdem er Friedrichsen aufgefordert hatte, Isabell Viets noch eine Tasse Kaffee einzuschänken.

„Frau Viets, wir müssen bei dem Todesfall in der Godelniederung von einem Verbrechen ausgehen. Die Leiche ist bereits nach Kiel unterwegs, damit die Rechtsmedizin ihre Untersuchungen durchführen kann. Das wird einige Tage dauern. Wir werden nicht umhinkommen, dass Sie den Toten dann dort identifizieren müssen. Unsere wichtigste Aufgabe ist es jetzt, den Täter zu ermitteln. Dabei sind wir auch weiter auf Ihre Hilfe angewiesen. Ich weiß, dass die Mitteilung, bei dem Toten könnte es sich um Ihren Mann handeln, für Sie ein Schock ist. Ist es Ihnen recht, wenn die Kollegin Hositz Sie jetzt erst mal in Ihre Ferienwohnung bringt, damit Sie ein wenig Ruhe bekommen? Wahrscheinlich werden Sie auch Familienangehörige unterrichten wollen.“

Isabell Viets Konzentration schien nachgelassen zu haben. Die Beamten hatten den Eindruck, dass sie ihre Umgebung gar nicht mehr richtig wahrnahm. Mommsen wiederholte daher mit etwas lauterer Stimme: „Frau Viets, die Kollegin Hositz bringt Sie jetzt nach Hause. Im Augenblick habe ich nur noch eine Frage: Name und Anschrift der Frau, mit der Ihr Mann Sie betrogen hat?"

Isabell Viets schaute misstrauisch auf. „Meinen Sie, die hat was mit Wolfgangs Tod zu tun?"

Mommsen schüttelte leicht den Kopf. „Frau Viets, wir meinen nichts, wir fragen nur."

„Die heißt Jutta Blatter. Die muss irgendwo in Bargteheide wohnen oder in der Nähe. Mehr weiß ich auch nicht."

Mommsen schaute auf die Uhr. „Wir haben jetzt bald 10:00 Uhr. Wir werden dann um 12:00 Uhr zu Ihnen kommen."

Isabell Viets nickte auch diesmal nur. Dann verließ sie mit Caroline Hositz die Polizeiwache in eine ungewisse Zukunft.

Mommsen schaute ihr nachdenklich hinterher. Er hatte den Eindruck gewonnen, dass ihre langjährige Ehe nicht glücklich gewesen war. Dennoch war durch die Beichte ihres Mannes und durch dessen Trennungsabsicht ihre Welt zusammengebrochen. In seinem Beruf hatte Mommsen immer wieder die Erfahrung gemacht, dass Menschen in der Lage sind, ihr Leben auch im Unglück einzurichten. Die Vertrautheit mit ihren unglücklichen Lebensumständen erscheint ihnen erträglicher als die Ungewissheit eines Ausbruchs aus ihren Verstrickungen. Er nahm sich vor, in seinem Handbuch zur Kriminalpsychologie unter dem Stichwort ‚Masochismus' nachzuschlagen. Aber wenn das Unglück eines Menschen eine neue Dimension annahm – wie bei Isabell Viets – wäre er dann nicht doch zu einer Gewalttat fähig?

Mommsen riss sich aus seinen schweifenden Gedanken heraus und griff zum Telefon, um beim Staatsanwalt einen Durchsuchungsbeschluss für die Ferienwohnung des Opfers sowie für dessen Haus und Praxisräume anzufordern. Dann holte auch er sich eine Tasse Kaffee. Warum hatte Isabell Viets nicht gefragt, auf welche Weise ihr Mann umgekommen war? Könnte sie ihren Mann getötet haben? Aber sie hatte behauptet, dass sie am Todestag ihres Mannes, dem 25. Mai, gar nicht mehr auf der Insel gewesen sei. Wäre sie überhaupt körperlich in der Lage, die Leiche an den etwas unzugänglichen Fundort zu transportieren? Hatte sie ein Auto zur Verfügung? Es gab noch eine Menge zu ermitteln.

***

Veronika Kollund hatte gerade die Eigentümer des Neubaus einer komfortablen Doppelhaushälfte in Toftum verabschiedet, der in Kürze fertiggestellt sein würde. Mit dem Auftrag für die Raumausstattung konnte sie zufrieden sein. Während sie den Handwerkern zusah, die das letzte Fenster des Wohnzimmers einsetzten, überdachte sie, warum ihr Ex-Mann Jean ihre Tochter Netta zu einer Segeltour eingeladen hatte. Normalerweise unternahm er solche Ausflüge mit seinen ‚Gespielinnen', wie sie seine jeweiligen Freundinnen in ihren Selbstgesprächen nannte, nicht mit seiner Tochter. Jeans Kontakte zu Netta beschränkten sich meist darauf, diese während seiner Aufenthalte auf Föhr auf ein Eis auf dem Sandwall oder ein Abendessen in einem Restaurant einzuladen. Der letzte Besuch Nettas bei Jean in Lübeck – Weihnachten vor drei Jahren – hatte in einem Fiasko geendet. Netta hatte seine damalige Freundin nicht leiden können und war unausstehlich geworden, wie sie selbst später ihrer Mutter gestand. Wie war Jean nur auf die Idee gekommen, mit ‚Gespielin' und pubertierender dreizehnjähriger Tochter gemeinsam ein besinnliches Weihnachtsfest feiern zu können? Gut, der Segelausflug sollte diesmal ohne ‚Gespielin' stattfinden. Aber was hatte Jean mit dieser plötzlichen Einladung im Sinn? Ihr fiel wieder das Interesse des Maklers an ihrem Haus ein, der vor einiger Zeit Netta ausgefragt hatte.

Veronika schaute auf die Uhr. Wo blieb Björn nur? Er wollte sie um 18:00 Uhr hier am Neubau abholen. Gut, es war gerade 18:00 Uhr. Björn Lammers hatte ihr vorgeschlagen, auf ihre Urlaubsreise nach Norwegen Netta mitzunehmen und die Reise daher in die Herbstferien zu legen. Veronika wusste immer noch nicht, ob sie diesen Vorschlag begrüßen sollte. Welche Sechzehnjährige ist schon damit einverstanden, mit ihrer Mutter und deren Freund in den Urlaub zu fahren? Vor allem dann, wenn dabei auch noch anstrengende Bergwanderungen drohen? Aber ihre Tochter war von dem Vorschlag fast schon begeistert gewesen. Veronika freute sich, dass Netta und Björn im letzten Jahr ein recht kameradschaftliches Verhältnis zueinander entwickelt hatten. Nettas Engagement bei „Fridays for Future“ und Björns Naturschutzaktivitäten schienen dafür eine gute Basis zu sein.

***

Als Mommsen und Lürrsen kurz vor 12:00 Uhr bei Isabell Viets in deren Ferienwohnung ankamen, saß diese mit Caroline Hositz bei einem Tee im Wohnzimmer zusammen. Zunächst hatte Isabell Viets nur einsilbig auf Carolines Fragen reagiert. Als sie aber bemerkte, dass es sie erleichterte, ihren Kummer und ihre Verstörtheit einer verständnisvollen Geschlechtsgenossin zu offenbaren, war sie sehr gesprächig geworden. Sie breitete die ganze Geschichte ihrer enttäuschenden Ehe vor Caroline Hositz aus.

Bei der Ankunft ihrer Kollegen hielt Caroline mit einer versteckten Geste Mommsen davon ab, seinerseits eine weitere Befragung von Isabell Viets zu beginnen. Er winkte ihr nur zu, das Gespräch fortzusetzen, und machte sich mit Lürrsen daran, die anderen Räume der Wohnung zu durchsuchen. Isabell Viets hatte nach ihrer Rückkehr auf die Insel die ganze Wohnung offensichtlich aufgeräumt und geputzt. Spuren einer tätlichen Auseinandersetzung oder eines Einbruchs waren nicht zu finden. Da die Tatwaffe bisher noch nicht aufgetaucht war, durchsuchte Lürrsen die Küche nach Hinweisen, ob ein Messer mit schmaler Klinge vorhanden gewesen war, das jetzt fehlte, aber ohne Ergebnis.

Mommsen und Lürrsen kehrten in das Wohnzimmer zurück, in dem Isabell Viets` Gesprächsfluss inzwischen ausgedünnt war. Auf Mommsens Frage nach einem Laptop zeigte sie auf den Wohnzimmerschrank, in dem Lürrsen fündig wurde. Als er den Laptop fragend hochhielt, nickte sie.

„Ja, das ist Wolfgangs. Damit konnte er sich stundenlang beschäftigen.“

„Den müssen wir für unsere Ermittlungen mitnehmen.“

Lürrsen wandte sich an Isabell Viets. „Kennen Sie das Passwort?"

„Nein, das hat er mir nie gesagt. Jetzt weiß ich auch warum. Früher dachte ich, wir hätten keine Geheimnisse voreinander und habe mich deshalb auch nicht dafür interessiert. Wie blöd war ich nur."

„Was ist mit dem Smartphone Ihres Mannes? Nahm er das immer mit sich?" Lürrsen wollte gründlich sein.

„Ja, das hat er immer behütet wie seinen Augapfel. Haben Sie das nicht bei ihm gefunden?"

Lürrsen schüttelte den Kopf.

Caroline Hositz stand auf. Mommsen nahm das als Hinweis, dass sie sich jetzt von einer weiteren Befragung keine neuen Informationen versprach. Er erhob sich daher ebenfalls und bat Isabell Viets, die Insel nicht zu verlassen. Dann verabschiedete er sich von ihr, nachdem er sich versichert hatte, dass sie ihre Schwester bitten wollte, nach Föhr zu kommen und ihr Beistand zu leisten.

***

Die Sonnenstrahlen, die sich durch einen Spalt zwischen den Vorhängen ins Schlafzimmer schlichen, hatten Hildegard Stiller schon am frühen Samstagmorgen aus einem unruhigen, immer wieder von quälenden Wachphasen unterbrochenen Schlaf aufgeweckt. Sie fühlte sich wie zerschlagen. Da es Jean Kollund an Wochenenden liebte, lange zu schlafen und den Vormittag entspannt zu verbringen, hatte sie sich zu einer Joggingrunde an den Utersumer Strand entschlossen. Hildegard versprach sich von dem Wind am Strand, der gegen Morgen aufgefrischt war, und von der Einsamkeit des frühen Tages, dass diese die Unruhe verscheuchen würden, die sich seit einiger Zeit in ihr eingenistet hatte. Schon nach kurzer Zeit fühlte sie sich freier und registrierte, dass auch ihr Laufstil lockerer geworden war.

Auf dem Rückweg besorgte sie frische Brötchen und den „Inselboten". Noch vor dem Duschen blätterte sie bei einer ersten Tasse Kaffee die Inselzeitung durch. Auf den Seiten der Föhr/Amrumer Nachrichten stieß sie einen Aufruf der Föhrer Polizei, der von einer unbekannten männlichen Leiche am Rande der Godelniederung berichtete und um Hinweise zur Identität des Toten bat. Sie las den Aufruf noch ein zweites Mal durch. Könnte es sich bei dem Toten um den Wolfgang Viets aus dem Erpresserschreiben handeln? Wenn das Erpresserschreiben doch kein Dummer-Jungen-Streich war?

Als kurz darauf Jean Kollund aus dem Badezimmer kam, reichte sie ihm – mit der Aufforderung: „Lies das mal durch" – die Zeitung und goss ihm auch eine Tasse Kaffee ein.

Nachdem er den Text überflogen hatte, schaute er zu ihr auf. „Du meinst, das könnte dieser Wolfgang Viets sein?"

„Ich weiß nicht. Gestern habe ich noch unseren Personalchef angerufen. Ein Wolfgang Viets hat in unserer Firma nie gearbeitet. Und mir ist der Name immer noch unbekannt. Hast du dich inzwischen an ihn erinnert?"

„Nein, ich bin sicher, mit dem habe ich noch nie etwas zu tun gehabt. Meinst du, wir sollten uns bei der Polizei melden?"

Hildegard Stiller überlegte kurz. „Ja, ich glaube, es ist besser. Wenn die ermittelnden Beamten von dem Erpresserschreiben erfahren, sieht es schlecht aus, wenn wir das verschwiegen hätten. Ich werde mich jetzt erst duschen. Danach frühstücken wir noch und dann werde ich die Polizei unter der angegebenen Nummer anrufen."

***

Am Freitagabend traf Sanna Goltz – wie schon am Nachmittag im Büro verabredet – pünktlich um 20:00 Uhr vor dem Haus von Hugo Majol ein. Da sie sichergehen wollten, dass niemand etwas vom Inhalt ihres Gespräches erfahre, hatten sie sich in der Privatwohnung von Majol verabredet. Mit gewohntem Schwung eilte sie die wenigen Stufen bis zum Eingang empor und klingelte ungeduldig an der Haustür. Als Majol sie hereinbat, eilte sie ihm zielsicher ins Wohnzimmer voraus. Bevor er ihr einen Platz anbieten und sie nach ihrem Getränkewunsch fragen konnte, begann sie erregt zu sprechen.

„Hugo, ich hatte Recht, Jean plant uns zu hintergehen."

„Sanna, nun setz dich erst einmal. Was möchtest du trinken? Soll ich dir einen Cocktail mixen?“

„Nein, ich brauche was richtig Starkes. Du hattest doch immer diesen alten Rum aus Barbados ... also, Sven Werner hat Jeans Passwort geknackt und ist in seinen Computer …“

„Stopp! … Sanna, wir haben Zeit. Hier, trink erst einen Schluck und dann ganz in Ruhe noch einmal von vorn.“

Sanna Goltz ließ sich beruhigen. Sie konnte sogar den leichten Vanillehauch des Rums würdigen, bevor sie noch einmal begann.

„Also ich habe mit Sven Werner gesprochen. Er muss in erheblichen Geldschwierigkeiten sein, denn er war mit meinem ersten Angebot gleich einverstanden. Da Jean ja immer noch auf Föhr ist, hatte Werner leichten Zugang zu dessen Computer hier in der Firma. Er hat drei Entwürfe eines Vertrages zwischen Jean und ‚Morgan Laboratories‘ gefunden und ausgedruckt.“ Sie kramte in ihrer Handtasche und reichte Majol mehrere ausgedruckte Seiten. „Der letzte scheint nun unterschriftsreif zu sein. Jean verkauft seine gesamten Anteile für einen zweistelligen Millionenbetrag an ‚Morgan‘.“

Majol winkte ihr, mit ihren Ausführungen einzuhalten und las die Papiere durch. Dann wandte er sich ihr wieder zu. „Wenn das so abläuft, übernimmt ‚Morgan Laboratories‘ das Unternehmen und wir sind raus. Und Morgan ist dann in der Lage, unsere Anteile für ein Almosen zu übernehmen.“ Er schaute Sanna Goltz fragend an. „Was ist zu tun?“

„Das müssen wir unbedingt verhindern. Jean darf das nicht unterschreiben.“

„Wie willst du das anstellen? Willst du mit Jean reden und den Kaufpreis von ‚Morgan‘ überbieten?“

„Du weißt doch selbst, dass wir das Geld dafür nicht zusammenbekommen. Und Jean wirkt ganz gesund, er wird uns nicht den Gefallen tun und vorher sterben.“

„Nein, solche Zufälle gibt es nicht. Ich habe einen alten Schulfreund, der ist Rechtsanwalt mit Schwerpunkt Wirtschaftsrecht. Ich könnte den die rechtliche Seite der Situation noch einmal prüfen lassen. Aber viel verspreche ich mir nicht davon."

Sanna Goltz schien nicht zugehört zu haben. Majol fragte daher nach: „Sanna, hörst du mir eigentlich zu?"

„Ja doch. Aber wenn es solchen Zufall doch gäbe?"

„Willst du etwa dem Zufall nachhelfen?"

„Hugo, es geht für uns ums Überleben unseres Lebenswerks."

„Du meinst …? Nein, das ist nicht dein Ernst."

***

Als Mommsen und Lürrsen nach der Befragung Isabell Viets wieder auf die Wache zurückkamen, trafen sie Friedrichsen in einem irritierten Zustand an. Noch auf dem Weg zu ihren Plätzen rief er ihnen zu: „Habt ihr die beiden gesehen, - das Paar, das gerade rausgegangen ist?"

„Welches Paar? Das war wohl schon weg, wir sind niemandem begegnet."

Lürrsen schaute Friedrichsen erstaunt an. Sein Kollege ließ sich nur selten aus der Ruhe bringen. „Was ist mit denen?"

„Die werden erpresst. Hier, das Schreiben haben sie gestern bekommen. Lies mal durch." Friedrichsen reichte Lürrsen ein Schreiben nebst Umschlag in einer Plastikhülle. „Vorsicht, vielleicht sind Fingerabdrücke drauf."

Lürrsen strich die durchsichtige Hülle glatt, so dass er die Schrift entziffern konnte und las laut vor: „Deponiere am 24. Mai um 23:00 Uhr 200.000,- Euro in einer Plastiktüte hinter dem Aushang der Touristik-Information am Haus des Gastes in Utersum, sonst wird Wolfgang Viets am 25. Mai sterben!"

Lürrsen kommentierte diese Überraschung mit einem lauten „Das darf doch nicht wahr sein!" und übergab Mommsen das Schreiben. Dem schien es zunächst die Sprache verschlagen zu haben. Er las es schweigend noch einmal durch.

„Friedrichsen, warum haben Sie die beiden wieder gehen lassen?“

„Die sind einfach wieder gegangen. Ich konnte die ja nicht in Arrest nehmen. Ich habe aber ihre Personalien und ihre Adresse.“ Friedrichsen schaute etwas schuldbewusst, blickte auf seinen Notizblock und las vor: „Dr. Jean Kollund und Hildegard Stiller. Er ist Geschäftsführer eines großen medizinischen Labors mit vielen Niederlassungen. Sie arbeitet auch in der Firma, sie ist dort so eine Art Rechtsanwältin. Ihm gehört ein Ferienhaus in Utersum. Ich kenne das, ein ganz ansehnliches Haus.“

„In welchem Verhältnis stehen die zu Wolfgang Viets?“ Mommsen hatte seine Sprache wiedergefunden.

„Das ist es ja gerade, in gar keinem, - weder beruflich noch privat. Die kennen keinen Wolfgang Viets.“

Mommsen überlegte nicht lange. „Henning, du weißt, wo das in Utersum ist? Da müssen wir gleich dranbleiben. Komm!“

Als die beiden Beamten kurze Zeit später an Kollunds Haus in Utersum ankamen, öffnete ihnen eine attraktive, sportlich gekleidete Frau von etwa 35 - 40 Jahren die Tür, die sich als Hildegard Stiller vorstellte. Auch Mommsen stellte sich und seinen Kollegen vor. Offensichtlich waren sie erwartet worden, denn sie führte sie sofort ins Wohnzimmer, wo Jean Kollund sie begrüßte.

„Sie kommen sicher wegen des Erpressungsschreibens. Wie ich Ihrem Kollegen auf der Wache bereits sagte, weder Frau Stiller noch ich kennen einen Wolfgang Viets. Daher gingen wir beide auch von einem dummen Streich aus, als wir das Schreiben fanden. Erst als Frau Stiller heute im Inselboten Ihren Aufruf zur Identifizierung einer Leiche las, wurde uns bewusst, dass da vielleicht mehr dran sein könnte. Dann haben wir uns gleich bei Ihnen gemeldet. Von Ihrem Kollegen hörten wir bereits, dass die Frau des Opfers schon Kontakt zu Ihnen aufgenommen hat. Also, wenn Sie Fragen an uns haben, wir stehen selbstverständlich zur Verfügung.“

Kollund bot ihnen mit einer Geste an Platz zu nehmen. „Darf ich Ihnen einen Kaffee anbieten?"

„Nein, danke." Mommsen winkte ab. „Wir wollen Sie nicht länger als nötig aufhalten. Also, … Ihnen beiden ist Wolfgang Viets unbekannt. Wann haben Sie das Schreiben bekommen?"

Hildegard Stiller übernahm es zu antworten. „Wir sind am Freitag von der Beerdigung meiner Großmutter in Soltau zurückgekommen. Die Beisetzung fand am Donnerstag statt. Am Montag waren wir bereits von hier aus nach Soltau gefahren. Nach unserer Rückkehr fanden wir das Erpresserschreiben im Briefkasten vor. Da es keine Briefmarke und keinen Poststempel trug, muss es persönlich zugestellt worden sein."

„Dann ist der Brief zwischen Montag, dem 23. und Freitag, dem 27. Mai abgegeben worden." Mommsen machte sich eine Notiz. Dann wandte er sich an Kollund. „Kennen Sie jemanden, der auf die Idee kommen könnte, Sie zu erpressen?"

„Ich bin zwar Teilhaber eines gut gehenden Unternehmens, aber ich habe mir nichts zu Schulden kommen lassen, was eine Erpressung ermöglichen könnte." Dann mit einem charmanten Lächeln: „Nicht einmal Steuerhinterziehung. Aber selbst unter meinen geschäftlichen Konkurrenten weiß ich keinen, der zu einer solchen sinnlosen Tat fähig ist."

„Und in Ihrem privaten Leben?"

Kollund schüttelte den Kopf. „Nein, auch da nicht."

Mommsen hätte ihn gerne nach möglichen familiären Verstrickungen oder Liebesbeziehungen weiter befragt. Solange er sich aber über die Beziehung Kollunds zu Hildegard Stiller im Unklaren war, wollte er in deren Beisein diese Themen nicht zur Sprache bringen. Er rechnete damit, keine belastbaren Aussagen von Kollund zu bekommen. Daher verschob er diese Themen auf eine spätere Gelegenheit.

Nach einer kleinen Pause fuhr Kollund nachdenklich fort. „Aber dennoch, es ist schon merkwürdig, dass ein Erpresser mit dem Tod eines

Menschen zu einem bestimmten Zeitpunkt droht und dieser Mensch zum angekündigten Zeitpunkt ermordet wird, bevor die Forderung des Erpressers erfüllt wurde. Aber warum nur? Eine Erpressung unter diesen Voraussetzungen ist doch völlig unrealistisch. Aber der Tod von Wolfgang Viets ist real."

„Und genau das ist unser Problem." Mommsen nahm den Gedankengang Kollunds auf. „Warum bringt der Täter, der Viets ermordet hat, Sie ins Spiel, indem er Sie zu erpressen versucht? Der rechnet doch nicht ernsthaft damit, von dem Geld etwas zu sehen. Worum geht es dem?" Nach einem kurzen Nachdenken fuhr er fort. „Auch den Zeitablauf der Erpressung verstehe ich nicht. Der Erpresser war wahrscheinlich über Ihre Reise zur Beerdigung informiert. Warum dann der Mord an Viets am Mittwoch, bevor Sie am Freitag wieder zurück auf der Insel waren, - also bevor Sie das Schreiben überhaupt zur Kenntnis nehmen konnten?"

Dann wandte sich Mommsen an Hildegard Stiller. „Ist Ihnen etwas eingefallen, was uns weiterhelfen könnte?"

„Nein, leider. Ich habe mir schon die ganze Zeit den Kopf zerbrochen, mir ist niemand eingefallen, dem ich solch eine Tat zutrauen würde. Ich habe mich auch in der Firma erkundigt, ein Wolfgang Viets war nie bei uns beschäftigt."

Mommsen schwenkte den Blick von Stiller zurück zu Kollund. „Haben Sie hier auf Föhr Kontakt zu Leuten, die Anlass hätten, Sie zu erpressen? Der Verfasser des Schreibens kennt sich auf der Insel aus, wie seine Ortsangaben belegen. Er wusste ja auch, dass Sie zum Zeitpunkt der persönlichen Zustellung des Schreibens nicht zu Hause sein würden."

„Von unserer Reise nach Soltau wusste Sönke Schmieder, mein Nachbar zur Rechten. Und natürlich die Firma, die die Haus- und Grundstücksbetreuung übernommen hat. Wir sind ja nur einige Wochen im Jahr hier. Aber die werden mich sicher nicht erpressen, schon gar nicht in so einer naiven Weise."

„Solange wir nicht wissen, was der Verfasser des Erpressungsschreibens damit eigentlich bezweckte, würde ich nicht von Naivität reden."

Mommsen wollte noch keine voreiligen Schlüsse gelten lassen.

Bevor die Beamten sich verabschiedeten, ließ sich Lürrsen noch Namen und Kontaktdaten der Betreuungsfirma geben.

Auf der Rückfahrt zur Polizeiwache kam Lürrsen auf das Gespräch mit Stiller und Kollund zurück. „Ludwig, das mit der Erpressung hätten wir schon heute früh wissen sollen. Dann hätten wir Isabell Viets bereits fragen können, ob ihr Mann Kontakt zu Kollund hatte. Dumm gelaufen. Aber, sind das nun zwei Fälle oder einer? Ist Viets ermordet worden, um der Erpressung Nachdruck zu verleihen? Durch die Ermordung von Viets hat der Erpresser jedoch sein Druckmittel aus der Hand gegeben. Aber wenn Kollund den Viets nicht kannte, war die Drohung gegen Viets ohnehin kein Druckmittel gegen Kollund. Oder hat der Mörder die Erpressung nur vorgetäuscht, um eine falsche Spur zu legen?“

„Aber warum legt der Mörder eine falsche Spur in Form einer solch unsinnigen Erpressung? Wenn er nur ein bisschen Grips hat, weiß er doch, dass wir schnell dahinter kommen, dass Viets und Kollund keinen Kontakt miteinander hatten. Allerdings … hm … wenn es doch eine Beziehung zwischen ihnen gegeben hat? Henning, wir haben noch viel zu überprüfen.“

„Bei wem? Viets oder Kollund?“

„Bei beiden, Henning, bei beiden.“

***

„Mama, warum soll ich denn nicht am Sonntag mit Papa segeln gehen? Seine Freundin muss wegen irgendwelcher Steuersachen nach Lübeck. Vielleicht ist das in diesem Jahr die einzige Gelegenheit, zu der wir eine solche Tour rund um Amrum ohne die blöde Tussi machen können. Und der Wetterbericht hat tolles Segelwetter vorausgesagt.“

Veronika Kollund hatte ihrer Tochter Netta den gemeinsamen Segelausflug mit ihrem Ex-Mann mit der Begründung untersagt, dass dieser die Einladung zu kurzfristig ausgesprochen hätte und dass am nächsten Montag eine schwierige Matheklausur in der Schule anstünde. Dafür müsse Netta das ganze Wochenende lernen. Doch Netta gab nicht auf und fiel ihrer Mutter mit ihrer Quengelei schon seit Freitag auf die Nerven.

Veronika Kollund gönnte ihrer Tochter den Ausflug, war aber hart geblieben, da Nettas Schulnoten Anlass zur Sorge gaben. Und die Begegnung mit dem Makler vor ihrem Haus hatten Veronikas Misstrauen in die Absichten ihres Ex-Mannes verstärkt. War Jean auf der Suche nach Gründen, sich seinen Pflichten gegenüber Netta zu entziehen? Nettas Zukunft war durch ihr Wohnrecht in ihrem Haus in Oldsum und durch Jeans Testament, das Netta zur Erbin des Hauses machte, abgesichert. Wollte er auf Netta Einfluss nehmen, um sich seinen Pflichten zu entziehen? Aber wie? Veronika hielt es für das Beste, Nettas Kontakt zu Jean Kollund eine Zeitlang zu unterbinden.

***

Als Benno Thomsen am Sonntagmorgen in die Küche kam, hatte seine Freundin Bentje Stamm schon den Frühstückstisch gedeckt. Bentje arbeitete als Kundenbetreuerin bei der Agentur 'Zumlage', die auf Föhr Ferienhäuser und -wohnungen für deren Eigentümer betreute und bei Bedarf auch vermietete. Benno und Bentje hatten für diesen Sonntag einen Ausflug mit der Fähre nach Amrum geplant. Da die Fähre erst um 10:35 Uhr von der Wyker Mole in Richtung Wittdün ablegte, konnten sie ihr Frühstück in Ruhe genießen.

Während Benno sich sein Rührei auf den Teller schaufelte, fiel ihm wieder die Frage ein, die er seiner Freundin schon am Abend zuvor hatte stellen wollen. Da sie am Samstagabend bei Bentjes Bruder zur Geburtsfeier eingeladen waren, hatte er sie im Trubel des lustigen Abends wieder vergessen.

„Was ich dich schon gestern fragen wollte: warum musstest du denn gestern noch einmal so dringlich in die Firma? Die Wochenenden im Mai bleiben doch immer von solchen unvorhergesehenen Arbeitseinsätzen verschont."

„Ich weiß nicht, was da so wichtig war. Es ging um das Ferienhaus von dem Kollund, du weißt, das in Utersum. Die Polizei war da und wollte wissen, wann das Haus in der letzten Woche belegt war, wer da wohnte, ob wir jemanden gesehen hätten. Und da der Kollund zu meinen Kunden gehört, haben sie mich auch befragt. Ich konnte denen aber nicht viel dazu sagen. Wir hatten den Auftrag, im Haus eine Grundreinigung durchzuführen, solange Kollund und seine Freundin zu einer Beerdigung weg waren. Ich habe das Haus danach abgenommen, da war alles in Ordnung. Gesehen habe ich aber niemanden, nur unsere eigenen Leute."

„Warum wollte die Polizei das alles wissen?"

„Ich habe keine Ahnung, dazu haben die nichts gesagt."

„Aber die Eigentümer sind wieder zurück? Ist denn da eingebrochen worden? Es muss doch einen Grund geben, aus dem die Polizei hinzugezogen worden ist."

„Kollund und seine Freundin haben sich bei der Polizei gemeldet. Also sind die schon wieder auf Föhr. Die Befragung war in unserer Firma, nicht in dem Haus von Kollund. An einen Einbruch glaube ich nicht, dann hätten die uns sicher in das Haus von Kollund bestellt."

Benno Thomsen ließ das Thema fallen und widmete sich seinem Frühstück.

***

Als das Telefon schrillte, fühlte sich Veronika Kollund gestört. Sie hatte das gemütliche Frühstück mit Björn Lammers am Sonntagvormittag genossen. Netta war schon früh zu einer Freundin abgehauen, - unter dem Vorwand für die Matheklausur zu lernen. Als besonders störend empfand sie den Anruf, als sie die Stimme Jean Kollunds vernahm.

„Veronika entschuldige, dass ich dich am heiligen Sonntag belästige." Seine ironische Ader hatte ihr schon während ihrer Ehe manches Mal die Stimmung verdorben. „Ich habe nur eine kurze Frage: kennst du einen Wolfgang Viets?"

Veronika war verwirrt. „Wer soll das sein? … Nein, kenne ich nicht. Warum fragst du nach ihm?"

Jean Kollund erläuterte ihr kurz, dass er einen Erpresserbrief mit einer Todesdrohung gegen Viets erhalten habe, den er ebenfalls nicht kenne. Viets sei als Mordopfer von der Polizei in der Godelniederung aufgefunden worden. Deshalb habe die Polizei ihn vernommen.

„Hattest du denn die Polizei hinzugezogen, als du den Erpresserbrief erhalten hast?“

„Nein, wir kannten diesen Viets überhaupt nicht, weshalb sollten wir die Polizei benachrichtigen?“ Als Veronika das „wir“ hörte, verzog sie leicht den Mund, als wäre ihr eine übel schmeckende Flüssigkeit über die Zunge gelaufen.

„Und wie ist die Polizei auf dich gekommen?“

„Als uns in dem 'Inselboten' der Bericht über einen Leichenfund auffiel, haben wir uns gemeldet.“

„Aber warum fragst du bei mir an, ob ich diesen Viets kenne?“

„Nur sicherheitshalber, wenn ich den Kontakt mit einem Viets vergessen habe, könntest du dich vielleicht erinnern, ob wir in unserer gemeinsamen Zeit Kontakt zu einem Viets gehabt hatten.“

Veronika versicherte noch einmal, keinen Wolfgang Viets zu kennen. Bevor sie auflegen konnte, fuhr Kollund fort: „Wir müssen uns einmal in Ruhe über Netta unterhalten, solange ich noch auf der Insel bin. Ich rufe dich in den nächsten Tagen an, um einen Termin mit dir zu vereinbaren.“ Dann legte er auf, ohne ihre Antwort abzuwarten.

Björn Lammers war aufmerksam dem Anteil des Gesprächs gefolgt, den Veronika bestritten hatte. Die Informationen, die ihr Ex-Mann gegeben hatte, fasste sie kurz zusammen. Jeans Verlangen, über Netta zu sprechen, erwähnte sie allerdings nicht.

Björn hörte genau zu. „Also Jean Kollund wird erpresst? Mit der Todesdrohung gegen einen Mann, den er nicht kennt? Wer hat denn Grund, ihn unter Druck zu setzen?“

„Ja, das ist Quatsch, Jean würde 200.000,- Euro nicht einmal für einen Mann hinlegen, den er kennt. Erst recht nicht, wenn der ihm völlig unbekannt ist."

„Das ist schon klar. Also muss es einen anderen Grund geben, ihn unter Druck zu setzen."

„Was sollte das sein? Sein Unternehmen läuft gut, er ist viel zu schlau, sich erpressbar zu machen. Höchsten durch eine seiner 'Gespielinnen', die er abserviert hat. Aber was hätte die gegen ihn in der Hand? Er ist nicht mehr verheiratet, er kann so viele Verhältnisse haben, wie er will, wie soll er da erpressbar sein?"

***

Als Mommsen am Montagmorgen auf die Polizeiwache am Wyker Hafen kam, traf er Lürrsen und Friedrichsen an, die sich beide in Phantasien überboten, um einen Zusammenhang der Fälle Kollund und Viets zu konstruieren. Er machte der Gedankenspielerei ein Ende und legte ein Papier auf den Tisch, auf dem er am Sonntag einen Plan für die nächsten Ermittlungsschritte entworfen hatte. Caroline Hositz war am Samstag auf das Festland gefahren, um den Sonntag zu Hause zu verbringen. Mommsen hatte ihr daher zugestanden, erst am Montag mit der Fähre auf die Insel zurückzukommen, die um 9:55 Uhr an der Wyker Mole ankam.

Auf dem Papier hatte Mommsen die Stichworte unter den beiden Rubriken Todesfall W. Viets und Erpressung J. Kollund sortiert. Das erste Stichwort zum Todesfall W. Viets war „Todesursache/Gerichtsmedizin". Mommsen wollte endlich Ergebnisse der Obduktion von Wolfgang Viets auf dem Tisch haben, die er dringend benötigte. Das zweite Stichwort in der Rubrik war „Private und wirtschaftliche Situation W. Viets". Hierzu würden die Kollegen in Bargteheide, dem Heimatort des Opfers, Amtshilfe leisten müssen. Das dritte Stichwort war schließlich „Viets: Umfeld Föhr".

In der Rubrik Erpressung J. Kollund waren „Berufliches Umfeld Kollund", „Privates Umfeld Kollund", „Hildegard Stiller" und „Kollund: Umfeld Föhr" notiert. Mommsen rechnete mit der Möglichkeit, dass sich ein erfolgreicher Unternehmer wie Kollund in seiner beruflichen und wirtschaftlichen Karriere Feinde gemacht haben könnte, die ihn ernsthaft unter Druck setzen bzw. für vermeintliches

Unrecht Rache üben wollten. Aus seiner kurzen persönlichen Begegnung mit Kollund hat er den vagen Eindruck mitgenommen, dass dieser – Mommsen überlegte kurz – ein „bewegtes Privatleben“ gehabt haben könnte.

Mommsen reichte das Papier Lürrsen und Friedrichsen rüber. „Überlegt einmal, ob ihr was ergänzen wollt. Wenn Caro gleich kommt, wollten wir besprechen, wie wir die Aufgaben aufteilen.“

Nach einem ersten Überfliegen des Papiers äußerte sich Lürrsen als erster. „Zum Hinweis 'Kollund: Umfeld Föhr': Wir sollten auf jeden Fall noch einmal mit den Reinigungskräften der Firma reden, die sein Haus betreut, der Firma 'Zumlage'. Die Befragung am Samstag hatten wir auf Auffälligkeiten in der letzten Woche beschränkt. Das war recht oberflächlich. Wenn die schon länger in Kollunds Haus arbeiten, haben die vielleicht mehr Persönliches oder Intimes mitbekommen. Mich würde schon interessieren, in welchem Verhältnis Kollund und die Stiller zueinander stehen.“

„Aber der Kollund hat nicht nur auf Föhr ein Privatleben. Auch an seinem Wohnort.“ Friedrichsen wollte noch mehr wissen.

Als kurz darauf Caroline Hositz eintraf, reichte Lürrsen auch ihr das Papier. Da Friedrichsen sich für die Kaffeemaschine der Wache verantwortlich fühlte, war er dieser Aufgabe bereits zu Dienstbeginn nachgekommen und konnte der Runde Kaffee einschenken. Als Caroline den Ermittlungsplan durchgelesen hatte, bat Mommsen um Aufmerksamkeit.

„Caro, hast du noch Ergänzungen?“

„Zum Thema 'Privates Umfeld Viets' sollten unsere Kollegen in Bargteheide auch mit seinem Seitensprung, dieser Jutta Blatter, sprechen. Ein augenfälliges Motiv für den Mord an Viets scheint sie nicht zu haben, aber wir sollten sie nicht außer Acht lassen. Ich werde noch versuchen, ob ich mit den Fotos der Reifenspuren am Fundort in der Godelniederung den Wagentyp ermitteln kann.“

Mommsen nickte und ergänzte seine Notizen. „Gut, übernimmst du dann bitte den Kontakt zu den Kollegen in Bargteheide? Wir brauchen so viele Informationen über das Opfer, wie wir nur kriegen können. Sie sollen auch die Nachbarn der Familie Viets befragen. Wir haben am Samstag den Laptop von Viets sichergestellt. Henning hat den in Verwahrung. Wir sind aber nicht an das Passwort herangekommen. Versuche du es bitte noch einmal, du kennst dich damit besser aus als wir."

Dann wandte er sich an Lürrsen und Friedrichsen. „Henning, wie viel Zeit könnt ihr beide für unsere Ermittlungen aufbringen?"

„Ich könnte mich in den nächsten Tagen weitgehend für euch zur Verfügung halten. Friedrichsen ist überwiegend durch die Aufgaben hier im Revier gebunden."

„Gut, kannst du dann die nochmalige Befragung des Personals der Fa. 'Zumlage' organisieren, also der Leute, die Kollunds Haus betreuen? Am besten noch heute."

Lürrsen schaute auf. „Das sollten wir hier auf der Wache machen. Dort in der Firma haben wir nicht die notwendige Ruhe."

„O.k.! Ich werde mich jetzt erst einmal mit der Gerichtsmedizin in Verbindung setzen. Donnerstag haben wir die Leiche nach Kiel bringen lassen und heute, am Montag, wissen wir immer noch nicht, wie Viets zu Tode gekommen ist. Wie sollen wir da zielgerichtet ermitteln?" Mommsen klang entrüstet.

Ein Anruf bei der Gerichtsmedizin brachte noch keine Aufklärung. Das Sekretariat konnte Mommsen nicht mit dem zuständigen Gerichtsmediziner verbinden, da dieser zurzeit gerade die Obduktion von Wolfgang Viets vornahm und daher nicht gestört werden wollte. Die Sekretärin sagte ihm jedoch zu, ihn baldmöglichst über das Ergebnis zu informieren.

Mit unterdrückter Erbitterung griff Mommsen erneut zum Telefon und rief einen Kollegen im Dezernat für Wirtschaftskriminalität in Lübeck an, den er erst kürzlich bei einem Fortbildungsseminar wieder getroffen hatte.

„Hallo Sebastian, Ludwig Mommsen hier. Du hast wohl nicht gedacht, dass du so bald schon wieder von mir hörst. Ich rufe dich von Föhr an. Ich brauche deine Hilfe. Es geht um eine - evtl. fingierte – Erpressung und einen Mord hier auf der Insel.“ Mommsen skizzierte ihm kurz die beiden Fälle. „Ich brauche alles über das berufliche Umfeld von Jean Kollund, auch wenn es nur Gerüchte sind. Kollund ist einer der Geschäftsführer der 'Holsatia', eines medizinischen Labors in Lübeck. Aber auch alles, was du über sein Privatleben auftreiben kannst. Ebenfalls über mögliche Kontakte zu Wolfgang Viets. Kollund und seine Freundin leugnen, Viets gekannt zu haben.“ Nachdem der Kollege zugesagt hatte, sich um die Informationen zu bemühen, legte Mommsen auf.

***

Caroline Hositz und Lürrsen machten sich an die Arbeit, während Mommsen sich zum Warten auf den Rückruf des Gerichtsmediziners verurteilt sah. Solche Phasen der Inaktivität setzten ihm immer zu, er fühlte Unruhe in sich aufsteigen. Daher beschloss er, selbst die Befragung der Nachbarn der Ferienwohnung des Ehepaars Viets zu übernehmen. Er rief seinen Kollegen kurz zu, wo er in der nächsten Stunde zu finden sei, und machte sich auf den Weg.

Das Feriendomizil der Familie Viets befand sich im Obergeschoss des Hauses. Dort sah Mommsen, dass das Obergeschoss auf zwei Ferienwohnungen aufgeteilt war. Den Gedanken, auch Isabell Viets nach evtl. Kontakten ihres Ehemannes zu Jean Kollund zu befragen, hatte er verworfen. Er wollte erst alle Informationen über das berufliche und private Umfeld von Wolfgang Viets aus Bargteheide abwarten. Daher klingelte er an der Tür der Nachbarwohnung.

Eine junge Frau mit einem etwa zweijährigen Kind auf dem Arm öffnete die Tür. Mommsen hatte sie wohl bei der Zubereitung des Mittagessens unterbrochen. Als er sich ausgewiesen hatte, bat sie ihn in ein Wohnzimmer, das offensichtlich auch als Spielzimmer des Nachwuchses diente. Mommsen erläuterte ihr, dass er in dem ungeklärten Todesfall ihres Nachbarn ermittle. Auf seine Frage, ob sie in der letzten Woche Auffälligkeiten in der Nachbarwohnung bemerkt hätte, erzählte sie ihm, dass sie und ihr Mann am Dienstag einen heftigen und lauten Streit auf dem benachbarten Balkon gehört hätten. In den folgenden

Tagen sei nichts zu hören gewesen. Am Freitag allerdings habe sie die Frau aus der Nachbarwohnung gesehen, die vor der Tür gestanden und geklingelt hätte. Sie sei drüber verwundert gewesen, dass diese nicht ihren Schlüssel benutzt hätte. Da sich die Ausführungen der Nachbarin mit den Angaben von Isabell Viets deckten, bedankte sich Mommsen und kehrte zur Polizeiwache zurück.

***

Mommsen war kaum an seinen Platz auf der Polizeiwache zurückgekehrt, als sein Smartphone klingelte. Aus der kurzen Begrüßung bekamen seine Kollegen mit, dass sich endlich der Gerichtsmediziner aus Kiel meldete. Mommsen hörte weitgehend nur zu, seine wenigen Zwischenfragen waren kurz. Je länger das Gespräch dauerte, desto verwunderter wurden seine Gesichtszüge. Als er sein Smartphone aus der Hand legte, starrte er nur eine Zeitlang vor sich hin, als hätte es ihm die Sprache verschlagen. Endlich machte sich Caroline Hositz bemerkbar.

„Ludwig, willst du uns nicht daran teilhaben lassen, welches Ergebnis die Obduktion unseres Opfers gebracht hat?“

Mommsen schreckte auf. „Am liebsten nicht! … Also doch … ich meine nur …: das wirft alles über den Haufen! Wolfgang Viets ist gar nicht ermordet worden!“

„Aber er ist doch tot, das haben wir doch alle selbst gesehen.“ Lürrsen schaute verständnislos.

„Ja, sicher, aber nicht ermordet. Todesursache war ein Herzinfarkt. Die Stiche sind ihm erst post mortem beigebracht worden. Wahrscheinlich erst ein bis zwei Stunden nach seinem Tod. Der Gerichtsmediziner schickt uns den genauen Bericht noch zu. Er muss wohl schon länger ein Herzleiden gehabt haben. Bei ihm wurden bei der Obduktion auch Spuren entsprechender Medikamente festgestellt.“

„Aber das Erpresserschreiben hatte doch seine Ermordung für den Todestag angekündigt! Wenn Viets erst ein bis zwei Stunden nach seinem Tod die Stiche erhalten hat, kann er den Infarkt nicht aus Angst vor einem Angriff bzw. vor den Stichverletzungen erlitten haben. Die

Einstiche haben also nichts mit seinem Tod zu tun.“ Caroline versuchte Ordnung in ihre Gedanken zu bringen.

„Ganz recht! Das Ergebnis der Obduktion bringt uns keine Klarheit, sondern macht den ganzen Fall – oder auch die zwei Fälle – nur verworrener. Wir stehen wieder ganz am Anfang, - ach was, wir haben noch nicht einmal einen Anfang. Und wir müssen die verlorene Zeit aufholen … Friedrichsen, nach diesem Schreck könnten wir einen starken Kaffee vertragen.“ Nach einem kurzen Blick auf die Uhr: „Für einen Pharisäer ist es allerdings noch zu früh am Tage.“ Mommsen bemühte sich, durch einen scherzhaften Ton seine Verbitterung in den Griff zu bekommen.

Die Beamten versammelten sich am großen Tisch im Besprechungsraum. Als Friedrichsen die Thermoskanne herumgereicht hatte, holte Mommsen noch einmal tief Luft und schaute aufmunternd in die Runde.

„Also, was haben wir jetzt? Einen Toten, der an einem Herzinfarkt gestorben ist. Der Ort seines Ablebens ist noch unbekannt. Henning und ich haben seine Ferienwohnung hier auf der Insel durchsucht, - allerdings waren wir von einem Mord durch Erstechen ausgegangen. Davon haben wir dort keine Spuren oder Hinweise gefunden. Aber: kann Wolfgang Viets in der Wohnung an einem Herzinfarkt gestorben sein? Das müssen wir noch einmal nachprüfen. Sollte er in der Wohnung verstorben sein, wer hat seine Leiche an den Fundort in der Godelniederung gebracht? Und warum? Dort haben wir wenig Blut gefunden. Da ihm die Stiche erst nach seinem Tod beigebracht worden sind, könnte er auch dort gestorben und später erstochen sein. Das würde auch den geringen Blutverlust am Fundort erklären. Allerdings: wer hätte ein Interesse dran, seinen natürlichen Tod als Mord erscheinen zu lassen? Seine Ehefrau, Isabell Viets, war zu dem Zeitpunkt – nach eigenen Aussagen – nicht auf der Insel. Wenn das überprüft ist, können wir sie streichen.“

Lürrsen unterbrach Mommsens Ausführungen. „Ludwig, mit welchem Delikt haben wir es eigentlich zu tun? Die Stiche waren ja kein Tötungsdelikt.“

„Das muss der Staatsanwalt klären. Vielleicht Störung der Totenruhe? Vortäuschen einer Straftat?“

Lürrsen winkte ab. „Ludwig, mach weiter.“

„Wir müssen auf jeden Fall mehr über das private oder berufliche Umfeld von Viets in Erfahrung bringen.“

„Die Kollegen in Bargteheide sind dran. Sie haben zugesagt, sich zu beeilen“, warf Caroline ein.

„Die sollen auch überprüfen, ob die Geliebte von Viets, diese Jutta Blatter, am Todestag von Viets auf Föhr war. Obwohl ich mir nicht vorstellen kann, warum die eine Ermordung ihres Geliebten vortäuschen sollte.“

Mommsen legte eine kurze Denkpause ein. „Wer könnte ein Interesse nicht nur am Tod von Wolfgang Viets, sondern an seiner Ermordung haben? Hatte er eigentlich eine Lebensversicherung? Aber bei einem natürlichen Tod besteht doch Zahlungspflicht der Versicherung. Nur bei Selbstmord wird die meistens ausgeschlossen. Und die Stiche in seinem Leichnam können ganz sicher keinen Selbstmord vortäuschen. Aber das ergibt auch keinen Sinn.“ Mommsen schüttelte ratlos den Kopf. Dann fuhr er fort. „Seine Ehefrau hatte nach seinem Geständnis des Seitensprungs ein Rachemotiv, aber das wäre wahrscheinlich schon mit seinem Tod aufgrund des Herzinfarktes erloschen. Aber was, wenn der Grund für die Stiche in seine Leiche gar nicht in seiner Person zu suchen ist? Wenn der … wie sage ich: vermeintliche Mörder oder Stecher? – auf die Leiche nur zufällig gestoßen wäre? Aber zu welchem Zweck hätte er diese so zurichten sollen? Damit sind wir wieder bei dem Erpresserschreiben an Kollund.“

Mommsens Kollegen waren seinen Ausführungen konzentriert gefolgt. Als erste führte Caroline Hositz seine Gedanken fort. „Wir waren uns doch einig, dass das Opfer einer Erpressung – in unserem Fall Kollund – durch die Bedrohung eines Menschen, den er nicht kennt, nicht so stark unter Druck gerät, dass er eine riesige Summe wie 200.000,- Euro zahlt. Wenn also der Erpresser oder die Erpresserin nicht ganz blöd ist, kann er oder sie gar nicht ernsthaft mit einem Erfolg der Erpressung Kollunds gerechnet haben. Worauf zielte dann der

Erpresser ab?“ Carolines Frage blieb ohne Antwort im Raum stehen.

***

Als Benno Thomsen am Montagmorgen aufwachte, fühlte er sich wie gerädert. Er war mit seiner Freundin Bentje am Sonntagabend erst mit der letzten Fähre von ihrem gemeinsamen Ausflug nach Amrum zurückgekehrt. Da sie am Wochenende nicht dazu gekommen war, sich um die Schmutzwäsche der vergangenen Woche zu kümmern, hatte Bentje dies direkt nach ihrer Rückkehr nachgeholt, da für beide Montag früh eine arbeitsreiche Woche begann. Benno hatte es sich mit der Wochenendausgabe des 'Inselboten' auf dem Sofa im Wohnzimmer bequem gemacht. Er war am Samstag nicht dazu gekommen, einen Blick hineinzuwerfen.

Als er dann am Sonntagabend die Zeitung durchblätterte, war er auf eine kurze Nachricht gestoßen, die er zweimal durchlas: Leichenfund in der Godelniederung! Thomsen war zufällig auf die knappe Nachricht gestoßen. Leichenfunde unbekannter Identität waren auf der Insel eine seltene Ausnahme und machten im Inselklatsch schnell die Runde. Wahrscheinlich wusste schon ganz Föhr davon. Er würde auf der Arbeit am Montagmorgen sicher weitere Neuigkeiten über den Fall erfahren. Mit Bentje hatte er am Sonntagabend nicht mehr darüber gesprochen, sie hatten den 'Tatort' im Fernsehen angeschaut.

Am Montagmorgen begann die Arbeitswoche für Benno Thomsen recht hektisch: Zwei Mitarbeiter hatten sich krankgemeldet, er musste sich um kurzfristigen Ersatz bemühen. Erst in der verspäteten Frühstückspause gegen 10:00 Uhr machte das Thema des Toten aus der Godelniederung die Runde. Die Meinungen der Kolleginnen und Kollegen im Büro bündelten sich zu der Interpretation, dass es sich um einen Raubmord handeln müsse, da weder Handy, noch Ausweise, noch Geld bei dem Toten gefunden worden waren.

In der Mittagspause lieh sich Benno den 'Inselboten' vom Montag von einem Kollegen aus. In einem kurzen Bericht wurde als Neuigkeit nur erwähnt, dass die Polizei den Toten als einen Feriengast mit Namen Wolfgang Viets aus Bargteheide identifiziert habe.

Die Arbeitsaufgaben des Nachmittags erledigte Benno Thomsen recht unkonzentriert. Als auf einer Baustelle ein Bauarbeiter einen Arbeitsunfall erlitt, musste Benno zum Unfallort hinausfahren, das Unfallgeschehen aufnehmen und den Bericht für die Berufsgenossenschaft erstellen. Er konnte daher erst zwei Stunden verspätet Feierabend machen. Den geplanten Anruf bei Philipp Tersteegen verschob er auf den nächsten Tag.

***

Am Nachmittag erschienen Bentje Stamm mit zwei weiteren Mitarbeiterinnen der Firma 'Zumlage' auf der Polizeiwache. Mommsen und Lürrsen baten sie in den Besprechungsraum.

Lürrsen leitete das Gespräch ein. „Wir haben Sie noch einmal um Ihren Besuch gebeten, da wir nähere Einzelheiten darüber erfahren möchten, wie die Betreuung der Häuser abläuft, für die Sie verantwortlich sind. Seit dem letzten Jahr haben die Einbrüche in Ferienhäuser an der Nord- und Ostseeküste zugenommen. Daher erarbeitet die Polizei ein Konzept zur Vorbeugung. Wir sind Ihnen dankbar, dass Sie sich zur Verfügung gestellt haben, uns dabei zu unterstützen."

Mommsen und Lürrsen hatten sich zuvor verständigt, dass sie keine Handhabe hätten, die Mitarbeiter der Fa. 'Zumlage' über das Privatleben von Kollund und Stiller zu befragen. Gegen beide lag kein Verdacht auf eine strafbare Handlung vor. Dennoch wollten sie versuchen, über den Umweg der Befragung des Reinigungspersonals Einzelheiten über die Verhältnisse im Hause Kollund zu erfahren. Die Erfindung eines Vorbeugungskonzeptes gegen Einbruchdiebstahl zur Begründung der Befragung rechtfertigten sie vor sich mit dem Grundsatz 'Der Zweck heiligt die Mittel'.

Die Beamten erfuhren, dass die Reinigung der Ferienhäuser in der Regel in Abwesenheit der Bewohner stattfand. In den Häusern, die nur von ihren Eigentümern bewohnt waren, hinterließen diese zwar private Dinge wie Wäsche oder Lektüre, aber keine Wertsachen. Mommsen ließ sich am Beispiel des Hauses von Kollund berichten, ob bei der Betreuung Hinweise auf die letzten Bewohner und deren Beziehungen zueinander gefunden werden. Durch seine geschickte Gesprächsführung erfuhr er, dass seit etwa eineinhalb Jahren vieles auf eine intime Beziehung Kollunds zu Hildegard Stiller hindeutete. Vor zwei Monaten sei nach einem Wochenendbesuch im Badezimmer allerdings die Hautcreme einer anderen Marke als die von Frau Stiller bevorzugte sowie ein Augenbrauenstift gefunden worden. Frau Stiller habe jedoch nie einen Augenbrauenstift benutzt. Geschäftliche Unterlagen hätten nach der Abreise von Herrn Kollund nie herumgelegen. Und ja, ein Tresor sei im Schlafzimmer vorhanden, aber immer verschlossen. Die Frage, wer über einen Schlüssel zu dem Tresor verfüge, konnten die Angestellten nicht beantworten.

Nachdem Mommsen die beiden Reinigungskräfte entlassen hatte, übernahm Lürrsen das Gespräch mit Bentje Stamm. „Frau Stamm, Sie betreuen das Haus von Kollund ja am längsten. Haben Sie je Hinweise bemerkt, dass Herr Kollund Feinde auf der Insel hat?"

„Feinde? Nein, das glaube ich nicht. Er hat das Haus in Utersum erst seit einigen Jahren. In seinem früheren Haus in Oldsum wohnt jetzt seine geschiedene Frau mit der gemeinsamen Tochter. Herr Kollund ist immer nur kurze Zeit auf Föhr. Er muss sich in Lübeck ja um seine Firma kümmern. Hier hat er nur wenige Kontakte."

„Wie ist denn der Kontakt zu seiner Exfrau und seiner Tochter?"

„Nicht so häufig, ich habe nie bemerkt, dass die in sein Haus in Utersum kommen. Er ist ja überwiegend in weiblicher Begleitung hier. Ich habe ihn aber mal mit seiner Tochter auf dem letzten Weihnachtsmarkt am Sandwall gesehen."

Lürrsen fragte nach der Adresse des Hauses, in dem Kollunds Frau wohnte. Bentje Stamm konnte sich zwar an die postalische Anschrift nicht erinnern, beschrieb ihm aber die Lage in Oldsum.

„Fallen Ihnen noch andere Kontakte von Herrn Kollund ein?"

Bentje Stamm zögerte kurz. „Ich glaube, mit dem einem Nachbarn hat er öfter Kontakt, … ach ja, und mit einem Makler. Der kam mal vorbei, als wir gerade in dem Haus gearbeitet haben. Der sollte ein paar Räume ausmessen. Vielleicht kommen da ja neue Möbel rein." An den Namen des Maklers konnte sie sich nicht erinnern, sie glaubte aber nicht, dass er von Föhr käme.

Vor dem Ende der Befragung mischte Mommsen sich noch einmal ein. „Frau Stamm, wer wusste außer Ihnen davon, dass Kollunds Haus wegen der Beerdigung von Frau Stillers Großmutter von Montag bis Freitag letzter Woche leer stand?"

„Nur noch meine Kolleginnen, die gerade hier waren."

„Sonst jemand in Ihrer Firma?"

„Nur die Chefin, die den Auftrag zur Grundreinigung entgegengenommen hat."

„Haben Sie vielleicht mit jemanden darüber gesprochen?"

„Nein, warum sollte ich. … Doch, mal eine Bemerkung zu meinem Freund. Aber der hat mit den Leuten in Kollunds Haus nichts zu tun."

Mommsen ließ sich noch den Namen ihres Freundes geben, fragte, wo er ihn erreichen könnte und verabschiedete Bentje Stamm.

Als sie gegangen war, begann Lürrsen, die Befragung zu bilanzieren. „Ludwig, ich finde es eigenartig, dass Kollund einen Makler vom Festland beauftragt haben soll, Räume zu vermessen, um eine neue Einrichtung einzupassen. Da steckt was anderes dahinter."

„Einen Makler beauftragt man, wenn man ein Haus verkaufen will. Aber vielleicht hatte der gar keinen Auftrag von Kollund, sondern war von einem Interessenten beauftragt worden, der das Haus kaufen wollte."

„Und verschafft sich mit einer Täuschung Zugang?"

„Wir werden Kollund darauf ansprechen müssen."

„Sollen wir ihn auch auf den Augenbrauenstift aus seinem Badezimmer ansprechen, den seine Freundin, diese Hildegard Stiller, offensichtlich nicht benutzt?"

„Aber nicht im Beisein von Stiller. Vielleicht hat er noch eine andere intime Freundin. Wir können Kollund aber nicht direkt darauf ansprechen. Wir haben diese Informationen ja nicht auf korrektem Wege erhalten."

Beide überlegten, welche weiteren Neuigkeiten die Befragung gebracht hatte. Dann fuhr Mommsen wie im Selbstgespräch fort. „Jedenfalls wissen wir jetzt, dass seine Exfrau und seine Tochter hier auf Föhr leben. Ich bin neugierig, ob deren Scheidung und die Unterhaltsregelungen damals einvernehmlich gelaufen sind. Wenn nicht, könnte das ein Motiv für die Erpressung sein. Ich möchte mir selbst ein Bild von Kollunds Exfrau machen. Henning, du weißt, wo die wohnt?"

„Ja, ich erinnere mich." Lürrsen wurde lebhaft. „Wegen Kollunds Erpressung müssen wir nicht nur nach Verdächtigen in seinem Umfeld suchen, sondern auch feststellen, ob die Kontakt zu Viets gehabt haben könnten. Wir werden auch seine Exfrau nach einer möglichen Beziehung zu Viets fragen müssen."

„Henning, vergiss aber nicht, dass die Erpressung in dieser Form ziemlich aussichtslos gewesen ist. Vielleicht ist das nur eine falsche Spur. Wir müssen auch nach Verdächtigen suchen, die weder Grund noch Anlass für eine Erpressung hatten. Gut, jetzt zu Veronika Kollund."

Durch einen kurzen Anruf bei Veronika Kollund checkte Lürrsen, dass diese kurzfristig für ein Gespräch in ihrem Laden in Wyk zur Verfügung stünde.

***

Da Lürrsen durch einen plötzlichen Brandfall in Wrixum in Anspruch genommen wurde, begleitete Caroline Hositz Mommsen zu Veronika Kollund. Dank der Beschreibung der Föhrer Kollegen fanden sie schnell deren Laden in der Wyker Innenstadt.

Ein dezenter Klingelton meldete ihr Betreten des Geschäfts und rief Veronika Kollund herbei. Mommsens Blick erfasste einen tiefen Raum, der maßvoll mit Stoffen, Kleinmöbeln und geschmackssicheren Wohnaccessoires dekoriert war. Durch seine Lebenspartnerin Cosima war Mommsens ästhetisches Empfinden sensibilisiert worden. So fiel ihm auf, dass die ganze Gestaltung des Ausstellungsraums eine Stilsicherheit aufwies, die die hohen Preise auf den Etiketten rechtfertigen konnte. Auch Veronika Kollunds Auftreten vermittelte ein Gefühl für Stil.

Sie bat ihre Besucher im hinteren Teil des Geschäfts auf einem Sesselensemble Platz zu nehmen. Als Zeichen, dass sie den offiziellen Charakter des Gesprächs akzeptierte, verzichtete sie darauf, den Beamten eine Erfrischung anzubieten.

„Frau Kollund, wissen Sie schon, dass Ihr Exmann, Dr. Kollund, Ziel einer Erpressung geworden ist?"

„Ja, er hat es mir gestern mitgeteilt. Auch den eigenartigen Tatbestand, dass der Erpresser mit dem Tod eines Mannes gedroht hat, den Jean gar nicht kannte. Haben Sie denn schon weitere Informationen? Jean erschien das Ganze recht unsinnig. Er hat auch mich gefragt, ob ich einen Herrn Viets – war das der Name? – gekannt habe. Aber von dem habe ich nie gehört."

„Frau Kollund, wie Ihrem Exmann erscheint auch uns das ganze Vorhaben der Erpressung recht absurd. Wir fragen uns daher, ob es dem Erpresser gar nicht um das Geld ging, sondern ob er etwas anderes beabsichtigte. Können Sie sich vorstellen, wer Ihren Mann unter Druck setzen wollte und zu welchem Zweck?"

Veronika Kollund verzögerte nachdenklich die Antwort. „Nein, da fällt mir niemand ein. Aber ich habe seit Jahren nur seltene und flüchtige Kontakte mit Jean."

„Frau Kollund, ich muss Sie das jetzt fragen: Ging die Scheidung von Ihrem Mann problemlos über die Bühne? Ebenso die Unterhaltsregelung?"

„Sie sind also noch auf der Suche nach Motiven?" Veronika Kollund lächelte verhalten. „Wir hatten uns schon lange auseinandergelebt. Daher gab es keine Wunden, die nicht verheilt wären. Mein Exmann ist recht vermögend, daher waren auch die Unterhaltsregelungen einvernehmlich. Ich stehe geschäftlich auf eigenen Beinen und für Nettas Unterhalt ist gesorgt. Netta ist unsere Tochter. Ich habe also keinen Grund, Jean unter Druck zu setzen."

„Trotzdem, noch einmal zurück zu unserer Frage: Wer könnte Ihren Exmann unter Druck setzen wollen?"

„Haben Sie ihn denn schon selber gefragt? Ich habe wirklich keine Vorstellung.“ Nach einer kleinen Pause fügte sie hinzu: „Sie sollten seine gegenwärtige Favoritin fragen. Er ist eine gute Partie, was bei manchen Frauen intensive Heiratswünsche hervorruft. Auf eine nochmalige Ehe will er sich aber nicht einlassen. Seine aktuelle Freundin ist Juristin. Ich kann mir daher nicht vorstellen, dass die so eine absurde Erpressung inszenieren würde.“

Caroline Hositz, die bis jetzt nur zugehört hatte, schaltete sich in das Gespräch ein. „Frau Kollund, wissen Sie, ob Ihr Exmann Probleme in seiner Firma hat?“

Veronika Kollund schaute etwas überrascht. Mommsen war sich nicht sicher, ob die Überraschung daraus resultierte, dass sie diese Frage als unziemlich erachtete oder ob sie sich dadurch in die Enge getrieben fühlte.

„Ich sage Ihnen doch gerade, dass wir nur noch selten Kontakt haben. Aber selbst in Zeiten unserer Ehe hat mir Jean seine Geschäfte ferngehalten … vielleicht sollte ich richtiger sagen: mich von seinen Geschäften ferngehalten. Eigentlich habe ich mich dafür interessiert, ich habe BWL studiert und vor meiner Ehe in der Wirtschaft gearbeitet. Wenn ich mich nach Angelegenheiten seiner Firma erkundigt habe, hat er immer gleich das Thema gewechselt. Er ist eine etwas dominante Persönlichkeit. Das zeigt sich auch darin, dass er seine Informationen lieber für sich behält. Er liebt einsame Entscheidungen, die er nicht gerne zur Diskussion stellt.“

***

Während der Befragung von Veronika Kollund hatte sich Caroline Hositz` Smartphone bemerkbar gemacht. Ein kurzer Blick auf das Display hatte ihr gezeigt, dass sich die Kollegen der Polizei in Bargteheide meldeten. Da sie die Befragung nicht unterbrechen wollte, hatte sie den Anruf weggedrückt. Zurück auf der Wache erinnerte sie sich daran und rief zurück.

Von einer Kollegin aus Bargteheide erfuhr sie, dass Wolfgang Viets eine gut eingeführte Physiotherapiepraxis führte, in soliden finanziellen Verhältnissen lebte und einen guten Ruf als hilfsbereiter Nachbar hatte. Über seine außerehelichen Aktivitäten war nichts bekannt. Über einen Freund bei der örtlichen Sparkasse hatte die Bargteheider Kollegin erfahren, dass Wolfgang Viets zwei getrennte Konten führte: eins für die Praxis, das gut gefüllt war, und ein gemeinsames Privatkonto zusammen mit seiner Frau. Für das Praxiskonto hatte seine Frau aber keine Kontovollmacht. Die Verfügung zur Einsicht in seine Konten war beantragt. Der Zugang zur Patientenliste seiner Praxis war bislang noch nicht möglich, da auch die einzige Angestellte z.Zt. in Urlaub war. Außerdem berichtete der Kollege aus Bargteheide, dass das Ehepaar Viets zum ersten Mal Urlaub auf Föhr gemacht habe und daher wohl kaum über persönliche Kontakte auf der Insel verfügte.

Nachdem Caroline Hositz ihren Kollegen das magere Ergebnis der Recherche der Bargteheider Kollegen berichtet hatte, setzte Mommsen seine Hoffnung auf Wolfgang Viets` Laptop. „Caro, nimm dir jetzt erst einmal seinen Laptop vor. Vielleicht findest du sein Passwort. Achte bitte darauf, ob du seine Patientenliste findest, und auf Hinweise auf seine Beziehung zu dieser Geliebten."

***

Cosima Bernstädt hatte Caro zum Abendessen eingeladen. Da sie um deren Vorliebe für Fischgerichte wusste, hatte sie Kabeljaukoteletts auf mediterrane Art in Folie gedämpft. Der einleitende Manhattan und der sizilianische Rotwein, den Mommsen aus seiner Husumer Wohnung mitgebracht hatte, trugen dazu bei, dass das Tischgespräch sich locker vom Thema des guten Essens über den neuesten Inselklatsch bis zu dem Projekt der Renovierung von Cosimas Atelierraum verzweigte. Schließlich landete das Gespräch wieder beim aktuellen Fall.

„Ihr habt also heute mit Veronika Kollund gesprochen? Ich erinnere mich aus meiner Schulzeit an sie. Sie war ein paar Klassen unter mir. Ich glaube, sie war Internatsschülerin. Ja, stimmt, sie kam aus einer Großstadt im Westen hierher, … Essen oder Dortmund?" Cosima musste bei der Erinnerung lächeln. „Sie war schon damals recht auffallend, aber irgendwie im drögen Schulalltag auch recht erfrischend. Die Jungs waren hinter ihr her, aber sie war recht wählerisch."

Cosima versank kurz in ihren Erinnerungen. „Da war doch Björn

Lammers. Der war immer um sie herum, aber ich weiß nicht, ob die mal zusammen waren. Jedenfalls hat sie nach dem Abitur die Insel verlassen. Erst Jahre später ist die hier wieder aufgetaucht, sie war häufig im Ferienhaus ihres Mannes in Oldsum, Jean Kollund. Dann kam ihre Scheidung, das war wohl eine längere Auseinandersetzung."

Caroline hatte bisher nur interessiert zugehört, stutzte jetzt aber. „Uns hat sie erzählt, das wäre alles problemlos gelaufen."

„Die Scheidung hat sich auf jeden Fall lange hingezogen, mehr als einundeinhalb Jahre. Ich glaube, es ging vor allem um die Versorgungsansprüche der Tochter, weniger um sie selber. Das ist aber schon mehr als zehn Jahre her. Er hat sich dann ein Ferienhaus in Utersum gekauft. Dorthin hat er seine wechselnden Frauenbekanntschaften mitgebracht, immer wieder beliebte Themen für den Inselklatsch. Veronika und er haben hier auf der Insel immer einen großen Bogen umeinander gemacht."

„Hätte sie denn heutzutage Grund, ihren Exmann zu erpressen? Oder ihn durch eine Erpressung unter Druck zu setzen?" Auch Mommsen kam auf den Widerspruch zwischen Veronika Kollunds Aussage und Cosimas Erinnerung zurück.

„Gibt es denn eine Beziehung zwischen ihr und eurem Opfer aus der Godelniederung? Wie hieß der noch?"

„Wolfgang Viets. Nein, darauf deutet nichts hin. Wir gehen davon aus, dass sie den gar nicht kannte."

***

Als Mommsen am Dienstagmorgen zur Polizeiwache kam, fand er den ausführlichen Bericht der Obduktion der Leiche von Wolfgang Viets vor. Der Tod war tatsächlich infolge eines Herzinfarktes eingetreten, der etwa zwei Stunden – mindestens aber eine Stunde – vor den Messerstichen erfolgt war. Mommsen erfuhr weiter, dass an der Leiche Schleifspuren gefunden worden waren. Die Leiche war also an den Fundort gezogen worden. Aufgrund des Körpergewichts war von einer nur kurzen Schleifdistanz auszugehen. Mommsen vermutete, dass der Fundort nicht allzu weit von dem Ort entfernt war, an dem Wolfgang

Viets der Tod ereilt hatte. Aber auch die Obduktionsbefunde ergaben keine Hinweise, warum und von wem der Leiche noch Messerstiche beigebracht worden waren. Aufgrund des Berichts verzichtete Mommsen darauf, die Kriminaltechnik vom Festland in die Föhrer Ferienwohnung des Ehepaars Viets zu beordern, da der Todesort des Opfers eher in der Godelniederung zu suchen war. Wegen der Weitläufigkeit dieses Geländes erschien ihm eine Spurensuche dort aussichtslos.

Nachdem Mommsen den Obduktionsbericht durchgearbeitet hatte, rief er den zuständigen Staatsanwalt an und gab ihm einen Zwischenbericht. Er vereinbarte mit ihm, dass die Ermittlungen weiterlaufen sollten, um die Hintergründe bzw. den Grund der spektakulären Messerstiche in die Leiche von Wolfgang Viets zu klären. Hierbei sollte Mommsen auch versuchen herauszufinden, welcher Zusammenhang mit der Erpressung Kollunds bestehe.

Caroline Hositz war während des Vormittags mit Viets` Laptop beschäftigt. Nach einer Stunde fruchtloser Versuche, das Passwort zu knacken, rang sie sich schließlich dazu durch, einen fachkundigen Kollegen anzurufen. In Form einer Videokonferenz gelang es ihnen gemeinsam, das Passwort zu ermitteln. Auf diesen Erfolg hin gönnte sie sich erst einmal einen Kaffee und vertiefte sich in die Dateien.

***

Mommsen hatte gerade begonnen, den Zwischenbericht, den er dem Staatsanwalt am Telefon gegeben hatte, schriftlich abzufassen, als ihm Friedrichsen ein Telefongespräch durchstellte.

Friedrichsens Stimme klang aufgeregt. „Herr Mommsen, ich habe hier einen Notarzt in der Leitung, der einen Todesfall meldet. Das geht Sie an."

Mommsen meldete sich mit vollem Dienstrang. „Ich hörte gerade von meinem Kollegen, dass Sie einen Todesfall melden wollen. Worum geht es dabei?"

„Dr. Nehlsen ist mein Name. Ich habe heute Notdienst. Eine Frau hat gegen 11.00 Uhr einen Todesfall in Utersum gemeldet. Ich bin dann sofort hingefahren. Sie hat den Toten als ihren Chef, einen Dr. Jean

Kollund, identifiziert."

Mommsen glaubte sich verhört zu haben. Die Nachricht war das Letzte, was er erwartet hatte. „Sie sagte Dr. Jean Kollund?", wiederholte er verwirrt. „Haben Sie den Namen der Frau?"

„Ja, eine Hildegard Stiller. Sie war gerade von Lübeck angekommen und hat ihren Chef tot im Wohnzimmer vorgefunden."

„Herr Dr. Nehlsen, da Sie die Polizei anrufen: haben Sie Grund zu der Annahme, dass es sich um keinen natürlichen Tod handelt?"

Dr. Nehlsen zauderte mit der Antwort. „Ich bin mir keinesfalls sicher. Auf den ersten Anschein besteht die Möglichkeit, dass die Todesursache ein Herzanfall gewesen ist. Ich habe daher auch die Medikamente des Toten durchgesehen, die er im Badezimmer aufbewahrt. Der Tote hatte offenbar starke Probleme mit seinem Blutdruck, der war zu hoch. Dafür hat er regelmäßig ein recht wirksames Mittel eingenommen. In seinem Medikamentenschrank fand ich aber auch ein starkes Mittel gegen Depressionen, das nicht zusammen mit dem Medikament zur Blutdrucksenkung eingenommen werden darf. Ich kann mir nicht vorstellen, dass ein Kollege ihm eine solche Zusammensetzung seiner Medikamente verschrieben hat. Seine Sekretärin, die ihn auch privat gut kennt, sagte mir, dass sie von dem Blutdruckmittel wusste. Sie hatte den Auftrag, ihn regelmäßig an die Einnahme zu erinnern. Dass er an Depressionen litt, hat sie jedoch nie wahrgenommen."

Mommsen hatte in langen Berufsjahren Zweifel daran erworben, dass die Befunde einer „natürlichen Todesursache" in Totenscheinen immer den Tatsachen entsprechen. Daher begrüßte er die Zurückhaltung von Dr. Nehlsen, eine „natürliche Todesursache" zu bescheinigen. „Ich gehe also davon aus, dass Sie auf eine ‚ungeklärte Todesursache' erkennen?", fragte er nach.

„Um sicherzugehen, woran Dr. Kollund verstorben ist, scheint mir eine Obduktion erforderlich."

„Gut, Herr Doktor. Können Sie noch kurz warten? Wir machen uns sofort auf den Weg. In zehn Minuten sind wir bei Ihnen vor Ort."

***

Mommsen legte auf und rief Caroline zu, sofort mitzukommen. Bevor sie die Wache verließen, informierte er noch Friedrichsen über den Bericht des Notarztes mit dem Auftrag, auch Lürrsen nach dessen Rückkehr auf den neuesten Stand zu bringen.

Mit hoher Geschwindigkeit legten sie die Strecke nach Utersum zurück. Um den Notarztwagen vor Kollunds Haus hatten sich bereits einige Neugierige versammelt, die bei der Ankunft der Kriminalbeamten noch näher an den Hauseingang heranrückten, um diesen spannenden Augenblick mit ihren Smartphones festzuhalten, im Netz zu verbreiten und sich so ihrer eigenen Bedeutsamkeit zu versichern.

Im Haus empfing sie der Notarzt, der sich kurz vorstellte und sie ins Wohnzimmer winkte. Bevor sie die Leiche in Augenschein nehmen konnten, zog Hildegard Stiller ihre Aufmerksamkeit auf sich. Sie kniete neben dem Toten. Als sie ihm über den Kopf streicheln wollte, hielt Dr. Nehlsen sie davon ab. Mit Tränen in den Augen hob sie den Kopf, um die Beamten stumm zu begrüßen. Caroline reichte ihr die Hand, zog sie hoch und geleitete sie fürsorglich zu einem Sessel.

Mommsen begab sich unterdessen mit dem Notarzt zur Leiche. Mit gedämpfter Stimme informierte dieser ihn, dass er keine äußerlichen Anzeichen feststellen konnte, die auf Gewalteinwirkung hinwiesen. Die Todesursache bleibe z.Zt. noch unklar. Ein natürlicher Herztod sei nicht ausgeschlossen, doch gebe es Hinweise, aufgrund derer auch eine Vergiftung oder eine Überdosierung von Medikamenten bzw. eine Kontraindikation möglich sei.

Mommsen schaute sich aufmerksam Kollunds erstarrte Gesichtszüge an. Er überlegte dabei, ob der Versuch, aus den Gesichtszügen eines Toten auf dessen Gefühlslage im Todeszeitpunkt Rückschlüsse zu ziehen, mehr als bloße Spekulation sein könnte. Er gab den Versuch auf.

„Auch wenn die Todesursache noch unklar ist, können Sie denn schon etwas über den Todeszeitpunkt sagen?“

Dr. Nehlsen wollte sich nicht festlegen, hielt aber den Zeitraum zwischen 18.00 und 24.00 Uhr am Vortag für wahrscheinlich. Mommsen ließ sich von Dr. Nehlsen noch die Packungen mit den Medikamenten gegen Bluthochdruck und den Antidepressiva aushändigen, um sie zur toxischen Untersuchung und zur Abnahme von Fingerabdrücken an die Gerichtsmedizin zu senden.

Da die Personalsituation der Gerichtsmedizin weiterhin unzureichend war und daher kein Gerichtsmediziner nach Föhr kommen konnte, vereinbarte Mommsen mit Dr. Nehlsen, dass dieser den Todesschein mit dem Vermerk „ungeklärte Todesursache“ ausstellen würde. Mommsen könne daraufhin die Obduktion durch die Gerichtsmedizin über den Staatsanwalt beantragen. Der Notarzt verabschiedete sich und Mommsen konnte sich Hildegard Stiller widmen. Caroline Hositz` Versuche, diese zu beruhigen, hatten inzwischen Wirkung gezeigt.

„Frau Stiller, es war für Sie sicher ein großer Schrecken, hier Herrn Kollunds Leiche vorzufinden. Sollen wir Ihnen vielleicht einen Kaffee machen?“ Mommsen war bemüht, Hildegard Stillers Aufmerksamkeit zu finden.

„Oder doch besser etwas Stärkeres, … einen Cognac?“, fragte Caroline Hositz nach.

Hildegard Stiller zeigte nur auf die Hausbar neben der Terrassentür und hauchte „Cognac!“

Als Caroline Hositz ihr das Glas gereicht hatte, ließ sich Mommsen gegenüber von Hildegard Stiller nieder und begann mit zurückhaltender Stimme: „Fühlen Sie sich kräftig genug, uns zu berichten, wie Sie Herrn Kollund vorgefunden haben?“

Sie trank einen kräftigen Schluck, verschluckte sich und musste sich räuspern. „Ich war am Wochenende von Föhr nach Lübeck gefahren, da am Montagmorgen ein Gespräch wegen eines Widerspruchs gegen einen Steuerbescheid mit dem Finanzamt anstand. Da war meine Anwesenheit als Justitiarin erforderlich. Deswegen war ich schon am Sonntag losgefahren. Ich hatte dafür den Wagen von Jean genommen. Da der Termin mit dem Finanzamt schon länger feststand, hatte ich rechtzeitig die Fähre buchen können. Nur für die Rückfahrt bekam ich die Buchung erst für heute.“

Nachdem Hildegard Stiller ihren Bericht nur stockend begonnen hatte, war ihre Rede nun flüssiger geworden. Sie nahm noch einen Schluck Cognac und fuhr fort. „Als ich dann ins Wohnzimmer kam, lag Jean hier auf dem Sofa. Erst dachte ich, er schläft, aber das tat er am Vormittag nie. Sein rechter Arm hing schlaff vom Sofa herunter. Da bekam ich es mit der Angst. Ich konnte mich zunächst nicht rühren. Aber ich musste ihn anfassen, um zu fühlen, ob er noch lebte. Er war ganz kalt und hatte keinen Puls. Mir wurde so übel, dass ich dachte, ich müsste mich übergeben. Dann habe ich den Notarzt angerufen.“ Die letzten Sätze hatte sie nur noch mit leiser werdender Stimme herausgepresst. Das Bild dieses schrecklichen Augenblicks war in ihrem Innern wieder aufgestiegen.

„Wann fuhr am Sonntag Ihre Fähre?“

„Um 16.00 Uhr.“

Mommsen vergewisserte sich, dass Caroline Hositz das Gespräch protokollierte. Dann fuhr er fort.

„Also waren Sie von Sonntag, 16.00 Uhr bis heute, Dienstag, 10.00 Uhr nicht auf der Insel?“

„Genau.“ Hildegard Stiller hatte sich inzwischen soweit gefangen, dass sie ihrerseits Fragen stellte. „Wie ist Jean zu Tode gekommen? Warum sind Sie hier, die Kriminalpolizei? Haben Sie denn irgendeinen Verdacht? Ich meine, dass es kein natürlicher Tod war? Jean hatte doch immer Beschwerden mit seinem Blutdruck. Ich glaube, sein Arzt sprach auch von Tachykardie, er hatte manchmal so ein Herzrasen.“

„Wir sind hier, weil der Notarzt keine eindeutige Ursache für seinen Tod feststellen konnte. Daher wird eine Obduktion notwendig. Ferner werden wir eine erste Durchsuchung des Hauses vornehmen müssen. Der Staatsanwalt wird sicher einen Durchsuchungsbeschluss beantragen. Wir werden auch die Spurensicherung vom Festland hinzuziehen müssen. Diese Kollegen werden aber erst morgen hier eintreffen. Können Sie solange woanders unterkommen? Bis die Spurensicherung hier durchgegangen ist?“

Mommsen ging davon aus, dass Hildegard Stiller als Juristin mit den rechtlichen Grundlagen strafrechtlicher Ermittlungen vertraut war und die Arbeit der Polizei nicht behindern würde. Aber sie schwieg erst einmal und schien wie abwesend. Da sie vorher das Auffinden der Leiche zunächst recht flüssig geschildert hatte, vermutete Mommsen, dass der Tod ihres Chefs sie stärker mitgenommen hatte, als es zunächst den Anschein hatte.

„Wir wissen, dass Herrn Kollunds geschiedene Frau und seine Tochter hier auf Föhr leben. Kennen Sie weitere Familienangehörige, die wir von seinem Tod benachrichtigen können?“ Mommsen sprach sachlich die nächstliegenden Aufgaben an, da er verhindern wollte, dass Hildegard Stiller sich in Gefühlen der Trauer verlor.

Sie ließ sich von Mommsen in die Gegenwart holen. „Ja, es gibt eine Schwester und einen Onkel. Die werde ich benachrichtigen. Auch die Firma werde ich sofort informieren. Ich gehe davon aus, dass Sie Jeans Exfrau und seine Tochter in Kenntnis setzen.“

„Wissen Sie, ob Herr Kollund ein Testament gemacht hat?“ Caroline Hositz hatte schon die anschließenden Ermittlungen vor Augen, die ohne Verzögerungen anlaufen mussten. Der Ausgangspunkt bei der Suche nach möglichen Motiven war für sie stets die Frage des 'cui bono': Wem bringt der Tod des Opfers Vorteile?

„Ich vermute, dass er ein Testament gemacht hat. Jean war immer ein planvoller Mensch, der sein Leben im Griff hatte. Wahrscheinlich kann Ihnen sein Anwalt in Lübeck Auskunft geben.“

Mommsen ließ sich den Namen des Anwalts geben. Hildegard Stiller schien ihre Tatkraft wiedergefunden zu haben. „Wenn Sie keine Fragen mehr haben, werde ich jetzt Jeans Schwester anrufen. Dann die Firma informieren. Und mir für zwei Nächte ein Hotelzimmer suchen. Ich denke, das wird erst einmal reichen. Oder braucht Ihre Spurensicherung länger? Sie finden mich im Arbeitszimmer oben.“

Hildegard Stiller erhob sich und ging die Treppe herauf. Mommsen wartete, bis sie verschwunden war. Dann beauftragte er Caroline Hositz, ihr zu folgen und sie im Auge zu behalten. Gerade als er beginnen wollte, das Wohnzimmer genauer zu durchsuchen, kam Lürrsen an. Er informierte ihn über Stillers Aussage. Dann teilten sie die Arbeit auf.

Lürrsen machte sich ans Werk. Mommsen telefonierte mit dem Staatsanwalt. Dieser schloss sich seiner Meinung an, aufgrund der unklaren Todesursache Ermittlungen wegen Fremdverschuldens aufzunehmen. Die Ergebnisse der Obduktion abzuwarten würde die Ermittlungen verzögern. Nach dem Gespräch mit dem Staatsanwalt forderte Mommsen die Spurensicherung an.

***

Sanna Goltz hatte mit ihrem Sohn Lorenz das Wochenende in einem Hotel in St. Peter-Ording verbracht, um gemeinsam seinen 21. Geburtstag zu feiern. Lorenz studierte in Kiel Psychologie. Nach dem Tod ihres Mannes war die Beziehung zu ihrem Sohn wieder enger geworden. Das Wochenende war für sie zugleich eine kurze Auszeit, um sich nicht vom Strudel der Probleme in der Firma herunterziehen zu lassen. Sie musste erst einmal durchatmen. Der Samstag und der Sonntag waren recht harmonisch verlaufen. Bei einem langen Strandspaziergang hatte ihr Sohn ihr von der Trennung von seiner Freundin berichtet. Sanna Goltz hatte den Eindruck, dass es ihr gelungen war, ihm ein wenig Trost zukommen zu lassen. Und war auch ein bisschen stolz, dass sie ihre Mutterrolle noch nicht verlernt hatte.

Lorenz war am Sonntagabend wieder nach Kiel gefahren. Sanna Goltz hatte ihre Sekretärin angerufen, dass sie noch einen Erholungstag anhängen und erst im Laufe des Dienstags wieder in die Firma kommen würde. Ihre Buchung im Hotel konnte sie um einen Tag verlängern.

Als sie am Dienstag gegen Mittag in der Firma ankam, fand sie die Führungsetage in heller Aufregung vor. Als ihre Sekretärin sie über den Tod Jean Kollunds informiert hatte, eilte sie sofort ins Büro von Hugo Majol. Dieser saß gerade mit dem Assistenten der Geschäftsführung und drei Abteilungsleitern zusammen. Er wiederholte für Sanna Goltz den kurzen Bericht, den Hildegard Stiller ihm vor einer Stunde über die Umstände des Auffindens der Leiche Jean Kollunds gegeben hatte. In einer schnellen Besprechung legten sie die Aktivitäten fest, die seitens der Firma aus Anlass des Ablebens eines der Inhaber zu ergreifen waren, und verteilten die Aufgaben. Als die Mitarbeiter Majols Büro verlassen hatten, blieb Sanna Goltz zurück.

Beide schwiegen eine Weile. Sanna Goltz schaute wie abwesend zum Fenster hinaus. Majol sah sie von der Seite an. Schließlich gab er sich einen Ruck.

„Sanna, hast du mir etwas zu sagen?“ Majols Stimme klang sanft.

„Was sollte ich zu sagen haben? Ich bin gerade erst angekommen und habe von Jeans Tod erfahren. Du weißt sicher mehr als ich.“

„Wolltest du nicht schon gestern wieder aus St. Peter zurück sein? Lorenz' Geburtstag war doch schon am Samstag. Ist er auch erst heute zurück nach Kiel gefahren?“

„Nein, der musste sich auf eine Prüfung vorbereiten und ist noch am Sonntag zurückgefahren. Ich bin in den letzten Wochen ziemlich ausgebrannt. Da habe ich beschlossen, noch einen Tag am Strand dranzuhängen.“

„Wie ich dir gerade berichtet habe, ist eine polizeiliche Untersuchung über Jeans Tod angelaufen. Die werden sicher auch in der Firma ermitteln. Wenn die ihren Job verstehen, werden sie hier alles auf den Kopf stellen.“

„Ja, ist mir klar.“

„Also, du hast mir wirklich nichts zu erzählen?“

„Nein, das sagte ich doch schon. Wie häufig muss ich das noch wiederholen?“ Sanna Goltz' Mimik drückte Trotz aus.

„Sag mal, kennst du einen Wolfgang Viets?“

Sanna Goltz überlegte kurz. „Nein, der Name sagt mir nichts. Warum fragst du?“

„Die Stiller hat berichtet, dass Jean ein Erpressungsschreiben bekommen hat. Er sollte 200.000 Euro zahlen, sonst würde ein Wolfgang Viets sterben. Auch Jean kannte keinen Viets. Aber dieser Viets ist zu dem angekündigten Zeitpunkt auf Föhr tatsächlich erstochen worden.“

Sanna Goltz ließ sich schlaff in ihren Sessel zurückfallen. Verständnislos kreisten ihre Gedanken im Kopf herum. Erst Majols abschließende Bemerkung holte sie wieder aus dem Wirrwarr in ihrem Kopf zurück: „Gut, das ist das Problem der Polizei, nicht unseres."

***

Veronika Kollund prüfte gerade anhand des Lieferscheins eine Eilsendung mit englischen Bezugsstoffen für Polstermöbel, als ihr Smartphone sich meldete. Schon wieder dieser attraktive Kriminalkommissar, der sich so unbeeindruckt von ihrem Charme gab, schoss es ihr durch den Kopf, als sie Mommsens Stimme hörte.

„Frau Kollund, leider muss ich Sie in einer traurigen Angelegenheit stören. Wir sind gerade in das Haus Ihres Ex-Mannes gerufen worden. Hier hatte ihn seine Partnerin heute Vormittag tot vorgefunden, als sie von einer Dienstreise aus Lübeck zurückkam. Mein Beileid! Da der Notarzt die Todesursache nicht feststellen konnte, werden wir eine Obduktion veranlassen. Bei unklaren Todesursachen müssen wir Ermittlungen aufnehmen." Mommsen hatte vorher überlegt, ob eine Beileidsbekundung in diesem Fall angebracht wäre. Er hatte sich dann für die Minimalversion entschieden.

Veronika Kollund sagte erst einmal nichts. Hatte sie die Nachricht zu sehr erschüttert? Oder war sie nur bemüht, nichts Falsches zu sagen? Oder wollte sie seine weiteren Fragen abwarten? Mommsen war unentschieden.

„Frau Kollund, der unerwartete Tod Ihres Ex-Mannes hat uns noch einige Fragen aufgeworfen, über die wir auch mit Ihnen so bald wie möglich sprechen möchten. Können wir gegen Abend zu Ihnen kommen?"

„Ja, aber hierher, in mein Geschäft, nicht nach Hause. Ich möchte mir erst überlegen, wie ich meiner Tochter den Tod ihres Vaters beibringen kann." Veronika Kollunds Stimme klang besorgt, aber sachlich. Mommsen war sich immer noch nicht klar, ob der Tod ihres Ex-Mannes sie emotional bewegte. Er hielt sie für eine Frau, die sich im Griff hatte.

Veronika legte unaufmerksam ihr Smartphone zur Seite und setzte sich hin. Sie musste jetzt genau nachdenken. Netta würde Jeans Tod sehr treffen. Obwohl ihr Verhältnis zueinander von Spannungen nicht frei war, hatte er sich Netta gegenüber meist recht großzügig verhalten und ihr manchen zusätzlichen Wunsch erfüllt. Veronika Kollund beschloss, alles zu versuchen, um ihr Bild von ihrem Vater nicht zu schwärzen. Netta sollte ihn in guter Erinnerung behalten.

Nettas Reaktion auf Jeans Tod war jedoch nicht die einzige Sorge, die Veronika Kollund belastete. Die Polizei würde auch in den Unterlagen Jeans wühlen und seinen Laptop untersuchen. Was würden die Beamten dabei zutage fördern? Auch den Grund, weswegen Jean mit ihr über Netta reden wollte?

***

Da der Notarzt an der Leiche Jean Kollunds keine Hinweise auf Gewalteinwirkungen gefunden hatte, beschloss Mommsen, nur die im Hause befindlichen Unterlagen Jean Kollunds sowie dessen Laptop und Smartphone mitzunehmen. Eine gründliche Untersuchung des Hauses blieb den Kollegen der Spurensicherung vorbehalten, die ihre Ankunft für den folgenden Tag zugesagt hatten. Da Hildegard Stiller den Code des Safes nicht kannte, nahm Mommsen sich vor, die Kollegen zu informieren, damit sie sich auch auf die Öffnung des Safes vorbereiteten.

Dennoch schloss sich Mommsen dem Rundgang Lürrsens an, den dieser bereits begonnen hatte. Weniger um Spuren zu finden, die neue Erkenntnisse über Kollunds Tod bringen könnten, als um sich die Räumlichkeiten einzuprägen und die Atmosphäre des Hauses auch sinnlich zu erleben. Er hatte es sich angewöhnt, aus dem Wohnstil auf die Persönlichkeit der Bewohner zu schließen. Diese „Küchenpsychologie" – wie er es nannte – hatte ihn schon einige Male auf die richtige Spur geführt.

Sowohl das Wohnzimmer wie auch Schlaf- und Arbeitszimmer waren sparsam, wenn nicht gar minimalistisch möbliert. Anders als bei vielen Ferienhäusern auf Föhr dominierte kein pseudofriesischer, sondern eher ein englischer Landhausstil. Möbel, Bilder und Raumdekorationen waren überwiegend Einzelstücke, aber stilsicher zusammengepasst. Mommsen bekam den Eindruck, dass hier nicht die Ausstattung die Persönlichkeit des Bewohners ausdrücken sollte. Vielmehr sollte die Raumgestaltung die Aufmerksamkeit nicht von der Person des Bewohners ablenken, sondern diese nur akzentuieren. Da Kollund das Haus erst nach seiner Scheidung bezogen hatte, war – nach Mommsens Einschätzung – die Einrichtung von ihm selbst gestaltet worden. Es war unwahrscheinlich, dass er dabei Vorschlägen seiner Ex-Frau gefolgt war. Kollunds Wohnstil machte Mommsen klar: Hier lebte ein Mensch, der sich seiner selbst gewiss war. Kein selbstverliebter Narziss, der die Welt nur als Spiegel erlebte, sondern einer, der selbst gestaltete.

Eingedenk der Funde des Notarztes im Medikamentenschrank des Badezimmers stellten die Beamten auch dessen gesamten Inhalt für die Gerichtsmedizin sicher. Hinweise auf einen Einbruch hatten sie bei ihrer Runde durch das Haus nicht entdecken können. Ein eventueller Täter hatte sich also nicht gewaltsam Zugang verschafft.

Lürrsen hatte bereits nach der Benachrichtigung durch Mommsen einen örtlichen Bestatter mit der Überführung der Leiche ins Gerichtsmedizinische Institut in Kiel beauftragt. Als dieser abgefahren war und auch Hildegard Stiller sich auf den Weg ins Hotel gemacht hatte, versiegelten die Beamten das Haus und fuhren zur Wache zurück.

***

Mommsen hatte nach der Information, dass Wolfgang Viets nicht seinen Stichverletzungen erlegen, sondern bereits vorher an einem Herzanfall verstorben war, fast so etwas wie eine Enttäuschung gespürt. Da er den Zusammenhang dieses Vorfalls mit dem sinnlosen Erpressungsversuch an Kollund bislang nicht ermitteln konnte, hatte sich das Gefühl der Enttäuschung in Richtung eines Selbstzweifels verschoben. Selbst wenn sich das ganze Geschehen durch den Tod Jean Kollunds noch komplizierter darstellte, hatte er jetzt das Gefühl, einen neuen Anfang machen zu können. Seine Zuversicht stieg mit der veränderten Herausforderung.

Auch die Atmosphäre auf der Wache hatte sich geändert. Die neue Herausforderung schien die Arbeit der Beamten zu beleben. In der Besprechung gleich nach der Rückkehr zur Wache stellten sie die

Weichen für das weitere Vorgehen. Die jüngsten Ereignisse schienen sich um Jean Kollund zu zentrieren. Daher konzentrierte sich die Aufgabenverteilung darauf, möglichst schnell Informationen für ein persönliches sowie für ein berufliches Profil Kollunds zusammenzustellen und auch das Netz seiner sozialen Beziehungen zu durchleuchten.

Mommsen fasste das Ergebnis zusammen und wollte die Arbeit jetzt vorantreiben. „Auch wenn wir noch keine Sicherheit über die Ursache von Kollunds Tod haben, müssen wir von der Möglichkeit von Fremdverschulden ausgehen. Ich werde deshalb gleich morgen bei der Gerichtsmedizin nachhaken, dass die sich beeilen. Aber auch wir dürfen keine Zeit verlieren. ... Caroline, nimm du dir Kollunds Smartphone und seinen Laptop vor. In den Laptop von Viets bist du reingekommen, dann wird dir das hier sicher auch gelingen. Die Auswertung von Viets' Laptop stell' erst einmal zurück. ... Henning, du versuchst bitte herauszufinden, ob Kollund neben der Stiller ein weiteres Verhältnis am Laufen hatte. Mir fällt da der Augenbrauenstift im Bad ein. Ich werde mich intensiv um sein berufliches Umfeld kümmern und checken, was die Kollegen in Lübeck über seine Firma und sein dortiges Leben herausgefunden haben.“ Als Hositz und Lürrsen zustimmend nickten, fragte Mommsen nach. „Habt ihr noch Vorschläge für die nächste Phase?“

Caroline Hositz erinnerte ihre Kollegen daran, auch die Beziehung Kollunds zu seiner Ex-Frau im Auge zu behalten. Ob aus der Trennung nicht doch noch verletzte Gefühle oder unerfüllte finanzielle Erwartungen übrig geblieben waren, die wie ungelöschte Hypotheken nachwirkten? Mommsen nahm sich vor, auch Cosima noch einmal auf Veronika Kollund anzusprechen.

Mommsen schaute auf die Uhr. „Gleich 14.00 Uhr. Wir haben seit dem Frühstück noch nichts gegessen. Wollen wir Pause machen?“

Caroline Hositz schüttelte den Kopf. „Nein, ich will jetzt gleich weitermachen. Mir reicht ein Fischbrötchen. Ich kann welche hier vom Stand am Hafen holen.“

Lürrsen schloss sich dem an. Die neue Dynamik der Ermittlung wirkte noch fort. Er und Mommsen gaben ihre Bestellungen auf und Caroline

Hositz machte sich auf den Weg.

Mommsen versuchte, seinen Kollegen von der Wirtschaftskriminalität in Lübeck zu erreichen. Da er diesen bereits am Vortag um Amtshilfe gebeten hatte, erhoffte er sich erste Ergebnisse. Er erreichte ihn schon beim ersten Versuch.

„Sebastian, ich bin es schon wieder, Ludwig. Ich hoffe, ich nerve dich nicht, weil ich mich heute schon wieder melde. Aber unser Fall hat sich dramatisch weiterentwickelt." Mommsen brachte seinen Kollegen auf den neuesten Stand.

Sein Kollege hatte tatsächlich erste Informationen. Er konnte Mommsen über die Teilhaberschaft Kollunds an der „Holsatia" ins Bild setzen. Die Firma sei wirtschaftlich gesund und auf Expansionskurs. Dies mache sie für internationale Investoren attraktiv. Zurzeit bereite ein britischer Investor einen Einstieg in die Firma vor – erst einmal mit einer Minderheitsbeteiligung. Der Investor sei aber interessiert, mehr Anteile zu übernehmen. Das könne die Machtverhältnisse in dem Unternehmen, auch im Kreis der Geschäftsführung, umkrempeln. Über das Privatleben Kollunds in Lübeck hatte der Kollege noch keine Informationen erhalten. Er sagte zu, sich weiter zu bemühen. Mommsen bat ihn noch, sich bei Kollunds Anwalt Informationen über dessen Testament einzuholen.

Mommsen überlegte, ob es sinnvoll sei, schon jetzt – auf Grundlage dieser ersten, noch kargen Informationen – Gespräche mit den beiden anderen Geschäftsführern der „Holsatia" zu führen. Die Entscheidung schob er noch auf. Er hielt die Gespräche in der Firma erst auf einer gehaltvolleren Informationsbasis für ergiebig.

Inzwischen war Caroline durchnässt mit den Fischbrötchen zurückgekommen. Den ganzen Vormittag über war es sonnig gewesen. Dann hatte der übliche Westwind eine schmale Regenfront über die Insel geschoben, deren Ausläufer Caroline auf dem Rückweg erwischte. Während sie die Brötchen verteilte, holte Lürrsen Kaffee aus dem Nebenraum. Für eine kurze Weile saßen die Beamten kauend und schweigend zusammen. Mommsen war nicht überrascht, als Caroline als erste das Wort ergriff.

„Kollunds Freundin hat den ersten Schock über seinen Tod recht schnell überwunden. Erst dachte ich, wir könnten gar nicht mit ihr reden, aber dann war sie ja gesprächsbereit. Ich denke, sie ist jetzt unsere wichtigste Informationsquelle. Sie kannte ihn ja nicht nur beruflich, sondern auch sein Privatleben.“

„Für sein Berufsleben mag das stimmen. Bei seinem Privatleben bin ich mir nicht sicher.“ Mommsens Miene drückte leichte Zweifel aus. „Ich vermute, er war ein Typ, der sich nicht gerne von anderen in seine Angelegenheiten reinreden ließ. Das dürfte auch für seine – wie nannte sie seine Ex-Frau? – ‚Favoritin‘ gelten. Ich stelle mir vor, dass er auch ihr Teile seines Privatlebens vorenthielt, so dass sie erst gar keine Anlässe fand, in die sie ihm reinreden konnte. Aber du hast recht, wir müssen bald wieder mit ihr reden.“

Caroline Hositz zerknüllte das Einwickelpapier für die Fischbrötchen und warf es zielsicher in den nächsten Papierkorb. Lürrsen versuchte, es ihr nachzumachen, verfehlte jedoch sein Ziel. Die Beamten machten sich an die Arbeit. Caroline Hositz griff sich Kollunds Smartphone. Lürrsen zog los, um in Kollunds Nachbarschaft Erkundigungen über unbekannte weibliche Besucher einzuholen. Er erinnerte sich an die Aussage des Reinigungspersonals, dass ein Nachbar, ein Sönke Schmieder, einen engeren Kontakt zu Kollund gehabt haben sollte. Er verabredete auch mit Bentje Stamm von der Firma „Zumschlag“ einen Termin noch für den gleichen Tag. Mommsen machte sich daran, die aus Kollunds Haus mitgebrachten Unterlagen zu sichten.

***

Caroline Hositz mühte sich vergeblich, die Passwörter für Kollunds Smartphone und seinen Laptop herauszufinden. Der Kollege, der ihr beim Zugang zu Viets' Laptop geholfen hatte, war nicht erreichbar. Von der Kriminaltechnik erfuhr sie, dass ein Kollege des Teams, das am nächsten Tag Kollunds Haus untersuchen sollte, auch fachkompetent für den Zugang zu digitalen Geräten sei. Daher beschloss sie, ihre Bemühungen an Kollunds Smartphone und Laptop einstweilen auszusetzen und ihre Analyse des Inhalts des Laptops von Wolfgang Viets fortzusetzen.

Als Mommsen nach einer Stunde die im Hause Kollunds gefundenen Unterlagen beiseitelegte, behielt er mehrere Kaufangebote für Kollunds Haus in Utersum in der Hand. Im letzten Angebot war der gebotene Kaufpreis deutlich erhöht worden. Mommsen schätzte, dass das Angebot sich damit im oberen Spektrum der Föhrer Immobilienpreise befand. Beide Angebote stammten von einem Makler Philipp Tersteegen aus Schleswig. Mommsen notierte sich, den Makler zu befragen, aber auch, sich bei Hildegard Stiller nach dem Vorgang zu erkundigen.

Caroline Hositz fand in Viets' Laptop keine Hinweise auf Verbindungen zu Kollund, aber die Buchungsbestätigung einer zweiwöchigen Flugreise für zwei Personen nach Rhodos. Dass die zweite Person nicht den Namen seiner Ehefrau trug, überraschte sie nach den bisherigen Ermittlungsergebnissen nicht mehr. Sie teilte das magere Ergebnis ihrer Recherche Mommsen mit. Der erinnerte sich an den Termin mit Veronika Kollund.

„Gut, Caro, dann lass uns jetzt zu Veronika Kollund aufbrechen. Wir müssen Genaueres darüber erfahren, ob das Verhältnis zu ihrem Ex-Mann wirklich so ungetrübt war, wie sie es uns dargestellt hat.“

Der Empfang durch Veronika Kollund war etwas distanzierter als beim ersten Besuch in ihrem Laden. Sie bot ihnen keine Sitzgelegenheit an. Mommsen verstand das als Zeichen, dass sie das Gespräch möglichst schnell hinter sich bringen wollte. Er reagierte darauf, indem er einen persönlicheren Ton anschlug.

„Frau Kollund, haben Sie schon einen schonenden Weg gefunden, wie Sie Ihrer Tochter über den Tod ihres Vaters informieren können? Ich weiß, das ist für eine Mutter sicher eine der schwersten Herausforderungen. Hatte Ihre Tochter denn einen engeren Kontakt zu ihrem Vater?“

Mommsen hatte Anteilnahme in seine Stimme gelegt. Veronika Kollund fühlte sich veranlasst, ihre distanzierte Haltung etwas zu lockern und bat die Beamten in die Sesselecke im hinteren Bereich des Verkaufsraums.

„Nein, ich glaube, da gibt es kein Rezept. Ich werde es ihr einfach sagen müssen und den ganzen Abend bei ihr bleiben. Sie muss spüren können, dass sie nicht alleine ist.“

Ihr anschließendes Schweigen ließ ihre Ratlosigkeit spüren. Mommsen gab ihr Zeit. Als er sich gerade entschlossen hatte, das Gespräch wieder aufzunehmen, kam sie ihm mit der Frage zuvor: „Wie ist Jean denn zu Tode gekommen? Wissen Sie das jetzt?“

„Nein, er wird erst einmal zur Gerichtsmedizin nach Kiel gebracht. Der Staatsanwalt beantragt eine Obduktion. Wissen Sie von einer Vorerkrankung Ihres Ex-Mannes, die seinen plötzlichen Tod erklären könnte?“

„Er hatte immer mal Probleme mit seinem Blutdruck, dafür nahm er Medikamente. Er hatte das im Griff. Aber wir sind seit mehr als zehn Jahren getrennt, über seinen aktuellen Gesundheitszustand bin ich also nicht im Bilde.“

„Haben Sie jemals Anzeichen für eine Depression bei ihm bemerkt?“

„Nein, das ist das Letzte, was ich bei ihm vermuten würde. Jean war immer sehr selbstbewusst, er zweifelte nie an sich. Wie kommen Sie zu der Frage?“

„Einen Suizid können wir zurzeit noch nicht ausschließen.“ Mommsen überlegte kurz. „Haben Sie jemals Antidepressiva genommen?“

Wenn Veronika Kollund durch diese Frage überrascht war, ließ sie sich das nicht anmerken. Sie schien in ihren Erinnerungen zu forschen. „Kaum.“

Mommsen wollte es bei der unbestimmten Antwort nicht belassen. „Können Sie das ‚kaum‘ etwas erläutern?“

„In der Phase der Trennung und nach der Scheidung von Jean habe ich eine Zeitlang mit depressiven Schüben zu kämpfen gehabt. Das war auch die Zeit des Aufbaus meiner Firma hier auf Föhr. Die ersten Jahre liefen nicht so gut wie jetzt. Ich musste zwar keine Existenzsorgen haben, aber mein Selbstbild hat schon gelitten. Aber das ist Jahre her. Seitdem habe ich damit keine Probleme mehr. Wenn es Ihnen wichtig ist, kann Ihnen mein Hausarzt bestätigen, dass er mir seit Jahren kein Antidepressivum verschrieben hat."

Nun übernahm Caroline Hositz die Gesprächsführung. „Frau Kollund, lassen Sie uns noch einmal auf Ihre Trennung von Ihrem Mann zurückkommen. Sie hatten erwähnt, Ihr Ex-Mann habe die Zukunft Ihrer Tochter Netta gesichert. Wie können wir uns das vorstellen?"

„Bis zu ihrem 25. Lebensjahr bekommt sie einen monatlichen Unterhalt. Wir gehen davon aus, dass sie studieren wird. Bis zu diesem Zeitpunkt haben wir ein Wohnrecht hier in dem Haus in Oldsum."

„Netta ist jetzt 16 Jahre?"

„Ja."

„Wir müssen leider noch eine indiskrete Frage stellen. Bekamen Sie noch Unterhalt von Ihrem Ex-Mann?"

Veronika Kollunds Mimik ließ darauf schließen, dass auch sie diese Frage als indiskret empfand. „Nein, wir hatten uns darauf geeinigt, dass ich für drei Jahre nach der Scheidung noch Unterhalt erhielt. Da das Geschäft hier gut läuft, bin ich darauf auch nicht angewiesen."

Mommsen war beeindruckt, dass Veronika Kollund sowohl mit den indiskreten Fragen nach der Depression als auch nach den Unterhaltszahlungen recht souverän umgegangen war.

Jetzt schaltete er sich wieder in das Gespräch ein. „Was wird mit Ihrem Haus in Oldsum, wenn Netta 25 wird?"

„Jean hat ihr das Haus in seinem Testament vererbt."

***

Björn Lammers verabschiedete seine Kollegen, mit denen er den ganzen Tag mit Vermessungsarbeiten am Deich zwischen Utersum und Dunsum verbracht hatte, und wünschte ihnen einen schönen Feierabend. Er selbst fuhr noch nicht nach Hause, sondern ließ sich auf der Deichkrone nieder und blickte zur Südspitze Sylts hinüber, ohne wahrzunehmen, was er sah. Er spürte zwar den Drang, sich Bewegung zu verschaffen, fühlte sich jedoch wie gelähmt.

Dieses Gefühl der Lähmung hatte ihn in den Klauen, seit Veronika ihn in ihr Geheimnis eingeweiht hatte. Seine erste Reaktion, ihre Probleme offensiv für sie zu lösen, hatte Veronika ihm ausgeredet. Seinem Versuch, sie zu einer Äußerung über ihre gemeinsame Zukunft zu bringen, war sie ausgewichen. Daher hatte er auch darauf verzichtet, sie auf den gemeinsamen Urlaub in Norwegen anzusprechen. Wie auch immer Veronika sich verhalten würde, sein Leben hatte sich verändert.

Wie in einem Kaleidoskop liefen die Gedanken ungeordnet in Björn Lammers Kopf herum. Jean Kollund war jetzt also tot. Die Polizei hatte sich schon bei Veronika gemeldet. Die Ermittlungen waren angelaufen und würden so schnell nicht eingestellt werden. Das bedeutete, dass die Beamten offensichtlich davon ausgingen, dass Kollund keines natürlichen Todes gestorben war. Veronika brauchte Hilfe. Sein Leben lang war er, wenn sie in Not war, für sie da gewesen. Auch wenn sie seit einiger Zeit ein Paar geworden waren, Veronika würde immer ein selbstbestimmtes Leben führen. Die Rolle des rettenden Prinzen, der sie heldenhaft aus aller Not befreit, war nie sein Ding gewesen und würde es auch nie sein. Sie würde ihn in dieser Rolle auch nicht akzeptieren. Was könnte er mehr tun, als sich bei Veronika zu erkundigen, ob die Beamten schon mit ihr gesprochen und was sie über Kollunds Tod mitgeteilt hätten?

Björn Lammers schaute auf die Uhr. Wahrscheinlich hatte Veronika inzwischen Netta über Kollunds Tod informiert und war bei ihr, um den ersten Schock für sie abzumildern und sie zu trösten. Was blieb ihm zu tun? Björn Lammers fühlte sich ratlos und überflüssig.

***

Lürrsen drückte auf die Klingel unter dem Namensschild

Sönke und Ursula Schmieder + Wolfi

Ein etwas schrilles Hundegebell antwortete ihm. Wahrscheinlich Wolfi. Erst leise, dann lauter, als das Tier näherkam. Lürrsen schloss auf ein kleinwüchsiges Exemplar. Da er vor einigen Monaten von einem kleinen Hund gebissen worden war, konnte er nur hoffen, dass er nicht dem Beuteschema Wolfis entsprach. Mit einer kleinen Verzögerung öffnete sich die Tür. Wolfi schoss heraus, begnügte sich aber mit einem eifrigen Schnuppern an seinen Hosenbeinen. Hinter Wolfi tauchte ein großgewachsener Mann im Sportdress auf, der Laufschuhe in der Hand hielt. Sein fröhliches Gesicht drückte Neugier aus, als hoffe er auf erfreuliche Neuigkeiten.

„Herr Schmieder? Mein Name ist Lürrsen, ich bin Oberkommissar der Polizei auf Föhr."

Schmieders Gesichtsausdruck veränderte sich. Erfreuliche Nachrichten erwartete er nicht mehr. „Ja, ich bin Sönke Schmieder."

„Herr Schmieder, Sie haben sicher schon gehört, dass Ihr Nachbar, Dr. Kollund, tot aufgefunden worden ist?"

„Ja, ganz schrecklich. So unerwartet."

„Wie Sie sagen: unerwartet. Da seine Todesursache bisher noch unklar ist, müssen wir mit der Möglichkeit rechnen, dass auch ein Fremdverschulden infrage kommt." Mit Blick auf die Laufschuhe fragte Lürrsen: „Haben Sie einige Minuten Zeit für mich?"

Schmieder nickte.

Da Lürrsen merkte, dass Schmieders vorher noch fröhlicher Gesichtsausdruck nun eher Verständnislosigkeit signalisierte, ergänzte er: „Herr Kollunds Leiche ist jetzt in der Gerichtsmedizin in Kiel. Dort wird eine Obduktion vorgenommen. Danach wissen wir mehr."

„Und was wollen Sie dann von mir?"

„Sie sind der nächste Nachbar von Herrn Kollund gewesen. Und einer der wenigen Menschen auf Föhr, der häufiger Kontakt mit ihm hatte. Ist Ihnen in der letzten Zeit etwas aufgefallen, bei Herrn Kollund oder in seinem Haus?"

„Eigentlich nicht. Ich bin Busfahrer und meist auf der Arbeit. Meine Frau weiß vielleicht mehr. Sie arbeitet halbtags im Supermarkt. Sie ist deshalb mehr zuhause als ich."

Schmieder bat Lürrsen herein und rief in den Garten: „Ursel, komm mal her, die Polizei ist da."

Wolfi, der inzwischen in den Garten entwichen war, war wiederum der erste, der auftauchte. Er nahm nochmals an Lürrsens Hosenbeinen Geruch auf, um sich zu überzeugen, dass es sich um denselben Besucher handelte. Ursel Schmieder setzte sich neben ihren Mann auf die Wohnzimmercouch, nachdem sie ihre Gartenschuhe ausgezogen hatte. Ihr Gesichtsausdruck deutete die gleiche fröhliche Neugier an, die vorher ihr Mann gezeigt hatte.

„Frau Schmieder, ich bin wegen des Todes Ihres Nachbarn, Jean Kollund, hier. Haben Sie in der letzten Zeit etwas Auffälliges bemerkt, drüben im Haus oder in den Gewohnheiten von Herrn Kollund?"

„Er war ja längere Zeit nicht da, erst vor ein paar Tagen kam er auf die Insel, dann war er wieder weg und jetzt ist er wieder zurück. Die Großmutter seiner … äh ... Freundin oder Sekretärin wurde beerdigt. Die war auch mit, ich meine, die war auch hier mit. Aber Sonntag war sie noch einmal weg, ich meine seine Freundin, er war hiergeblieben."

„Sagen Sie, war Herr Kollund mal mit einer anderen Frau hier, nicht mit Frau Stiller?"

„Früher schon, mit verschiedenen. Aber seit einem Jahr oder auch länger nur mit der jetzigen Freundin. … Warten Sie mal. Vor ein paar Wochen war Licht im Haus. Da habe ich eine Frau reingehen sehen, die ich nicht kannte. Auf der Garagenauffahrt stand ein Sportwagen, nicht seiner. Kein NF-Kennzeichen, also nicht aus Nordfriesland. Sein Auto kenne ich."

„War Herr Kollund auch da?"

„Ich habe ihn nicht gesehen. Aber wenn er nicht da war, was sollte die Frau in dem Haus? Sie war auch keine von den Reinigungskräften. Die kenne ich alle."

„Wie lange war die Frau denn da?"

„Ich habe sie an zwei Tagen hintereinander gesehen."

„War sie also über Nacht in dem Haus von Herrn Kollund geblieben?“

„Ich habe, als wir schlafen gingen, so kurz vor 23.00 Uhr noch Licht im Wohnzimmer gesehen. Die Frau zwar nicht, aber ihr Auto stand noch in der Einfahrt.“

„Können Sie die Frau beschreiben?“

„Eine Blonde, mit kurzen Haaren, etwas größer als Frau Stiller. Frau Stiller kleidet sich manchmal etwas fraulicher, sie hat öfter mal ein Kleid oder einen Rock an. Diese war ganz sportlich, mit Jeans und Jeansjacke. Sie hatte auch einen flotten Gang.“

Lürrsen sah seine Erfahrung wieder einmal bestätigt, dass Frauen andere Frauen detaillierter beobachten und beschreiben können als Männer.

„Wie alt schätzen Sie die Frau?“

„Sie wirkte recht jugendlich. War aber sicher schon Ende dreißig, vielleicht auch etwas mehr.“

„Haben Sie das Kennzeichen des Autos lesen können?“

„Da habe ich nicht besonders drauf geachtet, nur dass es nicht aus Nordfriesland kam. Ich wusste ja nicht, dass das wichtig war. Es war ein roter Wagen, die Marken kann ich nicht auseinanderhalten.“

Lürrsen hatte sich einige Notizen gemacht und wollte sein Notizbuch gerade wegstecken, als sich Sönke Schmieder noch einmal zu Wort meldete.

„Da war noch eine Frau, gestern als meine Frau bei ihrer Mutter war. Es war irgendwie zwischen 15.00 und 16.00 Uhr. Oder etwas später? Nee, um 16.15 Uhr fing meine Spätschicht an, da war ich außer Haus. Die war aber älter. Sie kam vom Garten um die Hausecke und ging dann flott weg.“

„Dann war sie also nicht mit einem Auto gekommen?“

„Ich habe kein fremdes Auto auf dem Grundstück oder in der Nähe gesehen.“

„Können Sie die genauer beschreiben?“

„Sie hatte so Wandersachen an: Anorak und Hosen.“ Schmieder versuchte sich zu erinnern. „Nee, mehr fällt mir nicht ein.“

Lürrsen verabschiedete sich mit einem Kompliment: „Danke, Sie haben mir sehr geholfen. Es ist schön, dass es noch Menschen gibt, die auf ihre Nachbarn achtgeben.“

***

Philipp Tersteegen saß nach einem langen Arbeitstag am Abend mit einem kaufwilligen Ehepaar in seinem Büro in Schleswig und besprach mit diesem die Finanzierung einer Eigentumswohnung, als sich Benno Thomsen auf dem Smartphone meldete. Da er gerade das Ergebnis ihrer Berechnungen bilanzierte, drückte er den Anrufer weg. Als sich seine Besucher eine Viertelstunde später verabschiedet hatten, rief er Thomsen zurück.

„Hallo Thomsen, ich hoffe, Sie haben eine erfreuliche Nachricht, wenn Sie mich um diese Uhrzeit anrufen.“

„Vielleicht. Kollund ist tot. Ich habe das gerade von einer sicheren Quelle erfahren. Die Polizei war schon da. Es ist unklar, wie er genau zu Tode gekommen ist. Es steht noch eine Obduktion an.“

Tersteegen war plötzlich wieder hellwach.

„Wann war der Todeszeitpunkt?“

„Das muss gestern gewesen sein, also Montag. Kollunds Freundin hat ihn heute Morgen nach ihrer Rückkehr auf die Insel tot aufgefunden.“

„Na, da war ich ja nicht auf der Insel. Und was heißt das für unser Projekt? Ist klar, wer das Haus und das Grundstück in Utersum erbt?“

„Nee, weiß ich nicht. Vielleicht ist der Erbe oder die Erbin eher bereit zu verkaufen als es Kollund war. Das wäre die gute Seite der Nachricht. Aber bis so ein Erbe geklärt ist, kann das noch dauern.“

„Weiß die Polizei von unserer Absicht, das Grundstück zu kaufen?“

„Von mir nicht. Die können gar nicht wissen, dass ich mich dafür interessiert habe."

„Na gut, die Polizei findet vielleicht unsere Angebote für sein Haus. Mit seinem Tod haben wir ja jedenfalls nichts zu tun. Thomsen, das stimmt doch … oder?" Aus Tersteegens Stimme war Angst zu hören. Dann fasste er sich wieder. „Versuchen Sie herauszufinden, wer den Besitz erbt. Sie wissen, unseren Käufern eilt es."

***

Am nächsten Morgen betrat Mommsen die Wache besser gelaunt als an den Tagen zuvor. Während der Fahrt von Nieblum zum Wyker Hafen hatte er das Seitenfenster des Wagens geöffnet, sodass er nicht nur das leichte Grün des Frühsommers sehen, sondern in der Morgenfrische schon die Wärme des beginnenden Tages spüren konnte. Aber seine Stimmung war nicht nur aus meteorologischen Gründen aufgehellt. So bedauerlich Kollunds Tod war, er hatte Bewegung in die Ermittlungen gebracht.

Caroline Hositz und Henning Lürrsen warteten schon mit Kaffeetassen in der Hand auf ihn. In einer kurzen Besprechung legten sie den Fahrplan für den Vormittag fest. Lürrsen übernahm es, die Kollegen der Spurensicherung von der Fähre abzuholen und in Kollunds Haus nach Utersum zu begleiten. Mommsen hatte schon am Tag zuvor Hildegard Stiller zu einem Gespräch auf die Wache gebeten. Zuvor sprach er mit Caroline Hositz noch den Ablauf ihrer Befragung ab.

Hildegard Stiller erschien pünktlich zur vereinbarten Zeit. Auf die Beamten machte sie den Eindruck, als hätte sie eine unruhige Nacht verbracht. Mommsen war sich bewusst, dass die Erlebnisse des vergangenen Tages sie nicht nur mit dem Tod eines nahen Menschen konfrontiert, sondern auch ihrer Lebensplanung den Boden unter den Füßen weggezogen hatten. Nach einer kurzen Begrüßung begann er das Gespräch routinemäßig.

„Frau Stiller, obwohl die Todesursache von Herrn Kollund nicht endgültig geklärt ist, können wir ein Fremdverschulden an seinem Tod nicht ausschließen. Zur Klärung einiger Fragen benötigen wir Ihre Hilfe. Fallen Ihnen Personen ein, die ein Interesse am Tod von Herrn

Kollund haben könnten?“

Hildegard Stiller antwortete vorsichtig: „Wenn Sie damit meinen, ob jemand ihn mit dem Tod bedroht hat: nein. Wenn Sie darauf hinauswollen, ob es Menschen gibt, die von seinem Tod Vorteile haben: ja.“

„Sie haben im Plural geantwortet. Also gibt es mehrere Personen, die vom Tod Herrn Kollunds profitieren. Beginnen wir mit seinem beruflichen Umfeld.“ Mommsen schaute sie fragend an.

„In der Firma wird es wahrscheinlich große Veränderungen geben. Sie werden sich ja schon informiert haben, dass ein großer internationaler Investor vor der Tür steht: ‚Morgan Laboratories‘. Die beiden anderen Geschäftsführer und Miteigner, Sanna Goltz und Hugo Majol, wollen nur eine geringe Beteiligung des Investors zulassen, maximal 15 %. Jean ist … war … mit 40 % der größte Anteilseigner. Er überlegte, bei einem entsprechenden Angebot seine gesamten Anteile an Morgan zu verkaufen. Von diesen Verhandlungen hatte Jean seine Partner nicht unterrichtet. Wenn die das in Erfahrung gebracht hätten, … ich weiß nicht, wie die reagieren würden. Oder doch: die wären entsetzt.“

„Wer wusste denn noch von diesen Plänen?“

„Nur noch ich. Sie können gewiss sein, dass ich nichts davon weitergegeben habe. Meine Loyalität gilt mehr Jean Kollund als der Firma.“

„Gibt es in seinem beruflichen Umfeld andere Personen, die von seinem Tod profitieren?“

„Unter den Mitarbeitern war er vielleicht nicht beliebt, wurde aber als gerechter Chef geschätzt.“

„Wie sieht es mit seinem privaten Umfeld aus?“

„Da fällt mir niemand ein, der einen Vorteil von seinem Tod hätte.“

„Was wissen Sie von seiner geschiedenen Frau und seiner Tochter? Gibt es für die Gründe, ihn zu hassen? Sozusagen als Hypotheken aus der Zeit der Trennung?“

„Ich hatte immer den Eindruck, da war alles geklärt. Die Trennung ist ja schon viele Jahre her. Zu Netta hatte er zwar nicht viel Kontakt, ihre Alltagswelt war ja weit entfernt von seiner. Er freute sich aber immer, sie zu sehen und war ihr gegenüber recht großzügig."

Wie vorher abgesprochen, übernahm jetzt Caroline Hositz die Gesprächsführung. „Frau Stiller, soweit wir wissen, sind Sie seit nicht einmal zwei Jahren mit Herrn Kollund auch privat zusammen. Es gab wahrscheinlich auch vorher Frauen in seinem Leben. Auch da wird es Trennungen gegeben haben, vielleicht auch seitens Herrn Kollund. Gibt es Frauen, die aus Enttäuschung Rachegedanken entwickelt haben?"

Mommsen bemerkte, wie vorsichtig Caroline zu diesem Thema formulierte.

„Sie können sicher verstehen, dass Jean mit mir darüber nicht ausführlich geredet hat. Ich habe ihn auch nie gefragt. Er liebte es nicht, wenn er mit Themen konfrontiert wurde, über die er nicht reden mochte."

Mommsen war nun gespannt, wie Caroline die Frage formulieren würde, die jetzt anstand.

„Von seiner Ex-Frau haben wir gehört, dass Herrn Kollunds Interesse an neuen Erfahrungen mit dem weiblichen Geschlecht auch anhielt, während er in einer festen Partnerschaft war. Haben Sie im letzten Jahr davon etwas bemerkt?"

‚Da hat Caro aber eine Wortakrobatik zustande gebracht, um den schlichten Begriff des Seitensprungs zu umgehen', dachte Mommsen.

Hildegard Stiller verzögerte die Antwort. „Nein, überhaupt nicht. Jean hatte in seinen jüngeren Jahren sicher seine Erfahrungen mit Frauen gemacht. In seinem Alter war er wohl der Meinung, dass es auf diesem Gebiet für ihn nichts Neues mehr zu erfahren gäbe."

„Ich habe noch eine andere Frage: haben Sie jemals Medikamente gegen Depressionen genommen?"

„Wie kommen Sie denn darauf? Der Notarzt hatte mich schon gefragt, ob Jean unter Depressionen gelitten hat. Warum ist das für Sie wichtig? Jean hat doch keinen Selbstmord begangen."

„Antworten Sie bitte einfach nur auf meine Frage.“

„Nein, ich habe keine Depressionen und nehme auch keine Medikamente dagegen.“ Nach einer kurzen Pause: „Jean hat in diesem Zusammenhang mal seine Ex-Frau erwähnt. Aber ohne weitere Erklärung.“

„Lassen Sie uns noch einmal auf Herrn Kollunds Umfeld hier auf Föhr zurückkommen. Gibt es auf Föhr Personen – außer seiner Ex-Frau und seiner Tochter – die ein Interesse an seinem Tod gehabt haben?“

„Es gab Interessenten an seinem Haus in Utersum, sehr hartnäckige. Von einem Makler aus Schleswig kamen wiederholt Angebote, zuletzt hat der deutlich höhere Preise geboten. Aber Jean wollte auf keinen Fall verkaufen. Vielleicht versprechen die sich jetzt einen leichteren Erwerb des Hauses.“

„Hat Herr Kollund ein Testament gemacht? Wissen Sie etwas über seine Erben?“

„Nein, darüber haben wir nie gesprochen. Das wird aber sein Anwalt in Lübeck wissen. Und bevor Sie fragen müssen: ich kann gut für mich selber sorgen und bin nicht darauf angewiesen, in seinem Testament bedacht zu werden.“

Mommsen informierte Hildegard Stiller, dass die Spurensicherung derzeit Kollunds Haus in Utersum untersuche. Er stellte ihr in Aussicht, dass sie noch am gleichen Abend in das Haus zurückkehren könne.

***

Inzwischen war Lürrsen wieder zur Polizeiwache zurückgekehrt, nachdem er die Kollegen der Spurensicherung im Hause Kollunds eingewiesen hatte. Mommsen fasste ihm das Ergebnis des Gesprächs mit Hildegard Stiller zusammen.

„Kollund hatte die Absicht, sich aus der Firma zurückzuziehen und seine gesamten Anteile an einen fremden Investor zu verkaufen. Stiller ist der Ansicht, seine Kompagnons Sanna Goltz und Hugo Majol wüssten nichts davon. Kollunds Verkauf seiner Anteile würde deren

Einfluss auf die Firma schwächen. Wenn die beiden aber doch davon wussten, hätten sie ein Motiv, den Tod Kollunds zu wünschen, bevor der Deal abgeschlossen ist."

Hier hakte sich Caroline Hositz in das Gespräch ein. „Wahrscheinlich würde nicht nur der Einfluss von Goltz und Majol auf die Firma marginalisiert, sondern auch der Wert ihrer Firmenanteile sinken."

„Ja, wahrscheinlich. … Bei seiner Ex-Frau und seiner Tochter liegen keine aktuellen Tatmotive vor, aber da müssen wir noch sein Testament abwarten, ob und wie die beiden als Erben bedacht sind. Seine Ex-Frau hatte ja erwähnt, dass er seiner Tochter im Testament das Haus vermacht habe. Wahrscheinlich wird sie jetzt ja mehr erben. Ich werde mich als Nächstes darum kümmern, wo das Testament zu finden ist. Also weiter. Über Kollunds verflossene Liebschaften wusste Stiller nichts Genaues, von aktuellen Seitensprüngen will sie nichts gewusst haben."

Lürrsen meldete sich. „Ludwig, dazu kann ich gleich noch etwas sagen."

„Okay, Henning, einen Augenblick noch. Dann sind noch die hartnäckigen Angebote des Maklers Tersteegen, dessen Klient bereit ist, eine enorme Summe für Kollunds Haus zu zahlen. Kollund hat sich strikt geweigert zu verkaufen. Darüber müssen wir mehr wissen. Vielleicht setzte der Interessent darauf, mit den Erben leichter ins Geschäft zu kommen." Mommsen schaute zu Caroline hinüber. „Habe ich etwas vergessen?"

„Nein, vergessen nicht. Aber ich habe das Gefühl, dass wir über die Stiller noch nicht alles wissen. Sie hatte es eilig, uns wissen zu lassen, dass sie an einem Anteil am Erbe nicht interessiert ist. Über die bin ich mir noch nicht im Klaren."

„Wir werden auch sie im Auge behalten. Aber jetzt bist du dran, Henning."

Lürrsen berichtete zuerst von seinem Gespräch mit den Nachbarn Kollunds, Sönke und Ursula Schmieder, und von den beiden Frauen, die sie im oder am Hause Kollunds gesehen hatten.

„Danach habe ich mich noch einmal mit Bentje Stamm unterhalten, ihr wisst, die das Reinigungspersonal in Kollunds Haus beaufsichtigt. Sie gab zu, dass auch sie den Eindruck hatte, dass da mal eine andere Frau im Hause gewesen ist. Zwar hat sie diese nicht direkt gesehen, aber so ein Gespür gehabt. Frau Stamm hat bemerkt, dass das Doppelbett so aussah, als hätte nicht nur eine Person darin geschlafen, und zwar zu einer Zeit, als Stiller nicht auf der Insel war. Den gleichen Eindruck habe auch ihr Freund gehabt, der sie an dem Tag zufällig in das Haus von Kollund begleitet hat."

Mommsen merkte auf: „Die hat ihren Freund in das Haus mitgenommen? Also noch jemand, der sich dort auskannte. Wie heißt der?"

„Benno Thomsen."

Jetzt meldete sich Caroline Hositz aufgeregt: „Benno Thomsen? Ich hatte am Fundort der Leiche von Viets Reifenspuren fotografiert. Die gibt es nur bei einem Wagentyp: Toyota Hilux, ein Pick-up. Und einer der vier Eigner eines Hilux hier auf Föhr heißt Benno Thomsen."

Die drei Beamten schauten sich an, als hätten sie eine übernatürliche Erscheinung. Mommsen fasste sich als Erster: „Könnte dieser Thomsen möglicherweise das Verbindungsglied zwischen den Fällen Viets und Kollund sein? Den müssen wir uns vornehmen." Aber dann dämpfte er die aufkommende Euphorie seiner Kollegen wieder: „Das könnte aber auch alles ein Zufall sein. Wir setzen ihn auf jeden Fall oben auf die Liste."

Mommsen wandte sich an Lürrsen: „Henning, wir brauchen unbedingt diesen Thomsen. Kannst du ihn noch heute hierherschaffen?"

Dann an Hositz: „Caro, genauso wichtig ist, dass wir in den Laptop und das Smartphone von Kollund reinkommen. Möglichst noch gestern. Kannst du den Spezialisten für Passwörter von der Spurensicherung daran setzen? Ich möchte mir schon morgen die beiden anderen Geschäftsführer, Goltz und Majol, in Lübeck vornehmen. Dazu muss ich wissen, was wir in Kollunds Laptop finden. Schnapp dir Smartphone und Laptop, wir fahren nach Utersum und schauen, was die Spurensicherung dort gefunden hat."

***

Als Hositz und Mommsen in Kollunds Haus ankamen, hatten die drei Kollegen der Spurensicherung die Durchsuchung des Hauses beendet. Hositz machte sich mit dem Passwortspezialisten gleich an die Arbeit an Kollunds Laptop. Die beiden anderen Kollegen informierten Mommsen über die Ergebnisse der Spurensuche im Haus.

Sie hatten keine Hinweise auf ein gewaltsames Eindringen gefunden. Fenster und Türen waren unbeschädigt. Ebenso die Alarmanlage. Den Safe im Schlafzimmer hatten sie öffnen können. Sie übergaben Mommsen die dort gefundenen Papiere und Bargeld in beträchtlicher Höhe, sowohl in Euro als auch in anderen Währungen. Alle Spuren deuteten darauf hin, dass in den letzten Tagen ein Mann und eine Frau das Haus bewohnt hatten. Auf Mommsens Frage, ob vorher vielleicht eine andere Frau bei dem männlichen Bewohner gewohnt habe, lächelten sie verständnisvoll. Aber nein, das könnten sie aus den wenigen Spuren nicht ableiten. Sie sagten aber zu, die Utensilien sowie die Medikamentenbehälter aus dem Badezimmer noch einmal auf diese Frage zu überprüfen und an die Gerichtsmedizin zur toxischen Untersuchung weiterzuleiten. Und die gefundenen Fingerabdrücke für Abgleiche zu sichern. Ebenso die DNA-Spuren. Auf Mommsens Frage nach Spuren von Gift erwiderten sie nur, ihnen sei aufgefallen, dass im ganzen Haus weder schmutziges Geschirr noch benutzte Gläser zu finden waren – auch nicht in der Spülmaschine. Da sich am letzten Tag nur ein Mann im Haus aufgehalten hatte, erschien ihnen das ungewöhnlich. Dann begaben sich die Kollegen der Spurensicherung in den Garten, um dort die Suche fortzusetzen.

Mommsen machte sich noch einmal auf die Runde durch das Haus. Und wiederum hatte er das Gefühl, post mortem der Persönlichkeit des Jean Kollund zu begegnen. Er versuchte sich vorzustellen, wie dieser auf sein Leben zurückblickte und über sein Leben urteilte. Würde sein Urteil lauten, dass sein Leben es wert war, gelebt zu werden? Aber wer konnte das schon von sich sagen? Mommsen gab den Versuch schnell auf, er wusste zu wenig über Jean Kollund. Aber vielleicht würde Caro mit ihrem Kollegen dem Laptop und dem Smartphone mehr über den Toten entlocken können.

Mittlerweile war es Mittag geworden. Als Mommsen sich erkundigte, ob sie für einen Imbiss in Wyk eine Pause machen sollten, verneinten die Kollegen der Spurensicherung. Sie zogen es vor durchzuarbeiten. Den Imbiss verschoben sie auf die Rückfahrt mit der Fähre. Am frühen Nachmittag beendeten die Beamten der Spurensicherung ihre Arbeit und machten sich auf den Heimweg.

Caroline Hositz und ihr Kollege hatten mit der Ermittlung der Passwörter Erfolg gehabt. Auch Caro hatte es abgelehnt, eine Mittagspause zu machen, zu groß war ihr Elan, sich auf die Erforschung des Laptops und des Smartphones des Toten zu stürzen.

So machte sich Mommsen auf, wenigstens für ein Minimum der Nahrungsaufnahme zu sorgen. Sein Weg führte ihn jedoch nicht zu den Fischbrötchen, sondern zum Bäcker.

Wieder zurück auf der Polizeiwache breitete Mommsen die Unterlagen aus Kollunds Safe auf dem Tisch aus. Bevor er diese jedoch in Augenschein nehmen konnte, meldete sich sein Smartphone. Als er die Stimme seines Kollegen Sebastian von der Wirtschaftskriminalität in Lübeck hörte, war er etwas überrascht.

„Hallo Ludwig, Sebastian hier. Ich habe vorhin in der Kantine mit dem Kollegen, der unser Verbindungsmann zur Steuerfahndung ist, über die ‚Holsatia' gesprochen. Da scheinen aus einer Tochterfirma, die sich auf den Handel mit gebrauchten Laborgeräten spezialisiert hat, Gelder abgeflossen zu sein. Es haben größere Barabhebungen stattgefunden. Daher vermutet die Steuerfahndung, dass das Geld in irgendwelchen Steueroasen gelandet ist. Erste Anhaltspunkte deuten auf Andorra hin. Geschäftsführer dieses Tochterunternehmens ist euer Toter, also Kollund. Ich denke, das interessiert dich. Aber sage niemandem, dass du das von mir hast. Ich muss jetzt in eine Besprechung, wenn ich mehr weiß, melde ich mich."

Mommsen starrte vor sich hin. Waren die Ermittlungen während der ersten Tage sehr zäh verlaufen, nahmen sie jetzt Fahrt auf. Sein Blick auf den Haufen Unterlagen aus Kollunds Safe vor ihm und auf Caroline Hositz, die gebannt auf den Bildschirm des Laptops vor ihr starrte, ließ ihn weitere Überraschungen ahnen.

***

In der nächsten Stunde arbeiteten Mommsen und Hositz konzentriert vor sich hin, ohne ihre Umwelt wahrzunehmen. Nur Mommsen hörte hin und wieder, wie Caroline in einem gemurmelten Selbstgespräch Laute wie: „Ach was …; nein sowas …; ich glaub es nicht …“ von sich gab. Als er nachfragte, winkte sie nur ab: „Später!“

Nach einer Stunde wurden sie von der Rückkehr Lürrsens aus ihrer Konzentration gerissen, der Benno Thomsen zur Wache mitbrachte.

Mommsen unterbrach seine Arbeit an den Unterlagen. Er winkte Friedrichsen heran und schickte ihn mit Thomsen in den Nebenraum. Mit Lürrsen sprach er dann die Strategie der Befragung ab. Sie verabredeten, wenn Thomsen keine umfassende Aussage machen wollte, ihn mit der direkten Anschuldigung zu überfallen, dass er Viets erstochen habe. Nur der Täter konnte wissen, dass Viets bereits tot war, als er die Stichverletzungen erhielt. Thomsen würde den Mordvorwurf am sichersten entkräften können, wenn er die Stiche in die Leiche und die Erpressung zugab.

Als die beiden Beamten den Raum betraten, begann Thomsen gleich, sich zu beschweren. „Sie können mich nicht einfach hierherschleppen wie einen Verbrecher.“ Mommsen ließ ihn erst einmal Luft ablassen, wobei Thomsen einen weiten Bogen von „Polizeiwillkür“ über „Bürgerrechte“ bis zu „Recht auf einen Anwalt“ schlug. Da griff Mommsen ein.

„Herr Thomsen, warum benötigen Sie denn einen Anwalt?“

Thomsen stutzte und versuchte sich an seine letzten Sätze zu erinnern. „Warum bin ich eigentlich hier?“

„Wenn Sie uns auch einmal zu Wort kommen ließen, hätten wir das schon längst geklärt. Also: kennen Sie einen Herrn Dr. Kollund?“

Thomsen war gerade dabei gewesen, sich für seine weitere Protestrhetorik etwas einfallen zu lassen, als ihn die Frage Mommsens erwischte. Er sackte kurz zusammen und schwieg.

„Herr Thomsen, das war eine ganz einfache Frage. Entweder kennen

Sie ihn oder Sie kennen ihn nicht."

„Eigentlich nicht."

„Können Sie uns erklären, was ‚eigentlich' heißen soll?"

„Ich habe von ihm gehört."

„Von wem?"

„Weiß ich nicht mehr. Von irgendjemand."

„Darf ich Ihnen helfen: von Frau Stamm, Ihrer Freundin. Die kennen Sie aber noch?" Mommsen konnte zuweilen ironisch sein. „Herr Dr. Kollund ist ein wohlhabender Mann. Das wissen Sie sicher auch?" Mommsen sprach mit Absicht im Präsens, er wartete darauf, ob Thomsen von sich aus auf Kollunds Tod zu sprechen kommen würde.

„Mag sein, interessiert mich nicht."

„Wo waren Sie am Mittwoch letzter Woche, in der Zeit von 20.00 bis 22.00 Uhr?"

Thomsen hatte sich eine Trotzhaltung zugelegt, die jetzt bröckelte. Er schwieg eine ganze Zeit, ehe er brummte: „Weiß ich nicht mehr."

„Um sich das zu überlegen, haben Sie aber lange gebraucht", kommentierte Mommsen sein Zögern. „Dann will ich Ihnen helfen: Sie waren in der Godelniederung und haben Wolfgang Viets erstochen. Herr Thomsen, das war Mord!"

Thomsen hatte offensichtlich nicht damit gerechnet, dass er mit der Tat in der Godelniederung konfrontiert werden würde. Mommsen stellte sich vor, wie ihm langsam klar wurde, dass er in der Falle saß. Er merkte, dass Thomsens Selbstsicherheit dahinschwand. Den Mordvorwurf konnte er nur abwehren, wenn er darauf hinwies, dass Viets bereits tot war, als er die Stiche bekam. Und dass nur der Täter dies wissen konnte. Und er damit auch den Vorwurf der Erpressung auf sich zog.

„Ich war das nicht! Ich kannte den doch gar nicht. Warum sollte ich den ermorden?"

„Herr Thomsen, Sie nehmen mir die Frage vorweg. Also, warum haben Sie Wolfgang Viets denn ermordet?“

„Ich sagte doch: ich war das nicht.“

„Aber Ihr Auto war dort. Haben Sie denn ein Alibi?“

„Für Mittwoch letzter Woche? Das ist so lange her. Ich war sicher zu Hause.“

„Wer kann das bezeugen?“

Thomsen schwieg.

„Herr Thomsen, wir bekommen ganz schnell einen Durchsuchungsbeschluss für Ihre Wohnung, Ihren Arbeitsplatz und Ihren Wagen. Die Taschen des Toten waren leergeräumt. Wenn wir irgendetwas von ihm bei Ihnen finden, brauchen wir für eine Mordanklage Ihr Geständnis nicht mehr. Wollen Sie das wirklich riskieren?“

Mommsen hatte schweres Geschütz aufgefahren. Die beiden Beamten lehnten sich zurück und starrten Benno Thomsen abwartend an. Mommsen nahm an, dass in Thomsens Kopf eine Reihe von Ausflüchten herumkreisten, die er allesamt verwarf. Schließlich gab er auf, als er einsah, dass er den Mordvorwurf nur entkräften konnte, wenn er die Stiche in den toten Körper Wolfgang Viets und den Erpressungsversuch zugab.

„Nein, ich habe ihn nicht ermordet, er war schon tot.“

„Aber warum haben Sie denn versucht, Dr. Kollund zu erpressen? Haben Sie wirklich geglaubt, der würde 200.000 Euro für jemanden zahlen, den er nicht kennt?“

Thomsen hatte angesichts der drohenden Mordanklage aufgegeben und berichtete den Beamten von seiner Beziehung zum Makler Philipp Tersteegen und dem Projekt des Ankaufs des Hauses von Kollund in Utersum. Er war von seinem Auftraggeber unter Druck gesetzt worden, Kollund kurzfristig zum Verkauf seines Hauses zu bewegen. Wenn Kollund auch weiterhin den Verkauf ablehnte, wäre Thomsens ansehnliche Prämie dahin, die er dringend brauchte. Da die Erhöhung des Preisangebotes erfolglos geblieben war, hatte Thomsen überlegt, wie er Kollund irgendwie verunsichern und ihm den Aufenthalt auf Föhr verleiden könnte. Er war durchaus davon ausgegangen, dass Kollund nicht auf die Erpressung reagieren würde. Aber er hatte gehofft, dass Kollund aufgrund des Todes von Viets eine zweite Drohung ernst nehmen und zum Verkauf bereit sein würde. Jetzt – im Nachhinein – sei ihm klar, dass das eine völlig unsinnige Idee war.

Aus seinen Einlassungen ergab sich für die Beamten folgendes Bild: An dem Mittwoch der vergangenen Woche war Thomsen angetrunken mit seinem Pick-up unterwegs gewesen, als er einen leblosen Mann neben einem Fahrrad in einem Gebüsch in der Nähe des Golfplatzes entdeckte. Er überzeugte sich, dass der tot war. Dabei war ihm die Idee mit der Erpressung gekommen. Er hatte ihn mit seinem Pick-up zu dem abgelegenen Fundort in der Godelniederung geschafft und ihm mit seinem Taschenmesser einige Stiche beigebracht, um der Erpressung Nachdruck zu geben. Thomsen betonte, dass ihm das im nüchternen Zustand nie in den Sinn gekommen wäre.

Mommsen verfügte, Thomsen in Haft zu nehmen, bis der Staatsanwalt über die weitere Strafverfolgung seiner Taten entschied.

Als Lürrsen zurückkam, nachdem er Thomsen weggebracht hatte, fragte er: „Ludwig, was wird nun mit ihm?“

„Thomsens makabre Verletzung des Toten ist nicht nur ein Dummer-Jungen-Streich, für den er sich mit Trunkenheit entschuldigen kann. Er wird schon wegen der Erpressung nicht mit einer Bewährungsstrafe davonkommen.“

„Warum hast du Thomsen nicht auf den Tod von Kollund angesprochen?“

„Bevor wir nicht den Befund der Gerichtsmedizin haben, ist das zwecklos.“

***

Als Mommsen und Lürrsen in den Besprechungsraum zurückkehrten, winkte Hositz sie heran.Sie zeigte auf Kollunds Laptop. „Ich habe noch längst nicht alles durch, aber ich bin auf eine Sache gestoßen, die müsst ihr wissen. Kollund hat sich aus den Firmendaten der ‚Holsatia' Befunde der Blutuntersuchung seiner Tochter Netta heruntergeladen. Wahrscheinlich hatte deren Hausarzt aufgrund einer Infektion Nettas einen Test veranlasst, der in einem der Labore der ‚Holsatia' gelandet ist. Kollund konnte sich als Geschäftsführer Zugriff auf die Daten verschaffen. Er hat Blutgruppe und DNA Nettas überprüft. Ich kann mir das nur so erklären, dass er Zweifel an seiner Vaterschaft hatte. Sollten die Zweifel zutreffen, dann haben wir bei seiner Exfrau sowie der Tochter eine neue Motivlage."

Mommsen und Lürrsen waren von Hositz Bericht überrascht. „Caro, gib mir die Daten. Ich werde sie an die Gerichtsmedizin weitergeben, damit diese sie mit der DNA von Kollund vergleicht." Mommsen schaute auf die Uhr. „Ich will ohnehin mit der Gerichtsmedizin Kontakt aufnehmen. Wir müssen unbedingt wissen, ob Kollund nun ermordet wurde und wie. Also, sollte Kollund nicht Nettas Vater sein und ihre Mutter die Zweifel Kollunds an seiner Vaterschaft gekannt haben, dann hat Veronika Kollund in der Tat ein starkes Motiv, ihren Exmann zu töten. Sie hätte damit rechnen müssen, dass er sein Testament ändert und sie auch ihr Haus in Oldsum verliert."

***

Nachdem sie sich vergewissert hatte, dass die Spurensicherung Jean Kollunds Haus in Utersum verlassen hatte, war Hildegard Stiller wieder dorthin zurückgekehrt. Obwohl sie davon ausging, dass die Beamten ihre Arbeit sorgfältig erledigt hatten, begann sie im Arbeitszimmer sowie an anderen Plätzen nach Unterlagen zu suchen, die Hinweise auf Jeans Geldtransfers nach Andorra enthalten könnten. Sie hatte ihn wiederholt darauf hingewiesen, dass er derartige Informationen ausschließlich in dem Safe seiner Schweizer Bank deponieren und keine Spuren in seinem Laptop hinterlassen dürfte. Jean hatte ihr auch immer bestätigt, dass er diese Vorsichtsmaßnahmen beachtete. Er war sicher vernünftig genug gewesen, dies auch einzuhalten. Also versuchte sie sich einzureden, dass kein Anlass zur Sorge bestehe. Dennoch setzte sie ihre Suche fort. Schließlich beendete sie ihre Bemühungen, ohne Hinweise gefunden zu haben.

Hildegard Stiller war jedoch nicht beruhigt. Sie hatte für ihre Reisen nach Andorra, die sie im Auftrag Jean Kollunds unternommen hatte, nie das Flugzeug benutzt, auch keine Kartenzahlungen vorgenommen sowie unter falschem Namen ihre Hotelbuchungen vorgenommen. Also konnte ihre Reiseroute nicht nachverfolgt werden. Dennoch war die Möglichkeit nicht auszuschließen, dass die Polizei im Rahmen ihrer Mordermittlungen die Geldabflüsse auf Jeans Geheimkonten aufdecken und sie damit in Verbindung bringen würde. Ihr war beklommen zumute. Sie hielt es für das Beste, sich ganz unauffällig zu verhalten.

Sie ging davon aus, dass sie auf Geheiß der Polizei wohl noch eine Zeitlang auf der Insel bleiben müsste. Sie schaute in den Kühlschrank und bemerkte, dass sie ihre Vorräte auffüllen musste. Hildegard Stiller setzte sich in den Wagen und steuerte den Rewe-Markt in Wyk und das nahegelegene Weinhaus am Meer an. Als sie ihre Einkäufe verstaut hatte, entschloss sie sich, noch einen Bummel über den Sandwall zu machen, um ihre Anspannung zu lockern. Der Aperol-Spritz, den sie sich bei einem Halt in einem der Cafés gönnte, trug dazu bei.

Nach ihrer Rückkehr in das Haus in Utersum bereitete sie sich ein leichtes Abendessen. Als sie das Geschirr in die Spülmaschine geben wollte, stutzte sie. Jean war mehr als einen Tag allein im Haus gewesen. Er hatte sein benutztes Geschirr noch nie selbst abgespült. Also müsste es noch in der Spülmaschine sein. Diese war aber vollständig leer. Durch einen kurzen Blick in den Geschirrschrank vergewisserte sie sich, dass nichts fehlte. Ob die Beamten von der Spurensicherung das Geschirr gespült hatten? Das konnte sie sich nicht vorstellen. Hildegard Stiller war beunruhigt.

Sie hatte sich eine Flasche Wein des Weinguts Waalem mitgebracht, der auf der Insel angebaut wurde. Obwohl sie sich vor dem Zubettgehen noch eine halbe Flasche davon gegönnt hatte, konnte sie nicht einschlafen. Wenn doch noch jemand ins Haus gekommen war?

***

Am folgenden Tag nahm Mommsen eine frühe Fähre, um nach Lübeck zu fahren und mit den verbliebenen Mitgliedern der Geschäftsführung der ‚Holsatia', Sanna Goltz und Hugo Majol, zu sprechen. Er hatte sich noch am Vortag angekündigt. Sowohl Sanna Goltz als auch Hugo Majol waren in der Firma und hatten ihre Bereitschaft für ein Gespräch zugesagt. Sie empfingen Mommsen in Majols Büro. Mommsen erläuterte kurz das bisherige Ergebnis der Obduktion Jean Kollunds. Er hatte noch am Vortag vom Gerichtsmediziner die Information bekommen, dass Kollunds Tod auf eine Vergiftung zurückzuführen sei. Welches Gift angewendet wurde, würde erst nach der toxischen Untersuchung feststehen. Daher sei eine Untersuchung wegen eines Tötungsdelikts erforderlich. Nach der kurzen Einleitung begann er mit der Befragung der beiden Geschäftsführer.

„Frau Dr. Goltz, Herr Dr. Majol, können Sie sich Gründe vorstellen, warum jemand den Tod von Dr. Kollund hätte wünschen können?"

Sanna Goltz antwortete als Erste. „Nein, er war ein Mensch, der allseits geachtet wurde. Er hat wesentlich zum Aufbau und Erfolg der Firma beigetragen. Alles, was er tat, war überlegt. Seine Tatkraft hat uns immer wieder beeindruckt."

Mommsen war von den Ausführungen Sanna Goltz' weniger beeindruckt. ‚Sie braucht hier doch noch nicht für seine Grabrede zu üben', schoss es ihm durch den Kopf.

„Im Geschäftsleben gibt es immer wieder Meinungsverschiedenheiten. Welche gab es denn bei Ihnen?" Mommsen begann hartnäckig zu werden.

Hugo Majol fühlte sich angesprochen. Er merkte, dass Mommsen sich nicht mit Allgemeinplätzen zufrieden geben würde, wie sie Sanna Goltz von sich gab. „Bei uns wird ein Investor einsteigen. Er wird eine Minderheitsbeteiligung übernehmen. Damit können wir weiter expandieren. Darüber waren wir drei Eigentümer uns einig. Über die zukünftige Firmenpolitik waren wir noch in der Diskussion. Jean wollte in die Fläche expandieren, Frau Dr. Goltz und ich halten eine Spezialisierung am Markt für aussichtsreicher. Das war aber kein Grund für einen Streit. Für die Mitarbeiter war Jean ein Chef, der Leistung verlangte. Diese aber auch anerkannte. Also auch in der Belegschaft habe ich nie eine ernsthafte Abneigung gegen ihn gespürt. Im Gegenteil, auch der Betriebsrat hat mit seinen Anliegen meist zuerst Jean angesprochen. Da war also Vertrauen vorhanden."

Mommsen erinnerte sich an sein Gespräch mit Hildegard Stiller. „Mit welchen Anteilen wollte Ihr Investor denn bei Ihnen einsteigen?"

Wieder war Sanna Goltz die Erste, die antwortete. „Jeder von uns dreien wird 5 % der Anteile an ‚Morgan' abtreten. Also sind es insgesamt 15 %."

„Wird sich dadurch denn an Ihren Einflussmöglichkeiten auf die Firma etwas ändern?"

Mommsen merkte, dass Hugo Majol ihn bei dieser Frage plötzlich aufmerksam anblickte. Der wollte gerade Sanna Goltz ein heimliches Zeichen geben, sich zurückzuhalten, als diese schon wieder fortfuhr.

„Nein, wir bleiben Geschäftsführer, wir werden weiter die Firmenpolitik bestimmen. In der Firma wird sich nichts ändern."

Mommsen machte sich nun auf einen Umweg. „Herr Dr. Kollund ging ja schon auf die 60 zu. Da denken viele Menschen daran, beruflich etwas kürzer zu treten. Wie war das bei ihm?"

Majol ahnte nun, dass Mommsen von Kollunds geheimen Verhandlungen mit ‚Morgan Laboratories' etwas in Erfahrung gebracht haben könnte.

„Jean hat immer intensiv an unserer Entwicklungsplanung mitgearbeitet. Das sieht sicher nicht danach aus, dass er kürzer treten wollte."

„Zu unseren Routineaufgaben gehört auch, im persönlichen Umfeld eines nicht natürlichen Todesfalles nach den Alibis zu fragen. Herr Dr. Majol, wo waren Sie am Montag?"

Bevor Sanna Goltz ihre Entrüstung über eine solche Verdächtigung äußern konnte, antwortete Majol in betont nüchterner Weise.

„Ich war hier in der Firma. Warten Sie einen Augenblick." Majol rief seinen Kalender im Laptop auf. „Ich habe zuerst die Post durchgesehen. Um 10.00 Uhr hatte ich ein Meeting mit drei Mitarbeitern, um die Entscheidung über eine umfangreiche Investition vorzubereiten. Das dauerte bis gegen 11.30 Uhr. Am Nachmittag habe ich mit zwei der Anbieter von Laboranlagen Videokonferenzen gehabt, um offene Fragen zu klären."

Mommsen notierte die Angaben. „Frau Dr. Goltz, waren Sie am Montag auch hier im Unternehmen?"

„Nein, ich hatte das Wochenende mit meinem Sohn verbracht, wir beide haben seinen 21. Geburtstag in St. Peter-Ording gefeiert. Da ich etwas Erholung nötig hatte und am Montag keine wichtigen Termine anstanden, habe ich einen Tag Urlaub am Strand angehängt."

„Sie waren also auch am Montag mit Ihrem Sohn zusammen?"

„Nein, der musste wegen einer Prüfung schon am Sonntag zurück nach Kiel fahren."

„Können Sie mir den Namen Ihres Hotels nennen?"

Mommsen glaubte, ein ganz kurzes Zögern bei Sanna Goltz zu merken, als sie ihm das Hotel angab.

„Hat einer von Ihnen am Montag Frau Stiller hier im Hause gesehen?"

„Am Vormittag ist sie mir kurz über den Weg gelaufen. Sie hatte einen Termin mit dem Finanzamt. Wir haben uns aber nur im Vorübergehen gegrüßt." Majol schien weitere Fragen Mommsens zu erwarten und schaute diesen fragend an.

Mommsen wollte sich gerade für das Gespräch bedanken, als er noch einen Einfall hatte. „Welche Wagen fahren die Mitglieder der Geschäftsführung? Firmenwagen?"

Als seine beiden Gesprächspartner überrascht schauten, ergänzte er: „Das ist nur eine Routinefrage."

Majol antwortete: „Firmenwagen, von einer Leasingfirma: ‚First Automotive Leasing'. Mit denen arbeiten wir auch auf unseren Auslandsreisen zusammen."

„Noch etwas Anderes: haben die Mitglieder der Geschäftsführung

Zugriff auf Patientendaten?“ Mommsen erinnerte sich, dass Hositz in Kollunds Laptop Informationen zu Blutbild und DNA seiner Tochter entdeckt hatte.

Majol kam Sanna Goltz mit der Antwort zuvor. „Die Frage habe ich mir noch nie gestellt. Aber natürlich lassen sich in unseren IT-Systemen Informationen über Laborergebnisse einzelnen Patienten zuordnen. Da greift aber der Datenschutz. Ich könnte mir von unseren Datenspezialisten sicher erklären lassen, wie ich daran komme. Aber als Geschäftsführer haben wir mit diesem operativen Bereich normalerweise nichts zu tun. Warum sind Sie an dem Thema interessiert?“

„Sie haben sicher Verständnis, dass wir zu den Ermittlungen keine Auskünfte geben dürfen. Ihre Labore verfügen gewiss über Medikamente und Giftstoffe verschiedener Art. Wie ist der Zugang zu diesen geregelt? Darüber brauche ich Informationen, auch darüber, wer solchen Zugang hat.“

Goltz und Majol schwiegen zunächst. Dann nickte Goltz ihrem Kollegen zu.

„Herr Mommsen, ich verkneife mir mal die Frage, ob Sie wirklich den Verdacht haben, jemand aus der Firma könnte für den Tod von Jean verantwortlich sein. Geben Sie mir Ihre E-Mail-Adresse, ich lasse die Informationen zusammenstellen und sende sie Ihnen umgehend zu.“ Majols Tonfall war bemüht zurückhaltend.

Den Verdacht, dass Gelder einer Tochterfirma, für die Kollund verantwortlich war, nach Andorra abgezweigt worden waren, hatte Mommsen nicht zum Thema gemacht. Er durfte der Steuerfahndung nicht in die Quere kommen. So bedankte er sich für das Gespräch und deutete an, dass er die Geschäftsführung der ‚Holsatia‘ im Laufe der Ermittlungen wahrscheinlich nochmals kontaktieren müsse.

Mommsen vermutete, dass die Wagen der Geschäftsführung von der Leasingfirma digital so aufgerüstet waren, dass sich deren Fahrtrouten nachverfolgen ließen. Daher beauftragte er noch auf der Rückfahrt Hositz, von der Leasingfirma die Fahrtrouten der Geschäftsführer der ‚Holsatia‘ in Erfahrung zu bringen.

***

Mommsen war gerade in seinen Wagen auf dem Parkplatz der ‚Holsatia' in Lübeck eingestiegen, als er die Nachricht von der Gerichtsmedizin erhielt, der DNA-Vergleich hätte ergeben, dass Jean Kollund nicht der Vater Netta Kollunds sein könnte. Also hatte sich Caros Vermutung bestätigt. Veronika Kollund hatte ein starkes Motiv für den Mord an ihrem Exmann. Er rief sofort Caroline Hositz an und beauftragte sie, zusammen mit Lürrsen Veronika Kollund mit dieser Information zu konfrontieren und den Namen des tatsächlichen Vaters ihrer Tochter in Erfahrung zu bringen.

Entsprechend Mommsens Anweisung machten sich Hositz und Lürrsen unverzüglich auf den Weg, ohne sich vorher bei Veronika Kollund anzumelden. Sie wollten das Überraschungsmoment nutzen. Glücklicherweise trafen sie Veronika Kollund in ihrem Laden an, als sich gerade kein Kunde dort aufhielt. Diese schaute überrascht auf, als sie realisierte, wer sie besuchte.

Caroline Hositz hatte den flüchtigen Eindruck, dass Veronika Kollund sich Mühe geben musste, um sich unter Kontrolle zu halten. Statt einer Begrüßung teilte sie ihnen mit, dass sie auf dem Sprung sei, um einen wichtigen Kundentermin wahrzunehmen. Als Lürrsen darauf hinwies, dass sie nur einige kurze Fragen hätten, antwortete sie nur unwirsch mit einem Blick auf ihre Uhr: „Also dann, worum geht es?"

Hositz begann mit ruhiger Stimme, indem sie jedes Wort betonte: „Frau Kollund, wer ist Nettas Vater?"

Als Veronika Kollund die Bedeutung dieser Frage erfasste, konnte sie ihre Mimik nicht mehr unter Kontrolle halten. Ihre Gesichtszüge erschlafften. Caroline Hositz Hoffnung stieg, dass ihre Angriffsstrategie erfolgreich sein könnte. Sie legte nach.

„Frau Kollund, wir wissen, Ihr Exmann hat die DNA Ihrer Tochter Netta untersuchen lassen. Er hatte den Beweis, dass er nicht ihr Vater war. Also, noch einmal die Frage: Wer ist Nettas Vater?"

Veronika Kollund schwieg. Gerade als Hositz ansetzte, ihre Antwort einzufordern, kam ihre Gegenfrage. „Woher wissen Sie das? Natürlich ist er Nettas Vater. Daran kann es keinen Zweifel geben.“ Ihre Körperhaltung versteifte sich.

„Eine Blutprobe Ihrer Tochter ist in den Laboren der ‚Holsatia‘ gelandet. Ihr Exmann hat sich Zugriff auf die Informationen verschafft. Die Beweise haben wir.“

Veronika Kollund ließ sich durch Hositz‘ Bemerkung jedoch nicht zu einer Antwort verleiten. Nach kurzer Überlegung äußerte sie, dass sie nur noch im Beisein eines Anwalts das Gespräch fortsetzen würde.

Die Beamten sahen sich an. Als Hositz Lürrsen zunickte, übernahm dieser das Gespräch. „Frau Kollund, dann muss ich Sie bitten, heute um 18.00 Uhr das Gespräch in der Wache am Wyker Hafen fortzusetzen. Bis dahin werden Sie sich sicher mit Ihrem Anwalt in Verbindung gesetzt haben. Wir müssen Sie außerdem auffordern, die Insel nicht zu verlassen.“

Auf dem Rückweg wandte sich Hositz an Lürrsen: „Und ich dachte schon, mit unserer Taktik der Überrumpelung hätten wir Erfolg.“

„Na, ich glaube, die Kollund ist kaltschnäuziger, als ihr gepflegter Stil es erwarten lässt. Aber sie hat mitbekommen, dass wir wissen: Sie hat ein handfestes Mordmotiv. Ihr Ex hätte ihr und ihrer Tochter alle Zusagen auf Haus und Versorgung gestrichen, nachdem sie ihn so lange Jahre getäuscht hat.“

„Ganz sicher. Ich sehe aber noch nicht, wie wir ihr den Mord nachweisen können. Da liegt noch viel Arbeit vor uns.“

***

Als Mommsen am frühen Nachmittag wieder auf die Polizeiwache in Wyk zurückkam, fand er nur Hositz vor. Lürrsen hatte einen Termin bei der Stadtverwaltung, bei dem es um Straßensperrungen im Stadtgebiet ging. Sie berichtete ihm über das Ergebnis ihres Gesprächs mit Veronika Kollund. Mommsen beschloss, am abendlichen Folgetermin der Befragung Veronika Kollunds teilzunehmen.

Hositz hatte inzwischen die umfangreiche Antwort auf ihre Anfrage bei der Leasingfirma für die Firmenwagen der Geschäftsführung der

‚Holsatia‘ erhalten. Diese bezog sich sowohl auf die Wagen der drei Mitglieder der Geschäftsführung als auch auf weitere fünf Wagen des gehobenen Managements der ‚Holsatia‘, darunter auch der Wagen, den Hildegard Stiller fuhr. Hositz machte sich daran, die Fahrtrouten der Geschäftsführer sowie Hildegard Stillers zu rekonstruieren.

Als Hositz gerade beginnen wollte, Mommsen die Ergebnisse ihrer Recherche zu berichten, erhielt dieser eine Nachricht der Gerichtsmedizin. Die Ursache des Todes von Jean Kollund war eine Kontraindikation eines Medikaments gegen Depressionen, das in Überdosis in seiner Leiche festgestellt worden war. Auf Mommsens Nachfrage erhielt er den Hinweis, dass dies nur durch einen besonderen toxikologischen Nachweis festgestellt werden konnte. Durch das Zusammentreffen einer hohen Dosis des Antidepressivums mit der Wirkung seines Medikaments zur Blutdrucksenkung sei der Tod eingetreten. Der Todeszeitpunkt liege in dem bereits vom Notarzt angegebenen Zeitraum: 18.00 bis 24 Uhr am Montag. Zwischen der Verabreichung der Kontraindikation und dem Eintritt des Todes könnte ein Zeitraum von 12 bis 36 Stunden angenommen werden. Daraufhin beauftragte Mommsen Hositz, sich bei Kollunds Hausarzt zu versichern, dass Kollund nicht an Depressionen gelitten und keine Antidepressiva verschrieben bekommen habe.

Bevor sie sich jedoch an die Arbeit machte, berichtete sie ihm, dass laut Angaben der Leasingfirma Hildegard Stiller im letzten halben Jahr zweimal mit ihrem Firmenwagen nach Andorra gefahren sei. Sie waren sich einig, dass der Grund dieser Reisen etwas mit den Geldabflüssen aus der Tochterfirma der 'Holsatia' zu tun habe. Mommsen entschloss sich zur direkten Kontaktaufnahme mit der Steuerfahndung, bevor er Hildegard Stiller mit ihren Andorrafahrten konfrontierte. Hositz berichtete weiter, dass der Firmenwagen von Dr. Sanna Goltz am vergangenen Montag längere Zeit in Dagebüll-Mole gestanden habe. Diese hatte also die Möglichkeit gehabt, an diesem Tag nach Föhr zu kommen.

Als kurz darauf Lürrsen wieder zurückkam, schaute Mommsen auf die Uhr. Er sah, dass vor dem Gespräch mit Veronika Kollund noch genügend Zeit blieb, um gemeinsam mit den Kollegen den aktuellen

Ermittlungsstand zusammenzufassen. Mommsen begann mit seiner Version:

„Also, Kollund ist ermordet worden. Todesursache war das Zusammentreffen zweier Medikamente, die nie zusammen eingenommen werden dürften: ein Blutdrucksenker und ein Antidepressivum. Caro hat von seinem Hausarzt erfahren, dass er Kollund nur einen Blutdrucksenker verordnet hat. Er hätte ihm nie gleichzeitig das Antidepressivum verschrieben. Laut Gerichtsmedizin lag der Todeszeitpunkt Kollunds zwischen 18.00 und 24.00 Uhr am Montag. Zwischen Einnahme der Kontraindikation und dem Todeszeitpunkt können 12 bis 36 Stunden liegen. Also muss ihm das Antidepressivum zwischen Sonntag 6.00 und Montag 12.00 verabreicht worden sein. Damit haben wir die ersten beiden Fragen: Wer hatte Gelegenheit, Kollund in dieser Zeit das Antidepressivum zu verabreichen und wie hat er das gemacht? Und die dritte Frage: Wer hat ein Motiv, das stark genug ist, einen vorsätzlichen Mord zu begehen?“

Es blieb einen Augenblick lang still. Dann schaute Mommsen auf. „Caro, hast du auch die Uhrzeiten, in denen der Wagen von Sanna Goltz in Dagebüll stand? Nach den Berechnungen der Gerichtsmedizin muss das Antidepressivum Kollund vor 12.00 Uhr am Montag verabreicht worden sein.“

Hositz wandte sich ihrem Laptop zu. „Der Wagen der Goltz stand von 12.30 bis etwa 18.20 Uhr in Dagebüll. Um 19.30 Uhr war er wieder in St. Peter Ording.“

Mommsen rechnete kurz nach. „Sie hätte noch die Fähre nehmen müssen, um nach Föhr zu kommen. Vor 13.30 Uhr war sie keinesfalls auf der Insel. Nein, Sanna Goltz kann Kollund nicht vergiftet haben. Wir streichen sie erst einmal von der Liste unserer Verdächtigen.“

Dann fuhr er fort: „Gut, dann haben wir seine Ex-Frau Veronika. Sie hat ihm über viele Jahre verschwiegen, dass Netta nicht seine Tochter ist. Da Kollund das jetzt herausbekommen hat – vielleicht durch einen Zufall –, musste sie damit rechnen, dass sich ihre und ihrer Tochter Ansprüche in Luft auflösen würden, ebenso dass er Netta aus seinem Testament streichen würde. Dass er vorher zu Tode kam, ist für sie von immensem Vorteil.

Dann haben wir Kollunds Kompagnons in der 'Holsatia', Goltz und Majol. Durch den Verkauf seiner Anteile an einen fremden Investor verlieren diese weitgehend ihren Einfluss auf die Firma. Weiter dürften ihre Anteile an Wert verlieren. Auch für sie kommt der Tod von Kollund gerade zur rechten Zeit. Goltz haben wir gerade gestrichen, Majol war am Montag ganztägig in der Firma, Hinweise auf eine Fahrt nach Föhr im Tatzeitraum haben wir für ihn nicht. Also lassen wir den Verdacht gegen ihn erst mal ruhen.

Schließlich auch die Immobilienclique, Tersteegen und Thomsen. Kollund hatte sich eisern geweigert, sein Haus in Utersum an sie zu verkaufen. Für die geht es um viel Geld. Wahrscheinlich haben sie sich ausgerechnet, mit eventuellen Erben ein leichteres Spiel zu haben."

Hier warf Hositz ein: „Wir wissen aber gar nicht, wer hinter ihnen steht. Bei solchen anonymen Immobiliengeschäften sollten wir kriminelle Hintermänner nicht ausschließen."

„Nein, werden wir nicht. Aber wir werden uns zuerst mit den Verdächtigen befassen, die wir greifbar haben. Und dazu gehört auch Hildegard Stiller. Vielleicht war ihre Beziehung zu Kollund nicht nur die große Liebe, ihr Lebenstraum. Er war reich, das machte es sicher leichter, sich in ihn zu verlieben." Mommsen merkte, dass sich Hositz' Augenbrauen leicht zusammenzogen. „Caro, schau nicht so ungläubig. Wir sind lange genug in unserem Beruf, um solche Beziehungen auch aus einer prosaischen Perspektive zu betrachten. Und wir haben Grund anzunehmen, dass sie auch in Kollunds dunkle Geldabflüsse nach Andorra verwickelt war. Wenn sie größere Bargeldsummen dorthin auf Nummernkonten geschafft hat, kann sie wahrscheinlich auch jetzt noch darüber verfügen."

Lürrsen hatte die Darlegungen seiner Kollegen aufmerksam verfolgt. „Wer von denen konnte sich am leichtesten das Antidepressivum verschaffen? Das ist rezeptpflichtig. Oder andersherum: wen können wir am ehesten ausschließen? In so einer Laborfirma werden sich sicher die verschiedensten Medikamente finden lassen. Da sind Goltz und Majol, die Geschäftsführer, und die Stiller am nächsten dran."

Mommsen fühlte sich angesprochen. „Ich habe bei meinem Besuch bei der 'Holsatia' Auskünfte verlangt, wer Zugang zur Apotheke der Firma hat. Ich hoffe, dass wir morgen früh die Informationen haben. Vielleicht sehen wir dann weiter."

Mommsen schaute in die Runde. „Wer übernimmt was? Henning, kümmerst du dich um Hintergrundinformationen über die beiden Föhrer, Veronika Kollund und Benno Thomsen? Uns interessiert alles, was diese in Reichweite eines Antidepressivums bringt. Caro, wir sprechen gleich mit Veronika Kollund. Aber vorher hole ich noch Amtshilfe von meinem Kollegen Sebastian Leck in Lübeck, wir müssen mehr über die privaten Seiten der Leute von 'Holsatia' wissen. Ich spreche auch mit der Steuerfahndung, ob wir uns auf der Schiene 'Andorra' bewegen können."

***

Veronika Kollund erschien pünktlich um 18.00 Uhr in Begleitung ihres Anwalts auf der Wache. Haie Thadsen war den Beamten als im Familienrecht versierter Anwalt bekannt. Strafrecht gehörte nicht zu seinen Spezialgebieten. Mommsen überlegte kurz, ob Veronika Kollund bewusst auf einen Anwalt verzichtet hatte, der im Strafrecht bewandert war, um ihr gutes Gewissen zu demonstrieren. Oder ob sie ihren Familienanwalt hinzugezogen hatte, weil der auf Föhr gerade zur Hand war. Er ging davon aus, dass sie eine Strategie für das Gespräch vorbereitet hatte.

Nach kurzer Begrüßung begann Mommsen mit der Frage, deren Antwort Veronika Kollund am Vormittag verweigert hatte. „Frau Kollund, wer ist der Vater Ihrer Tochter Netta?"

Statt Veronika Kollund antwortete ihr Anwalt: „Frau Kollund hatte Ihren Kollegen schon gesagt, dass Herr Kollund der Vater ihrer Tochter ist. Dem ist nichts mehr hinzuzufügen."

„Dann möchte ich hinzufügen, dass wir im Laptop des Opfers Informationen zur DNA Netta Kollunds gefunden haben, die belegen, dass Jean Kollund nicht ihr Vater sein kann."

Haie Thadsen beugte sich zu Veronika hinüber und tauschte sich im

Flüsterton mit seiner Klientin aus. „Frau Kollund möchte sich zu dieser Frage zurzeit nicht äußern."

‚Also will sie sich zuerst mit dem tatsächlichen Vater ihrer Tochter absprechen', ging es Mommsen durch den Kopf. ‚Vermutlich ist er im Umfeld des Falles anzutreffen bzw. sogar auf der Insel', führte er den Gedanken weiter. Etwa Björn Lammers?' Caroline Hositz suchte Blickkontakt mit Mommsen. Er nickte ihr zu, das Gespräch zu übernehmen.

„Frau Kollund, ist meine Vermutung richtig, dass Björn Lammers Nettas Vater ist? Wenn Sie es bestätigen, können wir dies diskret behandeln. Ansonsten werden aufwendige Abklärungen erforderlich, die nicht vertraulich bleiben können."

Veronika Kollund schien nachzudenken. Dann entschloss sie sich: „Ich werde jetzt weder etwas bestätigen noch abstreiten. Ich muss erst mit Nettas Vater reden. Ich bitte Sie nur um etwas Zeit, sagen wir bis morgen um 10.00 Uhr." Die Beamten merkten ihr an, dass es sie Mühe kostete, ruhig zu bleiben.

Hositz schaute Mommsen an, der kurz nickte. Dann fügte er hinzu: „Ich teile die Vermutung meiner Kollegin. Sollte sie bestätigt werden, bitte ich Sie, Herrn Lammers zu dem Termin um 10.00 Uhr hierher mitzubringen. Wir haben noch erheblichen Gesprächsbedarf."

***

Als Mommsen am Donnerstagmorgen schon kurz vor 8.00 Uhr auf der Wache ankam, winkte er den Kollegen nur kurz zu. Dann rief er die Steuerfahndung in Lübeck an. Er ließ sich mit dem Leiter der Ermittlungen gegen die Holsatia bzw. deren Tochterfirma verbinden, der die Spuren nach Andorra verfolgte. Er schilderte ihm den Stand der Ermittlungen im Mordfall Jean Kollund. Sie vereinbarten, dass die Steuerfahndung bei der Staatsanwaltschaft einen Haftbefehl gegen Hildegard Stiller wegen Beihilfe zu Steuerhinterziehung beantragen würde. Mit dem Tod Kollunds – also des Hauptverdächtigen – war eine Geheimhaltung der Ermittlungen nicht mehr erforderlich. Der Kollege der Steuerfahndung teilte Mommsen seinen Verdacht mit, dass Hildegard Stiller wahrscheinlich für Kollunds Konten in Andorra

Kontovollmacht habe. Im Fall, dass es sich um Nummernkonten handeln sollte, verfüge sie wahrscheinlich über die Codenummern, also habe sie Zugang zu den Konten. Mommsen erschien diese Vermutung einleuchtend, da Caro aus den Informationen der Leasingfirma erfahren hatte, dass Kollund selbst in dem Zeitraum des Leasingvertrages nie mit dem Auto in Andorra gewesen war. Im Anschluss an sein Gespräch mit der Steuerfahndung informierte Mommsen den zuständigen Staatsanwalt.

Mommsen setzte sich danach mit Hositz und Lürrsen zusammen, um die verschiedenen Fäden der Ermittlung nach den neuen Erkenntnissen zu ordnen. „Wir müssen unbedingt mehr über die Stiller wissen. Sie war sicher mehr als die um die Wohlfahrt ihres Geliebten besorgte Gefährtin. Hat sie sich gezielt in das Vertrauen Kollunds eingeschlichen, um an sein Geld zu kommen? Oder ist ihr der Gedanke erst gekommen, als sich die Gelegenheit bot? Hatte sie die Möglichkeit, sich Zugang zu Antidepressiva in der Apotheke der Holsatia zu verschaffen? Hast du die diesbezüglichen Informationen von der Holsatia schon erhalten?“

„Nein, noch nicht. Ich werde gleich nachhaken.“

„Mach das bitte. Ich hatte mit dem Staatsanwalt abgesprochen, die Lübecker Kollegen zu bitten, im Umfeld von Hildegard Stiller mehr über ihre Vergangenheit zu ermitteln.“

Mommsen wandte sich an Lürrsen: „Henning, was ist mit dem Makler Tersteegen? Hatte der die Gelegenheit, Kollund das Antidepressivum zu verabreichen? Wusste der von Kollunds Blutdruckmedikamenten?“

„Unwahrscheinlich. Wenn, dann nur über den Umweg über Thomsen. Dessen Freundin Bentje Stamm hatte Zugang zu Kollunds Haus und konnte zumindest von seinen Blutdruckmedikamenten wissen. Aber wie ich Thomsen einschätze, hätte der sein Wissen nicht mit seinem Auftraggeber geteilt. Ebenso wie Tersteegen hatte Thomsen wahrscheinlich kein Fachwissen über die Gefahr der Kontraindikation der beiden Medikamente und konnte sich auch keine Antidepressiva verschaffen.“

Lürrsen fuhr fort: „Was ist mit den Besucherinnen, die nach Auskunft von Kollunds Nachbarn in den letzten Tagen an oder in seinem Haus gesehen wurden?"

Lürrsen nahm den Faden auf: „Denkst du an eine neue Geliebte Kollunds, die die Stiller eventuell hätte ausbooten können? Die Vorarbeiterin der Reinigungsfirma glaubt, in seinem Haus einige Anzeichen dafür gefunden zu haben. Dann hätte Stiller Anlass gehabt, sich noch schnell aus den Konten in Andorra zu bedienen. Von der Leasingfirma wissen wir, dass der Wagen der einen Geschäftsführerin der Holsatia, dieser Goltz, in Dagebüll gestanden hat. Vielleicht war die auf die Insel gefahren und hat sich mit Kollund getroffen, um ihm das Antidepressivum zu verabreichen. Die hatte ja auch einen extrem guten Grund, sich Kollunds Tod zu wünschen."

„Da Goltz nicht vor 13.30 Uhr auf der Insel sein konnte, kann sie Kollund nicht vergiftet haben. Aber vielleicht kann sie uns als Zeugin nützlich sein. Henning, bitte versuche, ein Bild von der Goltz aus dem Internet herunterzuladen, und gehe damit zu Kollunds Nachbarn, vielleicht erkennen die sie als eine der Frauen, die Kollund besucht haben." Mommsen wollte mit den Ermittlungen wieder Fahrt aufnehmen.

***

Veronika Kollund erschien pünktlich um 10.00 Uhr mit Björn Lammers und ihrem Anwalt auf der Polizeiwache. Ihr Gesicht drückte eine müde Entschlossenheit aus, als käme sie an das Ende einer anstrengenden Reise – in der Ungewissheit, ob das auch ihr Ziel war. Björn Lammers Verhalten ließ eine Art von Verlegenheit spüren. Mommsen wollte dies zunächst als Schuldgefühl interpretieren, wusste aber keine Antwort auf die Frage, welcher Schuld Lammers sich bewusst sein könnte.

Nach einer kurzen Begrüßung erinnerte Mommsen Veronika Kollund an die offene Frage der Vaterschaft ihrer Tochter.

„Ja, Nettas Vater ist Björn Lammers. Ich habe es ihm erst am Dienstag gesagt, als ich von Jean Kollunds Tod erfahren habe. Ich bitte Sie aber, dies zunächst vertraulich zu behandeln. Wir wollen es Netta selbst sagen."

„Das sollten Sie aber noch heute machen. Vielleicht müssen wir auch Ihre Tochter befragen. Noch eine Frage an Sie beide: Was haben Sie in der Zeit von Sonntag 6.00 Uhr bis Montag um 12.00 Uhr gemacht?“

Jetzt mischte sich Haie Thadsen, Veronika Kollunds Anwalt, ein. „Wahrscheinlich wollen Sie eine detaillierte Antwort. Aus dem Stegreif dürfte diese nur ungenau werden. Geben Sie meiner Mandantin und Herrn Lammers bitte Zeit. Wir werden Ihnen bis morgen früh eine schriftliche Aufstellung zukommen lassen.“

Da Mommsen wusste, dass die Beweise für den Verdacht gegen Veronika Kollund und Björn Lammers noch nicht tragfähig waren, stimmte er zu.

Im Laufe des Tages blieb Mommsen mit den Lübecker Kollegen im Kontakt, die sowohl im Umfeld Hildegard Stillers über sie ermittelten als auch Dr. Sanna Goltz auf ihren Aufenthalt am Montag auf Föhr befragten. Lürrsen kümmerte sich um die Alibis von Teerstegen und Thomsen für den Tatzeitraum. Mommsen fragte bei der Spurensicherung nach, ob diese nicht doch irgendwelche Hinweise auf die Verabreichung des Antidepressivums gefunden hätte. Das Ergebnis war negativ.

Hositz nahm sich noch einmal Kollunds Laptop und sein Smartphone vor. In seinem Smartphone stieß sie auf einige Gespräche mit einem Immobilienmakler in Kiel. Im Laptop fand sie ein ausgearbeitetes Angebot an Kollund für den Kauf eines Hauses auf Madeira sowie einige Mails, in denen über den Preis verhandelt wurde. Ein Kaufvertrag war allerdings nicht zu finden.

***

Den ganzen Freitagvormittag hatte Hildegard Stiller auf den Anruf gewartet. Am späten Vormittag wurde ihre Unruhe so groß, dass sie sich unbedingt körperliche Bewegung verschaffen musste. Sie holte ihr E-Bike aus der Garage und machte sich in Richtung Süderende auf den Weg. Schon an der Kirche St. Laurentii, deren Baubeginn auf das 13. Jahrhundert zurückging, hielt sie an. Ohne dass sie dies beabsichtigt hatte, fand sie sich auf dem Friedhof von St. Laurentii wieder. Sie hatte das Gefühl, als würden die ‚sprechenden Grabsteine‘ sie anreden, die

die Lebensgeschichten der Bauern und vor allem der Walfänger aus dem 17. und 18. Jahrhundert erzählten, die bis ins Nordmeer gesegelt waren, um ihre Familien zu ernähren. Viele von ihnen waren dabei ertrunken und nie zurückgekommen. Sie hatten ein karges und entbehrungsreiches Leben geführt, ohne eine andere Wahl zu haben. Aber was wollten die Steine ihr sagen? Sie selbst hatte auf ihrem Lebensweg die Wahl gehabt. Und hatte sich entschieden. Die sprechenden Grabsteine erzählten von Menschen, die ihr Leben als Auftrag angenommen hatten. Welchen Auftrag hatte sie erfüllt? Hildegard Stiller blieb sich die Antwort schuldig.

Schließlich gab sie sich einen Ruck. Jean Kollund war tot. Ein Zurück gab es nicht mehr. Sie stieg wieder auf ihr Rad. Über Oldsum und die Kreisstraße fuhr sie durch Midlum und Alkersum, dann vorbei an der sagenumwobenen Lembecksburg wieder zurück nach Utersum. Obwohl sie mit Unterstützung des Elektromotors ihres E-Bikes gefahren war, fühlte sich Hildegard Stiller erschöpft. War das ihre Abschiedstour von Föhr gewesen?

Ihre Runde über die Insel hatte länger als eine Stunde gedauert. Dennoch konnte sie nicht ans Essen denken. Ihre Spannung war durch die anhaltende Bewegung nicht aufgelöst, hatte ihr aber den Appetit verschlagen. Hildegard Stiller griff zum Smartphone. Zwar ging ihr durch den Kopf, dass die Ermittlungsbehörden über den Provider Zugriff auf die Adressaten ihrer Gespräche erhalten könnten, aber sie musste Tempo machen. So tippte sie die Nummer ein, die sie nur im Kopf gespeichert hatte.

Es schien ihr eine Ewigkeit zu dauern, bis sich eine männliche Stimme meldete. „Hallo."

„Jens, bist du es?"

„Hilde? Ja natürlich. Ich wollte mich gerade bei dir melden. Es sind zurzeit mehrere Polizeibeamte im Haus. Die sind in vier Autos gekommen und haben schon die Geschäftsführung der Holsatia befragt. Auch zwei Steuerfahnder sind dabei. Ich habe nur gehört, dass die Beschäftigten der Apotheke sich für eine kurze Befragung bereithalten sollen – nach der Mittagspause."

„Weißt du, weswegen ein so großes Aufgebot der Polizei gekommen ist?“

„Nein, was wollen Steuerfahnder von den Beschäftigten der Apotheke? Ich kann mir keinen Reim daraus machen?“

„Ich auch nicht. … Jens, tu mir einen Gefallen. Wenn du mit den Beamten sprichst, erwähne auf keinen Fall, dass du mir schon mal etwas aus eurer Apotheke abgezweigt hast.“

„Nein, werde ich nicht. Ich würde mir ja auch selbst Ärger einhandeln, dass ich etwas aus unseren Vorräten mitgenommen habe. Wann kommst du zurück? Wir wollten ja noch ins Theater.“

„Natürlich, habe ich nicht vergessen. Ich freue mich schon darauf.“ Hildegard Stiller legte auf. Konnte sie sich darauf verlassen, dass Jens auch unter Druck nichts verriet? Sie glaubte die Antwort zu kennen.

Also war es soweit! Warum haben Hugo Majol und Sanna Goltz sie, die Justitiarin der Firma, nicht angefordert, als die Polizei gekommen war? Das war doch ihr Job. Die einzige Erklärung war, dass die Beamten der Geschäftsführung untersagt hatten, sie zu benachrichtigen. Sie wurde verdächtigt! Mommsen, der Ermittlungsleiter, war offensichtlich gefährlicher, als er sich gab. Aber wie war die Steuerfahndung ins Spiel gekommen?

Schon auf dem Friedhof von St. Laurentii hatte sie sich entschieden. Für den Fall, dass sich der Verdacht gegen sie verdichtete, hatte sie vorgeplant.

***

„Ludwig, du lässt dir heute aber mit dem Frühstück Zeit. In den letzten Tagen hast du nur immer eine Tasse Kaffee heruntergeschüttet bevor du losgejagt bist. Nach dem, was du mir gestern Abend noch erzählt hast, erwartet ihr doch heute den Countdown eurer Ermittlungen.“ Cosima Bernstädt schaute Mommsen fragend über den Frühstückstisch hinweg an.

„Stimmt. Aber ich muss auf die Ergebnisse der Kollegen in Lübeck warten, die im Umfeld unserer Hauptverdächtigen ermitteln. Denen fehlten gestern Abend noch einige wichtige Informationen. Dafür wollten sie heute zu Arbeitsbeginn in der 'Holsatia' noch einige Gespräche führen. Wenn ich jetzt schon in der Wache auftauche und dort warte, bin ich so unruhig, dass ich den Kollegen nur auf die Nerven gehe.“

„Aha, also gehst du lieber mir auf die Nerven.“ Cosima musste lachen und reichte Mommsen den 'Inselboten', damit er sich mit den neuesten Föhrer Nachrichten die Zeit vertreiben könnte.

Als Cosima gegen 9.00 Uhr in ihr Atelier hinüberging, hielt es ihn nicht mehr im Haus und er fuhr los. Auf der Wache traf er nur Caro an. Lürrsen war schon wegen eines anderen Falles unterwegs. Hositz studierte aufmerksam Informationen auf ihrem Laptop. Er winkte ihr nur kurz zu und stellte seinen Laptop an. Fehlanzeige, die letzten Nachrichten waren vom Vortag. Den Impuls, seinerseits Kontakt zu den Kollegen in Lübeck aufzunehmen, unterdrückte er. Als Hositz ihn ansprach, riss sie ihn aus seinen unruhig kreisenden Gedanken. Er hatte sich vergeblich bemüht, diese auf Linie zu bringen. Mommsen hasste kaum etwas mehr als Warten oder Inaktivität.

„Ludwig, ich habe im Internet recherchiert. Teerstegen, der Makler, der an Kollunds Haus Interesse hat, steckt in finanziellen Schwierigkeiten. Er hat sich an einem Bauprojekt an der Ostsee beteiligt, das ins Stocken geraten ist. Da er kurzfristig Geld braucht, hat er ein starkes finanzielles Motiv. Sollen wir ihn und seinen Föhrer Informanden, diesen Thomsen, noch einmal vorladen?“

„Warte noch ab. Ich möchte erst wissen, was die Lübecker Kollegen über Stiller herausfinden.“ Er schaute auf die Uhr: 9.55.

Kurz nach 10.30 Uhr meldete sich sein Laptop. Endlich die Informationen aus Lübeck. Die Kollegen berichteten von einem Jens Wecken, einem approbierten Apotheker, der in der Apotheke der 'Holsatia' angestellt war. Dieser kannte Hildegard Stiller noch aus ihrer gemeinsamen Studienzeit. Er hatte später mit ihr und zwei weiteren Personen in einer WG gewohnt, bis Stiller vor etwa eineinhalb Jahren ausgezogen war. Die Frage nach einem Verhältnis mit Stiller hatte er zwar verneint, was die Beamten aber nicht hinreichend überzeugte. Nachdem sie mit einer Anklage wegen Beihilfe zum Mord gedroht hatten, gestand er, Hildegard Stiller vor zwei Wochen ein Antidepressivum besorgt zu haben, das die Gerichtsmedizin auch in Kollunds Leiche gefunden hatte. Stiller habe ihm von einer Freundin erzählt. Diese hätte das Medikament dringend gebraucht, ihr Arzt habe das Rezept jedoch verweigert.

Mommsen atmete tief aus und starrte einen Augenblick lang stumm vor sich hin. Als Hositz zu ihm hinüberschaute, nickte er ihr triumphierend zu: „Caro, komm, jetzt holen wir sie uns."

„Wen? Veronika Kollund oder Hildegard Stiller?"

„Die Stiller. Sie hatte das Antidepressivum, die Gelegenheit und Motive, die sich gegenseitig verstärkt haben."

Mommsen und Hositz machten sich auf den Weg.

***

Mommsen verbrachte das Wochenende bei Cosima Bernstädt auf Föhr. Cosima hatte eine Friesentorte gemacht, zu der sie auch Henning Lürrsen eingeladen hatte. Am Samstagnachmittag saßen sie zusammen auf ihrer Terrasse in Nieblum.

Lürrsen vermochte seine Neugier nicht mehr zu zügeln. Noch bevor sie den Tee einschenken konnte, begann er zu fragen.

„Ludwig, also habt ihr die Stiller doch noch gekriegt. Wie ist das denn gelaufen?"

„Du hast ja noch mitbekommen, dass sie uns am Freitag entwischt war, als wir sie in Kollunds Haus abholen wollten. Ihr wart ja alle an der Fahndung beteiligt. Sie muss gemerkt haben, dass wir ihr auf den Fersen waren. Irgendwie ist sie von der Insel verschwunden. Am Montag ist sie auf dem Flughafen in Nürnberg gefasst worden, als sie sich mit einem gefälschten Pass ausweisen wollte. Sie war auf dem Weg nach Südfrankreich, um von dort unerkannt nach Andorra zu gelangen."

„Haben denn eure Ermittlungsergebnisse für den Staatsanwalt

ausgereicht? Einen direkten Beweis, dass sie ihm das Antidepressivum eingeflößt hat, haben wir ja nicht."

„War auch nicht nötig. Wie bei vielen intelligenten Tätern oder Täterinnen sehen sie ein, wenn Leugnen nichts mehr bringt. Hildegard Stiller ist innerlich irgendwie zusammengebrochen, auch wenn sie äußerlich die Ruhe bewahrt hat. Sie hat weder getobt noch geweint."

Lürrsen schien kurz zu grübeln. „Warum hatte sie denn die Packung mit den Antidepressiva in Kollunds Badezimmer liegen gelassen, so dass wir die dort finden konnten? Sie ist sonst sehr findig vorgegangen."

„Stiller hatte von Kollund erfahren, dass seine Exfrau wegen Depressionen in ärztlicher Behandlung war. Damit wollte sie den Verdacht auf Veronika Kollund lenken."

„Habt ihr etwas über die Frauen erfahren, die die Nachbarn – diese Schmieders – in Kollunds Haus gesehen haben? Hatte Kollund noch eine andere Geliebte?" Lürrsens voyeuristisches Interesse war noch nicht erloschen.

„Ob Kollund noch ein weiteres Verhältnis hatte, konnten wir nicht beweisen, aber die Vermutung liegt nahe. Die Frau, die an seinem Todestag vom Nachbarn am Haus gesehen wurde, war Sanna Goltz. Sie war tatsächlich noch einmal nach Föhr gekommen, um Kollund hinsichtlich des Verkaufs seiner Anteile umzustimmen. Aber da sie erst nach 15.00 Uhr dort war, konnte sie ihn nicht ermordet haben. Sie gab an, dass auf ihr Klingeln und Klopfen niemand geöffnet habe. Deshalb sei sie wieder abgefahren, ohne Kollund begegnet zu sein."

Lürrsens Neugier war immer noch nicht erschöpft. „Hat die Stiller sich an Kollund nur seines Geldes wegen herangemacht? Oder hat sie ihn tatsächlich geliebt und erst nach dem Scheitern ihrer Hoffnungen sich das Geld sichern wollen?"

Mommsen hatte Cosima schon am Vorabend einen umfassenden Bericht gegeben. Daher hatte sie bislang nur schweigend zugehört. Jetzt ergänzte sie seinen Bericht.

„Ich glaube, sie war so erschöpft, dass sie keine Kraft mehr hatte. Mit ihrem Leugnen hätte sie weitere Ermittlungen veranlasst, mit langen und quälenden Verhören. Sie hätte eine umfangreiche Verteidigungsstrategie organisieren müssen. Wie Ludwig sagte, war sie sicher eine intelligente Frau, die einsah, dass ihre Lage hoffnungslos war. Ich vermute, dass dieser Jean Kollund ihre große Liebe war. Sie musste einsehen, dass ihr Traum einer Heirat mit ihm keine Chance hatte. Er hat sie für seine kriminellen Zwecke ausgenutzt. Als sie dann mitbekam, dass da eine neue Favoritin existierte, ist dann ein Zwang zur Rache in ihr hochgekommen, den sie rational nicht bewältigen konnte. Ihre Intelligenz half ihr nur für die Planung ihrer Rache, nicht für einen Verzicht auf Vergeltung."

Lürrsen hatte sich bemüht, Cosimas Erklärung zu folgen. „Cosima, was du da sagst klingt irgendwie feministisch. Willst du ihre Tat gutheißen?"

„Nein, keinesfalls

. Mord kann man nie entschuldigen. Der Versuch, zu verstehen, wie es zu einer solchen Tat kommen kann, ist auch keine Billigung. Aber bei der Strafzumessung wird ein Gericht sich darüber Gedanken machen müssen."

***

Tod im Knick

Prolog

20. August 2018, Polizeiwache Wyk auf Föhr

Oberkommissar Henning Lürrsen, der Leiter der Föhrer Polizei, klappte den Aktendeckel langsam zu. Nachdem er einen kurzen Augenblick nachdenklich vor sich hin geschaut hatte, blickte er nun seine Gesprächspartnerin direkt an.

„Frau Schlott, warum haben Sie Ihre Tochter Antje nicht als vermisst gemeldet? Warum mussten wir erst von deren Klassenlehrerin erfahren, dass Antje seit mehr als drei Tagen nicht nach Hause gekommen ist? Ist es in Ihrer Familie selbstverständlich, dass eine Dreizehnjährige für mehr als drei Tage verschwunden ist? Kümmert Sie das gar nicht?"

Als Lürrsen bemerkte, dass die Frau ihm gegenüber ihre vom Weinen geröteten Augenlider wieder mit dem durchnässten Papiertaschentuch trocknen wollte, reichte er ihr eine ganze Packung herüber. Fast tat es ihm leid, dass er die Frau so hart angegangen war. Aber nur fast. Er konnte nicht verstehen, dass eine Mutter tagelang nichts unternahm, um ihre verschwundene Tochter wieder aufzufinden.

Friederike Schlott gab statt einer Antwort zunächst nur drei unterdrückte Schluchzer von sich, dann wurde sie langsam verständlich. „Sie ist doch schon vierzehn. Ich … äh … hatte Angst. Ich wusste nicht, was ich tun sollte."

„Natürlich die Polizei benachrichtigen." Lürrsen wurde bewusst, dass er immer noch einen ungehaltenen Tonfall hatte. Etwas verhaltener fuhr er fort. „Wovor hatten Sie denn Angst?"

„Vor Thomas."

„Welcher Thomas?"

„Thomas Sübarg, Antjes Vater."

„Sie sind nicht mit ihm verheiratet?"

„Nein, als ich ihm damals sagte, dass ich schwanger bin, hat er mich gleich sitzen lassen. Er hat gesagt, dass er noch nicht reif für eine Vaterschaft ist."

„Kümmert er sich denn um seine Tochter? Zahlt er Unterhalt? Teilen Sie sich das Sorgerecht?"

Friederike Schlott schüttelte nur den Kopf. Lürrsen merkte, dass er sie mit mehreren Fragen auf einmal überforderte.

„Also noch einmal: teilen Sie sich mit Thomas Sübarg das Sorgerecht für ihre Tochter?"

„Nein, er hat sich die ganzen Jahre nicht um Antje gekümmert. Vor einigen Monaten hat er aber den Antrag beim Jugendamt gestellt. Also … dass er das Sorgerecht kriegt. Er hat behauptet, dass ich mich nicht genug um Antje kümmere. Aber das stimmt nicht. Ich bin immer hinterher, dass sie rechtzeitig aufsteht und zur Schule geht, Essen auf dem Tisch steht und … äh … all sowas. Er hätte es bestimmt ausgenutzt, wenn Antje abgehauen ist. Ich meine für sein Sorgerecht."

Als Friederike Schlott mit fahrigen Bewegungen eine Zigarettenschachtel aus ihrer Handtasche holte, wies Lürrsen sie darauf hin, dass Rauchen in den Diensträumen verboten sei. Ihm kam der Verdacht, dass sie vielleicht Alkoholikerin sein könnte. Er fragte jedoch nicht nach, da er keine zutreffende Antwort darauf erwartete. Dann klappte er den Aktendeckel wieder auf, der vor ihm lag, und überflog die Aussage der Klassenlehrerin, die Antje Schlott als vermisst gemeldet hatte.

„Ihre Tochter war am Montag zum letzten Mal in der Schule. Das ist jetzt drei Tage her. Können Sie sich an diesen Tag erinnern?"

Sie umklammerte mit der rechten Hand ihre linke, die leicht zitterte, und schwieg zunächst. „Frau Schlott, was war am Montag?“ erinnerte Lürrsen sie. „Haben Sie Ihre Tochter am Nachmittag nach der Schule noch gesehen?“

„Ich war zur Arbeit. Montags bin ich im Supermarkt, Regale auffüllen. Von 13.00 bis 18.00 Uhr.“

„Was war danach? War Ihre Tochter zu Hause, als Sie zurückkamen?“

„Nee, aber ich habe sie auf dem Handy angerufen. Sie hat wieder am Südstrand bei der Surfschule rumgehangen. Als ich gesagt habe, sie muss nach Hause kommen und Schularbeiten machen, hat sie einfach das Handy abgeschaltet.“

„Haben Sie Ihre Tochter danach noch einmal gesehen oder gesprochen?“

Friederike Schlott schien nachzudenken. Dann schüttelte sie wieder ihren Kopf.

„Heißt das ‚Nein‘?“, fragte Lürrsen nach.

Nun nickte sie zaghaft, als wollte sie durch das Vermeiden einer klaren Antwort die Anerkennung einer schrecklichen Wahrheit aufschieben.

*

18. September 2023

Er hatte eine ganze Woche Urlaub genommen und seine Schwester und deren Mann in ihrem Urlaub in Dänemark besucht. Heike, seine Schwester, und Ralf, sein Schwager, hatten ihn, Heikes ‚kleinen Bruder‘, für ein paar Tage in ihr Ferienhaus in Dänemark eingeladen, das sie für drei Wochen gemietet hatten. Nun hatte er noch einige Urlaubstage auf der Insel vor sich, dann musste er wieder zur Arbeit erscheinen.

Vier Wochen vorher war seine Beziehung zu Claire abrupt zu Ende gegangen, bevor sie richtig angefangen hatte. Claire war eine Touristin seines Alters, die mit einer Freundin zwei Ferienwochen auf Föhr verbracht hatte. Eine solche Frustration hatte er nicht zum ersten Mal erlebt. Da seine Schwester Heike wusste, wie sehr er darunter litt, dass seine Beziehungen immer wieder scheiterten, hatte sie ihn zur Ablenkung eingeladen, einige Urlaubstage mit ihrer Familie zu verbringen. Und tatsächlich war es ihr gelungen, ihn aus seinem Tief herauszuholen. Da auch die Angelleidenschaft seines Schwagers auf ihn übergesprungen war, hatten die beiden es geschafft, ihn von seinem Scheitern abzulenken.

Als er wieder auf der Mole in Dagebüll ankam und die Silhouette von Föhr vor ihm auftauchte, spürte er Panik in sich aufsteigen. Er musste sich zwingen, auf die Fähre zu fahren. Claires Gesellschaft, ihre Heiterkeit, ihre Neugier auf die Welt und nicht zuletzt ihre erotische Anziehungskraft hatten die Hoffnung genährt, dass er mit ihr seine wiederkehrenden Selbstzweifel überwinden könnte. Aber was sie ihm bei ihrer letzten Begegnung an Spott an den Kopf geschleudert hatte, hatte die alten Wunden wieder aufgerissen.

***

Die sechs Mitarbeiter seiner Installationsfirma im Wyker Gewerbegebiet hatten ihn über den Stand der Arbeiten auf ihren Baustellen unterrichtet und gerade Feierabend gemacht. Zeit, dass er selbst Feierabend machte. Helmut Locking klappte seinen Laptop zu. Er hatte noch einmal bilanziert, wieviel Tobias Olsen ihm noch schuldete. Olsen betrieb eine Einmann-Firma für den Vertrieb und Einbau von Sicherheitssystemen für Immobilien. Locking hatte mit ihm eine Vereinbarung, dass er ihn – für eine Provision – über anstehende Bauvorhaben unterrichtete und ihm Kontakt mit eventuellen Kunden verschaffte. Ferner übernahm Locking mit seiner Firma Einbauarbeiten für Sicherheitssysteme, wenn Olsen den Arbeitsanfall allein nicht schaffen konnte. Seine Forderungen von mehr als 20.000,- Euro hatte Locking schon zweimal angemahnt. Olsen hatte ihn jedes Mal mit der Zusage vertröstet, in Kürze zu zahlen. Dann hatte Locking ihm ein Ultimatum mit der Drohung gestellt, die Geschäftsbeziehung mit ihm zu beenden. Dieses war vor vier Tagen abgelaufen. Auf jeden Fall musste er schnellstens an sein Geld kommen.

Bevor Helmut Locking sein Büro verließ, versuchte er, Tobias Olsen telefonisch zu erreichen. Sabine Olsen, Tobias' Frau, meldete sich. Sabine war eine Cousine seiner Frau.

„Sabine, ich muss Tobias sprechen. Es ist dringend.“ Locking bemühte sich um einen energischen Ton.

Ebenso schroff kam es von Sabine zurück: „Nee, ich weiß nicht, wo er sich herumtreibt. Ich habe ihn heute noch nicht gesehen. Angeblich hat er zu viel zu tun. Aber wahrscheinlich hängt er wieder bei dieser Nutte herum.“

„Du meinst bei dieser Celia?“ Locking war in der Gerüchteküche der Insel gut vernetzt. „Ich denke, die ist zurück zu ihrem Freund? Der wohnt doch jetzt wieder auf Föhr.“

„Dieser Oliver von Stetten? Ist mir auch egal. Das geht immer hin und her. Helmut, was wolltest du denn von Tobias?“

„Er hatte mir zugesagt, dass er mir die überfälligen Rechnungen bezahlt. Ich habe keine Lust, mich von ihm andauernd an der Nase herumführen zu lassen.“

„Da bist du nicht der Einzige. Ich weiß nicht, warum Tobias nicht zahlen kann. Er sagt immer, dass mehr Aufträge reinkommen, als er schaffen kann. Zwei Bauherren haben sich erst gestern gemeldet. Sie hatten schon eine Anzahlung geleistet, ohne dass Tobias geliefert hat. Die sind stinksauer.“

„Sabine, sag ihm, er soll mich sofort anrufen, sonst hetz ich ihm den Gerichtsvollzieher auf den Hals.“

***

21. September 2023

Klara Roelofs nahm die Frikadellen mit den gestovten Kartoffeln vom Herd. Sie schaute auf die Uhr. 18.30 Uhr! Heinz, ihr Mann, hatte sie kurz nach Mittag angerufen und sie informiert, dass er heute früher Feierabend machen würde. Er wollte den Betrieb seiner Surfschule am Föhrer Südstrand schon am frühen Nachmittag beenden. Den für 14.00 Uhr angesetzten Anfängerkurs hatte er absagen müssen, da der Wind – entgegen dem Wetterbericht vom Vortag – so stark aufgefrischt war, dass er die Anfänger nicht aufs Wasser lassen konnte. Für den Nachmittag waren mögliche Gewitterschauer vorausgesagt, so dass er auch keine Laufkundschaft mehr erwartete. Die freien Nachmittagsstunden wollte er nutzen, um zu Hause den Rasenmäher zu reparieren.

Klara Roelofs hatte sich daher darauf verlassen, dass ihr Mann zum Abendessen um 18.00 Uhr zu Hause sein würde. Als Heinz um 18.45 Uhr immer noch nicht heimgekommen war, hatte sich einiger Ärger in ihr aufgestaut. ‚Typisch Heinz! Unzuverlässig wie eh und je!‘ resümierte sie ihren Frust. Klara Roelofs notierte nur kurz auf einem Zettel: ‚Essen steht in der Mikrowelle‘, ehe sie sich zur wöchentlichen Probe des Kirchenchores in St. Johannis nach Nieblum aufmachte.

Als Heinz Roelofs gegen 20.30 Uhr nach Hause kam, goss er sich zuerst einen doppelten Aquavit ein, ehe er in der Mikrowelle sein Essen aufwärmte. Schnell folgte ein zweiter. Als sich die wohlige Wärme des Alkohols in seinem Körper ausbreitete, konzentrierte er sich darauf, diese bewusst zu genießen. Fast hätte er den Klingelton der Mikrowelle überhört. Er hatte die Entspannung nötig. Denn der Nachmittag war anders verlaufen, als er geplant hatte.

Als er gerade ins Auto gestiegen war, um nach Hause zu fahren, hatte ihn ein Anruf von Sören Hastedt erreicht. Hastedt war der Besitzer eines Lohnunternehmens für landwirtschaftliche Geräte und Fahrzeuge. Schon vier Wochen vorher hatte dieser Heinz Roelofs angesprochen und angeboten, den Resthof in Toftum zu kaufen, den Heinz Roelofs und sein Halbbruder Tobias Olsen nach dem Tode ihrer Mutter vor einem halben Jahr gemeinsam geerbt hatten. Hastedt benötigte die

Gebäude für die Unterbringung der Fahrzeuge und der erweiterten Werkstatt seines expandierenden Betriebes. Heinz Roelofs wäre gerne auf das Angebot eingegangen, da seine Surfschule in der Pandemie in eine finanzielle Schieflage geraten war und er das Geld dringend brauchte. Die Sparkasse hatte seine Kredite sofort fällig gestellt, da er sie schon mehrere Monate nicht bedienen konnte. Die Insolvenz stand vor der Tür. Tobias Olsen hatte jedoch einen Verkauf strikt abgelehnt, da er seit Jahren mit seiner Familie auf dem Hof seiner Mutter wohnte und dort auch seinen Betrieb führte. Von seinem Steuerberater hatte Tobias außerdem erfahren, dass bei einem Verkauf des Resthofes sowie der zugehörigen Flächen – steuerlich bislang als einheitlicher landwirtschaftlicher Betrieb geführt – die anteiligen Erlöse der Halbrüder als Einkommen des laufenden Jahres voll der Einkommenssteuer unterliegen würden. Fast die Hälfte des Kaufpreises würde daher das Finanzamt abschöpfen.

Heinz Roelofs hatte in den letzten Tagen zweimal auf Tobias eingeredet, dem Verkauf zuzustimmen. Ohne Erfolg. Dessen Weigerung schien endgültig zu sein.

Sören Hastedt hatte sich lautstark und ärgerlich bei Heinz Roelofs beschwert, dass dieser sich nicht – wie versprochen – bereits am Vortag bei ihm gemeldet hätte. Roelofs Zusage, dass er bis zu diesem Zeitpunkt die Einwilligung seines Halbbruders Tobias in den Verkauf des Resthofes an Hastedt bestätigen zu können, sei bislang ausgeblieben. Danach hatte Hastedt Roelofs eine Frist von 24 Stunden gesetzt, das Einverständnis seines Bruders einzuholen. Auch diesmal ohne Erfolg. Deshalb wollte er sich selbst um Tobias Olsen kümmern. Darauf hatte er grußlos aufgelegt.

Heinz Roelofs änderte seine Pläne für den freien Nachmittag und machte sich auf die Suche nach seinem Halbbruder Tobias, um einen letzten Versuch zu starten, ihn umzustimmen.

Als Oliver von Stetten gegen 8.00 Uhr aufwachte, war er nicht sicher, ob er sich in Göttingen oder auf Föhr befand. Auch die Erinnerung an den vergangenen Abend konnte er nicht festhalten. So sehr er sich auch bemühte, das Kaleidoskop an verschwommenen Bildern in seinem Kopf zu stoppen, es gelang ihm nicht, sie in eine geordnete

Reihenfolge zu bringen. Die Wiedersehensfeier mit seinen Schulfreunden auf Föhr war nicht nur fröhlich, sondern auch sehr feucht gewesen. Moment, auf Föhr? … ja, er war auf Föhr. Wenn nur diese Kopfschmerzen nicht wären!

Oliver versuchte umherzublicken, ohne den Kopf zu stark zu verdrehen. Dann setzte er sich in seinem Bett aufrecht hin. Plötzlich war die Erinnerung wieder da. Ausgangspunkt der Entgleisung des gestrigen Abends war sein Entschluss gewesen, sich für zwei Semester von seinem Jurastudium in Göttingen beurlauben zu lassen. Warum hatte er das eigentlich gemacht? Oliver schüttelte den Kopf, als müsste er seine Erinnerungen erst wieder auslüften. Er hatte in diesem Sommer die Semesterferien in seinem Elternhaus auf Föhr verbracht. Schon am zweiten Abend war ihm Celia Runn wieder über den Weg gelaufen, die er schon im Vorjahr im „Heimathafen“, der Kneipe am Wyker Hafen, kennengelernt hatte. Im Vorjahr war sie ihm eher als Mädchen denn als Frau erschienen. Diesmal hatte er jedoch das Gefühl, dass sich mit ihr alle seine Träume erfüllen würden. Sicher, sie ging noch zur Schule. Im nächsten Jahr stand ihr das Abitur bevor. Deshalb konnte sie Föhr nicht verlassen. Celia hatte ihm gestanden, dass sie einen festen Freund hätte, einen verheirateten Mann, der deutlich älter war als sie mit ihren 20 Jahren. Den Namen wollte sie ihm nicht nennen.

Aber auf der Insel waren tatsächliche oder vermeintliche Seitensprünge der Mitmenschen ein Elixier, das die Gerüchteküche immer aufs Neue befeuerte. Deshalb hatte Oliver in kurzer Zeit herausgefunden, dass Tobias Olsen der Mann war, der sich der Gunst Celias erfreute. Oliver merkte bald, dass es länger als der Semesterferien bedurfte, um Celia von seinen Vorzügen zu überzeugen und sie seinem Nebenbuhler auszuspannen. Am Vortag war es zu einer heftigen Auseinandersetzung mit seinem Vater gekommen, der auf Föhr eine Rechtsanwaltspraxis unterhielt und hoffte, dass sein Sohn diese eines Tages weiterführen würde.

In Olivers Vorschlag, sich für ein ganzes Jahr vom Studium beurlauben zu lassen, sah er ein Ende dieser Hoffnungen. Olivers Vater hatte dem Wunsch seines Sohnes zwar nicht zugestimmt, aber geduldet, dass Oliver für ein Jahr in seinem Elternhaus auf Föhr eine kleine Einliegerwohnung beziehen könnte. Oliver seinerseits war bereit, in diesem Jahr eine Lehre bei einem befreundeten Makler auf Föhr zu beginnen. Und dieser Entschluss war der Anlass gewesen, den Oliver am Abend zuvor mit seinen ehemaligen Schulfreunden befeiert hatte, die noch auf der Insel geblieben waren. Celia Runn hatte die Einladung zu seiner Party mit dem Hinweis abgelehnt, dass sie sich auf eine wichtige Prüfung vorbereiten müsse.

***

Warum hatte Oliver von Stetten ihn eigentlich zu seiner Homecoming-Party eingeladen? Sicher, sie waren in der Grundschule Klassenkameraden gewesen, aber dann hatten sich ihre Schulwege getrennt: Oliver war aufs Gymnasium gegangen, er selber hatte die mittlere Reife gemacht. Und danach eine Lehre als Zimmermann. Dennoch hatte er sich immer wieder der Clique um Oliver zugesellt. Erst als Oliver zum Studium nach Göttingen gegangen war, war der Kontakt eingeschlafen. Egal, die Party hatte Spaß gemacht, auch wenn der darauf folgende Kater sich immer noch bemerkbar machte.

Als er dort auch Lena Hansen getroffen hatte, war er zunächst unsicher gewesen. Lena war einige Jahre jünger als er. Er hatte früher um sie geworben, war aber abgeblitzt. Später war sie eine Zeitlang Olivers Freundin gewesen, bis dieser nach Göttingen gegangen war. Nach anfänglichem Zögern war mit ihr aber ein lockeres Gespräch über die alten Zeiten zustande gekommen. Irgendwie waren sie dabei auch auf das Verschwinden von Antje Schlott vor fünf Jahren zu sprechen gekommen. Lena war mit Antje in die gleiche Klasse gegangen und zur Zeit ihres Verschwindens häufiger mit ihr zusammen gewesen. Nach einigen Bieren war ihm durch den Kopf geschossen, dass Oliver sich seit einiger Zeit um Celia Runn bemühte. Daher hatte er ihn gefragt, ob er sie schon ihrem Freund, Tobias Olsen, ausgespannt hätte.

Oliver hatte ihm unter vier Augen von seinen ersten, bislang erfolglosen Versuchen berichtet. Jetzt fragte er sich, ob er nicht zu weit gegangen war, als er in dem Gespräch mit Oliver Tobias Olsen mit dem Verschwinden von Antje Schlott vor einigen Jahren in Verbindung gebracht hatte. Antje war damals zuweilen in ihrer Clique aufgetaucht.

Er hatte an dem Tag, an dem sie verschwand, bemerkt, dass Olsen sich bei der Surfschule mit Antje in einer sehr vertrauten Weise unterhalten hatte. Wollte er sich mit dem Verdacht gegen Olsen vor Oliver aufspielen und mit seinem Wissen prahlen?

22. September 2023

In der Marsch bei Toftum auf Föhr

„Balthasar, verdammter Köter, kommst du jetzt bei Fuß?" brüllte Hanno Sievers seinem Hund hinterher, als dieser wieder im nächsten Knick verschwunden war. Er war kurz vor Einbruch der Dämmerung in der Marsch unterwegs, um noch einige Enten zu schießen. Der Wind war aufgefrischt und die Wolkentürme am Himmel hatten immer mehr Fahrt aufgenommen. Aber noch reichte das Licht.

Balthasar war ein gut erzogener Jagdhund, der normalerweise auf die Anweisungen seines Herrn prompt reagierte. Aber auch nach zwei weiteren Rufen blieb er verschwunden, nur sein aufgeregtes Bellen war zu hören. Also raffte sich Sievers auf und folgte seinem Hund. Als er bis auf etwa 15 Schritte an den Knick herangekommen war, sah er in ein Mündungsfeuer und hörte fast gleichzeitig einen Knall. Sein Körper ließ sich fallen.

Noch im Fallen hörte er einen zweiten Knall. Erst jetzt, als er den schlammigen Ackerboden an seinem Gesicht spürte, wurde ihm bewusst: jemand schoss auf ihn! Obwohl seine Bundeswehrzeit seit Jahrzehnten vorbei war, konnte er die Bewegungsabläufe, die ihm bei Geländeübungen antrainiert worden waren, noch immer automatisch abrufen.

Erst jetzt merkte er, dass er unverletzt geblieben war. Sievers hatte seine Schrotflinte mit abgeknicktem Lauf getragen. Beim Fallen hatte er sie in der Hand behalten. Noch im Liegen machte er sie schussbereit. Während Balthasar aufgeregt auf ihn zustürmte, hob er vorsichtig den Kopf. So konnte er in der beginnenden Dämmerung sehen, wie sich ein menschlicher Schatten gebückt im Laufschritt am Knick entlang entfernte. Seinen Impuls, diesen zu verfolgen, ließ er ins Leere laufen. Er musste nicht noch den Helden spielen und einen Wilderer zur Strecke bringen. Kurz darauf hörte er, dass auf dem Wirtschaftsweg zwischen den Fennen ein Auto in hoher Geschwindigkeit davonfuhr. Ihm wurde klar, dass die akute Gefahr vorbei war. Als er vom Boden aufgestanden war, umrundete ihn Balthasar noch einige Male und lief mit aufgeregtem Bellen wieder in den Knick hinein. Sievers folgte ihm und drängte sich durch das Astgestrüpp des Knicks hinterher.

Dann sah er Balthasar, der einen Schuh anbellte, nein … nicht nur einen Schuh, ein ganzes Bein. Um mehr zu sehen, zog er seinen Hund am Halsband zurück und hob mehrere Äste hoch. Der Anblick verschlug ihm den Atem. Bevor ihm bewusst wurde, was er da sah, rebellierte sein Magen und er musste sich übergeben. Balthasar konnte sich rechtzeitig zur Seite drehen, um nicht in die Flugbahn seines Mageninhalts zu geraten. Sievers trat einige Schritte zurück. Erst nach einiger Zeit konnte er sich zwingen, wieder hinzusehen.

Langsam machte er sich klar, was er da vor sich hatte: einen Mann, … einen Toten! Sein Alter konnte er nur schwer abschätzen. Er lag auf der Seite, die sichtbare Hälfte des Gesichts bestand nur noch aus einer blutenden Masse. Offensichtlich war der Mann durch einen Schrotschuss zu Tode gekommen. Auch auf der Kleidung waren Blutspritzer zu sehen. Eine Waffe bzw. eine Schrotflinte konnte er in der Nähe des Toten nicht entdecken.

Also war der Mann, der auf ihn geschossen hatte, nicht nur ein Wilderer, sondern ein Mörder, der jedoch entkommen war. Sievers überlief auch jetzt noch ein Schauer. Und Balthasar saß hechelnd neben ihm und schaute zu ihm hoch, als wolle er ihn fragen, was das alles zu bedeuten habe. Sievers brauchte einige Minuten, um zu begreifen, was er da gerade auf seiner friedlichen Insel erlebt hatte. Dann griff er zum Smartphone und rief die Polizei an.

Während er auf die Beamten wartete, überlegte er, wer der Tote sein könnte. Er hatte nur die eine Hälfte des Gesichts als blutende Masse gesehen. Um einen Blick auf die andere Hälfte werfen zu können, hätte er an die Leiche herantreten und diese umwenden müssen. Dazu fühlte er sich aber nicht in der Lage. Der Beamte am Telefon hatte ihn aufgefordert, die Leiche nicht anzurühren und sich einige Meter entfernt aufzuhalten. Daher war er wieder aus dem Knick herausgetreten, bemühte sich, seinen Hund zu beruhigen und überlegte, dass er eigentlich selbst jemanden benötigte, der ihn beruhigte. Langsam fiel die Dämmerung herab. Um ihn herum wurde es dunkler.

Hanno Sievers hatte die Meldung seines Leichenfundes an die Polizei nur stockend und unzusammenhängend durchgeben können. Als Lürrsen mit zwei Kollegen zwanzig Minuten später am Fundort der Leiche ankam, war er aber bereits wieder in der Lage, kurz und klar zu schildern, dass auf ihn geschossen worden war und er nach der Flucht des Täters die Leiche aufgefunden hatte. Auch Lürrsen hatte trotz seiner jahrzehntelangen Erfahrung als Polizeibeamter Mühe, seine aufkommende Übelkeit beim Anblick der Leiche in den Griff zu bekommen.

Nachdem er seine Kollegen angewiesen hatte, den Fundort abzusperren, näherte er sich mit Hilfe seiner Taschenlampe dem Toten. Er drehte ihn vorsichtig auf die Seite, sodass er den unversehrten Teil des Gesichtes sehen konnte. Ein Mann im Alter zwischen 40 und 50 Jahren. Lürrsen war sich nicht sicher, ob er ihn kannte. Er strengte sein Gedächtnis an, konnte aber den sichtbaren Teil des Gesichtes keiner Person zuordnen.

Dann riss er sich noch einmal zusammen und leerte die Taschen des Toten. Er fand den Führerschein des Toten: Tobias Olsen, 43 Jahre alt, wohnhaft in Oldsum. Sein Smartphone war ihm wohl aus seiner Hosentasche gefallen, denn Lürrsen entdeckte es in der näheren Umgebung der Leiche. Jetzt glaubte er sich zu entsinnen, dass er mit ihm schon zu tun gehabt hatte. Aber weswegen? Lürrsen mutete seinem Kollegen Friedrichsen zu, den Toten ebenfalls in Augenschein zu nehmen. Friedrichsen hatte noch mehr Dienstjahre bei der Polizei verbracht als Lürrsen. Lürrsen sah jedoch davon ab, auch seinem zweiten Begleiter, Polizeimeister John Eggers, das Gleiche zuzumuten, da dieser noch am Anfang seiner Polizeilaufbahn stand und wahrscheinlich noch nie mit einem so grausamen Anblick konfrontiert worden war. Friedrichsen konnte sich nur erinnern, mit Olsen im Rahmen einer

Verkehrskontrolle zu tun gehabt zu haben. Lürrsen meldete den Leichenfund sowie die Vermutung eines Fremdverschuldens der zuständigen Kriminalpolizei in Husum. Er wurde angewiesen, die Leiche abzudecken und den Fundort über Nacht zu sichern. Die Mordkommission und die Spurensicherung könnten erst am nächsten Morgen auf der Insel sein. Ihm wurde ferner aufgetragen, umgehend von einem Arzt vor Ort die Todesursache und den vermutlichen Todeszeitpunkt feststellen zu lassen. Nachdem Lürrsen den Auftrag an Friedrichsen weitergegeben hatte, wandte er sich an Sievers. „Hanno, hat der Täter mit einer Schrotflinte oder einer Büchse auf dich geschossen?"

„Das konnte ich nicht sehen. Es klang mir aber eher wie eine Schrotflinte. Und der Tote wurde offensichtlich mit Schrot erschossen."

„Gut, vielleicht findet die Spurensicherung morgen heraus, was es war."

Danach widmete Lürrsen sich dem Versuch, das Smartphone des Toten zu öffnen. Aber es war durch ein Passwort gesichert. Also musste er es der Spurensicherung übergeben, die er am nächsten Tag am Fundort der Leiche erwartete.

***

Kriminalhauptkommissar Ludwig Mommsen war nach einer anstrengenden, mehrtägigen Untersuchung eines Suizidfalles in einem ländlichen Ort Nordfrieslands gerade in seine Wohnung in Husum zurückgekommen, als sein Smartphone sich meldete, – oder richtiger: sein Chef. „Mommsen, sind Sie wieder zu Hause? Dann machen Sie es sich nicht zu bequem. Ein Todesfall auf Föhr. Fremdverschulden oder Selbstmord. Ihre Lebenspartnerin lebt doch dort. Also freuen Sie sich sicher über einen Ausflug nach Föhr. Damit Ihre Liebe nicht rostet. Morgen früh erwartet Sie Lürrsen in der Toftumer Marsch bei der Leiche. Nein, Sie brauchen sich nicht bei mir zu bedanken. Mit Lürrsen haben Sie ja schon einige Male zusammengearbeitet."

Ehe Mommsen überhaupt zu Wort kam, hatte Kriminalrat Janssen schon aufgelegt. An seine knappe Art der Kommunikation und seinen etwas strapaziösen Humor hatte sich Mommsen in den Jahren ihrer Zusammenarbeit schon gewöhnt.

Mommsen packte seine Reisetasche nicht aus, sondern nur um. Dabei sah ihn sein voller Wäschekorb anklagend an. Es wurde Zeit, dass er seine Wohnung mal wieder gründlich auf Vordermann brachte. Seit 15 Tagen hatte er keinen freien Tag mehr gehabt. Dennoch freute er sich auf das Wiedersehen mit seiner Partnerin Cosima, die er noch länger nicht gesehen hatte.

***

Zlatko Sijercic fluchte in seiner Muttersprache, Serbokroatisch, da er sich allein in seinem Wohnwagen auf dem Campingplatz in Utersum aufhielt. Dann war er einige Zeit in Nachdenken versunken. Das Ergebnis seiner Gedankenarbeit setzte er gleich in die Tat um. Ihm war bekannt, dass Tobias Olsen neben seinem Smartphone auch einen Festnetzanschluss mit Anrufbeantworter hatte. Dort wollte er seine Bitte um dringenden Rückruf draufsprechen, da er Olsen über sein Smartphone in den letzten Tagen nicht erreichen konnte.

Vor zwei Wochen war Sijercic wieder mit seinem Wohnwagen auf Föhr eingetroffen. Er hatte sich gleich mit Olsen in Verbindung gesetzt. Sie nahmen unverzüglich ihre Zusammenarbeit wieder auf, wenn man ihr Tun als Zusammenarbeit betrachten wollte. Olsen gab ihm die Tipps, welche Häuser leer stünden und wie diese gesichert seien. Sijercic übernahm den operativen Teil und stattete den Häusern unbemerkt einen Besuch ab, den er mit der Inbesitznahme einer lukrativen Beute beendete, ohne sichtbare Spuren zu hinterlassen. Ihre ersten drei Projekte waren recht erfolgreich verlaufen. Bei zweien davon waren nicht nur Wertsachen, sondern auch größere Geldsummen angefallen.

Bei ihrer letzten Abrechnung war es zum Streit gekommen, da Olsen sich nicht mehr mit seinem Anteil von einem Drittel zufriedengeben wollte, sondern die Hälfte verlangte. Sijercic hatte nicht eingewilligt, da er meinte, das größere Risiko zu tragen. Ferner waren die Erlöse aus den Wertsachen vorab nicht kalkulierbar. Auch hier hatte Sijercic darauf hingewiesen, dass er das größere Risiko zu tragen hätte.

Bei der Abrechnung dieser Projekte war es zum Streit gekommen. Sijercic rief in den nächsten Stunden noch mehrmals bei Olsen an, ohne ihn zu erreichen. Er überlegte, ob er seinen Tätigkeitsbereich in die Gegend um St. Peter-Ording verlagern sollte. Dort war er im Sommer vor zwei Jahren mit vergleichbaren Projekten recht erfolgreich gewesen. Sijercic hatte noch ein Projekt offen, dessen Grundlage Olsens Informationen waren. Dieses wollte er noch durchziehen, bevor er Föhr auf Nimmerwiedersehen verließ.

***

23. September 2023

Am nächsten Morgen traf Mommsen kurz vor 8.00 Uhr auf der Mole in Dagebüll seine Team-Kollegin Oberkommissarin Caroline Hositz, mit der er sich noch am Vorabend in Verbindung gesetzt hatte, sowie den Staatsanwalt und zwei Beamte der Spurensicherung. Hositz hatte ihren Wagen bereits in der Autoschlange auf dem Fähranlieger abgestellt. Mommsen konnte sie schon von weitem an der gewagten Farbkombination ihrer Kleidung erkennen, die auch ein unübersehbares Indiz für die häufig unkonventionelle Art ihres Denkens war.

Da sie wussten, dass die Föhrer Polizei einen Engpass bei den Dienstwagen hatte, beschlossen Hositz und Mommsen, ihre beiden Wagen auf die Insel mitzunehmen. Lürrsen hatte Mommsen noch während dessen Anreise auf der Fähre die Lage des Fundorts in der Marsch bei Toftum mitgeteilt.

Da sich Mommsen häufig bei seiner Lebensgefährtin, der Malerin Cosima Bernstädt, auf Föhr aufhielt, war er mit der Geographie der Insel vertraut und fuhr den Wagen seiner Kollegen zügig voraus, die Mühe hatten, ihm zu folgen. Lürrsen und zwei weitere Beamte erwarteten sie vor Ort. Die Begrüßung der Beamten vom Festland durch die Föhrer Kollegen war kurz und ungezwungen, weil man sich bereits von mehreren gemeinsamen Ermittlungen kannte. Nur John Eggers war noch neu in der Runde.

Lürrsen und Friedrichsen skizzierten den aktuellen Kenntnisstand, bevor der Staatsanwalt, Mommsen und Hositz über das Absperrband stiegen und einen ersten Blick auf die Leiche bzw. den Fundort warfen.

Dann machten sie Platz für die Spurensicherung. Friedrichsen referierte die Personaldaten des Toten. Dann übernahm Lürrsen den Bericht über die Ereignisse, die Hanno Sievers ihm geschildert hatte. Ein Arzt von der Insel hatte noch am Vorabend eine vorläufige Untersuchung der Leiche vorgenommen, um Todesursache und Zeitpunkt des Todes festzustellen. Sein Ergebnis war eine Überraschung: das Opfer war nicht in der Abenddämmerung des Vortags, als es von Sven Hansen – oder richtiger von seinem Hund – gefunden worden war, sondern bereits einen Tag zuvor zu Tode gekommen. Die Todesursache war ein Schrotschuss in den Kopf, wie schon der Augenschein offenbart hatte.

Mommsen fragte nach: „Henning, hat euer Arzt den Todeszeitpunkt eingrenzen können?"

„Er hat zu unserer Verwunderung festgestellt, dass das Opfer nicht gestern, Freitag, sondern schon vorgestern, am Donnerstag, zu Tode kam. Als er ihn gestern gegen 18.00 Uhr untersuchte, muss Olsen schon 18 bis 24 Stunden tot gewesen sein. Also lag der Todeszeitpunkt mit hoher Wahrscheinlichkeit zwischen 18.00 und 24.00 Uhr am 21. September."

Mommsen resümierte: „Demnach wissen wir nicht, ob der Schütze, der auf Hanno Sievers geschossen hatte, auch der Mörder von Olsen ist. Wenn der ebenfalls nur zufällig auf die Leiche gestoßen wäre, warum hat er dann auf Sievers geschossen? Wenn er aber der Täter wäre, warum hat er das Risiko auf sich genommen, am nächsten Tag noch einmal zurückzukommen?"

„Vielleicht hat er etwas vermisst oder verloren, was auf seine Person hindeuten könnte."

Hositz hatte aufmerksam zugehört. Mommsen ging wieder zum Knick zurück, wo jetzt die Spurensicherung am Werk war. Er wies seine Kollegen auf die zeitliche Differenz zwischen dem Todeszeitpunkt und dem Auffinden der Leiche hin. Da die Möglichkeit bestand, dass der Tatort der Ermordung und der Fundort der Leiche nicht identisch wären, bat er sie, auf Spuren zu achten, die darauf hinwiesen, dass das Opfer an einem anderen Platz zu Tode gekommen sein könnte. Mommsen und Hositz schlossen sich der Spurensicherung an, die jetzt die

Umgebung des Fundortes weiträumiger absuchte.

Lürrsen und Friedrichsen kümmerten sich um den Abtransport der Leiche und deren Überführung zur Gerichtsmedizin nach Kiel, nachdem der Staatsanwalt die Leiche freigegeben hatte. Mommsen sprach mit ihm noch die nächsten Schritte der Ermittlungen ab. Dann brachte Friedrichsen den Staatsanwalt zur Fähre.

Auf Mommsens Anforderung war die Spurensicherung auf Föhr geblieben, um die Durchsuchung des Hauses und des Betriebes des Opfers durchzuführen. Zunächst umrundeten die Beamten jedoch weiter die Umgebung der Fundstelle auf der Suche nach der Tatwaffe. Nachdem sich Mommsen, Hositz und Lürrsen aufgemacht hatten, um die Familie des Opfers von seinem Tod zu unterrichten, erweiterten die Kollegen der Spurensicherung mehrmals den Radius ihrer Runden, – ohne Erfolg! Die Waffe blieb verschwunden.

***

Friedrichsen hatte die Wohnadresse des Opfers, ein Resthof in Toftum, schon herausgefunden, sodass die Beamten in kurzer Zeit an seinem Wohnsitz anlangten. Sabine Olsen, die Ehefrau des Opfers, hatte sich wegen einer Erkältung von ihrer Arbeit abgemeldet und war zu Hause. Die Beamten wurden von einer Frau empfangen, deren Mimik und kontrollierte Bewegungen vermuten ließen, dass sie sich zu behaupten wusste. Sie empfing sie an der Wohnungstür. Mit einem kurzen Blick auf Lürrsens Uniform stufte sie die Besucher als Polizei ein.

Statt einer Begrüßung wurden sie von Sabine Olsen gleich mit der Frage konfrontiert: „Was ist mit meinem Mann? Haben Sie Tobias gefunden?“

Bevor Lürrsen, an den die Frage gerichtet war, antworten konnte, stoppte ihn Mommsen mit einer Handbewegung und übernahm das Gespräch. „Wie kommen Sie darauf, dass wir Ihren Mann gefunden haben könnten? Warum sollten wir ihn denn suchen?“

„Weil er seit gestern verschwunden ist. Er war die ganze Nacht nicht zu Hause.“

„Kam es denn öfter vor, dass er nachts nicht zu Hause war?“

Sabine Olsen suchte den Blickkontakt mit Mommsen. Dennoch kam ihre Antwort mit leichter Verzögerung. „Eigentlich nicht. Nur manchmal, wenn er einen Auftrag auf dem Festland hat.“

„Und hatte er gestern einen Auftrag auf dem Festland?“ Auch Mommsen hielt den Blickkontakt mit ihr. Ihn beschäftigte die Frage, ob Sabine Olsen bereits vom Tod ihres Mannes wusste.

„Mein Mann spricht mit mir kaum über das Geschäft. Ich weiß es nicht. Aber warum sind Sie denn hier?“

Mommsen hielt es nun für angebracht, ihr die Nachricht vom Tod ihres Mannes zu überbringen. Sabine Olsen blieb einen kurzen Augenblick in der Tür stehen. Mommsen war sich nicht sicher, ob die Nachricht sie überrascht hatte.

Dann bat sie die Beamten ins Wohnzimmer. Während ihre Besucher sich niederließen, blieb Sabine Olsen immer noch stehen. Sie drehte sich halb herum, als wollte sie sich in die Küche zurückziehen. In dieser Haltung verharrte sie eine Weile, als müsste sie die Nachricht vom Tod ihres Mannes erst einmal ins Bewusstsein kommen lassen. Dann setzte sie sich auch. Mommsen hatte in seiner Laufbahn bei der Polizei schon häufiger Angehörigen die Nachricht vom Tod eines nahen Menschen überbringen müssen. Daher wusste er, dass die Reaktionen sehr verschieden ausfallen konnten.

Sabine Olsen wirkte gefasst. Als Mommsen sie bat, trotz ihrer Trauer auf einige Fragen zu antworten, nickte sie.

„Frau Olsen, warum haben Sie Ihren Mann nicht als vermisst gemeldet?“

Sachlich beantwortete sie Mommsens Frage: „Er hätte ja einen Auftrag auf dem Festland haben können. Und ich habe irgendwann mal gehört, dass die Polizei erst nach mehr als 24 Stunden eine Vermisstenanzeige aufnimmt.“

„Können Sie sich denken, was Ihr Mann vorgestern gegen Abend in der Toftumer Marsch wollte. Ist er Jäger?“

„War er dort? … Nein, Jäger ist er nicht. Und Wanderungen in der Marsch hat er noch nie gemacht."

„Hatte Ihr Mann denn Feinde? Fühlte er sich bedroht?"

„Er hatte manchmal Stress mit Kunden. Wenn er Termine nicht eingehalten hat oder wenn sie die Arbeit beanstandet haben."

Mommsen bemerkte, dass sie sich immer noch konzentrieren konnte und gefasst antwortete. „Hat sich Ihr Mann in letzter Zeit anders verhalten als sonst?"

„Das ist mir nicht aufgefallen. Er hatte immer schon Stimmungsschwankungen. Aber er wollte nie etwas über die Gründe sagen."

Wieder eine kurze Pause des Überlegens. „Doch, er hatte in den letzten Tagen Ärger mit seinem Bruder."

Bei dieser Antwort stutzte Lürrsen. „Ich wusste gar nicht, dass Ihr Mann einen Bruder hat. Wohnt der auch hier?"

„Sein Halbruder, Heinz Roelofs. Ihre Mutter hat noch einmal geheiratet. Nein, der wohnt nicht hier."

„Worüber haben Ihr Mann und sein Halbbruder denn gestritten?" Mommsen wollte weitere Informationen.

„Die beiden Brüder haben nach dem Tod ihrer Mutter zu gleichen Teilen den Hof hier geerbt. Ein Unternehmer von der Insel hat ihnen ein Angebot gemacht, den Hof zu kaufen. Heinz wollte unbedingt darauf eingehen, da er dringend Geld braucht, aber Tobias wollte nicht. Bei einem Verkauf hätten wir unser Zuhause verloren und auch mit der Steuer Probleme bekommen."

„Hatte Ihr Mann Feinde? Geschäftliche Konkurrenten? Unzufriedene Kunden? Gab es da mal Auseinandersetzungen?"

„Nein, einige Male Reklamationen vor Kunden. Aber das hat Tobias wieder hingekriegt. Einmal gab es Streit mit unserem Nachbarn zur rechten Seite. Der wollte auf der Grundstücksgrenze eine Garage bauen. Dem hat mein Mann aber gesagt, dass das verboten ist. Der war auch richtig sauer.“

„Wann war das?“

„Ist schon länger her, vielleicht zwei Jahre.“

Mommsen wunderte sich, dass Sabine Olsen noch nicht nach den genaueren Umständen gefragt hatte, unter denen ihr Mann umgekommen war. Er ließ ihr Zeit, ihre Fragen zu formulieren.

Erst diese Gesprächspause veranlasste sie, die entsprechende Frage zu stellen. Lürssens Schilderung nahm sie unbewegt zur Kenntnis.

Zum Abschluss des Gesprächs informierte Hositz sie, dass die Leiche des Opfers erst noch zur Obduktion in die Gerichtsmedizin nach Kiel gebracht würde. Sie fragte Sabine Olsen, ob sie sich in der Lage fühlte, vorher ihren Mann in dem Bestattungsinstitut zu identifizieren. Diese war einverstanden.

Dann erkundigte Hositz sich, ob Sabine Olsen Hilfe bräuchte, um ihren Kindern die Nachricht vom Tod ihres Vaters zu überbringen.

„Danke, das schaffen wir schon selber. Das mussten wir doch immer.“

Sabine Olsens Schlusssatz ließ Mommsen aufmerken.

Hositz übernahm die Verabschiedung. „Frau Olsen, Sie werden jetzt erst einmal den Schock zu verarbeiten haben. Also, wenn Sie sonst noch Hilfe brauchen, melden Sie sich bei uns. Auch wir werden uns nochmals mit Ihnen sprechen müssen. Es wird nötig sein, auch Ihre Wohnung und den Betrieb ihres Mannes zu durchsuchen. Dabei ergeben sich sicher weitere Fragen.“

***

Die Beamten waren zur Polizeiwache in Wyk zurückgekehrt. Mommsen wollte noch vor der Mittagspause mit dem Team das weitere Vorgehen abstimmen. Als er mit Hositz, Lürrsen und Friedrichsen um den Tisch im Besprechungsraum Platz genommen hatte, begann er ein erstes Resümee. „Also, wie ist unser Kenntnisstand? Was wissen wir über das Opfer? Tobias Olsen ist bereits am 21. September gegen

Abend zu Tode gekommen, aber erst am folgenden Tag ebenfalls gegen Abend in der Marsch bei Toft um durch einen Jäger, Hanno Sievers, bzw. dessen Hund aufgefunden worden. Seine Leiche lag in einem Knick. Ob er dort zu Tode kam oder dorthin verbracht worden ist, wissen wir zurzeit noch nicht. Er ist mit einer Schrotflinte erschossen worden. Ein Jagdunfall scheidet aus, da keine Waffe am Fundort aufgefunden wurde und – nach Aussage von Hanno Sievers – im Zeitfenster seines Todes dort auch keine Jagdaktivitäten stattgefunden haben. Nach der Spurenlage müssen wir jedenfalls die Möglichkeit in Betracht ziehen, dass Tatort und Fundort der Leiche nicht identisch sind. Die Ehefrau haben wir von seinem Tod unterrichtet. Nach meinem ersten Eindruck schien sie nicht sehr erschüttert, sondern recht gefasst. Ihre letzte Bemerkung war, dass sie und die Kinder schon immer mit allem alleine fertig werden mussten. Wir sollten uns daher den Zustand der Familie bzw. der Ehe des Opfers genauer ansehen. Vielleicht bekommen wir auch bei den Befragungen der Nachbarn bzw. der Familie seines Halbbruders mehr Informationen.“

Mommsen schaute Hositz an. „Wir beide werden mit dem Bruder anfangen. Friedrichsen, übernehmen Sie die Befragung der Nachbarn? Wir müssen auch über seinen Betrieb mehr wissen. Olsens Ehefrau hat Ärger mit seinen Kunden erwähnt. Henning, kannst du dich darum kümmern? Wie ist seine finanzielle Situation? Caro, die solltest du dir später anschauen, – auch ob er bei uns jemals aktenkundig geworden ist. Ein Nachbarschaftsstreit ist zwei Jahre her. Einen Grund für einen Mord kann ich nach zwei Jahren da nicht mehr sehen. Der Staatsanwalt hat zugesagt, uns einen Durchsuchungsbeschluss für den Betrieb und die Wohnung des Opfers zu besorgen. Dabei werden uns die Kollegen der Spurensicherung helfen, wenn sie mit dem Fundort der Leiche fertig sind.“

Als Mommsen die Kollegen um weitere Vorschläge für die anstehenden Ermittlungen bat, äußerte sich Lürrsen als Erster: „Was ist nun mit dem Tatort? So wie der Fundort aussah, bin ich sicher, dass Olsen woanders erschossen wurde und erst nachträglich an den Fundort gebracht wurde. Wie können wir herausfinden, wo er zu Tode kam? Sollten wir nicht danach suchen?“

„Aber wo können wir suchen? Es könnte überall auf der Insel sein. Dass die Leiche vom Festland hierher transportiert wurde, ist unwahrscheinlich. Und Föhr ist über 80 Quadratkilometer groß.“ Mommsen nutzte die Gelegenheit, seine geografischen Kenntnisse über die Insel zu erwähnen. Dann fuhr er fort: „Der Täter muss über eine Schrotflinte verfügen. Wir werden sehen, ob die Spurensicherung Hinweise auf den Waffentyp findet. Bei unseren Befragungen sollten wir auch feststellen, wer alles Jagdwaffen, speziell eine Schrotflinte, besitzt.“

Die Runde erörterte weitere Möglichkeiten der Suche nach dem Tatort. Das Ergebnis blieb ernüchternd. Mommsen, Lürrsen und Hositz nutzten die kurze Mittagspause, um sich für die Aufgaben des Nachmittags mit einem Fischbrötchen am Fischstand am Wyker Hafen fit zu machen.

***

Klara Roelofs hatte ihren Mann zweimal wecken müssen, bevor er sich zum verspäteten Frühstück fertig machte. Dass er nun – verloren in seinen abwesenden Gedanken – sein Brötchen zerkrümelte, verwunderte sie nicht weiter. Heinz war schon immer ein Morgenmuffel.

Während sie ihm eine zweite Tasse Tee eingoss, fragte sie ihn, ob sie den Wagen haben könnte, da sie heute Morgen ihre Wocheneinkäufe erledigen wollte. „Ich will auch gleich die leeren Flaschen wegbringen und neue Getränke besorgen. Hast du besondere Wünsche? Vielleicht sollte ich den Wagen noch schnell durch die Waschstraße schicken. Der ist so dreckig, als wärst du stundenlang im Matsch der Marsch herumgefahren. Das ist mir gestern schon aufgefallen. Wenn du zum Südstrand fährst, parkst du doch immer hinter dem Schwimmbad. Da ist es doch gepflastert. Warst du denn in den letzten Tagen in der Marsch?“

Heinz Roelofs antwortete nicht. Er musste den Redeschwall seiner Frau erst einmal sortieren. Seine Antwort fiel etwas abrupt aus: „Nee, ich brauche den Wagen. Es reicht, wenn du morgen die Einkäufe machst. Ich muss für den Betrieb noch einiges besorgen. Ich fahre den Wagen selbst nach Feierabend durch die Waschanlage.“

Ohne sein Frühstück zu beenden, stand er auf, nahm die Autoschlüssel vom Küchenbord und verließ ohne weitere Erläuterung das Haus. Klara Roelofs sah ihm enttäuscht nach.

Wieder einmal waren Heinz ihre Wünsche gleichgültig. Heinz Roelofs fuhr einige Runden ziellos durch die Marsch. Dann entschloss er sich, den Hof in Toftum anzufahren. Er konnte das Projekt des Verkaufs des Resthofes an Sören Hastedt nicht aufgeben. Eine solche Chance kam wahrscheinlich nicht wieder.

***

Nach dem Gespräch mit Sabine Olsen war Lürrsen zur Polizeiwache gefahren. Mommsen und Hositz ließen sich die Adresse Heinz Roelofs' geben und machten sich auf den Weg zu ihm. Roelofs wohnte in einem älteren, reetgedeckten Haus.

Als sie an die Haustüre klopften, wurde diese aufgerissen und eine Frau rief ihnen unwirsch zu: „Hast du wieder deinen Schlüssel vergessen? … Oh, entschuldigen Sie, ich dachte, es wäre mein Mann.“ Sie ging einen halben Schritt zurück, behielt die Hand aber auf der Türklinke. „Wer sind Sie?“

Als die Beamten sich ausgewiesen hatten, bat Klara Roelofs sie in das Wohnzimmer, dessen niedrige Decke durch mehrere Holzbalken abgestützt war. Sie war eine zierliche Frau von einer etwas faden Hübschheit. Sie forderte sie auf, Platz zu nehmen. Dann setzte sie sich mit einer verzögerten Bewegung ebenfalls hin. Unsicher schaute sie auf Mommsen und wartete, dass er das Gespräch eröffnete.

„Frau Roelofs, wir wollten eigentlich zu Ihrem Mann. Ist er zu Hause?“

„Nein, er ist schon zur Arbeit, bei seiner Surfschule am Südstrand. Worum geht es denn?“

Mommsen überlegte kurz, ob er zuerst Heinz Roelofs mit der Nachricht von der Ermordung eines Halbbruders konfrontieren sollte. Aber bevor er diesen in seinem Betrieb erreichen würde, hätte seine Frau ihm sicher schon den Besuch der Polizei angekündigt.

Also kam er gleich zur Sache. „Frau Roelofs, haben Sie heute schon mit Ihrer Schwägerin Sabine Olsen gesprochen?“

„Nein, warum sollte ich?“

„Welches Verhältnis haben Sie denn zu Sabine und Tobias Olsen?“

„Normal, wie zu Schwager und Schwägerin. Bei Familienangelegenheiten sehen wir uns.“ Dann verunsichert: „Aber warum wollen Sie das wissen? Ist was mit denen?“

„Ich muss Ihnen leider mitteilen, dass Ihr Schwager in der Marsch bei Toftum tot aufgefunden wurde.“

Klara Roelofs schwieg einen kurzen Augenblick, während sie an Mommsen vorbei an die Wand starrte. Er hätte zu gerne gewusst, was ihr durch den Kopf ging. Dann fragte sie verhalten mit leiser Stimme: „Was ist mit ihm passiert?“

Hositz erläuterte kurz die Umstände seines Todes. Klara Roelofs hörte Hositz' Ausführungen – wie durch einen Kälteschock erstarrt – zu. Erst als sie bemerkte, dass die Beamten auf eine Äußerung von ihr warteten, schien sie sich der Situation bewusst zu werden. „Das ist ja schrecklich. Sie waren schon bei seiner Frau? Wie hat Sabine das denn aufgenommen?“

„Wir haben sie schon unterrichtet. Sie schien uns relativ gefasst.“ Bevor Mommsen sich den Weg zum Standort der Surfschule beschreiben ließ, wollte er mehr über die Familienverhältnisse in Erfahrung bringen. „Bei welchen Familienangelegenheiten haben Sie Kontakt zu Tobias Olsen gehabt?“

Klara Roelofs' Gedanken schienen sich noch nicht geordnet zu haben. Erst als Mommsen seine Frage wiederholte, antwortete sie fast geistesabwesend. „Bei Geburtstagen oder so was.“

Mommsens Erfahrung hatte ihn gelehrt, dass Familienbande manchmal zu explosiv geladenen Emotionen führen konnten. Daher bohrte er nach. „Wann war denn die letzte Zusammenkunft? Worüber haben Sie da gesprochen?“

„Bei der Beerdigung meiner Schwiegermutter. Vor einem halben

Jahr."

„Da gab es sicher viel zu besprechen. War denn mit der Erbschaft alles geregelt?"

„Ja, da war alles klar. Sie hat den Hof ihren beiden Söhnen je zur Hälfte vererbt."

Mommsen hatte vor einem Jahr in einem Fall ermittelt, bei dem ebenfalls ein Resthof an mehrere Geschwister zu gleichen Teilen vererbt wurde. Zwei der Geschwister wollten verkaufen, zwei wollten dies nicht. Die daraus entstandenen Streitigkeiten hatten zuletzt zu Handgreiflichkeiten und sogar zur schweren Körperverletzung geführt. Er wollte auch diesmal nicht ausschließen, dass zwischen den Halbbrüdern ein massiver Konflikt ausgebrochen sein könnte. „Und wie haben die Brüder das Erbe unter sich geregelt? So einen Hof kann man ja nicht einfach durchteilen."

Klara Roelofs schaute immer noch an Mommsen vorbei, als müsste sie über die Antwort erst nachdenken. „Heinz, also mein Mann, wollte verkaufen, Tobias aber nicht. Der wohnt doch da und hat auch seinen Betrieb dort. Wenn der Hof verkauft wird, geht auch ganz viel für die Steuer drauf."

„Und was soll nun werden?"

„Weiß ich nicht. Heinz spricht mit mir nicht darüber."

„Gab es denn deswegen Streit zwischen den Brüdern?"

„Wir sehen uns ja kaum. Wie sollen wir da streiten?"

Mommsen wollte dieser vermeintlichen Logik nicht folgen, verzichtete aber darauf, dem Thema weiter nachzugehen. Dazu würde er bei dem Gespräch mit Heinz Roelofs noch Gelegenheit haben. „Eine letzte Frage noch: ist Ihr Mann Jäger? Oder besitzt er eine Waffe?"

„Wer … Heinz? Nein, der hat nie eine Waffe gehabt und Jäger ist der schon gar nicht."

Auf der Rückfahrt fragte Hositz Mommsen: „Ist dir auch aufgefallen, dass sie über den Tod ihres Schwagers mehr erschüttert war als dessen eigene Frau?"

***

Die kleine Einliegerwohnung in seinem Elternhaus hatte Oliver v. Stetten am Tag zuvor bezogen. Da diese nur teilweise möbliert war, beschäftigte er sich nun mit der Planung der weiteren Einrichtung. Aufgrund des Streits mit seinem Vater waren seine verfügbaren Finanzen nahezu aufgebraucht. Er musste sich also einschränken. Dennoch freute er sich auf den heutigen Abend, denn Celia hatte eingewilligt, ihn bei der Planung zu beraten. Er hatte Pizza besorgt, da er seine Kochkünste bislang nur unzureichend trainiert hatte. Immerhin war die Wohnung mit ausreichend Geschirr und Gläsern für zwei Gedecke ausgestattet, sodass der Tisch wohnlicher aussah als der Rest der Wohnung. Oliver hatte diesen Eindruck durch eine Flasche Bordeaux aus dem Vorrat seines Vaters aufgewertet, die er zuvor in eine Karaffe dekantiert und mittig auf dem Tisch platziert hatte. Er konnte Celia zwar nicht mit aufwendigen Liebesbeweisen überrumpeln, wollte sich ihr aber als kultivierter Mensch darstellen.

Da er Celia vorher nur nach mehrmaligen Anläufen zu einem Treffen überreden konnte, war Oliver überrascht, als sie diesmal seiner Einladung sofort gefolgt war. Tobias Olsen, ihr verheirateter Freund, schien kein Hindernis für eine Verabredung mit ihm zu sein. Es wurde ein angenehmer Abend, der sich nicht nur auf die Planung seiner weiteren Wohnungseinrichtung beschränkte. Olivers Vorfreude auf eine Intensivierung seiner Freundschaft mit Celia stieg, da sie – anders als bei ihren vorigen Begegnungen – an diesem Abend ihren Freund nicht einmal erwähnt hatte. Seine Hoffnung auf eine Zukunft mit Celia schien alles zu rechtfertigen, was er ihretwegen auf sich genommen hatte. Zum Abschied verabredeten sie sich zu einer Fahrradtour über die Insel am folgenden Wochenende.

***

Am frühen Nachmittag trafen die Kollegen der Spurensicherung auf der Polizeiwache ein. Deren Untersuchung des Fundortes der Leiche in der Marsch hatte – wie von Mommsen bereits erwartet – nur wenige weiterführende Hinweise ergeben. Sie bestätigten, dass Tobias Olsen durch einen Schuss aus einer Schrotflinte getötet worden war. Diese war allerdings am Fundort nicht aufzufinden. Aus den gefundenen Schrotkugeln konnte der Waffentyp der Tatwaffe nicht ermittelt werden. Informativer war der Fund seines Portemonnaies. Dieses enthielt Bargeld in Höhe von mehr als 200 Euro und seine Scheckkarte. Also kein Raubüberfall. Die geringe Menge Blut unter der Leiche sowie einige Schleifspuren sprachen für die Annahme eines anderen Tatortes.

Da inzwischen der Durchsuchungsbeschluss per E-Mail auf der Wache angekommen war, brach Mommsen - nach einer kurzen Pause - mit Hositz und der Spurensicherung zur Durchsuchung der Wohnung und des Betriebes des Opfers auf. Das Gespräch mit Heinz Roelofs hatte Mommsen erst einmal verschoben.

Da Mommsen die Durchsuchung vorher bei Sabine Olsen angekündigt hatte, waren ihre beiden Kinder zu Freunden weggeschickt worden. Sie sollten nach dem Willen ihrer Mutter nicht zusätzlich zum Schock des Verlustes ihres Vaters auch noch die Schmach der Durchsuchung miterleben müssen. Als die Beamten auf den Hof einfuhren, stand Sabine Olsen schon in der Tür des Wohnhauses. Sie schien überrascht, die Beamten schon so bald wiederzusehen. Nach einem kurzen Blick auf den Durchsuchungsbeschluss bat sie Mommsens Team in das Haus. Dann zog sie sich ohne weiteren Kommentar in die Küche zurück. Mommsen wies seiner Mannschaft die Suchbereiche zu. Dann begannen sie routiniert mit ihrer Untersuchung des Hauses.

Mommsen wunderte sich, dass in der Wohnung keine Unterlagen über Olsens Betrieb zu finden waren. Als er dies gegenüber Sabine Olsen erwähnte, wies sie auf ein ehemaliges Stallgebäude hin, das von ihrem Mann als Lager- und Büroraum für seinen Betrieb genutzt wurde. Dessen Tür war durch ein starkes Vorhängeschloss gesichert. Sabine Olsen verneinte, einen Schlüssel für das Schloss zu haben, da ihr Mann sie immer von seinen Geschäften ferngehalten habe. Daraufhin ließ Mommsen das Schloss aufbrechen. Als die Beamten den weitläufigen Innenraum betraten, fiel Hositz auf, dass immer noch der Stallgeruch zu riechen war. Als sie sich an dem angeschlagenen Bürotisch niederlassen wollte, musste sie ihn und den davorstehenden Drehstuhl erst entstauben.

Sie ließ ihren Blick in dem Gebäude herumschweifen. „Das sieht hier so aus, als hätte Olsen das Mobiliar vor dem Sperrmüll gerettet. Kunden konnte er hier nicht reinlassen. Ich frag mich, wo er mit seinen Kunden gesprochen hat."

Mommsen nickte. „Trotzdem, wir müssen uns genau umsehen. Vielleicht entdecken wir Unterlagen über Probleme oder Auseinandersetzungen, in die unser Opfer verwickelt war."

Nachdem Hositz sich doch gesetzt hatte, entdeckte sie in einem Unterschrank hinter einem Rollladen einen älteren Laptop. Da dieser passwortgeschützt war, konnte sie ihn nur zur späteren Bearbeitung mitnehmen.

Im Lagerbereich stöberte die Spurensicherung einen alten Werkzeugkasten auf - hinter einer Verstrebung versteckt. In dem fanden sie eine Blechschatulle mit gebündelten Briefen und einem Umschlag mit Fotos. Diese zeigten Aufnahmen von verschiedenen Mädchen und jungen Frauen in aufreizenden Posen. Bei den Briefen handelte es sich auf den ersten Blick um Liebesbriefe – ebenfalls von verschiedenen Frauen. Fotos und Briefe übergab Mommsen an Caroline Hositz zur Verwahrung, um die Privatsphäre der Betroffenen zu schützen und sie nur soweit auswerten zu lassen, als es die Klärung des Falles erforderte. Eine Schrotflinte war nicht gefunden worden.

Als sie sich verabschieden wollten, hatte Mommsen noch einen Einfall. Er hatte im Wohnzimmer ein Festnetztelefon gesehen. Er bat die Kollegen, die Nummern der Gesprächspartner aus den letzten Wochen auszulesen.

Nachdem die Beamten das Wohngebäude, das Büro- und Lagerhaus sowie den Wagen gründlich durchsucht hatten, nahmen sie ihre Ausbeute - betriebliche und private Unterlagen sowie den Laptop zur weiteren Auswertung mit.

***

Mommsen schaute auf die Uhr. Die Durchsuchung des Hauses und des Büros des Opfers hatte einen Großteil des Nachmittags in Anspruch genommen. Er schickte die Spurensicherung zur ersten Auswertung zur Polizeiwache zurück. Vielleicht könnten sie danach noch die letzte Fähre zur Rückkehr aufs Festland erreichen.

Er selbst machte sich nun mit Hositz auf, um noch vor Feierabend mit Heinz Roelofs zu sprechen. Nach seiner ersten Einschätzung konnte der Konflikt mit dessen Halbbruder um die Aufteilung des gemeinsamen Erbes durchaus eskaliert sein. Sie trafen Heinz Roelofs noch am Unterstand seiner Surfschule am Südstrand an, wo er dabei war, die Surfbretter zu verstauen. Er schaute die Beamten ungehalten an.

Mommsen begann sogleich ohne Umschweife. „Sie sind Herr Roelofs? Ihre Frau wird Ihnen sicher schon am Telefon mitgeteilt haben, dass wir Sie heute noch sprechen müssen. Daher wissen Sie auch, dass Ihr Bruder, Tobias Olsen, gestern in der Marsch bei Toftum tot aufgefunden wurde. Er ist schon am Vortag, also Donnerstagabend, erschossen worden. Da Sie mit ihm Auseinandersetzungen um Ihr gemeinsames Erbe hatten - also ein tragfähiges Motiv - die erste Frage: Wo waren Sie am Donnerstag zwischen 18.00 und 24.00 Uhr."

Mommsen hatte schon vorher mit Hositz abgesprochen, dass er das Gespräch forsch durchführen werde und sie sich dabei Notizen machen sollte, um Roelofs zu verunsichern. Er sollte erst gar keine Gelegenheit bekommen, sich eine Verteidigungsstrategie zurechtzulegen.

Roelofs hatte offensichtlich nicht mit einer solchen Attacke seitens der Beamten gerechnet. Sein Versuch einer Antwort mündete in ein Gestammel, dessen Wörter sich verhedderten: „Also ich würde doch meinen Bruder … ich meine … also niemals … ich wollte doch noch mal mit ihm reden … ."

„Herr Roelofs, eine einfache Antwort auf meine Frage! Wo waren sie am Donnerstagabend?" Mommsen unterbrach Roelofs vergeblichen Versuch, seiner Frage auszuweichen.

Roelofs schwieg eine kurze Zeit. „Ich muss erst nachdenken. … Bis Feierabend war ich hier am Südstrand und habe die Surfbretter reingeholt. Dann bin ich nach Hause gefahren."

„Die Uhrzeit, Herr Roelofs, wann haben Sie Feierabend gemacht? Kann Ihre Frau bestätigen, wann Sie zu Hause angekommen sind?“

„Zum Abendessen um sechs. Nee, meine Frau war schon weg, … hatte Kirchenchor.“

Hositz erinnerte sich. „Am Nachmittag zogen heftige Gewitterböen über Föhr. Waren denn zu dieser Zeit Kunden mit Ihren Brettern auf dem Wasser? Wir brauchen Namen von Zeugen, Sie werden sicher die Personalien Ihrer Kursteilnehmer notiert haben. Und einige werden doch mit Kreditkarte gezahlt haben. Sie haben die Daten sicher hier zur Hand.“ Sie lächelte ihn auffordernd an.

Wieder verzögerte Roelofs die Antwort. Er blieb auf seinem Hocker sitzen, ohne Hositz` Aufforderung nachzukommen.

„Herr Roelofs!“ Hositz brachte ihre Aufforderung in Erinnerung.

„Nein, warten Sie, jetzt weiß ich es wieder: Donnerstag bin ich doch wegen dem schlechten Wetter eher von hier weg. Ich war dann früher zu Hause und habe im Schuppen meinen Rasenmäher repariert.“

„Das wird Ihre Frau bestätigen?“

„Ja, sicher. Aber ich weiß gar nicht, ob die mich gesehen hat. Ich bin gleich in den Schuppen gegangen.“

Mommsen wollte mit dem Druck auf Roelofs nicht nachlassen. „Wir werden nachher zusammen zu Ihnen fahren und mit Ihrer Frau reden. Und uns die Reparatur an Ihrem Rasenmäher anschauen. Aber jetzt eine andere Frage: Besitzen Sie ein Gewehr oder eine andere Waffe? Oder haben Sie Zugriff darauf?“

„Nein, ich wollte damit nie etwas zu tun haben. Mein Vater war Jäger, ich glaube, meine Mutter hatte nach seinem Tod seine ganzen Waffen weggegeben. Ich war damals noch zu klein, sie hat später nie darüber gesprochen.“ Roelofs schien sich nach seiner anfänglichen Verwirrtheit jetzt gefangen zu haben.

„Um noch auf den Zwist um Ihre Erbschaft zurückzukommen: Wie steht es um die finanzielle Situation Ihrer Firma? Der Tourismus ist in den Pandemiejahren beträchtlich eingebrochen, wie hat sich das bei Ihnen ausgewirkt?"

„Das hat uns auch getroffen. Wir mussten über längere Zeit die Surfschule dichtmachen. Und danach kamen nur langsam Touristen wieder." Roelofs war sich bewusst, dass Mommsen selbst auf die Schlussfolgerung kommen würde, dass er dringend Geld brauchte. Also gab er zu: „Ja, ich brauche dringend frisches Kapital. Daher wollte ich den Hof auch schnell verkaufen. Die Immobilienpreise auf Föhr sind ja immer noch sehr hoch. Aber wie Sie sicher schon gehört haben, war Tobias dagegen."

„Wie wollten Sie ihn denn zum Einlenken bewegen?"

Roelofs wiegte seinen Kopf, als fiele ihm die Antwort schwer. Dann gab er sich einen Ruck. „Tobias` Lebenswandel war nicht immer so, wie man es von einem Ehemann erwartete. Sabine, seine Frau, wusste einiges, aber nicht immer alles. Ich wollte ihm anbieten, darüber zu schweigen, wenn er mir bei dem Verkauf des Hofes entgegenkam."

„Sagen wir es also offen: Sie wollten ihn erpressen! Meinen Sie mit ´Alles´ Liebschaften?" Mommsen blieb weiterhin auf seinem konfrontativen Kurs.

„Ja, das auch."

„Also gibt es noch etwas Anderes, weswegen Sie ihn hätten erpressen können?"

Roelofs vermied den Augenkontakt mit den Beamten und schaute zur Seite. „Nee, nur gab es in der Vergangenheit verschiedene Frauen."

Mommsen bohrte nicht weiter nach. Er rechnete damit, dass Roelofs sich Reste brüderlicher Loyalität bewahrt hatte und keine weiteren Erpressungsgründe offenbaren würde. Er würde aber versuchen, auf anderen Wegen Informationen zu bekommen.

***

Als in der Frühstückspause berichtet wurde, dass Tobias Olsen tot in einem Knick der Marsch bei Toftum aufgefunden war, horchte er auf.

Das Gerücht wurde von mehreren seiner Kollegen phantasievoll weitergesponnen:

„Er soll von einem Jäger erschossen worden sein!“

„Quatsch, der hat ihn nur gefunden.“

„Wer hat ihn gefunden?“

„Hanno Sievers, aber der ist ein guter Schütze, dem passiert sowas nicht.“

„Der wäre doch selbst beinahe erschossen worden. Das hat seine Frau Bea erzählt, - also meiner Frau.“

„Olsen soll ja immer mal seine Finger nach anderen Frauen ausgestreckt haben.“

Als ein anderer Kollege ergänzte „Und nicht nur seine Finger“, erntete er ein schallendes Gelächter in der Runde.

„Der hatte ja einen Betrieb für Sicherheitssysteme. Und eigenartig, in einige Häuser, in denen er gearbeitet hat, ist später eingebrochen worden.“

„Hat Olsen denn damit was zu tun?“

„Weiß ich nicht, ist aber doch denkbar.“

Die Gesprächsfäden zogen noch weitere phantasievolle Kreise. Er hatte nur schweigend zugehört, ohne sich am Gespräch zu beteiligen. Irgendwie stärkte es sein Selbstwertgefühl, dass er mehr wusste als seine Kollegen. Er war doch nicht nur der dumme Junge, als den ihn die Anderen alle betrachteten. Irgendwann würden sie ihn bewundern. Und er wusste, es war gerecht, dass Tobias Olsen nicht mehr lebte.

***

Mommsen brach das Gespräch mit Roelofs ab, der sich zuletzt in einer Phase der Verstocktheit verschanzt hatte, in der sich häufig Menschen wiederfinden, die sich in die Enge getrieben fühlen und nicht wissen, wie sie sich dagegen wappnen sollen.

Mommsen und Hositz kehrten eilig zu den Kollegen der Spurensicherung zurück, die immer noch dabei waren, die Unterlagen Olsens durchzusehen, die sie von der Durchsuchung mitgebracht hatten. Eine Sammlung davon hatten sie abgesondert, von der sie annahmen, dass sie relevant für den Fall wäre. Mommsen zog sie zu sich heran und begann sie durchzusehen. Hositz sichtete zunächst die Briefe und die Fotos in der Schatulle aus dem Versteck in Olsens Büro, die Mommsen ihr anvertraut hatte. Die Kollegen der Spurensicherung nahmen Olsens Smartphone und Laptop mit, um deren Passwörter zu knacken und sie auszulesen. Dann verabschiedeten sie sich, um die letzte Fähre zu erreichen.

Mommsen nahm sich die Unterlagen aus Olsens Büro vor. Er hatte Mühe, einen Überblick zu bekommen, da ihre Ordnung zu wünschen ließ. Zwischen den Geschäftspapieren fand er zwei ältere Schriftstücke, die er eindeutig als Bedrohung Olsens einstufte. Sie waren anonym und offensichtlich mit dem Computer geschrieben. In ihnen wurde Olsen sexueller Handlungen mit einer Minderjährigen bezichtigt. Diese war nur mit einem B. bezeichnet. Warum Olsen diese zwischen seinen Geschäftsunterlagen aufbewahrt oder versteckt hatte, war Mommsen nicht klar. Aber es passte zu den Fotos und Liebesbriefen, die sich in der versteckten Schatulle gefunden hatten. Sollte diese das Archiv der Erinnerung an seine Eroberungen sein? Mommsen schaute zu Hositz. Die hatte gerade ihre Bemühungen aufgegeben, die Briefe und die Fotos einander zuzuordnen. Mommsen ging zu ihr hinüber. Er hielt ihr die beiden Drohschreiben hin. Sie las diese durch.

„Bei den Briefen hier ist keiner, der mit B. unterschrieben ist oder Hinweise auf B. enthält. Aber zwei der Fotos könnten vom Alter her zutreffen. Hier, die zeigen recht junge Mädchen, bestimmt noch minderjährig. Aber ich denke, die müssen wir Lürrsen zeigen, der ist hier auf der Insel ortskundig, vielleicht kennt der die.“

Da Lürrsen gerade wegen eines Unfalls unterwegs war, händigte sie Olsens private Unterlagen Mommsen aus. Dann nahm Hositz sich die Kontoauszüge vor. Auffällig waren mehrere hohe Bareinzahlungen, deren Herkunft unklar blieb. Mit dem üblichen Geschäftsbetrieb schienen sie nichts zu tun zu haben.

Die Spurensicherung hatte die Anschlüsse der letzten Gespräche von Olsens Festnetzanschluss gesichert. Diese wollten die Kollegen am nächsten Tag auswerten.

Mommsen schaute auf die Uhr. Der Tag war lang gewesen. Der bislang unbefriedigende Stand der Ermittlungen hinterließ bei ihm eine innere Leere. Er fühlte, dass er nur noch funktionierte, aber sich zur engagierten Arbeit immer wieder zwingen musste. Weitere, ermüdende Tage standen bevor. Daher verordnete er sich und seinen Kollegen erst einmal Feierabend.

***

24. September 2023

Mommsen war früh aufgewacht und saß mit Cosima Berndstädt beim Frühstück. Cosima hatte schon früh beim Bäcker Kneppkuchen geholt, die es nur am Wochenende gab. Diese Brötchensorte mit Anis war eine Spezialität der Insel, die Mommsen besonders liebte. Der klare Herbstmorgen brachte eine weiche Brise mit sich, die die vergangenen windigen Tage ablöste. Daher hatten sie sich entschlossen, auf der Terrasse zu frühstücken.

Als Mommsen zum zweiten Brötchen griff, begann er sich mit dem Ausblick auf den neuen Ermittlungstag zu beschäftigen. „Cosima, sag´ mal, kanntest du einen Tobias Olsen?“ Er hatte mit Cosima am Vorabend nicht über seinen neuen Fall geredet, sondern abschalten wollen. Sie hatte akzeptiert, dass er in der Anfangsphase eines Falles nicht über diesen reden wollte, da er dann häufig ein Gefühl der eigenen Unsicherheit verspürte.

„Meinst du den, der eine Firma für Sicherheitstechnik hat? Ist der euer Opfer?“

Mommsen bejahte und umriss ihr kurz den Fall.

„Ich habe Gerüchte über ihn gehört, kenne ihn aber nicht persönlich. Er ist wohl so etwas wie ein verhinderter Lebemann. Ich glaube mich zu erinnern, dass man sagt, er habe einen Hang zu außerehelichen Beziehungen, - meist mit jüngeren Frauen. Seine Frau könnte mir leid tun, aber die geht damit wohl ganz robust um. Sein Vater ist vor zwei oder drei Jahren gestorben, die Landwirtschaft hatte der schon lange aufgegeben. Der Vater war mit meinem Vater früher im Ringreiterverein. Ich war auf seiner Beerdigung, da habe ich das Ehepaar kurz gesehen. Der Hof ist dann auf die Mutter übergegangen, die ist aber auch schon tot."

„Weißt du, ob der Jäger war?"

„Glaubst du, den hat ein Jagdgenosse erschossen? Das passiert doch nur bei Treibjagden."

„Bislang gehen wir von einem Mord aus, keinem Jagdunfall. Hast du vielleicht von einem Streit mit seinem Bruder gehört, - einem Heinz Roelofs?"

Auch Cosima war überrascht, dass Tobias einen Bruder hatte. „Gab es Ärger wegen des Erbes?"

„Sie haben den Resthof zusammen geerbt. Der eine wollte verkaufen, der andere nicht."

***

Da Mommsen auf die Ergebnisse der Obduktion und der Auswertung des Smartphones und des Laptops des Opfers wartete, hatte er seine Kollegen erst um 9.00 Uhr zur Besprechung des Tagesplanes gebeten. Als alle um den Tisch versammelt waren, versuchte er als Erstes eine Übersicht über die verschiedenen Spuren zu gewinnen, die verfolgt werden mussten.

„Bisher gehen wir von einem Tötungsdelikt aus. Hatte Olsen Feinde?

Erste Richtung unserer Ermittlungen: er hatte offensichtlich außereheliche Beziehungen, - meist zu jungen Frauen. Haben sich bei seiner Frau Rachegefühle oder Eifersucht aufgestaut? Oder bei den Ehemännern bzw. den Freunden seiner Eroberungen? Erste Hinweise könnten wir in den Liebesbriefen und den Fotos finden, die wir aus seinem Büro mitgenommen haben. Vielleicht gibt sein Laptop oder sein Smartphone mehr her.

Zweitens der Streit mit seinem Halbbruder Heinz Roelofs um den Verkauf des Hofes und die Verteilung des Erbes. Wir müssen uns Gewissheit darüber verschaffen, wie dringend Roelofs Geld für seine Surfschule braucht.

Drittens: Sind Auseinandersetzungen mit Geschäftspartnern eskaliert? Mit unzufriedenen Kunden? Aber gibt das Mordmotive her?“

Mommsen schaute in die Runde: „Weitere Spuren, die wir verfolgen müssen?“

Hositz und Lürrsen hatten sich Notizen gemacht. Als erster schaute Lürrsen auf. „Wartet mal eben! Am Fundort war mir beim ersten Blick auf das Opfer die flüchtige Idee gekommen, dass ich mit ihm schon mal zu tun gehabt habe. Aber mir war nicht eingefallen in welchem Zusammenhang. Heute beim Frühstück hat meine Frau mich drauf gebracht. Vor ein paar Jahren ist hier ein junges Mädchen verschwunden, eine Schülerin. Das hat zu einer ziemlichen Unruhe auf der Insel geführt. In diesem Zusammenhang war auch Olsens Name irgendwie aufgetaucht, ich weiß aber nicht mehr warum.“ Er schaute zu Friedrichsen hinüber. „Karl, du hast das bessere Gedächtnis von uns. Fällt dir der Name des Mädchens ein?“

Friedrichsen hatte bei der Aufforderung Lürrsens die Augen zusammengekniffen, als würde ihm dies bei seiner Erinnerung helfen. „Klar doch, Antje Schlott. Das war vor fünf Jahren. Die ist nie wieder aufgetaucht. Da keine Hinweise auf Entführung oder Mord gefunden wurden, haben die ermittelnden Beamten vom Festland den Fall schließlich zu den Akten gelegt. Vielleicht ist die einfach nur abgehauen. Die war dreizehn oder vierzehn, da passiert das schon mal. Aber die Akten müssten wir hier im Archiv haben.“

Mommsen überlegte. „Wo sollte das Motiv für den Mord an Olsen sein? Ich will unsere Ermittlungen nicht verzetteln, aber die Akten schauen wir uns auf jeden Fall an. Friedrichsen, können Sie uns die Akten so schnell wie möglich verschaffen? Sobald wir hier fertig sind?“

Lürrsen war noch nicht fertig. „Olsen wurde mit einer Schrotflinte erschossen. Wir werden in Erfahrung bringen, wer aus seinem Umfeld

Jagdwaffen besitzt oder sich welche verschaffen kann. Vielleicht bekommen wir dabei weitere Verdächtige in den Blick."

„Auf seinem Konto gab es einige größere Bareinzahlungen. Denen sollten wir auch genauer nachgehen." Auch Hositz beteiligte sich jetzt an der Diskussion.

Mommsen erinnerte sich an einen Hinweis von Sabine Olsen. „Seine Frau hat einen Streit mit einem Nachbarn erwähnt. Das nehmen wir auch auf unsere Liste."

Er schloss die erste Runde mit der Hoffnung ab, dass bald die Ergebnisse der Obduktion und der Auswertungen von Smartphone und Laptop vorlägen.

Dann fuhr er fort. „Lasst uns jetzt die heutigen Ermittlungen aufteilen. Henning und Friedrichsen, schaut ihr euch bitte die Fotos an, die Olsen von seinen Eroberungen gesammelt hat. Henning, wenn ihr die Fotos durchhabt, kümmerst du dich um die Jagdwaffen? Friedrichsen, Sie besorgen uns bitte die Akten über Antje Schlott. Danach versuchen Sie, von Olsens Nachbarn mehr über den Streit wegen der Grenzbebauung zu erfahren.

Caro, nimm du dir bitte die Betriebsunterlagen vor. Suche nach Streitigkeiten mit Kunden, vielleicht findest du auch Hinweise, von wem Olsens Bareinzahlungen auf sein Konto stammen. Ich werde Sabine Olsen hierher bestellen. Sie schien ja vom Tod ihres Mannes nicht sehr erschüttert zu sein. Ich möchte von ihr hier - nicht in der Sicherheit ihres Zuhauses - herausfinden, was sie über die Seitensprünge ihres Mannes wusste und wie sie damit umgegangen ist. Vorher werde ich mich aber ans Telefon hängen, um die Rechtsmedizin und die Spurensicherung auf Trab zu bringen."

***

Die Reifen des Jeep Cherokee knirschten auf dem Kies, als Helmut Locking auf dem Hof scharf bremste. Dass er es eilig hatte, konnte man schon vor seiner Ankunft bei Sabine Olsen an den Bremsgeräuschen hören. Das Tempo, mit dem es ihn hergetrieben hatte, setzte sich in den Bewegungen fort, mit denen er zur Tür des Wohnhauses eilte.

Er brauchte gar nicht zu klopfen, denn im gleichen Augenblick öffnete Sabine Olsen die Tür.

Locking hatte auf der Fahrt überlegt, wie er seine Kondolenz in die richtigen Worte fassen könnte. Als er ihren üblichen, harten Gesichtsausdruck bemerkte, begnügte er sich mit einem kurzen: „Sabine, das alles tut mir schrecklich leid. Wie kommst du zurecht? Friede ist gerade auf dem Festland, sie wollte sich in Niebüll mit einer Freundin aus Schulzeiten treffen.“ Damit spielte er darauf an, dass er ohne Friede - seine Frau und Sabine Olsens Schwester – zum Kondolieren gekommen war. „Sie kommt heute Abend noch bei dir vorbei. Die Vorbereitungen des Begräbnisses musst du nicht alleine machen, wir sind für dich da.“

Angesichts der Hilfsbereitschaft, die Locking signalisierte, mochte Sabine Olsen ihren Schwager nicht vor der Tür stehen lassen. „Helmut, komm doch rein. Ich hatte mir gerade einen Tee gemacht. Willst du auch einen?“

„Ja gerne, aber mach dir meinetwegen keine Arbeit.“ Locking kam die Gelegenheit gerade recht, mit seiner Schwägerin unter vier Augen sprechen. Er vermutete, dass sie offensichtlich den ersten Schock über den Tod ihres Mannes hinter sich gelassen hatte, wenn es denn einen Schock gegeben hatte.

„Machst du nicht, der Tee ist gerade fertig.“

Er überlegte, ob er sofort zu seinem eigentlichen Anliegen kommen oder erst noch Small-Talk machen sollte. Locking folgte Sabine Olsen in die Küche.

„Auf so etwas war man ja nicht vorbereitet. Ich stehe jetzt mit dem ganzen geschäftlichen Kram alleine da. Tobias hat mir ja kaum etwas von seinen Geschäften erzählt.“ Sabine Olsen machte jetzt einen bekümmerten Eindruck.

Locking wollte einfühlsam sein. „Weißt du schon, was alles passiert ist? Oder hat dir die Polizei die ganzen schrecklichen Einzelheiten erspart?“

Sabine erzählte ihm, was sie über den Tod Tobias Olsens wusste. Dann verabredeten sie, dass er mit seiner Frau am nächsten Vormittag vorbeikommen werde, um sie zu unterstützen.

Auf dem Rückweg dachte Locking, dass es gut gewesen sei, seine eigenen Forderungen an Olsen in dieser Situation nicht zu erwähnen. Auch nicht, dass Sören Hastedt bei ihm angefragt hatte, ob er ihm behilflich wäre, Sabines Zustimmung zum Verkauf des Hofes an ihn, Hastedt, zu sichern. Zum Dank hatte dieser ihm den Auftrag zum Umbau des Hofes versprochen.

***

Sebastian Haller und Thomas Sübarg saßen am Strand von Utersum und schauten nach Amrum hinüber. Da heute Sonntag war, hatten sie sich für den Vormittag zu einer Fahrradtour verabredet. Hier, während ihrer ersten Pause, zog Sübarg zwei Flaschen Bier aus seiner Fahrradtasche. Sübarg war der Trainer des Volleyballteams gewesen, in dem Sebastian Haller bis vor einigen Jahren gespielt hatte. Wegen Unstimmigkeiten im Team hatte es sich aufgelöst. Sebastian hatte den Sport aufgegeben und den Modellbau für klassische Segler als sein neues Hobby entdeckt. Als Sübargs Tochter Antje vor fünf Jahren verschwunden war, hatte das Volleyteam versucht, Thomas in dieser Situation eine Stütze zu sein. Daher war auch der Kontakt zwischen Sübarg und Sebastian zwar abgeflaut, aber nie ganz eingeschlafen.

Sübarg war Sebastian in einem anderen Zusammenhang wieder begegnet. Er war seit einigen Monaten der neue Lebenspartner Ilse Hallers, Sebastians Mutter. Daher wollte er versuchen, eine neue Art der Beziehung zu Sebastian aufzubauen, der noch bei seiner Mutter wohnte. Sebastians zwei Schwestern waren bereits verheiratet und sahen das Verhältnis ihrer Mutter zu deren neuem Lebenspartner eher skeptisch. Thomas Sübarg plante daher, zuerst Sebastians Akzeptanz zu gewinnen, bevor er sich um die Verbesserung seiner Beziehungen zu den beiden Schwestern bemühte.

„Ich hab´ deine Schiffsmodelle bei deiner Mutter gesehen. Alle Achtung, Sebastian, du hast Talent für sowas.“ Sübarg wollte zuerst für ein freundliches Gesprächsklima sorgen.

Sebastian blieb auf Distanz. Sübargs Einladung zu der Fahrradtour war etwas überraschend gekommen. Er wusste nicht, was er davon halten sollte. Mit Rücksicht auf seine Mutter hatte er angenommen. Ohne Sübarg anzusehen begnügte er sich als Antwort mit einem verlegenen „Danke“.

Sübarg merkte, dass er für Sebastians Akzeptanz seiner Beziehung zu Ilse Haller mehr aufwenden musste als ein konventionelles Kompliment.

„Interessierst du dich denn überhaupt für Schiffe oder nur für die Modelle? Ein Freund hat ein Segelboot in Wyk liegen. Ich könnte es mir am nächsten Sonntag von ihm leihen. Was hältst du davon, wenn wir zusammen mit deiner Mutter mal eine Tour vor Amrum machen würden?“

Sebastian wollte der Inszenierung einer solchen Familienidylle nicht gleich zustimmen. „Ich überleg´ es mir noch.“

Sie schwiegen beide eine Weile, schauten aufs Meer und hielten sich an ihren Bierflaschen fest. Bevor die Pause peinlich wurde, schien es Sübarg angebracht, das Thema zu wechseln. „Hast du gehört, der Olsen ist umgebracht worden?“

„Ja, davon hab´ ich gehört.“ Auch das Thema des Tages auf der Insel schien nicht Sebastians Gefallen zu finden.

Sübarg wartete, ob Sebastian fortfahren würde. Dann setzte er selbst das Gespräch fort. „Ich kannte ihn eigentlich auch nicht. Als damals Antje am Südstrand verschwunden ist - also an dem Nachmittag - war der auch da, bei seinem Bruder, an der Surfschule, bei Heinz Roelofs. Ich glaube, die Polizei hat ihn befragt, aber er hat nichts Besonderes bemerkt.“ Er schien in Erinnerungen versunken, deren Belastung er noch nicht hatte abschütteln können. „Du kanntest Antje doch auch. Ich hoffe immer noch, dass sie eines Tages wieder auftaucht und ihr nichts passiert ist.“ Sübargs Stimme war leiser geworden. Die Angst um seine Tochter stieg wieder in ihm hoch.

***

Da Friedrichsen unterwegs war, in dessen Zuständigkeitsbereich die Kaffeemaschine der Polizeiwache fiel, bemühte sich Mommsen selbst, zur Vorbereitung auf die Vernehmung Sabine Olsens zwei Tassen Kaffee zuzubereiten. Er wollte zunächst eine offene Atmosphäre schaffen, bevor er den Themenkorridor ihres Gesprächs immer enger auf die zentralen Fragen einengte.

Zu Beginn lenkte er sie wortreich mit der Frage ab, ob sie ihren Kaffee mit Milch und Zucker bevorzuge. Dann brachte er nochmals sein Beileid zum Ausdruck. Schließlich fragte er sie nach den Planungen zur Beerdigung ihres Mannes. Er bemerkte, dass sich auf ihrem Gesicht eine leichte Verwunderung ausdrückte, die sie schließlich in die Frage kleidete: „Haben Sie mich von den Vorbereitungen der Beerdigung meines Mannes weggeholt, nur um mir zum zweiten Mal Ihr Beileid auszudrücken?"

„Nein, natürlich nicht. Wir benötigen noch die Antworten auf ein paar Fragen. Eine erste: Besaß Ihr Mann ein Jagdgewehr, z.B. eine Schrotflinte? Oder befindet sich in Ihrem Haushalt eine Waffe?"

Sabine Olsen überlegte kurz, dann kam ihre nüchterne Antwort. „Tobias war kein Jäger, also hatte er auch keine Waffe, - wie jeder von uns. Ich habe in unserem Haus noch nie so etwas gesehen."

Mommsen hatte sich von Lürrsen die Fotos und die Liebesbriefe zurückgeben lassen, die die Spurensicherung in Olsens Büro gefunden hatte. Lürrsen hatte ihm noch etwas zu den Fotos mitteilen wollen. Da aber gerade Sabine Olsen in der Tür erschienen war, hatte Mommsen ihn auf später vertröstet.

Jetzt schob er die Fotos zu Sabine Olsen hinüber. „Werfen Sie bitte einen Blick darauf und sagen Sie mir, ob sie eine der Frauen kennen?"

Zögerlich zog sie die Fotos zu sich herüber. Es schien Mommsen, als müsse sie sich überwinden, diese der Reihe nach in Augenschein zu nehmen. Die beiden mit den minderjährigen Mädchen schaute sie sich ein zweites Mal an. Dann schwieg sie. Nach einiger Zeit bemerkte sie nur: „Warum zeigen Sie mir die Fotos?"

„Die haben wir in einem Versteck im Büro Ihres Mannes gefunden.

Wir müssen annehmen, dass es sich um Freundinnen Ihres Mannes handelt. Also nochmal: Wissen Sie, wer die sind?"

Sie deutete auf zwei Fotos. Mit tonloser Stimme nannte sie ihm die Namen der jungen Frauen, die darauf abgebildet waren. Dann nahm sie eins der Bilder der minderjährigen Mädchen nochmals auf. Sabine Olsen war kurz mit sich im Widerstreit. Dann ein Ruck: „Das ist Antje Schlott. Die ist damals verschwunden. Die war noch ein Schulmädchen. Mit der hatte Tobias sicher nichts. …" Sie schaute auf die anderen Fotos. „Glauben Sie, eine von denen hat ihn ermordet?"

Jetzt schob Mommsen ihr wortlos die Liebesbriefe hin. Sie begann zu lesen. Mommsen hatte das Gefühl, dass sich Schweigen im Raum festsetzte. Sie blätterte beim Lesen einige Male zurück, als wolle sie sich den Wortlaut einprägen. Dann schob sie die Briefe wieder zurück. Mommsen hatte vermutet, dass sie von den Seitensprüngen ihres Mannes eine Ahnung hatte, diese aber permanent verdrängte, um ihre Ehe nicht zerbrechen zu lassen. Das Ausmaß seiner Untreue schien ihr erst jetzt zur Gewissheit zu werden. Mommsen war sich aber nicht klar, ob sie nicht doch schon von der flächendeckenden Untreue ihres Mannes wusste. Das wäre jedenfalls ein starkes Mordmotiv.

„Frau Olsen, haben die Affären Ihres Mannes Sie belastet oder wütend gemacht?"

„Das waren nur flüchtige Flirts. Unsere Ehe haben die nicht gefährdet."

Mommsen fand, dass ihre Antwort überraschend schnell kam. Als wäre sie darauf vorbereitet. „Wie die Liebesbriefe zeigen, waren die Beziehungen zumindest für die Frauen mehr als nur flüchtige Flirts."

„Für Tobias waren das doch nur Spielereien. Unterstellen Sie mir, dass ich aus Rache Tobias getötet habe?"

„Haben Sie?" Mommsen wollte sie den Ernst ihrer Lage spüren lassen.

„Natürlich nicht. Ich würde doch nie meinen Kindern ihren Vater nehmen." Sabine Olsen hatte sich nun doch aufgebracht angehört. Dann wieder ruhiger: „Sie sollten sich für Tobias' Halbbruder interessieren.

Der wollte den Hof an Sören Hastedt verkaufen, Tobias hat das abgeschlagen. Hastedt braucht den Hof und das Gelände dringend und Heinz das Geld. Die haben jetzt freie Bahn, wenn ich sie nicht aufhalte.“

„Frau Olsen, noch eine letzte Routinefrage: Wo waren Sie am Donnerstag, den 21. September, zwischen 18.00 und 24.00 Uhr?“

„Also ist Tobias in der Zeit erschossen worden? … Ich war zuhause.“

„Kann das jemand bezeugen?“

Sabine Olsen überlegte. „Meine Kinder. Die waren nach ihrem Fußballtraining zuhause, so von sieben Uhr an. Danach habe ich mit meinem Patenkind auf dem Festland telefoniert. Die hat einen neuen Freund, von dem sie mir unbedingt erzählen wollte.

„Wie spät war das? Haben Sie vom Handy oder vom Festnetz telefoniert?“

„So um kurz nach acht Uhr. Wir haben lange geredet. Über das Smartphone.“

Mommsen ließ sich Namen und Smartphone-Nummer der Gesprächspartnerin geben und verabschiedete Sabine Olsen mit der Aufforderung, die Insel nicht zu verlassen.

***

Als Sabine Olsen gegangen war, kam Lürrsen aufgeregt herein. „Ludwig, was ich dir vorhin sagen wollte: Eine der minderjährigen Mädchen auf den Fotos ist Antje Schlott, die vor fünf Jahren verschwunden ist. Erst war ich mir nicht sicher, daher habe ich auch Friedrichsen danach gefragt. Also ganz gewiss, sie ist auf dem Bild.“

„Langsam, Henning, das weiß ich, Sabine Olsen hat das schon bestätigt. Aber das liegt schon fünf Jahre zurück, was hat das mit dem Tod unseres Opfers zu tun? Könnte dort ein Motiv für einen Tod zu finden sein? Ist sie überhaupt getötet worden oder nur verschwunden? Erst wenn das klar ist, stellt sich uns die Frage, wer sie ermordet hat. Sollte Olsen mit der Minderjährigen ein Verhältnis gehabt haben, könnte seine Angst vor dem Bekanntwerden seiner sexuellen Beziehung zu ihr schon ein Mordmotiv darstellen. Aber was wäre dann ein Motiv für den Mord an ihm? Verspätete Rache für ihren Tod? Wer kommt da in Frage?“

Mommsen wollte die Fragen Lürrsen mit auf den Weg geben, als sich Hositz meldete. „Die Spurensicherung hat sich beeilt. Sie haben die Passwörter geknackt und mir die Auswertungen des Laptops und der Telefone geschickt. Ich schau mir die sofort an.“

Mommsen und Lürrsen begleiteten sie an ihren Arbeitsplatz und blickten auf die Informationen, die das Display ihres Laptops bereithielt. Sie einigten sich, dass Lürrsen die Listen mit den Telefonanschlüssen übernahm, die sich auf Olsens Smartphone und Festnetzanschluss befunden hatten. Hositz übernahm die weitere Auswertung der Dateien von Olsens Laptop. Mommsen brachte die Ergebnisse der Einvernahme Sabine Olsens in Protokollform.

Die Beamten arbeiteten eine Zeitlang vor sich hin. Lürrsen rief die Nummern an, die ihm auf seiner Liste auffielen. Hositz forstete die Dateien von Olsens Laptop durch, um Hinweise zu finden, die ihnen in ihrem Fall weiterhelfen könnten.

Lürrsen meldete erste Ergebnisse. „Ich habe hier eine Nummer, die sowohl auf dem Smartphone auftaucht als auch auf Olsens Festnetz. Als ich dort anrief, hat sich ein Zlatko Sijercic gemeldet. Er wohnt vorübergehend auf dem Campingplatz in Utersum und behauptet, ein Geschäftsfreund von Olsen zu sein. Caro, taucht der in der Geschäftskorrespondenz auf? Wie erwartet, hat Olsen auch öfter mit Heinz Roelofs und mit Sören Hastedt gesprochen. In den letzten Wochen hat er offensichtlich nur mit einer seiner außerehelichen Freundinnen telefoniert, einer Celia Runn, die geht noch in die letzte Klasse des Gymnasiums. Der Rest sind Gespräche mit Kunden, der übliche Geschäftskram, Termine, Erläuterungen zu Rechnungen u. ä.“

Hositz hatte ebenfalls erste Ergebnisse zu berichten. „Zuerst das Geschäftliche: Seine Finanzen sind etwas ungeordnet, überhaupt hat er es nicht so sehr mit der Buchführung. Der Betrieb mit den Sicherheitssystemen läuft gerade so, dass er über die Runden kommt. Die Kredite bedient er häufig erst, wenn er Bargeld eingezahlt hat. Wo das herkommt, ist unklar. Rechnungen gibt es dafür nicht, also kommt das nicht von Geschäftskunden. Häufig hält er Termine nicht ein, so dass es von den Kunden ärgerliche Reaktionen gibt, … aber soll das für einen Mord reichen? Dann gibt es anonyme E-Mails, in denen er beschuldigt wird, sich an jungen Mädchen vergangen zu haben. Und dass er das büßen würde. Irgendein Stalker. Aber kein Hinweis auf Erpressung. Ich will über die Kriminaltechnik herausfinden lassen, ob die die Quelle dieser Drohungen identifizieren können."

***

25. September 2023

Als die Beamten zu ihrer morgendlichen Runde zusammenkamen, wollte Mommsen zuerst die Ergebnisse der Ermittlungen des Vortages gemeinsam sichten.

„Caro, fängst du bitte an."

„Also, wie ich gestern schon sagte, ist die wirtschaftliche Lage unseres Opfers nicht sehr geordnet, etwas angespannt, aber nicht gefährdet. Die sporadischen Bareinkünfte retten ihn immer wieder. Die Herkunft dieser Einkünfte ist aber noch unklar. Von Seiten seiner Kunden fand ich zwar verärgerte Vorhaltungen wegen nicht eingehaltener Termine u.ä.. Aber keine konkreten Drohungen. Mordmotive sehe ich da aber nicht."

Mommsen wandte sich an Lürrsen. „Henning, wie sieht es bei dir aus?"

„Ich habe mich vor allem mit Olsens Seitensprüngen beschäftigt. Wir konnten aus den Fotos und den Briefen drei seiner Freundinnen identifizieren. Bei allen dreien endeten die Beziehungen zu Olsen zwar mit Enttäuschungen, sie sind aber wieder in die Häfen ihrer Ehe zurückgekehrt. Bei zweien von Ihnen wussten ihre Partner von den Beziehungen zu Olsen. Mit denen habe ich auch gesprochen, die haben – ebenso wie die Ehefrauen - für den Zeitraum des Todes unseres Opfers Alibis. Die habe ich auch überprüft. Die dritte war sich sicher, dass ihr Mann nie etwas von ihrem Verhältnis mit Olsen wusste, daher auch kein Motiv gehabt hat, sich an Olsen zu rächen. Um ihre Ehe zu retten, hat sie mich dringend gebeten, ihn nicht dazu zu befragen, was ich vorerst mal akzeptiert habe.

Und dann habe ich noch erfahren, dass seine letzte Favoritin eine Celia Runn gewesen ist, die aber auch etwas mit einem Oliver von Stetten gehabt haben soll. Mit der müssen wir noch sprechen. Auch mit Oliver von Stetten. Schließlich sind da noch die Drohbriefe bzw. Beschuldigungen, dass Olsen sich an Minderjährigen vergangen haben soll. Mit denen bin ich noch nicht weitergekommen."

„Friedrichsen, haben Sie die Akten über den Fall der verschwundenen Antje Schlott gefunden? Geben die was für unseren Fall her?"

Friedrichsen hatte schon auf die Frage gewartet. „Nicht viel. Die ist einfach verschwunden. Olsen war an dem besagten Nachmittag auch an der Surfschule, wo sie zum letzten Mal gesehen wurde. Die Surfschule wurde damals schon von seinem Halbbruder betrieben. Tobias Olsen und Heinz Roelofs wurden befragt, ob ihnen am Benehmen von Antje etwas aufgefallen wäre. Das haben sie verneint. Olsen hatte wohl einige Worte mit ihr gewechselt. Sie hatte ihm nur gesagt, dass sie Surfen lernen wollte, aber kein Geld für einen Kurs hätte. Das war alles, was ich in den Akten gefunden habe." Er legte Mommsen die Akten auf den Tisch.

„Friedrichsen, einen Augenblick noch. Haben Sie gestern noch Olsens Nachbarn erreicht, mit dem er angeblich Streit hatte?"

„Ja, aber das ist schon lange her. Er hat sogar seinen letzten Geburtstag mit Olsen und dessen Frau gefeiert. Das klang ganz versöhnlich. Ein Mordmotiv hat der sicher nicht."

Mommsen überlegte kurz. „Wir haben uns bisher vor allem um mögliche Motive gekümmert. Zu dem Thema haben wir nur Spekulationen. Lasst uns jetzt die Alibis anschauen. Das ist handfester."

Er schaute in sein Notizbuch. „Da ist zuerst einmal Sabine Olsens Alibi, das ist noch wacklig. Sie benennt ihre Kinder als Zeugen. Und ein Telefonat mit ihrer Patentochter. Das kann sie mit ihrem Smartphone von jedem Ort geführt haben. Ich werde dranbleiben.

Dann die Alibis der Freundinnen und deren Partner, die aus Enttäuschung bzw. Eifersucht ein Motiv haben könnten. Die hat Henning schon geprüft. Also können wir die erst einmal abhaken. Was ist mit dieser Celia Runn, Olsens letzter Favoritin? Caro, übernimmst du das bitte?"

Lürrsen schaltete sich ein. „Die Runn hat doch noch einen anderen Freund, diesen v. Stetten. Für den war Olsen doch ein Rivale."

„O.k.; Caro, wenn du die Runn vernommen hast, nimm dir diesen v. Stetten auch noch vor. Dann kannst du seine Aussagen mit denen seiner Freundin vergleichen.

Heinz Roelofs müssen wir auch nochmal vernehmen. Wie dringend ist seine finanzielle Notlage? Wie sieht sein Alibi aus? Henning, lade ihn bitte kurzfristig vor. Wir beide sprechen dann mit ihm."

Hositz hatte in ihren Aufzeichnungen geblättert. „Was ist mit diesem Sijercíc? Der hatte mit Olsen doch häufig telefoniert. Der will ja ein Partner von Olsen gewesen sein. In den Geschäftsunterlagen taucht der aber nicht auf. Wir sollten uns beeilen, der lebt auf dem Campingplatz in Utersum. Bevor er uns abhaut."

„Friedrichsen, das ist Ihr Mann." Mommsen schaute in die Runde. „Es bleiben noch die offenen Fragen: Was hat es mit Olsens Bareinzahlungen auf sich? Und wo finden wir die Tatwaffe, die Schrotflinte?" Jetzt machte Mommsen Eile. „Also, an die Arbeit. Ich will noch schnell einen Blick in die Akte Antje Schlott werfen."

***

Wie geplant hatte Lürrsen Heinz Roelofs zum Nachmittag einbestellt. Nach einer knappen Begrüßung begann Mommsen mit einem Thema, das Roelofs nicht erwartet hatte.

„Herr Roelofs, erinnern Sie sich an das Verschwinden der Schülerin Antje Schlott vor einigen Jahren?"

Roelofs schien seine Erinnerungen durchzugehen. „Nicht mehr genau, das ist zu lange her."

„Aus unseren Akten ersehe ich, dass die Kollegen Sie damals zu dem Nachmittag des Verschwindens von Antje Schlott befragt haben. An Ihrer Surfschule wurde sie zum letzten Mal gesehen."

„Dann wissen Sie doch alles, was ich dazu sagen kann. Warum bin ich eigentlich hier? Ich dachte es geht um den Tod meines Halbbruders."

„Vielleicht hängen ja beide Fälle zusammen?" Mommsen schaute Roelofs fragend an.

War Roelofs vorher ärgerlich gewesen, so schien er jetzt verwirrt. „Weiß ich nicht; …. kann ich mir nicht vorstellen. Wo ist da ein Zusammenhang?"

„Sie wissen wahrscheinlich, dass Tobias Olsen einen Hang zu jüngeren Frauen hatte. Haben Sie je bemerkt, dass er mit Antje Schlott einen engeren Kontakt hatte? Sie war ja häufig am Strand bei Ihrer Surfschule."

„Jetzt erinnere ich mich. Tobias hat auch manchmal auf dem Surfbrett gestanden, da kann er mit Antje schon mal ins Gespräch gekommen sein. … Warten Sie, ich glaube, er hat sie auch ein- oder zweimal in seinem Auto mitgenommen und sie nach Hause gefahren."

Jetzt warf Lürrsen eine Frage ein: „Antje Schlott scheint etwas frühreif gewesen zu sein. Wahrscheinlich hatte sie Freunde in ihrem Alter, die sich auch dort am Strand aufgehalten haben. Vielleicht sogar einen festen Freund? Haben Sie eine Ahnung, wer das gewesen sein könnte?"

„Wenn ich überlege … da war eine ganze Clique junger Leute, aber einen festen Freund? Keine Ahnung."

„Herr Roelofs, nun zum Tod Tobias Olsens. Es gab Streit zwischen Ihnen und Ihrem Bruder um das Erbe, den Resthof, wo er wohnte und seinen Betrieb hatte. Sie wollten den Hof unbedingt verkaufen und hatten schon einen Käufer zur Hand." Mommsen blätterte in seinen Unterlagen. „Einen Sören Hastedt. Erklären Sie uns bitte, wie lief der Streit ab?"

Auf diese Frage war Roelofs vorbereitet. „Streit kann man das nicht nennen. Wir haben überlegt, den Hof zu verkaufen und den Erlös aufzuteilen. Die Immobilienpreise auf Föhr sind in den letzten Jahren ja enorm gestiegen. Tobias wollte mit dem Verkauf noch warten, er musste ja erst noch eine neue Bleibe finden."

„Sie hätten die Erlöse ja voll versteuern müssen. Hat das Ihren Bruder nicht zusätzlich bewogen, nicht zu verkaufen?"

„Ich habe mit einem Steuerberater gesprochen, der schien Möglichkeiten zu sehen, das Problem zu lösen."

„Ihr Betrieb hat wirtschaftliche Schwierigkeiten, Sie brauchen dringend frisches Kapital." Nun wollte auch Lürrsen Druck machen.

„Wie alle mittelständischen Betriebe nach der Pandemie." Roelofs hielt inne, als käme ihm erst jetzt der Gedanke, die Beamten könnten ihn des Mordes an seinem Halbbruder verdächtigen. Er blickte Mommsen an. „Sie glauben doch nicht, dass ich Tobias ermordet habe?"

Mommsen gab auf seine Frage keine Antwort, auch er wollte den Druck auf Roelofs hochhalten.

„Wo waren Sie am Donnerstag, den 21. September, in der Zeit zwischen 18.00 und 24.00 Uhr? Sie hatten behauptet, Sie wären am Nachmittag wegen des schlechten Wetters nach Hause gefahren und hätten den Rasenmäher repariert. Ihre Frau hat uns berichtet, dass Sie bis kurz vor 19.45 Uhr, als sie das Haus verließ, noch nicht wieder zuhause waren. An dem Rasenmäher haben wir keine Spuren einer Reparatur gefunden. Warum haben Sie uns angelogen?"

Roelofs schaute an die Decke, als wäre dort eine Antwort zu finden, mit der er sich aus den Widersprüchen zwischen seinen Angaben und den Erkenntnissen der Polizei herauswinden könnte. Er versuchte die Widersprüche zu verharmlosen. „Ich bin noch etwas herumgefahren, um noch Fliederbeeren zu suchen. Daraus macht meine Frau gerne Fliederbeersuppe mit Klößchen."

„Wo haben Sie die denn gefunden? Ist es dazu Ende September nicht schon zu spät?" Lürrsen war mit den Erntezeiten auf der Insel vertraut.

„Deswegen habe ich wahrscheinlich auch keine mehr gefunden."

„Was ist mit der Reparatur Ihres Rasenmähers? Die haben Sie auch nicht gemacht."

„Wollte ich aber. Eine Schraube war verkantet, die hatte ich nicht in meinem Werkzeugkasten, die muss ich erst noch besorgen."

„Und wann sind Sie wirklich zuhause gewesen?"

„Ich musste erst noch tanken fahren. Das hat eine ganze Zeit gedauert. Als ich zuhause ankam, muss meine Frau gerade weg gewesen sein."

„Was war denn an Ihrem Verhalten an diesem Nachmittag so besonders, dass Sie uns das zuerst verheimlichen wollten?"

„Nichts, ich war wohl durch den Tod meines Bruders verwirrt."

„Herr Roelofs, kennen Sie einen Zlatko Sijercíc? Haben Sie den bei Ihrem Bruder gesehen? Oder hat Ihr Bruder von dem gesprochen?"

Roelofs war froh, dass Mommsen das Thema wechselte. Er schien zu überlegen. „Nein, den kenne ich nicht. Was hat der mit Tobias zu tun?"

„Das wüssten wir auch gerne. Könnte das ein Geschäftspartner Ihres Bruders sein?"

„Haben Sie über den denn nichts in seinen Geschäftsunterlagen gefunden?"

Mommsen schaute Lürrsen an, der jedoch nur den Kopf schüttelte.

„Nein, aber noch etwas anderes. Herr Roelofs, händigen Sie uns bitte Ihr Smartphone aus, wir müssen Ihre Fahrtroute nachvollziehen, die Sie an dem Nachmittag zurückgelegt haben."

Roelofs Miene hatte sich jetzt verändert. Mommsen deutete sie irgendwo zwischen Ängstlichkeit und Trotz, als dieser antwortete: „Bin ich dazu verpflichtet?"

„Wir haben einen richterlichen Durchsuchungsbeschluss für Ihr Haus und Ihren Betrieb. Der umfasst auch Ihr Smartphone. Das müssen wir in Obhut nehmen, da Sie zu den Verdächtigten zählen."

Mommsen schaute auf seine Uhr. „Die Spurensicherung ist bereits in Ihrem Haus.“

„Dann habe ich aber auch ein Recht auf einen Anwalt. Halten Sie bitte im Protokoll fest, dass ich mich weigere, mein Smartphone herzugeben.“ Dennoch schob er das Smartphone zu Mommsen hinüber.

Als Roelofs die Polizeiwache verließ, begleitete Mommsen ihn zum Parkplatz, um sich Kenntnis des Kennzeichens sowie des Typs seines Fahrzeugs zu verschaffen. Als er bei seiner Rückkehr Lürrsen fragenden Gesichtsausdruck sah, antwortet er ihm: „Sollte er sein Smartphone an dem Nachmittag nicht bei sich gehabt haben, können wir seinen Wagen orten lassen, sein Fahrzeugtyp ist dafür digital ausgerüstet.“

„Und was hältst du von seinem Alibi?“

„Das ist kein Alibi, das ist ein schlechter Witz. … Fliederbeersuppe, mein Gott!“

Mommsen folgte Roelofs mit Lürrsen zu dessen Betrieb am Südstrand, um bis zum Eintreffen der Spurensicherung zu verhindern, dass Roelofs dort etwas verschwinden ließ.

***

„Sie sind Celia Runn, 20 Jahre alt, Schülerin hier auf dem Wyker Gymnasium?“

Caroline Hositz schaute ihr Gegenüber fragend an. Celia Runn nickte nur. Eigentlich hielt sie sich für selbstbewusst. Ein Selbstbewusstsein, das sich nicht zuletzt auf männliche Resonanz ihrer weiblichen Attraktivität stützte. Hier im Verhörraum der Wyker Polizeiwache war sie in einer Umgebung, die sie als fremd, sogar irgendwie bedrohend empfand. Auch das freundliche Lächeln der Kriminalbeamtin konnte sie nicht darüber hinwegtäuschen, dass diese jetzt die Situation bestimmte.

„Ich ermittle im Todesfall des Tobias Olsen. Von seinem Tod werden Sie ja bereits erfahren haben. Sie kannten Tobias Olsen gut?“

„Wie man sich so kennt." In ihrer verkrampften Stimmungslage fiel ihr nichts Besseres ein als eine nichtssagende Floskel. Die kesse Schlagfertigkeit, die ihr sonst so leichtfiel, war ihr abhandengekommen.

„Wir haben Informationen, dass Sie ein sexuelles Verhältnis mit Olsen hatten. Wollen Sie das leugnen?" Hositz war sich bewusst, dass sie damit ihren gesicherten Informationsstand überinterpretierte. Aber sie wollte das Gespräch am kurzen Zügel führen.

Celia Runn schaute sie nur mit großen Augen an. Hositz dachte: 'Sucht sie nach einer ausweichenden Antwort oder ist ihr das Gespräch so bedrückend, dass ihr Kopf leer ist?'

Schließlich raffte sich Celia Runn zu einer Antwort auf. „Das ist aber schon längst vorbei."

„Tobias Olsen war beträchtlich älter als Sie. Was hat sie an ihm denn fasziniert?"

„Die Jungen in meinem Alter sind häufig Angeber. Tobias war ein Mann mit viel Lebenserfahrung."

Hositz verzichtete darauf, nachzufragen, welche Art von Erfahrung Celia Runn meinte. „Dass er verheiratet war und Kinder hatte, hat sie nicht gestört? Hat er Ihnen eine gemeinsame Zukunft versprochen? Wollten Sie, dass er seine Familie ihretwegen verlässt?" Hositz kam jetzt zu ihren zentralen Fragen.

„Nein, ich wusste ja, dass Tobias andere Frauen gehabt hat. Und nicht zu knapp. Tobias wäre auch nie von der Insel weggegangen. Es war nur so ein Flirt."

Hositz dachte, dass sie selbst einer Generation angehörte, die den Begriff „Flirt" noch anders interpretierte.

„Wie stellen Sie sich denn Ihre Zukunft vor?"

„Ich werde auf jeden Fall studieren. Meine Noten sind jetzt so, dass ich Chancen auf einen Studienplatz in Medizin habe. Da muss ich von Föhr weg. Ich werde wegen eines Flirts doch nicht meine berufliche

Karriere versauen."

„Haben Sie eine Ahnung, was Olsen an dem Tag seines Todes in der Toftumer Marsch wollte?"

„Nein, keinen Schimmer."

„Frau Runn, haben Sie Kontakte zur Jagd oder zu Jägern?"

Celia Runn schaute sie erstaunt an. „Weil Tobias mit einer Schrotflinte erschossen wurde? Sie glauben doch nicht, dass ich .... . Nein. Ich habe mit Jagen nichts zu tun und habe auch kein Jagdgewehr."

„Auch nicht in Ihrer Familie?"

„Nein, weder mein Vater noch mein Bruder haben etwas mit der Jagd zu tun."

„Wo waren Sie am Donnerstag, den 21. September, zwischen 18.00 und 24.00 Uhr?"

Celia Runn musste einen Augenblick nachdenken. „Warten Sie. Am Tag darauf, am 22., hatte ich eine Chemiearbeit. Die Note ist für den Numerus Clausus an der Uni wichtig. An dem Nachmittag haben wir uns bis spät in den Abend darauf vorbereitet. Bei mir zu Hause."

„Wer ist wir?"

„Zwei Freundinnen aus meiner Klasse."

Celia Runn gab Hositz die Namen und Telefonnummern der Freundinnen.

„Kennen Sie einen Zlatko Sijercíc?"

„Nein, ... oder doch? Ich weiß nicht. Wir waren mal in Nieblum unterwegs, da haben wir einen Mann getroffen. Tobias hat mich stehen gelassen und mit dem Mann geredet. Ich habe Tobias nach dem Mann gefragt, er hat einen komischen Namen genannt, so vom Balkan, das kann der Name gewesen sein. Es ging irgendwie darum, dass in Häuser eingebrochen war, in denen Tobias Anlagen montiert hatte. Was der Mann damit zu tun hatte, weiß ich nicht."

„Frau Runn, Ihr jetziger Freund ist Oliver v. Stetten? Ist er der einzige oder haben Sie noch andere Beziehungen?“ Hositz wollte andeuten, dass sie Celia Runn bei der Auswahl ihrer Beziehungen zwar für vielseitig, aber auch für wählerisch hielt.

„Woher wissen Sie das? Aber: nein, Oliver ist der einzige. Was hat der mit Tobias Olsen zu tun?“

„Hatte er Grund zur Eifersucht? Wann begann denn Ihr Verhältnis mit Oliver v. Stetten?“ Hositz ging auf ihre Frage nicht ein.

„Als das mit Tobias zu Ende gegangen war.“

„Wann war das? Und was war der Grund, aus dem Ihre Beziehung zu Olsen endete?“

„Was geht Sie das eigentlich an? Muss ich darauf antworten?“

„Ja, das müssen Sie, Olsen ist schließlich ermordet worden.“ Hositz hatte gemerkt, dass Feingefühl an Celia Runn verschwendet war.

„Endgültig vor ein paar Tagen. Ich konnte mir eine Zukunft mit Tobias nicht vorstellen.“

„Genauer bitte!“

„Ich glaube vor einer Woche.“

***

Hositz hatte Oliver v. Stetten zugleich mit Celia Runn einbestellt, ihn jedoch während der Vernehmung seiner Freundin draußen auf der Bank warten lassen. Nach ihrer Erfahrung würde eine längere Wartezeit seine Vorbereitung einer Strategie für die Vernehmung eher zermürben als stabilisieren.

„Herr v. Stetten, was sind Sie von Beruf?“

„Aus welchem Grund haben Sie mich herbestellt? Wenn Sie mich im Zusammenhang mit dem Tod von Tobias Olsen vorgeladen haben, werde ich jede Auskunft verweigern. Ohne meinen Vater, der ist Anwalt, werde ich nichts sagen.“

„Herr v. Stetten, Sie sind volljährig, also brauchen Sie keinen Vormund. Als Anwalt können Sie ihren Vater natürlich hinzuziehen. Ich möchte Sie aber darauf hinweisen, dass auch Ihr Liebesleben Thema unseres Gesprächs sein wird. Wollen Sie sich wirklich im Beisein Ihres Vaters dazu äußern?"

Hositz ließ ihm Zeit zum Überlegen.

„Wenn es schnell geht, können wir anfangen. Aber ich kenne meine Rechte." Seine Mimik ließ darauf schließen, dass v. Stetten einen Rest von Trotz behalten hatte.

„Also zu den Personalien, damit geben Sie ja keine Geheimnisse preis."

„Oliver v. Stetten, 22 Jahre, z.Zt. mache ich eine Ausbildung zum Makler."

„Und Ihr Wohnsitz?"

Oliver v. Stetten nannte die Adresse. „Aha, … Sie wohnen noch bei Ihren Eltern?" Hositz hatte sich die Informationen schon vorher besorgt. Sie wollte ihn verunsichern, indem sie anklingen ließ, dass sie ihn noch nicht als vollwertigen Gesprächspartner ansah.

Ihre Taktik zeigte Wirkung. Wieder kam etwas wie Trotz in ihm hoch. „Nein, ich habe eine eigene Wohnung in ihrem Haus."

„Herr v. Stetten, haben Sie Tobias Olsen getötet? Durch seinen Tod sind Sie einen Rivalen um die Gunst von Frau Runn los. Gegen einen Mann mit seiner Lebenserfahrung hatten Sie ja keinen leichten Stand."

V. Stetten war jetzt verunsichert. „Wenn Sie mich hier beschuldigen, ich meine, dass ich Olsen ermordet haben soll … . Ich verweigere die Aussage."

„Können Sie mir wenigstens sagen, wo Sie in der Zeit zwischen 18.00 und 24.00 Uhr am Donnerstag, den 21. September gewesen sind?"

„Nein, ich sagte doch schon, dass ich keine Aussage mache. Nur mit einem Anwalt."

Hositz registrierte, dass v. Stetten nicht von seinem Vater gesprochen hatte. „Wenn Sie darauf bestehen. Ich halte nur im Protokoll fest, dass Sie kein Alibi benannt haben. Sie können vorerst gehen, dürfen die Insel aber nicht verlassen.“

***

Kurz nachdem Mommsen und Lürrsen an Roelofs Surfschule am Südstrand angekommen waren, trafen dort auch die beiden Kollegen der Spurensicherung ein. Gemeinsam begannen sie mit der Durchsuchung. Als sie diese fast beendet hatten, rief einer der beiden sie zu sich herüber. Er wies auf eine Schrotflinte, die er unter einem Haufen reparaturbedürftiger Segel hervorgezogen hatte. Auf Anweisung Mommsens stellte er fest, dass aus dieser in den letzten Tagen geschossen worden war. Dann packte er sie vorsichtig ein, um sie auf Fingerabdrücke und DNA-Spuren untersuchen zu lassen. Weitere Hinweise auf eine Beteiligung Roelofs an dem Mord an Olsen fanden sie nicht.

Auf dem Rückweg zur Wache kam ein Anruf von Friedrichsen. „Ich bin noch hier bei Zlatko Sijercíc auf dem Campingplatz. Er heißt übrigens gar nicht Sijercíc. Sein richtiger Name ist - gem. seinem Pass - Walter Reanu. Er ist Rumäne. Ich nehme ihn mit zur Wache zur weiteren Klärung. Wollt ihr auch noch mit ihm reden?“

Mommsen hatte das Gefühl, dass ihre Ermittlungen jetzt auf der Zielgeraden waren. „Auf jeden Fall. Wir sind in einer Viertelstunde dort.“

Als sie ankamen, saß Reanu alias „Sijercíc“ bereits im Vernehmungsraum. Mommsen und Lürrsen platzierten sich ihm gegenüber.

„Herr Reanu, warum führen Sie hier nicht Ihren richtigen Namen: Walter Reanu?“

Reanu hatte Zeit gehabt, sich auf das Gespräch vorzubereiten. „Ich hatte hier schon mal Ärger mit der Polizei gehabt. Ein kleiner Verkehrsunfall, ich konnte den Schaden nicht bezahlen. Dafür läuft noch ein Strafbefehl. Daher dachte ich, es ist besser, ich habe hier einen anderen Namen.“ Seine Erfahrungen mit der Polizei hatten ihn gelehrt, dass es besser war, eine kleine Unregelmäßigkeit zuzugeben, bevor die Polizei tiefer nachforschte.

Mommsen forschte dennoch weiter. „Sie kannten Tobias Olsen. In welcher Beziehung standen Sie zu ihm?“

Reanu schien nicht überrascht. „Wenn er in seinem Betrieb viel zu tun hatte, habe ich ihm manchmal ausgeholfen.“

„In seiner Buchführung taucht Ihr Name nicht auf. Sie haben doch nicht ohne Bezahlung für ihn gearbeitet. Auch seiner Frau sind Sie nicht bekannt. Was war denn so geheim an Ihrer Tätigkeit für Olsen?“

Bevor Reanu antworten konnte, erschien Friedrichsen in der Tür und winkte seine Kollegen heraus. „Ich habe unsere Dateien durchgeforstet. Reanu wird wegen Diebstahls in mehreren Fällen und wegen Hehlerei gesucht. Ich wette, der steckt mit Olsen hinter den Diebstählen in den Ferienimmobilien.“

Mommsen und Lürrsen nahmen wieder Platz. „Herr Reanu, Sie haben uns angelogen. Sie werden unter Ihrem richtigen Namen, Reanu, wegen Diebstahls gesucht. Wenn wir Ihren Wohnwagen durchsuchen, werden wir sicher noch Teile der Beute finden. Wie haben Sie mit Olsen zusammengearbeitet? Wenn Sie jetzt mit uns kooperieren, wirkt sich das sicher vorteilhaft auf Ihren Prozess aus. Dem werden Sie nicht mehr entkommen können. Überlegen Sie sich das gut.“

Reanu war Profi genug und bereit auszusagen. Er gab zu, von Olsen einige Male mit Tipps versorgt worden zu sein, in welchen Immobilien er mit lohnender Beute rechnen konnte. Auch zu den Sicherheitsanlagen hatte er Tipps bekommen. Olsen hatte einen Teil vom Erlös der Beute bekommen. Er beteuerte mit dem Tod Olsens nicht zu tun zu haben. Zur Todeszeit Olsens behauptete er, in seinem Wohnwagen gewesen zu sein.

Aufgrund des Haftbefehls wegen Diebstahls wurde Reanu in Haft genommen. Als er abgeführt worden war, schaute Lürrsen Mommsen an. „Ludwig, glaubst du ihm?“

„Ein Alibi hat Reanu nicht. Aber warum sollte er Olsen töten? Wo ist das Motiv? Mit Olsens Tod entfällt für ihn eine lohnende ‚Geschäftsbeziehung‘. Sollte Olsen einen höheren Anteil an der Beute gefordert haben, hätte er sich einfach weigern können. Gut, dass schon ein

Haftbefehl vorliegt, für einen Verdacht des Mordes an Olsen hätten wir in dieser Sachlage keinen Haftbefehl bekommen.“

***

26. September 2023

Das angenehme Septemberwetter der letzten Tage war zu Ende. Die Vorboten der Äquinoktialstürme - der üblichen Stürme zur Zeit der Tagundnachtgleiche - hatten die Nordfriesischen Inseln erreicht. Begleitet von kräftigen Regenschauern machten sie dem Spätsommer ein plötzliches Ende. Nur ein paar wind- und wettertrotzende Wanderer waren an den Stränden unterwegs.

Die Beamten begannen den Tag mit Schreibtischarbeiten auf der Polizeiwache. Sie fassten die Ergebnisse der Vernehmungen in Protokollen zusammen und bereiteten sich auf die umfassende Sichtung der Ergebnisse der bisherigen Ermittlungen vor. Mommsen hoffte, dass die Untersuchung der bei Roelofs gefundenen Waffe weiterführende Erkenntnisse bringen würde. Er konnte sich allerdings nicht erklären, warum Roelofs die Tatwaffe ausgerechnet in seinem eigenen Lager versteckt hatte, - sollte er der Täter sein.

Gerade als Mommsen seine Vorbereitungen beenden wollte, erreichte ihn der Bericht der Kriminaltechnik, an die die Tatwaffe weitergeleitet war. Das überraschende Ergebnis war, dass keine Fingerabdrücke bzw. DNA-Spuren von Roelofs darauf zu finden waren. Dafür waren Fingerabdrücke eines Sebastian Hallers an der Waffe sichergestellt worden. Die Zuordnung der Abdrücke zu Haller war möglich geworden, da dessen Fingerabdrücke im Zusammenhang mit Diebstählen in der Turnhalle der Wyker Gesamtschule gespeichert worden waren.

Mommsen hatte eigentlich zum Dienstbeginn ein Meeting geplant. Stattdessen informierte er als Erstes über die neueste Entwicklung. „Also, wir haben die Tatwaffe, eine Schrotflinte, die wir in einem Versteck in der Surfschule von Heinz Roelofs gefunden haben. Allerdings, sollte Roelofs der Täter sein, ist er wirklich so dumm, die Tatwaffe bei sich zu verstecken? Warum hat er sie nicht irgendwo in der Marsch vergraben? Sicher, er hat ein starkes Motiv. Aber von ihm sind keine Fingerabdrücke auf der Waffe. Das spricht dafür, dass ihm die

Waffe untergeschoben wurde. Dafür sind aber die Abdrücke von einem Sebastian Haller darauf. Der ist bisher in unseren Ermittlungen nicht im näheren Umfeld von Tobias Olsen aufgetaucht. Daher haben wir ihn auch noch nicht vernommen. Das werden wir schnellstens nachholen. Henning, findest du seine Adresse heraus?"

Lürrsen setzte sich an seinen Computer. In kurzer Zeit hatte er die Anschrift und den Arbeitgeber von Haller herausgefunden. „Ludwig, heute ist ein Werktag. Sein Arbeitgeber ist Sören Hastedt, ein großer Lohnunternehmer hier auf der Insel. Soll ich da anrufen?"

Hositz erinnerte sich „Dieser Hastedt will doch den Resthof kaufen, das Erbe von Olsen und Roelofs. Welche Rolle spielt Haller dabei?"

„Das werden wir herausbekommen. Henning, ruf da auf keinen Fall an. Wir wollen ihn überraschen. Auf geht's, Henning, komm mit."

***

Auf dem Betriebsgelände des Lohnunternehmens angekommen, trafen die Beamten Sebastian Haller in einem großen Schuppen an, wo er an einem Schlepper gerade einen Ölwechsel vornahm. Er hatte Kopfhörer auf, aus denen er sich mit Musik versorgte. Nach zweimaligem Anruf durch Lürrsen nahm er diese ab.

„Herr Haller, das sind Sie doch?"

Haller trat einen Schritt zurück, als wollte er den Beamten ausweichen. „Ja. Was wollen Sie denn von mir?"

Lürrsen – in Uniform – trat wieder einen Schritt näher an ihn heran. „Wir haben ein paar Fragen an Sie. Sie kannten Tobias Olsen?"

„Warum? … Äh, ich hab von ihm gehört." Die geplante Überraschung war gelungen, Haller schien verwirrt.

Mommsen übernahm jetzt das Gespräch. „Was haben Sie denn von ihm gehört?"

„Dass er in der Toftumer Marsch tot gefunden worden ist. Warum fragen Sie mich nach ihm?"

„Das sagen wir Ihnen auf dem Revier, kommen Sie bitte mit."

Haller hatte sich noch nicht gefangen und folgte den Beamten schweigend zum Dienstwagen. Auf der Polizeiwache nötigten diese ihn, auf dem Stuhl Platz zu nehmen, auf dem vor kurzem noch Roelofs gesessen hatte.

„Sie wissen also, dass Olsen tot ist; er wurde mit einer Schrotflinte getötet. Warum haben Sie dieses Gewehr Heinz Roelofs untergeschoben, nachdem Sie Olsen erschossen haben?" Mommsen wollte Hallers Unsicherheit ausnutzen, indem er ihn ohne Umschweife mit dieser Beschuldigung konfrontierte.

Mommsen setzte noch eins drauf: „Ich muss Sie wegen des Verdachts der Tötung Tobias Olsens verhaften. Sie haben das Recht auf einen Anwalt. Aber jetzt zurück zu meiner Frage, warum haben Sie die Schrotflinte bei Roelofs versteckt?"

Sebastian Haller hatte das Gefühl, dass sich seine Zunge selbstständig gemacht hatte, als er sich sagen hörte: „Ich hab' das nicht getan. Und welchen Anwalt soll ich nehmen? Wofür?"

„Über das, was Sie getan haben, wollen wir uns jetzt in Ruhe aussprechen. Und der Anwalt ist als Verteidiger für Sie gedacht."

Haller begann zu begreifen, in welcher Situation er sich befand. Er schwieg und wartete Mommsens nächste Frage ab.

„Also, Herr Haller, was haben Sie gegen Tobias Olsen gehabt? Der Grund, warum Sie ihn getötet haben?"

In Haller schossen ohne jede Ordnung die Bilder wieder hoch, die seine Selbstzweifel bestärkt und ihn in den letzten Jahren nicht losgelassen hatten. Seine Versuche, zu Frauen Beziehungen aufzubauen, waren daran immer wieder gescheitert. Das alles begann an jenem Tag, als Antje Schlott verschwand. Er hatte, wie auch andere Jugendliche an diesem Nachmittag an Roelofs Surfschule herumgelungert. Die Hoffnung auf eine Gelegenheit, Antjes Aufmerksamkeit auf sich zu ziehen, war mal wieder vergeblich gewesen. Sie war, wie in letzter Zeit häufiger, ganz auf Tobias Olsen fixiert gewesen.

Als sie schließlich mit Olsen die Surfschule verließ, war er ihnen auf den Parkplatz gefolgt und hatte die beiden mit seinem Smartphone fotografiert, als sie sein Auto bestiegen. Den Drang, ihnen zu folgen, konnte er nicht verwirklichen, da sein Moped Olsens Wagen nicht folgen konnte. Seine Phantasien, was Olsen mit Antje alles anstellen könnte, verursachten einen Druck in seinem Kopf, den er versuchte, aus sich herauszuschreien. Vergeblich! Seit diesem Tag hasste er Tobias Olsen.

Als das Verschwinden Antjes bekannt wurde, hatte Sebastian sich gefragt, ob er der Polizei nicht von seinen Beobachtungen erzählen sollte. Er wollte jedoch nicht die Schmach auf sich ziehen, das Scheitern seiner Annäherungsversuche an Antje Schlott eingestehen zu müssen. Tobias Olsen wurde immer mehr die Personifizierung des Scheiterns seiner Beziehungen. Und jedes Scheitern phantasierte ihm Olsen als Schuldigen.

Als vor einigen Monaten der Bruder seines Vaters verstorben war, hatte er mitgeholfen, dessen Nachlass zu ordnen. Dabei war ihm eine alte Schrottflinte in die Hände gefallen. Da diese offensichtlich behördlich nicht registriert war, hatte er sie behalten. Vor kurzem hatte er auf einem entlegenen Parkplatz Olsen in intimer Situation mit einer jungen Frau gesehen. Er hatte dies mit seinem Smartphone aufgenommen. Den ersten Einfall, mit diesen Bildern Olsen zu erpressen, hatte er aufgegeben. Stattdessen hatte er mit den Bildern Olsen in die Toftumer Marsch gelockt.

Sebastian Haller sah von den Beamten weg zur Seite. Da war wieder der unerträgliche Druck in seinem Kopf. Und er hörte sich all das erzählen, was sich in ihm aufgestaut hatte.

***

27. September 2023

Mommsen hatte mit seinen Kollegen tagsüber all die Aufgaben erledigt, die sich im Zusammenhang mit den Verhaftungen Sebastian Hallers und Walter Reanus ergeben hatten. Der Bericht an die Staatsanwaltschaft sowie die Protokolle der Vernehmungen waren fertiggestellt, die Überführung der beiden Häftlinge in die zuständige

Haftanstalt war veranlasst worden.

Mommsen hatte von seinem Vorgesetzten die Genehmigung erhalten, als Ausgleich für die Überstunden der letzten Zeit zwei Tage frei zu nehmen, die er bei seiner Lebenspartnerin Cosima Bernstädt in Nieblum verbringen würde. Am Nachmittag saßen sie mit Caroline Hositz in Cosimas Wohnzimmer zusammen. Hositz wollte mit der Abendfähre zurückfahren. Cosima war von Mommsen in kurzen Zügen über den Fall informiert worden. Sie ließen den Fall noch einmal Revue passieren.

Cosima fragte nach: „Aber wer hat auf Hanno Sievers geschossen, als der die Leiche gefunden hat? Olsen war doch schon am Tag zuvor erschossen worden?"

„Das war auch Sebastian Haller. Der glaubte, am Tatort sein Handy verloren zu haben, das ihn hätte verraten können. Daher hatte er sich am Tag danach dort auf die Suche begeben." Hositz fuhr dann nachdenklich fort: „Wie kommt ein Mensch wie Sebastian Haller dazu, sich nach mehreren Jahren an Olsen zu rächen und ihn umzubringen?" Hositz schüttelte den Kopf.

„Ich weiß nicht, ob Rache das richtige Wort ist." Cosima versuchte Caros Frage zu beantworten. „Olsen hatte ihm ja kein Leid angetan, er hat ihm die kleine Antje Schlott gar nicht ausgespannt. Sebastian Hallers Begehren fand nur im Raum seiner Phantasie statt. Aber in Olsen personifizierte er die verdrängte Kette seiner eigenen Unzulänglichkeit beim Aufbau gesunder Beziehungen zu Frauen."

Und Mommsen ergänzte: „Vielleicht ist Sebastian Haller kein Fall für die Haftanstalt, sondern für die Psychiatrie. Ich bin sicher, das Gericht wird sich mit umfangreichen psychiatrischen Gutachten herumschlagen müssen. Gottseidank war unsere Aufgabe nur, die Faktenlage aufzuklären."

***

Mehr Spannung von Reimer Jürgensen bei DeBehr

Vorsichtig versuchte der Ermittler, den Anorak des Leblosen hochzuziehen. Erst rührte sich nichts. Dann – als er kräftiger zog – konnte er den Oberkörper der Leiche etwas anheben. Der Kopf blieb allerdings noch im Erdreich stecken. Um einen Blick auf das Gesicht des Toten werfen zu können, musste er sich überwinden und in die Haare greifen. Das Gesicht war offenbar durch Schläge schwer misshandelt worden, sodass es völlig unkenntlich geworden war … Die malerische Insel Föhr. Bei Baggerarbeiten in der Fenne der Oevenumer Marsch wird eine Leiche aus dem Erdreich geborgen – das Opfer ist ein allseits unbeliebter Zeitgenosse mit einer Menge Feinde. Drogendealer aus der Karibik könnten mit seinem Ableben ebenso zu tun haben wie gehörnte Ehemänner, oder steckt etwas ganz Anderes hinter dem Mord? Kommissar Mommsen ermittelt in seinem vierten Föhrer Fall in alle Richtungen. Spannung, Flair und plastische Beschreibungen der Insel Föhr versprechen Lesegenuss.

FÖHR ...Ein Damenschuh ragte aus dem Mais, und in diesem steckte ein Fuß. Gelähmt betrachtete Nehlsen seine Entdeckung. In einer grausigen Art und Weise starrte die Tote ihn aus aufgerissenen Augen an... In einem Silo wird der blutige Leichnam einer Frau gefunden. Bald darauf gibt Okke Thadsen eine Vermisstenanzeige für seine Tochter auf. Und Kerstin Ladberg meldet das Verschwinden ihres Mannes bei der Polizei. Dass die Schicksale dieser Personen auf unheilvolle Weise miteinander verstrickt sind, ahnt Kommissar Mommsen, der ein weiteres Mal mit seinem Team auf Föhr ermittelt, noch nicht. Die stimmungsvolle Landschaft, die Geschichte und die kulturelle Vielfalt Föhrs bilden einen Reigen mit einem grausamen Verbrechen.

304 Seiten Taschenbuch, Preis: 12.95€, ISBN: 9783957532404

Die sommerliche Urlaubsidylle der Insel Föhr wird durch den grauenhaften Fund eines Mordopfers im Reet gestört. Hauptkommissar Ludwig Mommsen und sein Kollege Dirk Schön reisen vom Festland an, um den Mord aufzuklären. Zusammen mit dem Föhrer Polizisten Henning Lürrsen machen sie sich daran, herauszufinden, wer der unbekannte Tote ist. Nach und nach stellt sich heraus, dass der Tote, der sportliche Frauenheld Tobias Kirchner, viele unliebsame Kontakte hatte. Eine ganze Reihe von Personen auf Föhr hatte Gründe, das Ableben des Opfers zu wünschen. Als erstes steht seine Ehefrau, die Tobias Kirchner vor einigen Jahren mit einem Schuldenberg sitzen gelassen hatte, in Verdacht. Der Geschäftspartner der neuen Freundin des Opfers, welcher seine Eifersucht nur mühsam bändigen kann, ist ein weiterer Verdächtiger. Ein Vertreter eines kriminellen Syndikats und eine attraktive Urlauberin, deren Avancen er abgewiesen hatte, stehen auch im Blick der Ermittlungen. Ein Unbekannter sucht aus der Deckung heraus Kontakt zu den Beteiligten. Die Landschaft und die Atmosphäre der Insel Föhr spielen neben der hochspannenden Geschichte die Hauptrollen. Die Symbiose von bäuerlicher Landwirtschaft, Gastronomie, Kunst und Tourismus vor dem Hintergrund der friesischen Kultur bildet den Horizont, in dem die Ermittlungen der Beamten stattfinden.

FÖHR - auf der beschaulichen Insel geschieht ein bizarrer Mord. Ein Tauchermesser wurde in den Körper eines Studenten gerammt - und als wäre dies nicht genug, durchbohrte das Messer eine Prüfungsklasur, bevor es in das Fleisch des nun Toten getrieben wurde. Die Klausur klebt blutgetränkt am Leichnam. Hauptkommissar Ludwig Mommsen übernimmt den Fall. Diese Tat soll nicht die letzte sein, die der Ermittler im hohen Norden aufzuklären hat, denn die gewaltsamen Todesfälle wollen kein Ende nehmen... Kommisar Mommsens zweiter Fall erweist sich als äußerst schwierig.

256 Seiten Paperback, Preis: 12.95€, ISBN: 9783944028194